Alan Levy

Die Akte Wiesenthal

Übersetzung aus dem Amerikanischen
von Hans Mittler

Ueberreuter

Die Deutsche Bibliothek – CIP-Einheitsaufnahme

Levy, Alan:
Die Akte Wiesenthal / Alan Levy. Aus dem Amerik. von Hans Mittler - Wien :
Ueberreuter, 1995
Einheitsacht.: The Wiesenthal file <dt.>
ISBN 3-8000-3546-4

AU 318/1

Aus dem Amerikanischen von Hans Mittler
Erstveröffentlichung in Großbritannien unter dem Titel „The Wiesenthal File“, erschienen bei Constable and Company Ltd

Umschlaggestaltung Atelier Rendl unter Verwenung eines Fotos von Franz Hausner

Druck und Bindung: Ueberreuter Buchproduktion, Korneuburg
Printed in Austria
1 3 5 7 6 4 2

Inhalt

Erster Teil

Wiesenthals Kriege

Haben Sie jemals von Simon Wiesenthal gehört? Er lebt in Wien. Ein Jude, stammt aus dem polnischen Galizien. Verbrachte vier Jahre in verschiedenen Konzentrationslagern – insgesamt zwölf. Beschloß, den Rest seines Lebens zum Aufspüren von Naziverbrechern zu verwenden. Wohlgemerkt, keine Gewalttätigkeit. Er vergleicht einfach alle Informationen, die er über sie bekommen kann; wenn er dann davon überzeugt ist, daß er einen Verbrecher gefunden hat, der – nicht immer – unter falschem Namen lebt, informiert er die Polizei. Wenn sie nichts unternimmt, hält er eine Pressekonferenz ab und bringt sie damit in Verlegenheit. Selbstverständlich ist er bei den Behörden in Deutschland und Österreich nicht sehr beliebt. Er findet, daß sie sich nicht genügend anstrengen, um bekannte Nazi-Mörder zur Rechenschaft zu ziehen, geschweige denn diejenigen zu jagen, die sich versteckt haben. Die ehemalige SS haßt ihn wie die Pest und hat einige Male versucht, ihn zu töten; die Bürokraten möchten, daß er sie in Ruhe läßt, und eine Menge anderer Leute halten ihn für großartig und helfen ihm, wo sie nur können.

Lord Russel aus Liverpool
in Frederick Forsyths Roman »Die Akte Odessa« (1972)

I. Stellvertreter der Toten

Als Simon Wiesenthal an dem Tag, an dem er hoffte, den Nobelpreis zu erhalten, von einem frühen Mittagessen ins Büro zurückkehrte, traf er einen Postboten, der ihm einen Haßbrief mit der einfachen Anschrift »*Saujude Wiesenthal, Wien*« übergab.

Wiesenthal erzählte es lachend einer Gruppe von Freunden, die sich zu den Mittagsnachrichten aus Oslo versammelt hatten, um das Neueste über den Nobelpreis zu erfahren; dabei sprach er Deutsch, Englisch, Polnisch und Jiddisch mit dem rollenden R, das auf einen Ursprung östlich von Wien hinweist. Der Schaden dieses Tages war so geringfügig – eine vertraute Beleidigung und kein Nobelpreis –, daß er seine Freunde ablenken konnte.

Er erhielt den Nobelpreis nie, obwohl er viermal von so verschiedenen Proponenten wie den Nobelpreisträgern Henry Kissinger[1] und Betty Williams[2] sowie einer holländischen Parlamentsgruppe vorgeschlagen wurde. Er war Anfang der achtziger Jahre hoher Favorit für den Nobelpreis, denn das norwegische Auswahlkomitee hätte ihn Wiesenthal zuerkannt, falls Lech Walesa durch den Preis zu sehr gefährdet worden wäre. Da dies nicht der Fall war, ging Wiesenthal wieder einmal leer aus. Als der kampflustige polnische Gewerkschafter (der später Präsident seines Landes wurde), siegte, freute sich Wiesenthal für ihn. Danach war zwei Jahre lang die Rede davon, daß Simon die Ehre mit dem Holocaust-Schriftsteller und Aktivisten Elie Wiesel teilen würde. Doch 1986 erhielt nur Wiesel den Friedensnobelpreis.

Als ich Simon Wiesenthal 1974 kennenlernte, befand sich sein Büro auf dem unscheinbaren Rudolfsplatz im ersten Wiener Gemeindebezirk. Rudolfsplatz Nummer 7 ist ein graues Nachkriegs-Wohnhaus, in dem Wiesenthal seit einem Jahrzehnt ein Büro unterhielt. Im dritten Stock drückte ich auf den Klingelknopf neben einer weißen Tür, auf der »Dokumentationszentrum« stand. Eine Tonband-Stimme forderte mich auf deutsch auf, meinen Namen und den Grund meines Besuchs zu nennen. Das Guckloch in der Tür war eine Kameralinse.

Ich hatte meinen Namen genannt und wollte eben erklären, daß ich einen Termin vereinbart hatte, als die Tür aufging und mich eine hübsche, rothaarige Sekretärin namens Sonja begrüßte. Sie führte mich durch einen engen Korridor in ein kleines Büro, in dem mich Simon Wiesenthal mit ausgestreckter Hand erwartete. Mit fünfundsechzig war er bereits eine lebende Legende: In Ira Levins Film *Die Jungs aus Brasilien* hieß er »Jakov Liebermann«, und in dem später verfilmten Buch »Die Akte Odessa« wurde er unter seinem eigenen Namen porträtiert. (Im ersten Film spielte ihn Sir Laurence Olivier, der für den »Oscar« nominiert wurde, und im zweiten Film spielte ihn der israelische Schauspieler Shmuel Rodensky, der schließlich wie Simons Doppelgänger aussah.) Frederick Forsyth stellte fest, daß Wiesenthal »größer war als ... ich erwartet hatte, ein über eins neunzig großer, stämmiger Mann, der ein dickes Tweed-Jacket trug und vorgebeugt ging, als suche er ständig ein verlegtes Stück Papier«. Levin, der Wiesenthal noch nicht kennengelernt hatte, beschrieb ihn dennoch ziemlich treffend: »Ein besonnener Bär, der irgendwie ansteckend wirkt, [der] das ganze verdammte KZ-Szenario mit sich herumträgt.«

Das war der selbsternannte »Forscher«, der Adolf Eichmanns Zufluchtsort entdeckt hatte. Diese Entdeckung hatte dazu geführt, daß israelische Agenten den Nazi-Völkermörder 1960 aus Argentinien entführten und daß Eichmann 1962 wegen der Ermordung von sechs Millionen Männern, Frauen und Kindern gehenkt wurde. Wiesenthal war der unerbittliche Verfolger, der von Brasilien die Auslieferung von Franz Stangl, dem Kommandanten der Vernichtungslager Sobibor und Treblinka, und von Queens die Auslieferung von Hermine Ryan-Braunsteiner, »der Stute von Majdanek« erwirkte, die Menschen zu Tode getrampelt hatte; beide wurden zu lebenslanger Haft in deutschen Gefängnissen verurteilt. Er war der unermüdliche Detektiv, der immer einen Anruf davon entfernt war, Dr. Josef Mengele, den »Todesengel von Auschwitz«, zu fassen. Seit 1947 hat Wiesenthal 1 100 bedeutende Nazis in verschiedenen Teilen der Welt vor Gericht gebracht und unzähligen das Leben unangenehm gemacht.

»In dem Augenblick, in dem die Deutschen zum ersten Mal in meine Stadt, nämlich Lemberg in Galizien, kamen«, erklärte er trotz der deutlich fremdländischen Aussprache in fließendem Englisch, »bestand die Hälfte der Bevölkerung aus Juden: hundertfünfzigtausend Juden. Als die Deutschen fort waren, lebten noch fünfhundert. Fünfhundert von hundertfünfzigtausend! Einer von dreihundert! Ich fand, daß im Leben alles seinen Preis hat, also mußte das Am-Leben-Bleiben ebenfalls seinen Preis haben. Mein Preis bestand darin, daß ich, falls ich am Leben blieb, der Stellvertreter für viele Menschen sein mußte, die nicht mehr leben.«

Wir sprachen an diesem Tag über seine neuesten »Klienten«, wie er die Nazis nennt, die er vor Gericht gebracht hat; bis sie sich in Gewahrsam befinden, bezeichnet er sie ironisch als die »Helden«. Einer der Klienten aus Graz, Österreichs zweitgrößter Stadt, wandte ein, daß er nur getan hatte, was alle in seiner Einheit taten, aber Simon sagte: »Kameradschaft hört dort auf, wo das Verbrechen beginnt.«

Wir unterhielten uns über den »linken Faschismus« und darüber, daß die Russen und ihre stalinistischen Marionetten in Osteuropa Erlässe mit der gleichen Formulierung herausgaben, die die Nazi-Besatzer verwendet hatten. Simon drückte es so aus: »Die Welt ist rund. Wenn man rechts, rechts, rechts geht, kommt man auf der linken Seite an.«

Wir redeten über seine Vergangenheit und über seine unbezahlten Helfer in der ganzen Welt. Eine Helferin in Australien war Nonne. »Ich frage sie nicht nach ihrem Background, aber ich bin beinahe sicher, daß er jüdisch ist.«

Er erzählte von einer fünfzehn Jahre dauernden Suche nach »einem sehr kleinen Mörder«, den er soeben als buddhistischen Mönch in Katmandu aufgestöbert hatte: »Ich habe gehört, wie sein Leben aussieht: Er wird entweder jeden Tag bestraft, oder er bereut jeden Tag. Deshalb werde ich seine Akte schließen. Wenn man einen solchen Menschen vor Gericht bringt, kann man nur Mitgefühl mit ihm hervorrufen.«

Nach zwei miteinander verbrachten Stunden nannten wir einander mit Vornamen – eine Beziehung, die in Österreich Jahre oder ewig braucht, um zu reifen. Es war spät am Nachmittag, und er bot mir an, mich mit seinem kleinen Auto nach Hause zu bringen. Als wir das Büro verließen, trafen wir ein älteres Ehepaar, das wegschaute und nicht antwortete, als Simon grüßte.

»Sie sind Juden«, flüsterte er einen Treppenabsatz weiter. »Ich lernte sie im Fahrstuhl kennen, und sie sehen mich an, als wäre ich ihr Mörder.«

Während der Fahrt erklärte er, was geschehen war: Die »Helden« hatten in dem Haus auf dem Rudolfsplatz allen Bewohnern außer Wiesenthal einen »Erpresserbrief« geschickt. In diesem Brief wurden die Mieter darauf hingewiesen, daß »wenn im Dokumentationszentrum eine Bombe hochgeht, Sie und Ihre Wohnungen bei der Explosion sehr wahrscheinlich ebenfalls vernichtet werden«. Alle Mitbewohner – einschließlich des jüdischen Ehepaares, das die Todeslager überlebt hatte – hatten eine Eingabe unterschrieben und den Rechtsweg beschritten, um Wiesenthal zur Räumung zu zwingen, weil er eine Bedrohung für ihre Sicherheit darstellte. (Sie hatten Erfolg, bevor der Fall vor Gericht kam, denn Simon übersiedelte einige Monate später einen Block weiter in die Salztorgasse.)

Zu unserer nächsten Zusammenkunft lud ich ihn in meine Wohnung ein. Ob er nun Stellvertreter von sechs Millionen toten Juden ist oder nicht – die Art, wie er geschäftig jeden beliebigen Schauplatz betritt, wirkt theatralisch oder auch wie ein körniger, alter Schwarzweißfilm – als würde sofort etwas Bedeutsames geschehen oder verkündet. Meine damals zehn und elf Jahre alten Töchter nahmen ihm Mantel und Hut ab. Kurz darauf kam eine von ihnen auf Zehenspitzen ins Wohnzimmer und flüsterte: »Daddy, der Mann hat einen Revolver in der Tasche.«
Ich fragte Simon danach, und er antwortete, ja, weil er einen Leibwächter abgelehnt hatte, habe ihm die Polizei geraten, den stupsnasigen Revolver bei sich zu tragen, den er uns jetzt zeigte und dann in die Tasche seines Tweed-Jackets steckte. (Bei den folgenden Besuchen filzten meine Töchter jedesmal seinen Überzieher, stießen aber nie wieder auf Schwermetall.) Er hatte allerdings guten Grund, selbst für seinen Schutz zu sorgen. Die neonazistische Weltunion der Nationalsozialisten hat kürzlich eine Belohnung von 120 000 Dollar auf seinen Kopf ausgesetzt – tot, nicht lebendig. Klaus Barbie, der »Schlächter von Lyon«, wollte als Flüchtling in Bolivien Wiesenthals Ermordung bezahlen, und in Brasilien machte sich einer von Josef Mengeles Gastgebern erbötig, »ein Stahlkabel an Simon Wiesenthals Bein festzumachen und seinen Kadaver hinter meinem Wagen herzuschleifen«. Simon erfuhr später, daß die RAF vorhatte, ihn zu entführen und zu töten, daß jedoch der damals berühmteste Terrorist der Welt – ein geheimnisvoller Venezolaner namens Ilitsch Ramirez Sanchez, genannt »Carlos« – angeblich sein Veto gegen den Mordauftrag einlegte, weil das Opfer schließlich Antifaschist war. Noch später, nämlich 1982, zerstörte eine von Neonazis versteckte Bombe einen großen Teil von Simons bescheidenem Haus in einem Gartenbezirk von Wien und erschütterte die Gesundheit seiner Frau endgültig. (Als Wiesenthal im darauffolgenden Jahr bei dem Prozeß aussagte, sprang einer der Täter auf und versuchte, ihn im Zeugenstand zu erwürgen.)
Bei Wermut und Mineralwasser erzählte er mir von dem Besuch eines Österreichers, der fünf Jahre in der französischen Fremdenlegion gedient (und 1954 in der entscheidenden Schlacht von Dien Bien Phu in Vietnam mitgekämpft) hatte und dann wegen Vergewaltigung viereinhalb Jahre in einem österreichischen Gefängnis saß. An dem Tag, an dem er freigelassen wurde, erwartete ihn ein Mann namens Robert am Tor und bot ihm Arbeit: 100 000 DM (ein für damalige Begriffe sehr hoher Betrag) für Wiesenthals Ermordung.

Da man den Legionär »wegen einer Vergewaltigung für viereinhalb Jahre aus dem Verkehr gezogen hatte«, wollte er nicht wegen Mordes »verdonnert« werden, hatte jedoch nichts gegen Betrug. Deshalb kam er zu Wiesenthal und sagte: »Man hat mir 100 000 DM geboten, um Sie zu töten. Vielleicht können wir ein Geschäft machen und uns das Geld teilen.«
»Sie meinen, daß ich sterbe und meine Frau fünfzigtausend bekommt?« fragte Wiesenthal ungläubig.
»Sie sterben nicht. Sie spielen nicht einmal den Toten«, versicherte ihm der Besucher. Er wollte sich mit Robert und den vier Geschäftsleuten, die hinter ihm standen – drei Deutschen und einem Österreicher – treffen und einen Vorschuß aushandeln. Dann sollte Wiesenthal eine Pressekonferenz geben und Plan sowie Planer verraten. Er und der Legionär würden sich den Vorschuß teilen – und dann sollten die »Helden« nur versuchen, ihr Geld wiederzubekommen!
Wiesenthal stimmte zu, verständigte jedoch die österreichische Polizei. Die Beamten infiltrierten zwei Zusammenkünfte und schossen Fotos. Dabei stellte sich heraus, daß die »Helden« den Legionär ebenfalls hereinlegen wollten. Sie weigerten sich nicht nur, ihm einen Vorschuß zu geben, sondern die Kriminalbeamten vergewisserten sich auch, daß die Auftraggeber keineswegs vorhatten, ihn nach getaner Arbeit zu entlohnen. Trotzdem brachte Wiesenthal sie vor Gericht, um die Öffentlichkeit über den Plan zu informieren. Robert und der österreichische Kaufmann flohen aus Österreich, und die drei Deutschen, die falsche Namen verwendet hatten, machten es ihnen nach.
»Die ›Helden‹ sind müde«, schloß Wiesenthal. »Ich wußte es, als sie Hilfe von außen, zum Beispiel einen französischen Fremdenlegionär, brauchten, der die Schmutzarbeit für sie machen sollte. Und ich sage Ihnen noch etwas: Auch ich bin müde. Ich kann meine Arbeit niemand anderen lehren. Es gibt niemanden, der mir nachfolgt, es ist niemand viel Jüngerer übrig, der über meine Erfahrung verfügt oder alles herausfinden kann, was ich im Kopf herumtrage. Aber ich werde mich nie zur Ruhe setzen … Falls ich mein hiesiges Zentrum jemals schließe, habe ich nichts anderes mehr zu tun als auf meinen Tod zu warten. Auf den warten auch andere. Würde ich mein Büro schließen, dann wäre es ein Feiertag für die Nazis und eine Niederlage für die Juden – sowie eine Niederlage für die Menschheit und auch für die Gerechtigkeit. Und glauben Sie mir, die ›Helden‹ werden es als Sieg feiern – und entsprechend früher wieder anfangen.«

Als ich ihn hinausbegleitete, vertraute er mir an: »Ich verrate Ihnen ein Geheimnis. Für einen Menschen, der wie ich in einem Ghetto und in Konzentrationslagern war und alle Blutsverwandten verloren hat, liegt die größte persönliche Befriedigung nicht darin, daß ich einen Nazi verhaften lasse. Sie kommt dann, wenn zwei Nazis streiten und der eine dem anderen damit droht, daß ›ich Simon Wiesenthal über dich informieren werde‹. Und er tut es! Das sind meine besten Informanten.«

Bei den folgenden Treffen erlebte ich dank Wiesenthals Gewohnheit, auch nebensächlichen Beweisen nachzugehen, ein intellektuelles Feuerwerk darüber, warum Hitler die Juden haßte. Er erklärte es mir wie folgt: »Ich bin davon überzeugt, daß Hitler Syphilis hatte. Seine Paranoia in den letzten Tagen des Krieges war typisch für einen Syphiliskranken. Ich habe das Gefühl – obwohl ich noch keine echten Beweise dafür besitze –, daß er sich die Syphilis vor dem Krieg während seines Aufenthaltes in Wien zuzog. Ich habe alles von Leuten wie Joachim Fest und anderen gelesen, die Bücher über Hitler geschrieben haben, doch in den Tausenden Seiten finde ich kein einziges Wort über seine Krankheit.«

Wiesenthal hatte Mitte der sechziger Jahre in München zum ersten Mal durch einen Stadtrat namens Fackler gehört, daß Hitler Syphilis gehabt hatte. Fackler erzählte, daß Ernst Hanfstängel, ein einheimischer Nazi, in dessen Landhaus Hitler 1923 nach dem mißglückten Bierhallen-Putsch geflüchtet war, diese Tatsache ihm gegenüber erwähnt habe.

Laut Hanfstängel hatte ihm sein guter Freund Hitler erzählt, daß man ihn im Ersten Weltkrieg während der Kämpfe in Flandern beinahe wegen »Selbstverstümmelung« vor ein Kriegsgericht gestellt hätte, weil man bei ihm Syphilis feststellte. Es kam jedoch nicht zu dem Prozeß, weil er bewies, daß er bereits vor seinem Eintritt in die Bayerische Armee an dieser Krankheit gelitten und daher im Krieg seinen Militärdienst nicht gefährdet hatte.

In Albert Speers letzten Jahren schloß Hitlers großer Baumeister, der ein Tagebuch über die Nazizeit geführt hatte, nicht gerade Freundschaft mit Wiesenthal, sondern ging eher eine Forschungsbeziehung mit ihm ein. Deshalb zögerte Wiesenthal nicht, Speer seine Theorie zu unterbreiten. Die Antwort kam in einem eleganten Kuvert mit dem Monogramm »A.S.«, aber ohne Absender, aus Heidelberg:

> »Ich kann Ihre Frage nicht vollständig beantworten. In meiner Gegenwart sprach Hitler nie über eine syphilitische Erkrankung, obwohl das

nicht bedeutet, daß er nicht vielleicht früher daran gelitten hatte. Ich kann Ihnen nur erzählen, daß sein Leibarzt Theo Morrell sich am Kurfürstendamm in Berlin als ›Facharzt für Haut- und Geschlechtskrankheiten‹ etabliert hatte. Doch von dem Augenblick an, als er 1936 offiziell zu Hitlers Leibarzt ernannt wurde, verschwand das Schild, das auf sein Fachgebiet hinwies.«

Das interessierte Wiesenthal, und er erzählte mir: »Ich arbeite in meiner Freizeit daran. Wenn ich in fünf oder zehn Jahren eine Lösung finden könnte, wäre ich sehr glücklich, denn dadurch würde sich ein ganz anderes Bild der Geschichte von Hitler und den Juden ergeben.«
»Aber wie treten die Juden dabei in Erscheinung?« wollte ich wissen.
»Ha!« Wiesenthal schlug sich auf das Knie. »Ich habe Ihnen etwas nicht erzählt. Vor einigen Jahren sprach ich mit einem Mann, der mit Hitler zur Schule gegangen war. Ich frage ihn, wie Hitler in der Schule war, und er sagt: ›Normal. Aber vielleicht begann sein Haß, nachdem er sich bei einer jüdischen Hure angesteckt hatte.‹«
»Wollen Sie damit sagen, daß Hitler sich seine Syphilis bei einer jüdischen Prostituierten geholt hatte?« fragte ich ungläubig.
Wiesenthal lachte. »Was ist dabei? Glauben Sie, daß sich nur Juden bei jüdischen Prostituierten anstecken können?«
»Nein, aber gab es viele jüdische Prostituierte in Österreich?«
»Warum nicht? Haben die Christen das Monopol für Prostitution?«
»Ich sehe Prostitution einfach nicht als Berufung für ein nettes jüdisches Mädchen.«
»›Ein nettes jüdisches Mädchen‹«, ahmte mich Wiesenthal nach. »Es gibt heutzutage diese ›netten jüdischen Mädchen‹ auch in Israel, und es gab sie vor Jahren in Wien – als es dort mehr Juden gab. Deshalb bin ich auf der Suche nach Namen und Einzelheiten. Ich befinde mich erst im Anfangsstadium, aber ich sage Ihnen, daß alle Rassentheorien der Nazis im Abwasserkanal noch tiefer sinken, wenn ich beweisen kann, daß Hitlers Antisemitismus eine Folge der Ansteckung durch eine jüdische Prostituierte war. Alle Nazis waren Antisemiten, aber kaum einer von ihnen hatte persönliche Erfahrungen mit Juden. Wenn Hitler sie hatte, dann ist dies die Antwort darauf, warum er die Juden so sehr haßte, wie es der Fall war.«
Als ich Wiesenthal kennenlernte, hatten ihn seine Nachforschungen mit einem ausgewanderten Arzt namens Edmund Ronald in Kontakt ge-

bracht, der damals in Portugal lebte. Als Dr. Ronald Anfang der fünfziger Jahre in einem Krankenhaus in Seattle arbeitete, hatte er einen jungen österreichischen Arzt aus Graz kennengelernt, der behauptete, daß sein verstorbener Vater, der ebenfalls Arzt gewesen war, Hitler vor langer Zeit wegen Syphilis behandelt hatte. Nach der Annexion Österreichs durch Deutschland im Jahr 1938 hatten Gestapo-Agenten alle Unterlagen seines Vaters über diesen Patienten beschlagnahmt, doch der Vater erwähnte seinem Sohn gegenüber, daß Hitler ihm erzählt hatte, er habe sich die Krankheit vor dem Ersten Weltkrieg bei einer jüdischen Prostituierten geholt. Obwohl Dr. Ronald Wiesenthal den Namen seiner Quelle nannte, konnte der junge Arzt aus Graz, der sich später in den USA niederließ, nicht aufgespürt werden.

1977 kam es zu einer medizinischen Debatte darüber, ob Hitler unfruchtbar oder impotent gewesen war, und Dr. Ronald schrieb aus Bordighera in Italien der *International Herald Tribune*, daß Hitler bei seinen sexuellen Affären eher Pech gehabt hatte. Laut Dr. Anwyl-Davies, dem hervorragenden Londoner Facharzt für Geschlechtskrankheiten, hatte sich dieser 1910 bei einer jüdischen Prostituierten in Wien Syphilis zugezogen und mußte sich im Lauf der nächsten zwanzig Jahre immer wieder einer Behandlung unterziehen, wobei nicht sicher ist, daß er jemals vollständig geheilt wurde.

Dr. Ronald erwähnte außerdem, daß Hitlers Verhältnis mit seiner Wiener Nichte Angela – »Geli« – Raubal 1931 mit ihrem nicht geklärten Selbstmord im Alter von dreiundzwanzig Jahren endete. Kurz darauf starb Dr. Ronald. Wiesenthal vermutet, daß Angela Raubal Selbstmord beging, nachdem ihr Onkel sie mit Syphilis angesteckt hatte.

II. Die vielen Befreiungen des Simon Wiesenthal

Als Simon Wiesenthal am 31. Dezember 1988 achtzig wurde, nahmen viele Gratulanten an, daß er bereits das ganze Jahr achtzig gewesen war, weil er 1908 geboren wurde – aber sehr knapp. Das heißt, daß er am Silvesterabend des Jahres 1908 in der kleinen Stadt Buczacz in Galizien eine halbe Stunde vor Mitternacht zur Welt kam. Galizien war damals der nordöstliche Teil der österreichisch-ungarischen Monarchie und ist jetzt der westliche Teil der Ukrainischen Republik. »Dank einer halben Stunde bin ich um ein Jahr älter«, sagt er jedesmal lachend, wenn ein Interviewer, der 1908 von der Gegenwart abzieht, sein Alter überschätzt. Als die Hebamme mit der Nachricht auftauchte, daß ein gesunder Sohn zur Welt gekommen sei, öffnete Ascher Wiesenthal eine Flasche Schnaps und trank mit der Handvoll Verwandten und Nachbarn auf ein besonders glückliches neues Jahr.

Die Hebamme ließ Simons Geburt pflichtgemäß im Gemeindeamt eintragen, aber sein abergläubischer Großvater mütterlicherseits glaubte, daß Gott seine Gunst dem ersten 1909 geborenen Kind schenken würde, und trug ihn an oberster Stelle in das Buch des Lebens für das neue Jahr ein.

Die Großmutter hatte etwas von einer Mystikerin an sich. Sie unternahm mit ihrem Enkel Ausflüge zu verschiedenen »Wunderrabbis« in Galizien, die dem Jungen ihren Segen erteilen mußten. »Alle meine Vorschul-Kenntnisse stammen von meiner Großmutter«, erinnert sich Simon, »die mir Geschichten von Rabbis und Wundern erzählte. Infolge dieser Erziehung neige ich nicht nur dazu, auf talmudische Art zu denken, sondern ich kann immer mit Rabbis und anderen religiösen Menschen diskutieren, weil ich ihre Sprache spreche.«

In Buczacz konnten die Juden erhobenen Hauptes herumgehen, denn dort waren sie keine Minderheit, erwähnt Simon, fügt jedoch hastig hinzu, daß Galizien traditionellerweise das Land der Pogrome war. »An keinem anderen Ort haben die Juden so viel so lange erduldet.« Sein Onkel erzählte ihm, daß ein Dorfpriester, der den Schnaps liebte, aber seine Konsumation nicht immer bezahlen konnte, eines Samstagabends dem jüdischen Wirtshausbesitzer als Sicherheit den Kirchenschlüssel überließ und ihm versprach, seine Schuld aus der Sonntagskollekte zu bezahlen. Als seine ruthenischen Pfarrkinder am nächsten Morgen nicht in die Kir-

che konnten, sagte er ihnen: »Der dreckige Jude im Wirtshaus hat euch ausgesperrt. Holt euch den Schlüssel von ihm!« Das taten sie – indem sie den jüdischen Wirtshausbesitzer halb totprügelten, alles im Wirtshaus kurz und klein schlugen oder leertranken, die Messe feierten und dann die Feier durch ein kleines örtliches Pogrom verlängerten, amen!
Ascher Wiesenthal war 1905 vor den zaristischen Pogromen aus Rußland geflüchtet und hatte sich als ordentlicher Bürger in Buczacz niedergelassen, wo er mit Zucker und anderen Waren en gros handelte. Simon hat angenehme Erinnerungen an seine frühen Kinderjahre: Im Lagerhaus seines Vaters errichtete er seine ersten Häuser und Burgen aus weißen Zuckerwürfeln. Sie waren das Lego von gestern für jemanden, der Architekt wurde und »lernte, Häuser gemäß gewissen Konstruktionsregeln zu errichten, so daß sie ein Erdbeben überstehen konnten«. Doch dann bezahlte er Lehrgeld, entdeckte, daß »›Die Endlösung der jüdischen Frage‹ eine Art von Erdbeben war, für das es keine Bauvorschriften gab«, und schlug eine andere Laufbahn ein.
Wiesenthal erinnert sich auch an den Eßtisch am Passahfest, bei dem ein zusätzliches verziertes Glas auf den für den Propheten Elias vorgesehenen Platz gestellt wurde. Nach einem besonderen Gebet öffnete Simon – und später sein Bruder, denn diese Ehre gebührte dem Jüngsten – die Tür und ließ sie offenstehen, denn irgendwann an diesem Abend würde der Prophet den Raum betreten und aus seinem Glas trinken. Genau wie andere Kinder in anderen Teilen der Welt am Weihnachtsabend auf Santa Claus warten, beobachteten die Wiesenthal-Jungen die Eingangstür mit großen Augen, die im Lauf der Nacht immer kleiner wurden. »Natürlich kam niemand«, schloß Simon. Doch ihre Großmutter hielt daran fest, daß Elias tatsächlich aus dem Glas getrunken hatte, und wenn die anderen fanden, daß es genauso voll war wie vorher, sagte sie: »Er trinkt nur eine Träne.«

***

Als 1914 der Erste Weltkrieg ausbrach, wurde Ascher Wiesenthal, der Reservist in der österreichisch-ungarischen Armee war, eingezogen und an die Ostfront geschickt. Dort fiel er 1915 – er kämpfte für die gleiche Sache wie der Obergefreite Adolf Hitler in Flandern. Simon und sein Bruder trauerten um ihren Vater – ein einzelner unter vielen.
Um die Zeit dieses schmerzlichen Verlustes wurde die Stadt Buczacz zum Schlachtfeld. Als die Kosaken des Zaren Galizien eroberten, waren die verwaisten Wiesenthals gezwungen zu fliehen, weil »jemand den Russen

erzählte, daß mein Vater nicht nur ein feindlicher, im Kampf gegen die Russen gefallener Soldat, sondern auch ein Flüchtling aus Rußland war. Also waren wir Russen, die Russen töteten. Wir wußten nicht, was sie uns antun würden, aber wir wußten, daß sie einen Vorwand finden würden, um uns etwas anzutun, deshalb flüchteten meine Mutter, mein Bruder und ich in den österreichischen Teil des Reichs, und ich kam als Flüchtling zum ersten Mal nach Wien.«

In der Bäuerlegasse im zweiten Wiener Gemeindebezirk, der wegen seiner vorwiegend jüdischen Bewohner und seiner Lage zwischen Donaukanal und Donau die Mazzes-Insel genannt wurde, mieteten sie eine Wohnung. Beide Wiesenthal-Jungen gingen in der österreichischen Hauptstadt zur Schule. Hier hatte der in Österreich geborene, vielleicht syphilitische Hitler von 1907 bis 1913 versucht, der Welt zu zeigen, daß er ein Maler war. Nachdem ihn die Akademie der bildenden Künste zweimal abgewiesen hatte, bemerkte er, daß vier der sieben Professoren, die ihm die Aufnahme verweigert hatten, Juden waren. Daraufhin schrieb er der Akademie, daß »die Juden dafür bezahlen würden«. Und in seinem autobiographischen *Mein Kampf* erwähnte er, daß Wien »die härteste, wenn auch gründlichste Schule meines Lebens« war. Hier lehrten ihn die Schriften des Deutschnationalen Georg von Schönerer (1842–1921) und die Äußerungen des Wiener Bürgermeisters Karl Lueger (1897–1910) den Antisemitismus.

Simon erinnert sich nur undeutlich an seinen Aufenthalt in Wien als Sechs- und Siebenjähriger – außer, daß es eine relativ glückliche Zeit war, bevor Hunger und Niederlagen an die Stelle der Glorie und des Ruhms des Krieges traten. Eine jüdische Familie, deren Patriarch an der russischen Front gefallen war, wurde in einer Stadt willkommen geheißen und sogar geehrt, die dank der Kriegskonjunktur und des Patriotismus florierte – während Franz Joseph im Sterben lag und sich in seinem dem Untergang geweihten Reich die Leichen in Viehwaggons auf Abstellgeleisen türmten.

Nach Franz Josephs Tod am 21. November 1916 bekamen die Wiesenthal-Jungen einen Tag schulfrei, damit sie zusehen konnten, wie der schwarze Totenwagen durch die Stadt kroch, aber ihnen war kaum bewußt, daß eine Ära zu Ende gegangen war. Der strenge, aber geliebte Kaiser hatte beinahe achtundsechzig seiner sechsundachtzig Lebensjahre regiert. Sein neunundzwanzig Jahre alter, entscheidungsschwacher Großneffe, der als Kaiser Karl I. den Thron bestieg, mußte mit ansehen, wie sich die 640 Jahre alte Habsburgermonarchie auflöste – sie hatte nicht einmal mehr zwei Jahre zu leben.

1917 räumten die Russen Galizien, und die Wiesenthals kehrten nach Buczacz zurück, wo sie in den Wirbel der Geschichte gerieten. »Ich komme aus einem sehr turbulenten Winkel Europas. Unser Teil von Galizien wechselte so oft von einer Hand in die andere, daß ich vor dem Abschluß der Oberschule sechsmal ›befreit‹ wurde«, erinnert sich Wiesenthal ironisch. »Nachdem uns die Kosaken von den Österreichern befreit hatten und uns die Österreicher zurückbefreiten, waren die Ukrainer mit unserer Befreiung an der Reihe, und nach dem Waffenstillstand 1918 war Ostgalizien drei Monaten lang die Westukrainische Republik. Dann befreiten uns die Polen, und wir wurden zu polnischen Staatsbürgern. Nach dem Beginn des polnisch-sowjetischen Kriegs 1920 befreiten uns die Sowjets, von denen uns die nationale ukrainische Petljura-Armee befreite. Dann kamen die Polen wieder. Ich kann Ihnen sagen – unter solchen Umständen zu überleben ist eine eigene Schule. *Uns* konnte niemand etwas Neues beibringen – bis wir zwei Befreiungen später Hitler bekamen.«

Die schmerzlichste »Befreiung« für den jungen Simon war das kurze ukrainische Nachkriegsinterim. Die Ukrainer raubten, vergewaltigten und töteten genauso wie ihre kosakischen Vorfahren, aber ihr Treibstoff war der Alkohol, und ihre Truppen konnten die Armee des Zaren (sowie sich selbst) unter den Tisch trinken. Eines Nachmittags stellte ihr Kommandant den Juden von Buczacz ein Ultimatum: Entweder sie lieferten bis siebzehn Uhr dreihundert Liter Schnaps, oder ihre Häuser würden brennen. Simon, seine Mutter, sein Bruder und jeder einzelne Jude der Stadt durchkämmten Buczacz nach Alkohol. Nachdem sie die Forderung der Ukrainer erfüllt hatten, blieben sie während der langen Besäufnisnacht in ihren Häusern.

Da am nächsten Tag noch immer betrunkene Soldaten durch die Stadt schwankten oder auf der Straße schliefen, wagten die Frauen sich nicht hinaus, aber Simons Mutter hielt es für ungefährlich, wenn sie ihren zwölfjährigen Sohn über die Straße schickte, damit er sich bei einer Nachbarin Hefe zum Backen auslieh. Als Simon zurückkam, machte ein berittener Soldat Jagd auf ihn, griff ihn zum Spaß mit dem Säbel an und schlitzte ihm den Oberschenkel auf. Simon brach zusammen, aber die Nachbarn trugen ihn ins Haus. Der Arzt, der die Wunde nähte, gelangte mittels einer labyrinthischen Route durch Keller und Hinterhöfe zu seinem Patienten. Wiesenthal trägt auf dem Oberschenkel noch immer die

Narbe, erklärt aber vollkommen ehrlich, daß »einige meiner besten Freunde Ukrainer sind. Einer von ihnen hat mir 1941 das Leben gerettet.«

Als die von Leo Trotzki gegründete Rote Armee die Ukraine überrannte, vertrieben die erst seit kurzem unabhängigen Polen die Ukrainer aus Galizien und erklärten den Russen den Krieg. Die verschiedenen Nachfolger der Ukrainer waren weniger brutal, aber kaum wohlwollend. Simon, der in den zwanziger Jahren das humanistische Gymnasium besuchte, erinnert sich: »Wenn wir morgens aufstanden, wußten wir nicht, welches Regime an der Macht war. Wenn man uns fragte, wem wir ewige Treue schworen, mußten wir zu dem Bild hinaufsehen, das oberhalb des Lehrerpults an der Wand hing. Eine Woche war es Lenin, nächste Woche ein Ukrainer, und dann war es der polnische Marschall Pilsudski. Die Bolschewiken trieben die gesamte *Bourgeoisie* zusammen und ließen sie Lösegeld bezahlen. Meine Mutter und andere jüdische Frauen wurden gezwungen, die örtliche Sporthalle zu reinigen, die die Russen zu einem Stall umfunktioniert hatten.« Die Erinnerung an diese Demütigung schmerzt noch immer. Augen und Mund werden schmal, während er davon erzählt.

Was die Polen betrifft, »sie liebten uns Juden nicht – und das war nichts Neues. Unsere Väter waren aus den engen Grenzen des Ghettos in die offene Welt gekrochen. Sie hatten schwer gearbeitet und alles getan, was sie konnten, um von ihren Mitmenschen anerkannt zu werden. Aber alles war vergebens. Wenn die Juden sich vom Rest der Welt abschlossen, waren sie Fremdkörper. Wenn sie ihre Welt verließen und sich anpaßten, waren sie unerwünschte Einwanderer, die man haßte und ablehnte. Mir war schon während meiner Jugendzeit klar, daß ich ein Staatsbürger zweiter Klasse war.«

»Ein weiser Mann«, fährt Wiesenthal fort, »sagte einmal, daß die Juden das Salz der Erde sind. Aber die Polen fanden, daß wir ihr Land versalzen und dadurch ruiniert hatten. Daher waren wir im Vergleich zu den Juden in anderen Ländern vielleicht besser auf das vorbereitet, was die Nazis für uns auf Lager hatten.« Und vielleicht, fügt er hinzu, »dadurch auch widerstandsfähiger«.

Im humanistischen Gymnasium von Buczacz – in das jüdische Eltern und ehrgeizige Polen ihre Kinder schickten, damit sie Latein und Griechisch lernten und dann hoffentlich die Universität von Lwów oder Warschau besuchten – lernte Simon die attraktive, dunkelblonde, jüdische

Mitschülerin Cyla Müller kennen, eine entfernte Verwandte des in Mähren geborenen Wiener Psychoanalytikers Sigmund Freud. Simon und Cyla verliebten sich ineinander, und für alle, die sie kannten, einschließlich ihrer Eltern, stand fest, daß das Mittelschul-Liebespaar eines Tages heiraten würde.

Doch dazu kam es erst 1936, als Simon siebenundzwanzig war. Inzwischen hielt das junge Paar eng zusammen, auch nachdem Simons Mutter 1925 wieder geheiratet hatte und in die Stadt Dolina in den Karpaten übersiedelt war, wo ihr zweiter Ehemann eine Ziegelfabrik besaß. Simon blieb in Buczacz, um die Mittelschule zu beenden. Er besuchte seine Familie oft, war von den Karpaten begeistert, ritt, wanderte und machte so oft wie möglich dort Ferien, da es »im Sommer den Wald, Sonnenschein, Frieden gab, im Winter war es ein gutes Schigebiet«.

Anfang 1928, dem Jahr, in dessen letzter Stunde er zwanzig wurde, meldete sich Simon bei der polnischen Militärbehörde zum Militärdienst. Im darauffolgenden Jahr rächte sich jedoch die Tatsache, daß ihn sein Großvater als das erste Baby des Jahres 1909 hatte eintragen lassen. Zwei Polizisten verhafteten ihn, weil er sich 1927 nicht zum Militärdienst gemeldet hatte. Simon, dem das Gefängnis oder die sofortige Einberufung drohte, beteuerte, daß er sich 1926 gemeldet hatte. Das nützte ihm nichts: Jungen, die 1909 geboren waren, mußten sich 1927 melden. Die Behörden fanden, daß das 1908-Modell Simon Wiesenthal sie nichts anging, es sei denn, dieser Simon, den sie in Gewahrsam hatten, konnte schlüssig beweisen, daß er ein und derselbe war. Ein polnischer Verwaltungsbeamter trug Wiesenthal auf, zwei Zeugen zu bringen, die an Eides Statt erklären konnten, daß sie ihn bereits während der halben Stunde seines Lebens gekannt hatten, die er angeblich im Jahr 1908 verbracht hatte.

Es ließ den jungen Wiesenthal ziemlich kalt, daß er seine Existenz nachweisen mußte. Er durchstöberte Buczacz nach »Zeugen, die sich auf die Minute genau an etwas erinnerten, das vor beinahe zwanzig Jahren geschehen war«, und fand zwei Nachbarn, die tatsächlich noch wußten, daß die Hebamme die Geburt verkündet hatte, *bevor* der stolze Vater um Mitternacht die Schnapsflasche entkorkte. Dieses Detail, meint Wiesenthal, »überzeugte den Beamten und erledigte die Angelegenheit. Mein Geburtstag wurde gesetzlich anerkannt, und sie mußten den jüngeren Wiesenthal anderswo suchen.« Doch dieses erste formelle Scharmützel mit der Bürokratie ließ ihn über seine Identitätskrise nachdenken: »Und

wenn es nicht der Silvestertag gewesen wäre? Wenn es eine gewöhnliche Nacht, ohne Besucher, ohne Zeugen gewesen wäre? Wo wäre ich dann?«
Nachdem sein Status geklärt war, konnte er eine Studien-Zurückstellung erlangen und Architektur studieren – nicht an der Technischen Universität in Lwów, der Hauptstadt einer Wojwodschaft, an der es eine jüdische Quote gab, sondern an der tschechischen Technischen Universität in Prag. Die Goldene Stadt an der Moldau erwies sich nicht nur als architektonische Offenbarung, sondern auch – in der Nachkriegs-Demokratie, die der tschechoslowakische Präsident Tomáš G. Masaryk schuf – als wirklich befreiende Erfahrung für einen jungen polnischen Juden, der schon zu oft von Antisemiten »befreit« worden war.
In den Studentenkellern von Prag vergaß der gesellige Erzähler, als den ihn seine Freunde jetzt kennen, Vorsicht und Zurückhaltung und glänzte als Zeremonienmeister. Später gab er in Lwów eine satirische Studentenzeitung namens *Omnibus* heraus, die monatlich erschien und sich über Kommunisten und Nazis lustig machte. Simon verdächtigt »das polnische Innenministerium, im Besitz eines vollständigen Archivs zu sein, weil uns der Zensor jeden Monat aus dem einen oder anderen Grund konfiszierte« – eine beleidigende Karikatur oder ein bissiges Feuilleton. »Wir hatten viel Spaß miteinander«, erinnert er sich an seine Studentenzeit, »wir waren jung, und das Leben lag vor uns.« Doch zumindest Simon spürte den schrecklich drohenden Schatten über Europa.
1932, Simons letztem Studienjahr, stürmte Adolf Hitler in Deutschland die Schwelle zur Macht, und in der Nähe des Prager Ghettos und Franz Kafkas war Wiesenthal eine ständige Attraktion im Kabarett der jüdischen Studenten. »Ihr wißt ja«, erzählte er einer empfänglichen Zuhörerschaft von jüdischen und christlichen Studenten im Frühling dieses Jahres, »daß es uns immer gelungen ist, sogar aus unseren schlimmsten Tragödien etwas Gutes zum Essen zu gewinnen. Seit dem Pharao haben wir Mazzes für Passah. Seit Haman haben wir *Hamantashen*[3] für Purim. Und was für ein Fest werden wir erst nach Hitler feiern!«
Sechzig Jahre nachdem Wiesenthal diesen Witz erzählt hatte, fragte ich ihn, was er heute von ihm hielt. »Er war vielleicht damals lustig, aber er ist es heute nicht mehr«, erwiderte er. »Wenn man ein Problem hat und aus ihm einen Witz machen kann, dann kann man normalerweise mit zehn Worten mehr ausdrücken als mit einem Buch. Aber niemand konnte sich vorstellen, wer Hitler war. Der Pharao und Haman waren zwar auch voll Haß, aber Hitler besaß die Technologie für den Genozid.« Wie-

senthal wußte damals nicht, daß seine Mutter und weitere achtundachtzig Verwandte in Hitlers Lastwagen, Gaskammern und Öfen verschwinden würden.

Impliziert in dieser zeitgenössischen Analyse seines Witzes sind zwei Themen, die in Gesprächen mit Wiesenthal immer wieder vorkommen. Eines ist »Humor als die Waffe unbewaffneter Menschen: Er hilft Unterdrückten, über die Situation zu lachen, die sie quält.« In den sechziger und siebziger Jahren veröffentlichte Wiesenthal in Deutschland heimlich einen Band mit polnischem Untergrund-Humor unter dem Pseudonym »Mishka Kukin«. Er wollte nicht nur sein ernstes Image im Westen schützen, erklärte er mir 1976, sondern tat es auch deshalb, »weil sich fünfundneunzig Prozent der polnischen Witze über die Regierung lustig machen. Ich mußte mit kommunistischen Behörden verkehren, und die hätten Schwierigkeiten bekommen, wenn sie jemandem, der sich über die Regierung lustig macht, Informationen zukommen ließen. Obwohl alle wußten, daß ich ›Kukin‹ war, konnten sie so tun, als wüßten sie es nicht.«

Sein zweites Thema stammt aus seiner fünfzigjährigen Erfahrung mit Genozid – zuviel davon aus erster Hand –, dank der er festgestellt hat, daß »es in der gesamten Geschichte der Menschheit immer die gleichen sechs Komponenten gab, wenn ein Verbrechen an unschuldigen Menschen verübt wurde:

Haß ist der Saft, dank dem die beiden Ungeheuer der Menschheitsgeschichte, Hitler und Stalin, überlebten. In allen Ländern der Welt möchten die meisten Menschen in Frieden leben. Nur der Extremismus ihrer Führer weckt Haß in ihnen und fördert diesen Haß. Keiner meiner ›Klienten‹ – weder Eichmann noch Stangl, noch Mengele und nicht einmal Hitler oder Stalin – wurde als Verbrecher geboren. Jemand muß sie gelehrt haben zu hassen: Vielleicht die Gesellschaft, vielleicht die Politik, vielleicht nur eine jüdische Prostituierte.

Diktatur ist die zweite Komponente. Was verbindet zweitausend Jahre Genozid? Zu viel Macht in zu wenig Händen. Ein Kaiser, ein König, ein Papst, ein Bischof oder Erzbischof, ein Präsident, ein General, ein Komitee oder eine Kommission wie die spanische Inquisition, die in einer Diktatur des Hasses die Macht besitzten...

Bürokratie: Nicht einfach Leute, die hinter Schreibtischen sitzen, sondern Leute, die den Befehl, Menschen zu töten, befolgen. Diejenigen, die Gaskammern oder Guillotinen bedienten oder Folterkeller betrieben: das waren Bürokraten, die zu Mördern wurden. Die Deutschen der vierziger Jahre des zwanzigsten Jahrhunderts verwendeten vielfach die gleichen Schlagworte wie die spanischen Inquisitoren der neunziger Jahre des fünfzehnten Jahrhunderts, und als die Russen das Erbe der Deutschen antraten, verwendeten sie für ihre Dekrete sehr oft auch den gleichen Wortlaut. Nicht einmal die Nürnberger Gesetze über die Reinheit der Rasse waren etwas Neues, sie waren eine spanische Erfindung. Aber die Nazis gingen nur drei Generationen zurück, während die ›Zeugnisse von gutem Blut‹ der Inquisition sieben Generationen zurückgingen.

Nein, Hitler hat überhaupt nichts erfunden, aber er verfügte über die *Technologie* unserer Zeit, die ihm die Möglichkeit gab, den jahrhundertealten Traum Tausender Hasser zu erfüllen: eine Welt ohne Juden. Hätte die Inquisition vor fünfhundert Jahren Hitlers Technologie besessen, so hätte sie Juden keine Wahl wie ›Laß dich taufen oder stirb‹ und ›Laß dich taufen oder verlasse das Land‹ gelassen. Den Annalen der Inquisition entnehme ich, daß sie um 1485 einen Erfinder suchten, der eine Maschine herstellen sollte, mit der man sieben Menschen gleichzeitig töten konnte. Glauben Sie mir, wenn sie die Technologie besessen hätten, die sie wollten, hätte in Spanien kein Jude, in Frankreich kein Protestant und vielleicht in England kein Katholik überlebt.

Eine Krise oder ein Krieg ist die nächste Komponente. Zu welcher Zeit ist es am leichtesten, unschuldige Menschen zu töten? Während einer Krise braucht man Sündenböcke und Ablenkung von den eigenen Problemen. Während eines Kriegs sind die Grenzen gesperrt, und sogar in einer Demokratie gibt es Geheimhaltung. Die Menschen haben also nicht die Möglichkeit zu schauen, zu sehen und Fragen zu stellen.

Eine Minderheit als Opfer ist die letzte Komponente. Es kann eine rassische, soziale oder politische Minderheit sein, der die Diktatoren und ihre Bürokraten – die über Macht, Haß und Technologie verfügen – die Verantwortung für eine Situation zuschieben.«

Wiesenthal fährt fort: »Als die Türken vor beinahe achtzig Jahren eineinhalb Millionen Armenier töteten, waren die sechs Komponenten des Genozids vorhanden, so wie damals, als die spanische Inquisition zwanzig Menschen auf einen Scheiterhaufen stellte und sie verbrannte. Ich kann Ihnen versichern, daß Hitler diese beiden Völkermorde sehr sorgfältig studiert hat.«

Für Simon Wiesenthal ist heute Haß der Zündstoff, der, wie er befürchtet, den nächsten Holocaust auslösen wird. »Technologie ohne Haß kann, wenn auch nicht immer, ein Segen sein. Technologie *mit Haß* ist immer eine Katastrophe. Was wird dieser Welt zustoßen, wenn die heutigen Hasser, die Terroristen, in den Besitz der zeitgenössischen Technologie gelangen?«

Wenn Wiesenthal von Abrüstungsverhandlungen in Genf, Wien, Washington und Moskau liest, fragt er sich, »was wichtiger ist: die Waffen zu vermindern oder den Haß? Ich bin in bezug auf die Verminderung der Waffen optimistischer als in bezug auf die Verminderung des Hasses. Im Augenblick ist die Technologie imstande, uns achtmal zu töten. Ich stelle mir gern vor, daß die Supermächte und Nicht-ganz-Supermächte noch zu meinen Lebzeiten zusammenkommen werden und es auf viermal verringern können. Dann würde ich vielleicht mit mehr Hoffnung für meine Tochter und meine Enkelkinder sterben.«

Wiesenthal, der sowohl Hitler als auch Stalin erlebte, sagt heute: »Der größte Unterschied zwischen den beiden als Verbrecher ist die Tatsache, daß Hitler die Wahrheit darüber sagte, was er Europa und den Juden antun würde, aber daß niemand ihm glaubte. Stalin log über seinen Genozid, über die Gulags, und die Welt glaubte ihm, deshalb hielt er sich länger als Hitler und schaffte es, mehr Menschen zu töten als dieser.«

In den Jahren 1939/40 ging Wiesenthal in der Sowjetunion als Baumeister in die Lehre. Er verbrachte einige Wochen in Charkow, Kiew und dem Schwarzmeerhafen Odessa. In seiner Erinnerung ist letzteres »eine reizende Stadt« in der Ukraine, »in der ich einundzwanzig Monate lang von Stalin Diktatur lernte. Daß ich sah, was die Sowjets ihrem eigenen Volk antaten – Verhaftungen links und rechts –, war für mich nicht nur eine gute Vorbereitung auf die Nazis, sondern auch darauf, was geschehen würde, wenn wir jemals unter russische Oberhoheit gerieten.«

Zu dieser Zeit verwirrte ihn jedoch am meisten, daß »auf der Straße alle Menschen gleich aussahen: Ukrainer, Russen, Juden, sogar Volksdeutsche. Sie trugen die gleiche Kleidung, hatten die gleichen Gesichter, aus denen die gleiche Geisteshaltung sprach, und schienen sogar wesensgleich zu sein. Unter Stalin war alles trist und einheitlich. Wenn Hitler kam, würde es ihm schwerfallen herauszufinden, wer die Juden und wer die übrigen ›Untermenschen‹ waren. Ich stach aus der Menge hervor, indem ich einfach ich war.«

Nach seiner Rückkehr nach Galizien konnte Wiesenthal endlich an der Technischen Universität von Lwów inskribieren und wohnte eine Zeitlang in der Janowskàstraße, dort, wo sich später das Konzentrationslager befand, in dem er einen Großteil des Kriegs verbrachte. Geographisch

gesehen war es ein kurzer Spaziergang zu der Technischen Universität in der Sapiehystraße, an der auch das Loncki-Gefängnis, das spätere Folterzentrum der Gestapo, lag. Dennoch machten die jüdischen Studenten einen großen Umweg um die Sapiehystraße, denn dort wohnten polnische Offiziere und Beamte, Akademiker und Geschäftsleute, deren Söhne den größten Teil der Studenten an der Technischen und der Landwirtschaftlichen Universität Lwóws stellten. Diese »Jeunesse dorée« befestigte als Waffe Rasierklingen an Stöcken, mit denen sie jüdische Studenten angriff und blutend auf dem Pflaster liegen ließ.
»Am Abend«, erinnert sich Wiesenthal, »war es für jemanden, der auch nur jüdisch aussah, gefährlich, durch die Sapiehystraße zu gehen, vor allem zu der Zeit, in der die jungen Nationaldemokraten oder radikalen Nationalisten ihre anti-jüdischen Schlagworte aus der Theorie in die Praxis umsetzten. Und es war nie ein Polizist zu sehen.«
Was Wiesenthal nicht begriff, war, daß »zu einer Zeit, in der Hitler angriffsbereit an Polens Grenzen stand, um polnisches Territorium zu annektieren«, diese polnischen »Patrioten« nur an eines denken konnten: die Juden – und wie sehr sie sie haßten. »In jenen Tagen wurden in Deutschland neue Waffenfabriken errichtet, strategische, zur polnischen Grenze führende Straßen gebaut und Tausende Deutsche zum Militärdienst einberufen. Doch das polnische Parlament beachtete diese Bedrohung kaum: Es hatte ›Wichtigeres‹ zu tun – zum Beispiel neue Vorschriften für koscheres Schlachten zu erlassen und den Juden damit das Leben schwerer zu machen.«
Das neoklassizistische, gelb und terrakottafarbene Hauptgebäude der Technischen Universität stand hinter einer niedrigen Steinmauer mit einem hohen Eisenzaun. Innerhalb dieser Umzäunung lag kein Schutzgebiet. Im ersten Stock befanden sich die Büros von Professor Derdacki, bei dem Wiesenthal als Diplomarbeit den Entwurf eines Tuberkulosesanatoriums anfertigte, und von Professor Bagienski, der viele von Simons Entwürfen korrigierte. Beide waren berüchtigte Antisemiten. Wenn Bagienski mit einem jüdischen Studenten sprechen mußte, »schien er keine Luft zu bekommen und stotterte mehr als sonst«. 1936 warf eine umherziehende Bande genau vor dem Büro des Dekans für Architektur einen jüdischen Studenten über die überladene Balustrade.
1937, als Wiesenthal noch die endgültige Fassung seiner Diplomarbeit formulierte, riefen die polnischen Radikalen ihre vorläufige Utopie aus: »Tage ohne Juden«, für gewöhnlich während der Prüfungszeit, um die

bereits winzige Zahl der jüdischen Studenten zu verringern. Obwohl mit Bändern geschmückte Mitglieder der Studentenverbindungen mit ihren mit Nägeln gespickten Keulen im Hinterhalt lagen, bewilligte die Fakultät keine Nachprüfungen, also unternahmen die Juden den Spießrutenlauf. An den »Tagen ohne Juden« warteten Krankenwagen außerhalb des Universitätsgeländes, das die polnische Polizei nicht betreten durfte.

Polen machte erst am 31. August 1939, einen Tag vor der deutschen Invasion, gegen seine wirklichen Feinde mobil. Die Kavallerie des Landes ritt mit Stiefeln und Sporen mutig gegen Hitlers Panzer und Sturzkampfbomber an. Soviel zur »polnischen Romantik«.

»Wo sind sie jetzt, diese Super-Patrioten, die von einem ›Polen ohne Juden‹ träumten?« fragt Wiesenthal. »Vielleicht war der Tag, an dem es keine Juden mehr geben würde, nicht mehr weit, und ihr Traum ging in Erfüllung. Nur gab es dann auch kein Polen mehr!«

Simon und Cyla hatten 1936 geheiratet, obwohl die Bedrohung durch Hitler die beiden, die sich den Dreißig näherten, davon abhielt, ein Kind in die gefährliche Welt zu setzen. Doch Simon Wiesenthal wagte es, noch bevor er sein polnisches Diplom in der Hand hatte, in Lwów in einem Architekturbüro zu arbeiten, das sich auf elegante Villen spezialisierte. Reiche polnische Juden und Christen ließen sich noch immer solche Häuser bauen, ohne daß sie auch nur versuchten, Hitlers Schrift an ihren Wänden zu lesen. »Bis zum Ende«, berichtet Wiesenthal, »umgaben sich die Menschen mit Besitz. Wahrscheinlich dachten sie, daß der Besitz sie irgendwie schützen würde. Vielleicht habe ich damals auch so gedacht.«

Soviel Wiesenthal weiß, steht keines der Gebäude mehr, die er in Galizien errichtet hat. Die beiden Häuser, an die er sich am liebsten erinnert, sind sein erstes und sein letztes. Zu Beginn seiner Laufbahn baute er 1936 in Dolina eine ländliche Villa für seine Mutter und seinen Stiefvater. Seinen letzten Auftrag erhielt er Anfang 1939 von »einem sehr reichen Mann, einem *neureichen* Juden. Als ich ihn fragte, was er sich für sein neues Haus vorstelle, sagte er: ›Ich kaufe diesen Grundbesitz. Ich möchte ein Haus bauen. Sie wollen mein Programm erfahren? Ich habe viele Feinde. Mein Programm besteht also darin, daß meine Feinde vor Neid sterben, wenn sie dieses Haus sehen.‹«

Wiesenthal gab sein Bestes für dieses Gebäude, das er kurz vor dem 23. August fertigstellte, dem Tag, an dem Hitler und Stalin einen »Nichtangriffspakt« schlossen, in dem sie Polen untereinander aufteilten und geheime Vorkehrungen für die Eingliederung der baltischen Staaten Est-

land, Lettland und Litauen in die Sowjetunion trafen. Der Zweite Weltkrieg begann eine Woche später, als Deutschland von Westen und kurz darauf Rußland von Osten in Polen eindrangen. Als die Rote Armee Dolina besetzte, zollte sie dem dreißig Jahre alten Architekten einen fragwürdigen Tribut, indem sie »das beste Haus in der Stadt« zum Wohnsitz ihres örtlichen Kommandanten wählte und Simons Eltern daraus vertrieb.
Nachdem die Rote Armee Galizien erobert hatte, trieben Ende September Angehörige des sowjetischen Sicherheitsdienstes NKWD in Zivil jüdische »bourgeoise« Kaufleute und Industrielle zusammen; unter ihnen befand sich auch Simons Stiefvater, der in einem sowjetischen Gefängnis starb. Simons Mutter übersiedelte zu ihm und Cyla nach Lwów, das jetzt auf russisch Lwow hieß. Obwohl es in Europa noch keine Sommerzeit gab, bekamen die Galizier sie als erste, denn sie mußten ihre Uhren um zwei Stunden vorstellen, um sich der Moskauer Zeit anzupassen.
In Lwow waren die Feinde von Wiesenthals *neureichem* Kunden tatsächlich neidisch, also denunzierten sie den Mann bei den Russen als Kapitalisten; diese konnten sich selbst davon überzeugen und deportierten ihn nach Sibirien. Er kam nie mehr zurück – und man konnte sagen, daß der Kunde dank des Hauses, das Wiesenthal für ihn gebaut hatte, am Neid starb.
Vier Wochen nachdem Lwów zu Lwow geworden war, mußten alle Einwohner einen neuen Paß lösen: »Fünf Jahre gültig, danach verlängerbar«, erklärte man ihnen optimistisch. Jeder, der sich als Kaufmann oder Grundbesitzer bezeichnete, wurde nach Sibirien deportiert. In die Pässe von jüdischen Intellektuellen – einschließlich Ärzten, Anwälten und Lehrern – wurde die Kennzeichnung »11« gestempelt, was sie zu Staatsbürgern zweiter Klasse machte, die nicht in großen Städten wohnen durften sowie in einer Entfernung von mindestens hundert Kilometer von der Grenze leben mußten. Einige Monate später wurden alle Inhaber von 11-Pässen als Sicherheitsrisiken nach Sibirien deportiert. Nicht allzu viele überlebten den Krieg.
Später bemerkte Wiesenthal einen Unterschied zwischen der sowjetischen und der Nazi-Politik der Verfolgung: Die Russen liquidierten zuerst die Kapitalisten und dann die Intelligentsia, während es die Nazis in der umgekehrten Reihenfolge machten, um zu lernen, wie man die jüdischen Geschäfte, die sie übernahmen, führte. Simon, dessen Kundenstock dezimiert war und dessen Lager die Rote Armee geplündert hatte, überlebte im sowjetischen Lwow nicht als Architekt, sondern als Mechaniker in einer Fabrik für Bettfedern. Indem er einen NKWD-

Kommissar bestach, gelang es ihm, für seine Mutter einen normalen Paß zu erhalten.

In Lwow wurden alle Geschäfte und alle Häuser verstaatlicht; gelegentlich gestattete man einem Hausbesitzer, als Verwalter in seinem früheren Eigentum zu bleiben – während die Regierung die Mieter auswählte. Ohne die Erlaubnis des nächsten Miliz-Postens, der häufig mitternächtliche Kontrollbesuche unternahm, durfte kein Gast über Nacht bleiben.

Als nächstes im Sowjetisierungsvorgang kamen die Engpässe. Sich für einen Laib Brot anstellen dauerte zwei bis drei Stunden, für ein Kilo Zucker waren es vier bis fünf Stunden. Ein neuer Berufszweig entstand: Anstellen. Man konnte einen beruflichen »Ansteller« anheuern, der ein Vielfaches des Warenpreises erhielt. Dadurch kam es wieder zu einem blühenden Schwarzmarkt, auf dem Zucker zum Fünfundzwanzigfachen des offiziellen Preises verkauft wurde.

Russische Soldaten und Beamte kauften gelegentlich alles, was es in einem Geschäft gab. Ihre Frauen kauften gern Nachthemden und trugen sie als Abendkleider. Wer zu spät zur Arbeit kam, wurde mit Gefängnis bestraft. Es gab ständig Paraden und obligatorische freie Wahlen, und die Bewohner von Lwow akzeptierten ihre letzte »Befreiung« resigniert und beinahe erleichtert. »Sie war nicht so schlecht wie manche anderen«, gibt Wiesenthal zu und vertreibt den Kummer mit einem tschechischen Rätsel, das wissen will, was geschehen würde, wenn die Sowjets ihren Traum von einer Expansion in Afrika erfüllten und die Sahara besetzten.

Wiesenthal gibt die Antwort: »Zwei Jahre lang würde nichts geschehen – und dann müßten sie Sand importieren.«

Mitte 1940 hatten die Verhaftungen und mitternächtlichen Razzien aufgehört – und die Situation hatte sich so weit normalisiert, daß Professor Derdacki endlich Simons Entwurf für ein Sanatorium annehmen konnte. »Mit allgemein zufriedenstellenden Benotungen« seiner Arbeiten erhielt Wiesenthal am 25. Juni ein Diplom und durfte als Bauingenieur tätig sein. Er gab seine Arbeit – Bettfedern verbiegen – auf und nahm eine Stellung im Büro einer Baufirma an.

»Ich hätte meinen Beruf weiter ausüben können«, erinnert er sich, »denn in Lwow standen noch meine Arbeiten als Architekt – obwohl die Menschen, für die ich baute, längst fort waren. Ganz gleich, wie primitiv die russischen Menschen, sogar die Besatzungssoldaten, sind – sie respektieren den Besitz, weil sie selbst keinen haben. Aber als 1941 die Deutschen kamen, wurde meine Welt vernichtet.«

III. Jetzt beginnt das Sterben

Als das polnische Lwów 1939 zum sowjetischen Lwow wurde, fanden sich die Bewohner in einem Vorraum der Hölle wieder, in dem es eine Drehtür zur Unterwelt, aber auch eine winzige Hoffnung auf Erlösung gab. Simon, der Architekt, schaffte es, Mechaniker in einer Fabrik für Bettfedern zu werden, und arbeitete sich bereits 1940 die Leiter wieder hinauf. Er verfügt über jene Unverwüstlichkeit, die Menschen in diesem Teil der Welt immer zum Überleben gebraucht haben. Doch die weitere Entwicklung der Weltgeschichte machte Wiesenthal einen Strich durch die Rechnung. Er begann zwar, sich nach neuen Arbeitsmöglichkeiten umzusehen, aber die Stahltür zur Außenwelt wurde am 22. Juni 1941 verriegelt, als Hitler den Pakt mit Stalin brach und in die Sowjetunion eindrang.

Als die Rote Armee acht Tage später Lwow verließ, um sich im Osten neu zu gruppieren, kehrte die Stadt über Nacht zu ihrem alten österreichischen Namen *Lemberg* zurück. Doch die Gesichter der ersten deutschen Invasoren wirkten vertraut: es waren die verhaßten Ukrainer – Hilfstruppen, die aus dem sowjetischen Teil des geteilten Polen auf die deutsche Seite geflohen waren und die man dort ausgebildet hatte. Sie feierten ihre Rückkehr mit einem Pogrom, das drei Tage und drei Nächte dauerte. Jeder Jude, der ihnen in die Hände fiel, konnte sich seine Todesart aussuchen – Hängen, Erschießen oder Erschlagen. Andere wurden zu Tode getrampelt oder von den Rädern der Kanonen zermalmt. Als das Pogrom vorbei war, waren 6000 Juden tot.

Kaum waren die Ukrainer fort, kamen die *Einsatzgruppen* der SS, die Hitlers erobernden Armeen folgten und deren einziger Kampfauftrag darin bestand, zivile »Feinde« zu vernichten, und zwar in der Reihenfolge jüdische Intellektuelle, Kommunisten und Zigeuner. Sie wurden zuerst in Österreich und der Tschechoslowakei von der Leine gelassen. Als brutale Faust hämmerten sie einer ungläubigen Welt Hitlers Programm ein.

»Am ersten Juli«, erinnert sich Simon, »befand ich mich gegen elf Uhr vormittags in der Wohnung eines Freundes, als wir auf der Straße lautes Schreien vernahmen. Wir traten ans Fenster und sahen, wie deutsche Soldaten und ukrainische Zivilisten Juden auf der Straße mißhandelten, aus ihren Wohnungen zerrten, sie entkleideten und schlugen. Zwei Zivilisten und ein Soldat schlugen mit Stöcken auf sechs Juden ein. In der Nähe des Randsteins hatte ein Soldat einen zwölf- oder dreizehnjährigen Jungen

niedergeschlagen und trat ihn jetzt mit den Militärstiefeln gegen den Kopf. Einige Meter weiter lagen zwei Frauen auf dem Boden; man hatte ihnen die Haare ausgerissen, die neben ihnen verstreut waren.
Kurz darauf trat eine Gruppe von etwa sechzig ahnungslosen Juden aus einer Seitengasse in diese Szene. Sie wurden von den Ukrainern mit Stöcken und Steinen begrüßt und von den Deutschen mit Gewehrkolben geschlagen. Doch plötzlich hörten die Schläge auf. Ein General mit goldenen Tressen auf den Schultern traf in einem offenen Wagen ein – ich glaube, daß es ein Mercedes war. Er stand im Auto, und ein Kameramann filmte ihn. Die Soldaten nahmen Haltung an und grüßten militärisch. Die Verprügelten mußten aufstehen und ebenfalls Haltung annehmen. Der General winkte, und als der Wagen anfuhr, ging das Verprügeln weiter.«
Wiesenthal blieb während des Pogroms außer Sicht und spielte am Sonntag, dem 6. Juli 1941, nachmittags mit einem Freund im Keller seines Hauses Schach, als ein Jiddisch sprechender ukrainischer Polizist »zur Vordertür hereinstürzte, herunterkam und uns aufforderte mitzukommen. Wir standen auf einer Liste, die er in der Hand hielt, und es klang fast so, als sollten wir geehrt werden.«
Die beiden Schachspieler wurden in das Brigidki-Gefängnis gebracht. In einem Hof standen etwa vierzig jüdische Intellektuelle herum: Anwälte, Ärzte, Ingenieure und Lehrer. Wiesenthal und sein Freund wurden aufgefordert, sich zu ihnen zu stellen. »Später«, sagt Simon trocken, »veranstalteten sie die gleiche Gartenparty für die polnische Intelligentsia von Lwów« – hauptsächlich Universitätsprofessoren plus einem der bekanntesten Schriftsteller Polens, Tadeus Boy-Zelensky.
Auf dem Tisch in der Mitte des Hofes gab es Wodkaflaschen, Wurst, Teller mit Horsd'œuvres und Kugeln. Das Verbrechen der Gäste bestand darin, daß sie Juden und gebildet waren, und daher würden sie nur Munition zu sich nehmen.
Hölzerne Kisten wurden hereingetragen, und jeder Jude mußte sich neben eine stellen. Sie standen mit dem Gesicht zu einer Wand, hatten die Hände hinter dem Kopf verschränkt und wurden nacheinander von einem ukrainischen Henker mit einem Genickschuß getötet. Nachdem er drei oder vier Männer erschossen hatte, ging er zum Tisch, trank ein Glas Wodka und aß ein paar Bissen, während ein anderer Ukrainer die Waffe wieder lud. Zwei weitere Ukrainer schoben jede Leiche in eine Kiste und brachten sie fort.

Als Wiesenthal sah, wie die Männer, die er seit Jahren kannte, blutend zusammensanken und innerhalb von Sekunden vor seinen Augen starben, begriff er, daß er nicht mehr der willkürlichen, oft betrunkenen Gewalttätigkeit der ukrainischen Kavalleristen ausgeliefert war und auch nicht den polnischen Angehörigen einer Studentenverbindung, die aus dem Hinterhalt Juden überfielen. »Was ich damals zum ersten Mal sah«, erzählt er, »war eine systematische Vernichtung, deren einziges Motiv war, jeden Juden zu töten und mit jenen zu beginnen, die nach Hitlers Ansicht die gefährlichsten waren. Und das taten Leute, denen es wirklich Vergnügen bereitete, uns zu töten.«

Als sich die Schüsse und Rufe der lärmenden Ukrainer Wiesenthal näherten, hörte er ein neues Geräusch: Kirchenglocken. Die Ukrainer vernahmen sie ebenfalls. Da alle gute unierte Katholiken waren, legten sie die Waffen weg und gingen zur Abendmesse.

Wiesenthal und sein Freund waren nur noch fünf oder sechs Kugeln von der Auslöschung entfernt gewesen. Sie hatten eine Nacht Galgenfrist erhalten und wurden mit achtzehn weiteren Überlebenden in zwei große Zellen gebracht, wo man ihnen Gürtel und Schnürsenkel wegnahm. Selbstmord war verboten. Wiesenthal erfuhr nicht zum letzten Mal, daß sich unter den Nazis kein Jude aussuchen konnte, wann er sterben durfte.

In dieser Nacht döste Simon unruhig auf dem Fußboden, als eine Taschenlampe auf ihn gerichtet wurde und eine irgendwie vertraute ukrainische Stimme auf polnisch fragte: »Ingenieur Wiesenthal! Was tun Sie hier?«

»Wer sind Sie?« fragte Wiesenthal den Lichtstrahl.

Der Mann dahinter war sein ehemaliger Gehilfe Bodnar, den er in guter Erinnerung hatte. »Er war ein sehr guter Steinmetz, und ich versuchte, ihn bei jedem Gebäude einzusetzen, das ich errichtete.« Obwohl Bodnar jetzt die Armbinde der ukrainischen Hilfspolizei trug, war er seinem ehemaligen Arbeitgeber gegenüber noch immer loyal.

»Ich muß Sie von hier fortbringen«, flüsterte er. »Sie wissen, was die morgen früh vorhaben.«

Wiesenthal bat ihn, auch seinem Schachpartner zu helfen. Bodnar dachte laut nach: »Am wichtigsten ist, daß ich Sie unter irgendeinem Vorwand aus diesem Gebäude hinausschaffe.« Er beschloß, seinen ukrainischen Chefs zu erzählen, daß er unter den in Gewahrsam befindlichen Juden zwei sehr wichtige sowjetische Spione demaskiert hatte. »Ich werde sie fragen, ob ich Sie zur weiteren Einvernahme in die Akademiestraße bringen soll. Sobald ich Sie hier herausgeholt habe, kann ich Sie verlieren.« In der Sapiehystraße, in der die Technische Universität lag, befand sich auch das Loncki-Gefängnis, das die Gestapo zu einem »Forschungszentrum« umfunktioniert hatte: ein beschönigender Nazi-Ausdruck für Folterkammer. Akademiestraße bedeutete das Hauptquartier des ukrainischen Kommissars.

Eine Stunde später wurden beide Gefangene aus der Zelle gezerrt und während eines akzeptablen Zeitraums von ihren ukrainischen Kerkermeistern mißhandelt – lang genug, damit Wiesenthal zwei Zähne verlor –, bis Bodnar rief: »Das reicht! Wir brauchen Namen und Informationen von ihnen, *bevor* wir sie umbringen.«

Auf dem Weg aus dem Gefängnis versuchte Bodnar, an dem Hof vorbeizuschleichen, in dem die Männer des Hinrichtungskommandos, die zwar gebetet, aber die Waffen nach wie vor neben sich hatten, noch immer bei Kerzenlicht aßen und tranken und ihre Leistungen an diesem Tag feierten. Sie waren für alles, was rings um sie vorging, blind, doch ein deutscher Feldwebel hatte sich zu ihnen gesellt, der Bodnar und seine Gefangenen entdeckte und wissen wollte, wohin sie gebracht wurden. Bodnar, der nicht Deutsch sprach, befahl Wiesenthal zu antworten.

Simon erklärte dem Feldwebel in seinem besten Deutsch: »Das ist ein ukrainischer Polizist. Wir sind Juden. Er soll uns zu seinem Kommissar bringen.«

Der bereits leicht betrunkene Feldwebel gab Bodnar eine Ohrfeige und sagte: »Warum steht ihr dann hier herum? Wenn alle eure Leute so sind, wird es bald mit euch Schwierigkeiten geben. Sobald du sie abgeliefert hast, meldest du dich bei mir.«

Als sie in »Sicherheit« waren, entschuldigte sich Wiesenthal bei Bodnar wegen der Ohrfeige, die er ihretwegen erhalten hatte. Doch dieser hatte jetzt andere Sorgen, weil er zumindest mündlich über seine beiden Gefangenen Bericht erstatten mußte.

Sie schleppten sich durch die stillen Straßen von Lemberg, in dem es ein Ausgangsverbot für Polen und ein noch früher beginnendes für Juden gab. Bodnar führte die beiden an der Wache im ukrainischen Hauptquartier vorbei und deponierte sie im Büro des Kommissars. Wiesenthal und sein Freund begannen sofort, den Raum zu säubern. Als der Kommissar am Morgen eintraf, fragte er sie, was zum Teufel sie hier zu suchen hätten.

»Ein deutscher Feldwebel hat uns hierher geschickt, damit wir Ihr Büro reinigen«, erklärte Wiesenthal, »aber wir waren erst so spät fertig, daß wir nicht mehr nach Hause gehen konnten.«

»Dann geht jetzt nach Hause«, befahl der Ukrainer kurz, den es offensichtlich freute, daß er für seine deutschen Herren so wichtig war. Wiesenthal und sein Freund waren rechtzeitig zum Frühstück zu Hause.

Wiesenthal wurde drei Tage später geschnappt, als körperlich leistungsfähige Männer zu Arbeitskommandos zusammengetrieben wurden. Es waren insgesamt etwa hundert Männer, die »zu einem Lagerplatz geschickt wurden, auf dem sie uns in kleine Gruppen teilten und uns Panzerplatten von einer Stelle zu einer anderen tragen ließen. Diese Platten waren so schwer, daß wir sie kaum heben konnten, besonders, wenn uns die deutschen Soldaten aufmunternd prügelten. Einer von ihnen war aus Leipzig und erklärte ständig, er habe dort ebenfalls mit faulen Juden zu tun gehabt und sie auf Vordermann gebracht. Die Kanten der Panzerplatten waren sehr scharf und zerschnitten uns die Hände, aber die Soldaten erlaubten uns nicht, das Blut abzuwaschen oder etwas auf die Wunden zu legen. Wir arbeiteten ohne Mittagspause, während die beiden Soldaten einzeln essen gingen.

Am Nachmittag ließen sie uns schwere Sauerstoffflaschen, von denen einige neunzig bis hundertzehn Kilogramm wogen, über eine Entfernung von bis zu dreihundert Metern tragen. Wir arbeiteten zu zweit, und am Spätnachmittag blieb ein Paar eine Zeitlang stehen und wurde von beiden Soldaten geschlagen. Einer der Männer fiel um und wurde ins Gesicht getreten. Er blieb bewußtlos liegen. Sein Partner wurde einer anderen Gruppe zugeteilt. Als wir am Abend nach Hause gingen, lag er noch immer dort, und wir sahen ihn nie wieder. Es war neun Uhr – eine Stunde über das Ausgangsverbot der Juden hinaus –, deshalb gaben sie uns Passierscheine, damit wir nach Hause gehen und uns am nächsten Tag wieder hier melden konnten.«

Simons Leben, sein Beruf, seine Stunden, Tage und manchmal Nächte gehörten nicht mehr ihm. Dann begannen die Deutschen, mit jüdischen Arbeitskräften ein Ghetto zu bauen. Wiesenthal erinnert sich genau an diese Phase:

»Zuerst umzäunten sie einen Teil des Stadtrandes ... Dann rissen sie die Pflastersteine heraus und verwandelten die Straßen in Morast. Das gehörte zu der systematischen Methode, Lebensbedingungen für Untermenschen zu schaffen. An regnerischen Tagen versank man, wenn man die Straße überquerte, bis zu den Knöcheln im Schlamm. Es war unmöglich, sich zu säubern. Wir müssen wie Tiere oder wie Phantome aus einer anderen Welt ausgesehen haben. Am schlimmsten war es, wenn SS-Führer und Heeresoffiziere mit einigen Frauen in ihren großen Wagen eintrafen. Sie beobachteten uns, lachten und fotografierten die seltsame Spezies Untermenschen. Diese Fotos schickten sie nach Hause, und alle sagten: ›Seht euch doch diese Juden an! Der Führer hat recht! Das sind keine Menschen.‹«

Dem Ehepaar Wiesenthal und Simons Mutter gelang es, außerhalb des Ghettos zu bleiben, bis im Spätsommer ein SS-Mann mit einer polnischen Hure am Arm in ihre Wohnung schlenderte. Die Hure sah durch sie hindurch, während sie die Wohnung musterte, und sagte dann: »Ja, das wird gehen.« Eine Stunde später gingen die Wiesenthals in das Ghetto und ließen all ihre Habe zurück. Die neue Hausherrin wollte eine möblierte Wohnung beziehen.

Etwas mehr als einen Monat danach, am 21. Oktober 1941, veranstaltete die SS eine »Registrierung«. Simon Wiesenthal hatte die neue Bedeutung des Wortes erkannt: »Je öfter sie uns registrierten, desto weniger wurden wir. In der Sprache der SS war eine Registrierung keine einfache Bestandsaufnahme. Sie bedeutete viel mehr ... Aus bitterer persönlicher Erfahrung mißtrauten wir Worten, deren normale Bedeutung harmlos schien. Die Absichten der Deutschen uns gegenüber waren nie harmlos gewesen.«

Simon und Cyla wurden nach Janowskà, einem Konzentrationslager, geschickt, das die Deutschen an Lembergs westlichem Stadtrand beim Friedhof errichteten. Simons Mutter durfte in ihren sieben Quadratmetern Ghetto-Verkommenheit bleiben. Bei dem hastigen Abschied gab ihr Simon »das letzte, was wir besaßen: eine goldene Uhr, für den Fall, daß sie sich Sicherheit erkaufen mußte«.

Die Tore zur Hölle waren nach Geschlechtern getrennt. Simon und Cyla wurden auf verschiedene Lastwagen verladen und von Ukrainern und Askaris (sowjetische Gefangene, die zu der deutschen SS übergelaufen waren) beaufsichtigt, während sie zu den Männer- und Frauenlagern von Janowskà fuhren. Bei beiden war der Vorraum ein Schuppen, in dem zwei SS-Männer den Gefangenen befahlen, die wenigen Habseligkeiten herzugeben, die sie mitgenommen hatten, und Namen, Alter sowie Arbeitsbefähigung anzugeben. Dann wurden sie nach einer flüchtigen körperlichen Untersuchung durch die Hintertür in den Hades geschickt.

Die Brotration eines Gefangenen betrug hundert Gramm täglich. Am Ende eines harten Arbeitstags, an dem sie das Lager vergrößert, Steine ausgegraben, Gruben für die Toten des Tages ausgehoben hatten oder (wenn es keine Arbeit gab) den Boden umgegraben und wieder geglättet oder schwere Steine von einer Stelle zur anderen und wieder zurück geschleppt hatten, traten die Männer zum Abendappell an. Jene, die sichtlich krank waren, wurden aus den Baracken ausgeschlossen, »um eine Ansteckung der Gesunden zu verhindern«. Sie verbrachten die Nacht draußen in der Kälte bei einer »Frischluftkur«, wie es die Deutschen nannten. Nach acht Uhr abends herrschte Ausgehverbot, und die Askaris auf den Wachtürmen hatten Befehl, jeden zu erschießen, der stand oder sich bewegte, deshalb mußten die Verurteilten die ganze Nacht auf dem gefrorenen Boden liegen. Im galizischen Winter erhob sich am Morgen keiner von ihnen. Die »Frischluftkur« war tödlich. Einige wählten allerdings eine Abkürzung ins Jenseits, indem sie nachts aufstanden und die Askaris aufforderten, sie zu erschießen. Den Gefallen erwiesen ihnen die Askaris immer gern.

Anfangs mehrten sich die Fluchtversuche in Janowskà, obwohl die Zahl der für jeden Versuch erschossenen Gefangenen von fünf auf zehn verdoppelt wurde. Der erste geglückte Fluchtversuch bedeutete fünfundzwanzig Erschießungen im Lager sowie noch drastischere Konsequenzen: Ein Lastwagen fuhr zu dem Haus des Mannes im Ghetto und brachte die gesamte Familie – plus einigen zufällig anwesenden Besuchern – als Geiseln in das Lager, wo sie auf seine Rückkehr warten mußten. Sie wurden in Einzelzellen ohne Licht und Nahrung untergebracht. Ihr Martyrium dauerte drei Tage – bis der von Gewissensbissen geplagte Flüchtling zurückkehrte und vor den Augen seiner Familie und ihren Freunden, die dann freigelassen wurden, zu Tode geprügelt wurde. Als wieder ein Mann entkam, wurde das Verfahren wiederholt. Als er sich nach drei Tagen noch nicht gestellt hatte, wurden seine Mutter, Schwester, Nichte, Schwägerin und das Kind eines Nachbarn erschossen. Danach gab es nur wenige Fluchtversuche.

Ende 1941 wurden Simon und Cyla Wiesenthal zufällig zugleich in ein spezielles Zwangsarbeitslager in der Nähe des Lemberger Rangierbahnhofs verlegt. Das Lager war ein Außenkommando von Janowskà, dort waren die Gefangenen untergebracht, die in den Ostbahnwerken arbeiteten. Cyla wurde in die Manometerwerkstätte geschickt, wo sie Messing und Nickel polierte. Eine Zeitlang sah sie Simon täglich, weil er auf erbeutete russische Lokomotiven den Reichsadler malte. Als er zum Schriften- und Tafelmaler für die gesamten Ostbahnwerke befördert wurde, sah sie ihn seltener, aber sein neuer Job verschaffte ihm Bewegungsfreiheit, die später beiden das Leben rettete.

Wiesenthals Arbeit – und der Mann selbst – fiel dem Inspektor Kohlrautz, einem Zivilisten, auf, »weil er immer mit hoch erhobenem Kopf herumging. Die SS-Leute behaupteten, Wiesenthal sei unverschämt. Ich stritt nicht mit ihnen, aber ich gebe zu, daß mich die aufrechte Haltung des Mannes beeindruckte. Seine Augen blickten nachdenklich, als wisse er, daß wir Deutschen eines Tages für all das würden Rechenschaft ablegen müssen.«

Da Gott Urlaub machte und sein gesalbter Vertreter, Papst Pius XII., seltsam still blieb, sah es so aus, als wäre Simon, der nicht annahm, daß er den Krieg überleben würde, bereits in die Schuhe des Stellvertreters der Toten geschlüpft.

Als Günthert, der Leiter der Werkstätten – ein Parteigenosse, der bereits Schwierigkeiten mit den SS-Wächtern gehabt hatte, weil er seine jüdischen Arbeiter menschlich behandelte –, erfuhr, daß Wiesenthal zugelassener Architekt war, gab er ihm Arbeit als Techniker und Zeichner. Güntherts Vertreter Adolf Kohlrautz, ebenfalls ein Parteigenosse, teilte nicht nur die Einstellung seines Chefs, sondern war für das Lob und die Beförderungen, die er erhielt, ungeheuer dankbar. Schuld daran waren Simons technische Zeichnungen, die unter Kohlrautz' Namen vorgelegt wurden. Kohlrautz riskierte Kopf und Kragen, indem er Simon erzählte, was er in den BBC-Nachrichten gehört hatte, und Nahrung für Simons Mutter ins Ghetto schmuggelte.

Nicht das Janowskà-Lager, sondern das Ghetto bekam die erste Welle von organisierten Deportationen zu unbekannten Zielen zu spüren. In Janowskà beendete man im allgemeinen sein Leben früher oder später an Ort und Stelle. Die »Privilegierten«, die im Ghetto blieben, waren Mütter, Kinder und alte Leute. Die kräftigsten von ihnen wurden jedoch gezwungen, bei Tag außerhalb des Ghettos zu arbeiten; unterdessen durchsuchte die SS die Anlage und befreite sie von »nicht arbeitenden, unnützen Mündern«. Eine Frau, die nach der Sklavenarbeit eines schweren Tages nach Hause kam, stellte vielleicht fest, daß ihre Kinder für immer fort waren. Als es dann den verzweifelten Müttern gelang, ihre Kinder in Öfen und Schränken oder hinter falschen Wänden zu verstecken, versuchte es der SS- und Polizeiführer von Lemberg, Friedrich Katzmann, mit einer anderen Taktik. Er verkündete eine Lockerung der Vorschriften und eröffnete, um seine gute Absicht zu beweisen, einen Kin-

dergarten für Ghettokinder, die dort Extrarationen Milch und Kakao bekamen.
Die Mütter beobachteten den Kindergarten mißtrauisch, doch dann gewannen die Kinder und das Bedürfnis der Mütter, für sie zu sorgen, die Oberhand. Eines Nachmittags aber wurde der Kindergarten für immer geschlossen. Die SS-Lastwagen hatten die Kinder zu einem Ausflug abgeholt, von dem sie nie wiederkamen.
Die nächsten, die als »unnütz« aussortiert werden mußten, waren alte Frauen. Simon Wiesenthal, der im Sommer 1942 in den Eisenbahnwerkstätten arbeitete, sah hilflos zu, wie die SS ältere jüdische Frauen in einen Güterzug zwängte – einhundert pro Waggon –, und den Zug drei Tage lang in der heißen Sonne stehen ließ, während die Frauen um Wasser bettelten. Er hörte ihre Schreie und konnte nur beten, daß sich seine Mutter nicht unter ihnen befand. Aber Gott war auf Urlaub, und Rosa Wiesenthal befand sich in diesem Zug.
»Meine Mutter wurde im August 1942 von einem ukrainischen Polizisten abgeholt«, erzählt Simon und verfällt rasch ins Präsens, als die Erinnerung wach wird. »Sie gibt ihm meine goldene Uhr, und er geht. Eine Stunde später kommt ein anderer, und diesmal hat sie nichts, was sie ihm geben könnte, also ist sie fort. Das hat mir ein Nachbar erzählt.«
Rosa Wiesenthal wurde aus dem Ghetto geschleppt und auf einen Lastwagen gestellt, der sie und zwei Dutzend weitere Frauen zu den Güterwaggons brachte, die sie in den Rangierbahnhöfen erwarteten. Sie alle kamen in Belzec ums Leben, einem neuen Vernichtungslager an der Straße von Lemberg nach Lublin. Rosa Wiesenthal war dreiundsechzig.
Um die gleiche Zeit erfuhr Cyla Wiesenthal, daß ihre Mutter in Buczacz von einem ukrainischen Polizisten erschossen worden war, als man sie aus ihrem Haus vertrieb. »Sie bewegte sich nicht schnell genug«, erklärt Simon, »deshalb erschoß er sie auf der Treppe ihres eigenen Hauses.« Insgesamt verloren die Wiesenthals im Zweiten Weltkrieg neunundachtzig Verwandte – und Simon ist auch für sie der Stellvertreter, genau wie für Millionen andere.

IV. Wenn ein Jude beschließt zu sterben

Es war Wiesenthals Glück, daß er den größten Teil des Krieges in seiner Heimatstadt Lemberg verbrachte, ohne aus dem Janowskà-Konzentrationslager nach Sobibor, Belzec oder in ein anderes Vernichtungslager verlegt zu werden. Wenn er als Schriften- und Tafelmaler in den Ostbahnwerken arbeitete, was meist der Fall war, konnte er mit seiner Frau Cyla sprechen, die in der Manometerwerkstatt beschäftigt war. Aber er wurde gelegentlich aus dem Alltagstrott in den Ostbahnwerken nach Janowskà zurückgeholt, wo er in das breite, strahlende Gesicht des stellvertretenden Lagerkommandanten Richard Rokita blickte, eines stämmigen Schlesiers Ende Dreißig, der früher in Cafés Geige gespielt hatte.

»Wir nannten Rokita ›den freundlichen Mörder‹«, erzählt Wiesenthal. »Er schlug nie jemanden. Er schrie uns nie an. Er erschoß die Gefangenen einfach höflich. Eines Tages schlendert Rokita durch das Lager und sieht einen alten Juden, der zu schwach ist, um dem Dritten Reich irgendwie von Nutzen zu sein. Der alte Mann grüßt ihn. Rokita erwidert den Gruß freundlich, läßt ein Stück Papier fallen und befiehlt dem alten Juden, es aufzuheben. Als sich der alte Mann bückt, erschießt ihn Rokita. Wie gesagt, ein freundlicher Mörder.«

Rokitas Lieblingsprojekt war das Lagerorchester, das er aus einer großen Auswahl an erstklassigen Musikern zusammenstellte, die in Janowskà eingesperrt waren. An manchen Abenden dirigierte er Konzerte von Bach, Grieg und Wagner für den SS-Kader und trat sogar als Geigenvirtuose auf. Doch meist berieselte sein Sechzehn-Mann-Orchester am Morgen die Gefangenen, wenn sie zur Arbeit in die Stadt marschierten, und begrüßte sie am Abend bei ihrer Rückkehr mit einer Serenade. Als ein bekannter Lemberger Schlagerkomponist, Zygmunt Schlechter, Rokita in die Hände fiel, trug ihm dieser auf, einen »Todestango« zu komponieren, den das Orchester bei den öffentlichen Hinrichtungen von Ausbrechern und von nicht gemeldeten Juden spielte, die sich in der Stadt versteckt hatten.

Diese Ereignisse fanden regelmäßig am jenseitigen Ende des »Schlauchs« statt, einem einsachtzig oder zwei Meter breiten Korridor in dem Niemandsland zwischen den Stacheldrahtzäunen der Gefängnisanlage und dem Verwaltungsviertel. Kein Gefangener war jemals durch den »Schlauch« gegangen und hatte überlebt, denn er führte zu einer Sandgrube, die die Schießstätte war. Manchmal ließ man verurteilte Insassen einige Tage lang ohne Essen und Wasser im »Schlauch« warten. Die SS hielt es für verschwenderisch, weniger als zehn Juden gleichzeitig hinzurichten – und für genauso verschwenderisch, diejenigen zu füttern, deren Ende kurz bevorstand.

Einmal führte der freundliche Rokita einen Arbeitstrupp am »Schlauch« vorbei und erblickte eine Handvoll Verurteilter, die hungernd auf die Hinrichtung warteten. Er befahl einem Wächter, ihnen Essen zu bringen. Sobald die Gefangenen die ersten Brocken in den Mund gesteckt hatten, eröffneten Rokita und der Wächter das Feuer und töteten alle. Die Verurteilten hatten ihre Henkersmahlzeit bekommen.

»Kommt schon, gehen wir weiter«, befahl Rokita seinem entsetzten Arbeitstrupp. »Ihr habt nichts zu befürchten ... Ihr seid ja gesund, nicht wahr? Diese Leute waren krank. Für sie war es eine Erlösung.«

In Janowskà regierten zwei SS-Rivalen: Fritz Gebauer, der Leiter der Lagerwerkstätten, und Gustav Wilhaus, der für die tägliche Arbeit zuständig war. Die beiden Männer verachteten einander – so gründlich, daß Wilhaus seinen Hund Fritz nannte. Obwohl er der Rangniedrigere war, konnte er sich solche Gesten wie auch offene Herausforderungen erlauben, denn sein Schwager war der SS-Mann Friedrich Katzmann, jener Polizeichef von Galizien, der 1942 im Ghetto von Lemberg die Kinder verwöhnt und die Mütter hereingelegt hatte. Gebauer kümmerte sich nicht darum, daß die Nazi Beziehungen zu Juden streng verboten hatten, und hielt sich im Lager eine junge jüdische Geliebte. Seine Frau tröstete sich, indem sie mit ihrem jüdischen Chauffeur schlief. Auf den Lagerinsassen Leon Weliczker wirkte Gebauer, ein Berliner Anfang Dreißig, »beeindruckend. Er sah überdurchschnittlich gut aus und ging leicht vorgebeugt, was ihm einen aristokratischen Anstrich verlieh. Am beeindruckendsten waren seine tiefschwarzen, funkelnden Augen ... Er hatte eine sehr angenehme, melodische Stimme mit einem deutlich männlichen Unterton und schien allgemein über inneres Leben zu verfügen.«

Trotz seines inneren Lebens und der sexuellen Neigung des Ehepaares für jüdische Partner hatte Gebauer das jüdische Purim-Fest zu Frühlingsbeginn einmal damit gefeiert, daß er sechs Juden zwang, die erste Purim-Nacht bei eisigem Wetter im Freien zu verbringen, weil sie »krank aussahen« und die übrigen anstecken konnten. »Am Morgen«, sagte Weliczker beim Eichmann-Prozeß aus, »waren alle sechs gefroren und lagen noch genau dort, wo sie sich am Abend hingelegt hatten: vollkommen weiß, wie lange Schneebälle.«

An einem anderen eisigen Morgen holte Gebauer acht Juden bei einem Zählappell aus der Reihe, weil sie »nicht sehr sauber aussahen«. Sie mußten sich ausziehen und in einem Faß mit kaltem Wasser weichen – den ganzen Tag und die ganze Nacht. »Am nächsten Morgen«, berichtete Weliczker, »mußten wir das Eis von ihren Leichen herunterschneiden.«

Laut Wiesenthal war Wilhaus »ein absoluter Sadist. Er lebte mit seiner Frau Hilde und seiner Tochter, einer blonden Sechsjährigen namens Heike, in einem Haus im Lager. Eines Morgens errichteten mehrere jüdische Arbeiter in der Nähe von Wilhaus' Heim ein Gebäude. Augenzeugen sahen Wilhaus mit seiner Frau und Heike auf dem Balkon seiner Villa. Er zeigte auf die Maurer, die sich bei der Arbeit an der Ziegelmauer bückten. Wahrscheinlich erinnerten sie Wilhaus an die Figuren,[4] die auf dem Schießstand als Ziel verwendet werden, denn er zog plötzlich seine Pistole, zielte sorgfältig und schoß. Ein Mann fiel um. Heike hielt es für ein wunderbares Spiel und klatschte in die Hände. Papa zielte wieder sorgfältig, traf ein anderes Ziel und tötete den Mann. Dann gab er die Waffe seiner Frau und forderte sie auf, es auch zu versuchen. Sie tat es. Der dritte jüdische Maurer ging zu Boden.«

Am Dienstag, dem 20. April 1943, beschloß Wilhaus, Adolf Hitlers vierundfünfzigsten Geburtstag zu feiern, indem er vierundfünfzig jüdische Intellektuelle opferte. Im Janowskà waren aber nur noch etwa vierzig Intellektuelle übrig. Wilhaus befahl deshalb, alle zusammenzutreiben, die außerhalb des Lagers arbeiteten. Ein schmallippiger schlesischer Killer mit leeren Augen namens Richard Dyga wurde zu den Ostbahnwerken geschickt, um Wiesenthal und zwei weitere Männer zu holen. Obwohl ihr ziviler deutscher Chef Adolf Kohlrautz darauf hinwies, daß er sie brauchte, bestand Dyga darauf, daß er seine Befehle befolgen müsse, und Kohlrautz verabschiedete sich mit einem bedrückten Achselzucken von Wiesenthal.

Auf dem Heimweg nach Janowskà trieb Dyga weitere gebildete Juden zusammen und lieferte alle beim »Schlauch« ab, wo der Rest der Lager-Intelligentsia, einschließlich einer Handvoll Frauen, bereits versammelt war und schweigend mit dem Leben abschloß. Sobald die Teilnehmer vollzählig waren, führten sie sechs SS-Männer – von denen einer eine Maschinenpistole trug – in einer Zweierreihe durch den Korridor.

»Jeder von uns ging allein«, erinnert sich Wiesenthal. »Jeder war mit sich, mit seinen Gedanken allein. Jeder war seine eigene Insel der Einsamkeit. Das war unser Vorrecht, unsere Stärke.«

Als sie den Rand der Sandgrube erreichten, wo sie auf die nackten Leichen früherer Hinrichtungen hinunterblicken konnten, ging ein April-Regenschauer nieder. In der Nähe wartete ein Lastwagen mit laufendem Motor. Man befahl den neuen Opfern, sich auszuziehen, die Kleidung ordentlich zusammenzufalten und in einzelnen Stößen auf den Lastwagen zu legen, damit sie der Größe nach sortiert werden konnte.

»Keiner konnte sich Illusionen machen; das Ende war eindeutig nahe«, sagt Wiesenthal. »Die Nazis töteten dich nur, wenn du nackt warst, weil es psychologisch erwiesen war, daß nackte Menschen nie Widerstand leisten.«

Der Lastwagen fuhr mit ihren Sachen davon. Die vierundfünfzig nackten Männer und Frauen standen in einer Reihe am Rand, als der Henker die Maschinenpistole hob und begann, sie mit einem Feuerstoß pro Person niederzumähen. Nach dem fünften oder sechsten Schuß gab es eine kurze Verzögerung, weil ein Mann nach hinten auf den Boden statt in die Grube fiel. Ein SS-Mann mußte hingehen und ihn hineintreten. Dann ging das Schießen weiter.

Während Wiesenthal im Platzregen auf das Ende wartete, vernahm er undeutlich Pfeifen und Rufen, aber die Geräusche dieser Erde erreichten seine Sinne nicht mehr. Doch der Mann neben ihm hörte das Wort »*Wie-sen-thal*« und sagte, als würde er einen Anruf weitergeben: »Es ist für Sie.«

Außerhalb des »Schlauchs« fragte ein SS-Rottenführer: »Ist Wiesenthal da drinnen? Wo ist Wiesenthal?« Simon nahm Haltung an und sagte: »Hier!«

»Folgen Sie mir!« befahl der Rottenführer und führte Simon zu dessen Verblüffung durch den »Schlauch« hinaus – zum ersten und letzten Mal hatte ein Gefangener eine Rückfahrkarte.

»Ich schwankte wie ein Betrunkener«, erinnert er sich. Der SS-Rottenführer mußte ihn zweimal ohrfeigen, »um mich auf die Erde zurückzubringen«.

Auch der Henker war platt. Er sollte vierundfünfzig, nicht dreiundfünfzig Leute erschießen. »Was tun wir jetzt?« fragte er den Rottenführer.

»Weitermachen!« befahl dieser. Noch bevor Wiesenthal außer Hörweite gelangte, waren dreiundfünfzig Juden tot. Er fragte nie, ob die SS einen vierundfünfzigsten gefunden hatte, nahm es aber an. Er weiß nur, daß

»ich lange Zeit die einzige Person im Lager war, die noch an Wunder glaubte«.

Der Rottenführer brachte ihn zu einem Lagerhaus, wo der Lastwagen Simons Kleidung und die übrigen dreiundfünfzig Stöße zum Entlausen und zur anschließenden Wiederverwendung abladen sollte, was noch nicht geschehen war. Wiesenthal zog sich rasch an und wurde zu den Ostbahnwerken zurückgebracht, wo er vor einer Ewigkeit den Tag begonnen hatte.

Als Kohlrautz Wiesenthal begrüßte, grinste er von einem Ohr bis zum anderen. Er hatte mit Wilhaus und Gebauer gesprochen und sie davon überzeugt, daß Wiesenthal der einzige lebende Mensch in Lemberg sei, der ein riesiges Transparent – mit Hakenkreuz, weißen Buchstaben und rotem Hintergrund – malen könne, auf dem zur Geburtstagsfeier »WIR DANKEN UNSEREM FÜHRER« stehen sollte.

»Wissen Sie, Wiesenthal«, meinte Kohlrautz einige Minuten später, »es ist nicht nur Hitlers, sondern auch Ihr Geburtstag.«

Kohlrautz, der 1945 in der Schlacht um Berlin fiel, stellte nie Fragen über die beiden Pistolen, die Simon in der Schreibtischlade seines Chefs aufbewahren durfte. Simon hatte sie von der polnischen Untergrundzelle in den Ostbahnwerken bekommen. Als Schriften- und Tafelmaler durfte er sich auf dem Rangierbahnhof frei bewegen. Die polnische Resistance nahm an, daß er bei künftigen Sabotageakten nützlich sein konnte, da sie vorhatten, den Lemberger Eisenbahnknotenpunkt im entscheidenden Augenblick zu sprengen. Außerdem war er Architekt, Ingenieur und Zeichner, der Karten zeichnen und lebenswichtige oder verwundbare Punkte hervorheben konnte. Würde er kooperieren?

Ja, sagte Simon, um einen Preis: die Freiheit seiner Frau.

Cyla Müller-Wiesenthal war blond und konnte sich als Polin ausgeben. Der Untergrund schmuggelte sie eines Nachts aus dem Rangierbahnhof und gab ihr die Identität einer »Irena Kowalska«, mit der sie im Morgenzug nach Warschau fuhr und sich in eine Wohnung begab, die in der Topielstraße 5 für sie bereitstand. Sie teilte diese Wohnung mit der Frau des polnischen Dichters Jerzy Lec, aber Mrs. Lec verwendete ebenfalls ein Pseudonym, so daß keine der Frauen die Identität der anderen kannte – und auch nicht wußte, daß sie Jüdin war.

Simon war noch immer davon überzeugt, daß er den Krieg nicht überleben würde, und freute sich darüber, daß seine Frau es vielleicht schaffen könnte. Bald darauf wurden praktisch alle jüdischen Frauen im Ghetto

und im Lager liquidiert, daher wußte er, daß er für Cyla das Richtige getan hatte. Jetzt mußte er sich um sich selbst kümmern. Als Ende September 1943 bekannt wurde, daß die jüdischen Gefangenen, die in den Ostbahnwerken lebten, demnächst die Nächte in Janowskà verbringen würden, las Wiesenthal zwischen den Zeilen und gelangte zu dem Schluß, daß es für ihn tödlich sein würde, dorthin zurückzukehren. Sogar Kohlrautz sah ihn immer wieder an und fragte: »Worauf warten Sie noch?«
Kohlrautz schickte Simon oft mit einem Ukrainer als Bewacher in die Stadt, um für den graphischen Bedarf einzukaufen und zusätzliche Aufträge auszuführen. Am Samstag, dem 2. Oktober 1943, suchten Wiesenthal und Arthur Scheiman, ein ehemaliger Zirkusdirektor, um Pässe an, damit sie einkaufen konnten, bevor die Geschäfte schlossen. Kohlrautz tat ihnen gern den Gefallen. Während sich der Deutsche auf die Suche nach einem Ukrainer vom Bahnschutz begab, der sie begleiten sollte, holten Wiesenthal und Scheiman die beiden Pistolen aus Kohlrautz' Schublade. Dieser kam mit einem Idealtyp zurück: einem Ukrainer, der erst kurz in Lemberg war und die Stadt nicht kannte. Kohlrautz blinzelte ihnen zu, bedeutete ihnen zu gehen und sagte listig *»auf Wiedersehen«*, als sie sich auf den Weg machten.
Sie besuchten ein Papiergeschäft, das einen Vorder- und einen Hintereingang hatte, und schlugen ihrem Bewacher vor, sie in der Nähe des Ausgangs bei der Kasse zu erwarten. Da der Ukrainer wußte, daß niemand fortgehen konnte, ohne bezahlt zu haben, war er damit einverstanden. Die beiden gingen zur Hintertür hinaus.
Ein polnischer Freund aus der Untergrundbewegung brachte sie zwei Tage lang in seiner Wohnung unter. Dann begab sich Scheiman zu seiner Frau, einer ukrainischen Näherin, die ihn tagsüber, wenn die Kundinnen zur Anprobe kamen, im Kleiderschrank versteckte. Simon wurde von den Partisanen in das nahe Dorf Kulparkow gebracht, wo die Eltern eines polnischen Mädchens, das am Rangierbahnhof arbeitete, ihn im Dachgeschoß ihres Hauses versteckten. »Ich war nicht so sehr strategischer als technischer Sachverständiger«, erzählt Wiesenthal und schildert, wie eng er mit dem *A.K.*-Untergrund auf der Ostbahn zusammenarbeitete.
Hier ist eine kurze Erklärung erforderlich. Ende 1943 wetteiferten bereits zwei Hauptgruppen von Exilpolen um die Macht im Nachkriegs-Polen: Stalin hatte seinen polnischen Kriegsgefangenen – die die Rote Armee von 1939 bis 1941 gemacht hatte, als Rußland und Deutschland Verbündete waren – erlaubt, ein Militärkorps unter General Wladyslaw Anders

zu bilden, das hervorragend gegen die Deutschen kämpfte. Doch die Sowjetunion und die polnische Exilregierung in London hatten 1943 aufgrund einer deutschen Enthüllung, die ausnahmsweise nur zu wahr war, die Beziehungen zueinander abgebrochen: In einem Wald in der Nähe des Dorfs Katyn (Weißrußland) hatten die Deutschen das Massengrab von 4 250 polnischen Offizieren entdeckt, die 1939 von den Russen niedergemetzelt worden waren.[5] Beinahe fünf Jahre später gab es in Ostpolen zwei Haupt-Untergrundgruppen, die gegen die Deutschen kämpften: die polnische nationale Widerstandsbewegung oder Heimatarmee (*Arma Krajowa*, die unter den Initialen *A.K.* bekannt war), die aus und von England unterstützt wurde und nationalistischer, antisemitischer und antisowjetischer war als die *A.L.*, die von den Russen unterstützte Volksarmee. Trotzdem kämpften die *A.K.* und die *A.L.* nicht gegeneinander. »Es gab aber auch mit den Deutschen befreundete Partisanengruppen«, sagt Wiesenthal. »Eine davon war die *UPA*, die Ukrainische Partisanenarmee. Sie wurde von der deutschen Armee bei ihren Kämpfen gegen andere Partisanen unterstützt. Sie war antisowjetisch und erhielt ihre Ausrüstung von den Deutschen.«

Wiesenthal, dessen Retter zu den *A.K.*-Partisanen gehörten, erzählt, daß »wir die meisten Kämpfe gegen die *UPA* führten. Aber es gab Fälle, in denen unsere Gruppe von sowjetischen Flugzeugen bombardiert wurde, denn in diesem Gebiet waren fünf oder sechs Partisanengruppen konzentriert. Im Januar 1944 herrschte bereits ein solches Durcheinander, daß niemand wußte, wer mit wem zusammenarbeitete und wer gegen wen kämpfte. Wer den Kopf aus dem Wald steckte, auf den wurde geschossen.«

Ende 1943 liquidierten die Deutschen einen großen Teil des Konzentrationslagers Janowskà. Die meisten Gefangenen wurden erschossen, einige flohen. Als die Gestapo die Gegend nach ihnen durchstöberte, mußte Wiesenthal sein Dachgeschoß in Kulparkow verlassen und suchte seinen ursprünglichen Fluchtpartner, den Zirkusdirektor Scheiman, auf.

Scheiman hockte noch immer im Schrank seiner Frau, der ukrainischen Näherin. Er forderte Simon auf, ihm Gesellschaft zu leisten.

»Die nächsten acht Tage waren beinahe so schlimm wie das Konzentrationslager«, stellt Wiesenthal fest. »Scheiman und ich hockten im linken Teil des Schranks auf niedrigen Schemeln. Die andere, mit Kleidung gefüllte Hälfte, stand offen. Die Polizei kam zweimal und suchte Scheiman, doch wenn die Beamten die offene Tür sahen, gingen sie wieder. Die Luft

war stickig, und wir hatten Angst, daß wir husten würden. In einer Entfernung von maximal einem Meter zogen sich Frau Scheimans Kundinnen zur Anprobe aus und an. Es war eine äußerst riskante Situation.«
Frau Scheiman, der diese Situation ebenfalls Sorgen bereitete, ging zu den Ostbahnwerken, um mit Olek zu sprechen. Olek war ein jüdischer Junge, den die A.K. als letztes jüdisches Kind aus Chodorow gerettet und auf das Gelände der Ostbahnwerke gebracht hatte. Wiesenthal hatte dem Jungen eine Anstellung bei der auf dem Werk tätigen polnischen Baufirma besorgt, und nur der Chef wußte, daß dieser blonde Junge Jude war. Olek kannte eine in Lemberg lebende Familie, die offiziell nur aus Mutter und kleiner Tochter bestand, während ihr Mann und ihre Schwester sich in der Wohnung versteckt hielten. Diese Familie hatte sich bereit erklärt, Wiesenthal – der nicht länger bei den Scheimans bleiben konnte – aufzunehmen. Eines Abends holte Olek Wiesenthal ab und brachte ihn zur Familie Krodkiewski. Bei einer genauen Inspektion der Wohnung auf eventuelle Versteckmöglichkeiten entdeckte Wiesenthal, daß sich unter der Wohnung im Erdgeschoß ein unbenütztes Magazin befand. In dem alten Haus war über dem Magazin eine sehr stabile, dicke Decke eingezogen, die gleichzeitig den Fußboden der Wohnung der Familie Krodkiewski bildete. Im Verlauf von zehn Tagen wurde das Füllmaterial zwischen den tragenden Balken der Decke bzw. des Fußbodens ausgehoben, die dadurch entstandene Höhle wurde mit den Fußbodenbrettern und einer Art Teppich zugedeckt, darauf stellte man den Tisch – das Versteck war bereit. Drinnen lag man wie in einem Sarg.
Anfang Juni 1944 wurde bei einem Besäufnis in einem Nachbarhaus ein Oberinspektor der deutschen Eisenbahn von seinen polnischen Kumpanen verprügelt und ausgeraubt. Eine Razzia wurde angeordnet. Simon befand sich am 13. Juni 1944 zusammen mit dem Mann und der Schwester der Krodkiewskis im Versteck. Als die Gestapo das Haus betrat, lagen die drei »in einer Haltung unter dem Fußboden, in der ich nicht einmal meine Waffe gebrauchen konnte«.
Eine Minute später trampelten schwere Stiefel über ihnen. Zwei polnische Detektive – die genau wußten, wo sie nachsehen mußten – schoben den Tisch zur Seite, hoben die Bretter ab und stürzten sich auf Simon. Sie nahmen ihm die Pistole und ein Tagebuch weg, das er während seiner Untergrundzeit geführt hatte. Er wurde in einen Wagen gezwängt und verprügelt, bevor man ihn und die anderen den Deutschen übergab. Daß ihn einer der A.K.-Partisanen verraten hat, glaubt Simon nicht.

Eine Pistole zu besitzen war ein Grund für die sofortige Hinrichtung. Zum Glück lieferten die beiden polnischen Detektive die Waffe nicht der Gestapo ab, sondern nahmen sie mit, um sie auf dem Schwarzmarkt zu verkaufen. Die Juden übergaben sie den Deutschen samt Wiesenthals Tagebuch – was sich als Glücksfall erwies. In dem Buch hatte er die Taten der SS-Männer in Janowskà – von Dyga und Blum (die die Aufsicht über die Askaris hatten) bis hinauf zu Rokita, Gebauer und Wilhaus – festgehalten, und auch in den letzten Wochen (in einem Code, so daß nur er sie erklären konnte) Karten und Zeichnungen von Partisanenstellungen eingetragen. »Ich verdanke es vor allem diesen Umständen, daß ich nicht wie viele andere Juden sofort getötet wurde«, erklärt er, »denn bei diesen Aufzeichnungen handelte es sich offenbar um sehr wichtige Dokumente.«

Simon wurde in den kläglichen Rest von Janowskà geschickt: eine Strafkolonie von Schneidern, Schuhmachern, Installateuren, Totengräbern, Leichenverbrennern und anderen Handwerkern, die von der SS noch eine Weile gebraucht wurden. Auch der »Schlauch« war noch vorhanden, und während der Judenreferent der Gestapo, Waltke, Wiesenthals Tagebuch studierte, machte dieser sich für den unvermeidlichen zweiten und endgültigen Marsch durch den »Schlauch« bereit.

Zwei Tage später holte Waltke Wiesenthal mit einem Lieferwagen ab. Als dieser Oskar Waltke, den Leiter der Sektion für jüdische Angelegenheiten in Lemberg, erkannte, verließ ihn der Mut. Waltkes Untaten hatten ihn zum gefürchtetsten Mann Galiziens gemacht, und Wiesenthal hatte sie in dem beschlagnahmten Tagebuch dokumentiert. Er beschrieb Waltke als »kalten, mechanischen Sadisten«, ein schwerer Mann mit rotblondem Haar und stahlgrauen Augen, der seine Gefangenen als seine »Kinder« bezeichnete und wußte, wie er ihre Qualen genießen und verlängern konnte. Laut Wiesenthal war es Waltkes Spezialität, »Juden mit falschen polnischen Papieren zu dem Geständnis zu bringen, daß sie Juden waren. Er folterte seine Opfer, bis sie gestanden, und ließ sie dann erschießen. Er folterte auch viele Christen, bis sie, um es hinter sich zu haben, zugaben, Juden zu sein.«

Als Waltke Simon sah, winkte er ihn lächelnd in den Wagen. Er sagte so hämisch: »Steig ein, mein Kind«, daß Wiesenthal überzeugt war, Waltke habe jedes Wort seines Tagebuchs gelesen. »Ich wußte, daß ich erledigt war. Die einzige Frage war, wie er mich erledigen würde. Ich wollte die Antwort nicht wissen.«

Während Simon im Lieferwagen saß, zog er eine kleine Rasierklinge heraus, die er in seiner Manschette versteckt hatte, und schnitt sich mit zwei schnellen Bewegungen die Pulsadern auf. »Mit der rechten Hand machte ich es richtig. Mit der linken Hand, die ich aufgeschnitten hatte, ging es nicht so gut«, sagt er und zeigt die Narben her.
Er wurde im Lieferwagen ohnmächtig und direkt in das Gebäude der Gestapo gebracht, wo er eine Krankenzelle mit zwei Deserteuren teilte: zwei verwundeten Ukrainern aus der ukrainischen SS-Division. Später erfuhr er, daß er der erste Jude war, der jemals in eine Krankenzelle aufgenommen wurde. Der Arzt sagte ihm, er habe zweitausend Gramm Blut verloren. Waltke hatte Befehl gegeben, Wiesenthal eine Spezialdiät aus kräftigen Suppen, Leber und Gemüse zu verabreichen, um ihn möglichst bald verhören zu können.
Das bedeutete, daß Waltke nicht fähig gewesen war, die taktischen Teile des Tagebuchs zu dechiffrieren. Wiesenthal wollte nicht Gefahr laufen, jemanden zu verraten, der ihm Obdach gewährt hatte, und entschloß sich wieder zum Selbstmord:
»Als ich zum Arzt ging, damit er die Verbände wechselte, stahl ich ein Fläschchen mit Pillen. Sie waren sehr klein, deshalb nahm ich sicherheitshalber alle hundert, um mich ins Jenseits zu befördern.
Ich wartete bis Mitternacht, dann schluckte ich sie. Und wissen Sie, was es war?« fragt er augenzwinkernd. »Hundert Tabletten Sacharin.«
Während sich Wiesenthal von seiner geringfügigen Magenverstimmung erholte, besuchte ihn Waltke und erklärte ihm: »Das war nicht notwendig, Kind. Wir sind keine Ungeheuer. Werde jetzt gesund, damit du und ich ein langes Gespräch führen können.«
Wiesenthal versuchte ein letztes Mal, Selbstmord zu begehen. Er warf seinen Hosengürtel über eine Stange des hohen Zellenfensters. Als er auf die Toilettenmuschel stieg, um sich den Gürtel um den Hals zu legen, wurden seine verbundenen Handgelenke taub, und sein geschwächter Kreislauf machte ihn schwindlig. »Meine Adern waren noch nicht zusammengewachsen«, erklärte er später, »deshalb war ein Sturz unvermeidlich.« Er fiel ohnmächtig nach vorn und weckte dadurch seine Zellengenossen, die die Wächter riefen. Wiesenthal wurde an sein Bett geschnallt und beschloß, Waltke die Arbeit zu überlassen, die er dreimal verpfuscht hatte. »Was kommen muß, wird kommen«, sagte er sich, »aber keinen Selbstmord mehr. Sie sollen mich töten.«
Waltke besuchte ihn bald wieder und sagte: »Du siehst gut aus, mein

Kind. In zwei Tagen werden wir unser erstes Gespräch führen.« Doch Waltke geriet unter schweren Zeitdruck. Seine Tage waren gezählt, denn Ende 1942 und Anfang 1943 hatte die Rote Armee die Offensive ergriffen, nachdem sie die Deutschen, die versucht hatten, die Wolga bei Stalingrad zu überschreiten, eingekreist und gefangengenommen oder getötet hatte. Mitte Juli 1944 befand sich die Rote Armee etwa zwanzig Kilometer vor Lemberg.

Während der nächsten zwei Nächte wurde Wiesenthals unruhiger Schlaf durch den Krach, den Flugzeuge, Sirenen und Artillerie machten, gestört, doch diese Geräusche waren Musik für ihn, obwohl er vermutete, daß sie sein Ende beschleunigen würden.

Im Morgengrauen des Tages, an dem Waltke mit Wiesenthal reden wollte – Dienstag, der 18. Juli 1944 –, gingen alle Zellentüren des Gestapogefängnisses auf, und die Insassen marschierten in den Hof, wo Waltke und einige SS-Offiziere Gefangene »zur weiteren Verfügung« auswählten. Auf der linken Seite stand eine Gruppe von jüdischen Arbeitssklaven, die im Gefängnis gearbeitet hatten und jetzt zur Liquidierung nach Janowskà kommen sollten. Ihre letzte Arbeit war die Aushebung eines Massengrabs gewesen – nicht für sie selbst, sondern für alle, die rechts standen und den Hof nicht lebend verlassen würden: Russen, Ukrainer, Polen.

Als Wiesenthals Name aufgerufen wurde, sagte Waltke: »Das ist der Mann, von dem ich Ihnen erzählt habe.« Der SS-Offizier sah flüchtig interessiert hinüber und schickte Simon nach rechts.

»Ich betrachtete die anderen, wie manche Leute im Flugzeug die Passagiere mustern«, erinnert sich Wiesenthal. »Wenn das Flugzeug abstürzt, denke ich, werden diese Leute meine Gefährten im Tod sein. Auf der gegenüberliegenden Seite des Hofes sehe ich die Gruppe Juden und möchte mit ihnen begraben werden, nicht mit diesen da. Aber wie soll ich dorthin gelangen? In diesem Augenblick dröhnt es über uns, und eine Explosion erschüttert den Hof. In der Sapiehystraße schießt eine Wolke aus Feuer und Rauch in die Höhe. Die Akten auf dem Tisch vor Waltke und den Offizieren sind weit verstreut. In dem Durcheinander laufe ich, so schnell ich kann, über den Hof zu den Juden. Nach dem Luftangriff gibt es Fliegeralarm, zu diesem Zweck fährt ein Auto mit Sirenen herum. Aber es folgt kein zweiter Luftangriff, und eine Stunde später, nach der Entwarnung, verladen uns zwei SS-Männer auf einen Lastwagen und bringen uns zum letzten Mal in meinem Leben nach Janowskà.«

Die Wagenladung Juden wurde von dem neuen Lagerkommandanten,

der auf Wilhaus gefolgt war, begrüßt. Friedrich Warzog war ein vierschrötiger, rotgesichtiger Killer mit kalten Augen, dem Wiesenthal den Tod von 70 000 Juden auf seinen verschiedenen Arbeitsplätzen anlastet. Warzogs erste Frage lautete: »Wer von euch war schon einmal hier?«
Wiesenthal trat als einziger vor – er war bereit zu sterben, sogar begierig darauf.
»Sehr gut«, sagte Warzog. »Wir begrüßen gern ehemalige Gäste – verirrte Schafe, die zu ihrer Herde zurückgekehrt sind. Wann waren Sie zum letzten Mal hier?«
»Vergangenen Sommer.«
»Und was sollen wir mit Ihnen tun?«
»Bitte erschießen Sie mich«, sagte Wiesenthal resigniert.
»Nein!« erwiderte Warzog entschieden. »Ein Jude darf nie sterben, wenn er es will, nur wenn wir es wollen.«

V. Eine polnische Odyssee 1944

Als Simon Wiesenthal Lemberg zum letzten Mal sah – am Mittwoch, dem 19. Juli 1944 –, wurden er und dreiunddreißig weitere Überlebende von Janowskà unter schwerem Artilleriefeuer der Roten Armee zu dem Rangierbahnhof eskortiert, auf dem er und Cyla gearbeitet hatten und wo seine Mutter und Tausende andere ältere Frauen drei Tage ohne Wasser in überfüllten Güterwaggons unter der glühenden Sommersonne gelitten hatten.

Simon und seine Gefährten landeten in einem Güterwaggon und befürchteten, daß man sie vergasen würde, bis der SS-Mann Blum, der für die Askaris zuständig gewesen war, zwei weitere Passagiere hinzufügte: seinen Hund und seinen Kanarienvogel samt Käfig. »Das war die beste Neuigkeit«, sagt Wiesenthal, »weil alle SS-Männer ihre Haustiere liebten und nie so unmenschlich gewesen wären, *sie* zu vergasen. Blum sagte, daß man uns alle erschießen würde, wenn seinem Vogel oder seinem Hund etwas zustieß. Daher gaben wir uns besonders große Mühe mit ihnen.«

Am nächsten Morgen erreichten sie die zweihundert Kilometer westlich von Lemberg liegende Stadt Przemysl und wurden von dort nach Dobromil transportiert, wo die Eisenbahnschienen aufhörten. Dann marschierten sie auf der Hauptstraße, die bereits durch vor den Russen fliehende Zivilisten verstopft war, nach Westen. Die fünfzig SS-Männer, die die vierunddreißig jüdischen Arbeitssklaven bewachten, liefen auch um ihr Leben, und als ein Pferdewagen-Konvoi mit Volksdeutschen die Gruppe überholte, hielt Warzog – Janowskàs davongelaufener Kommandant – sie an und requirierte dreißig ihrer vierzig Wagen.

Jeder Wagen wurde von einem Juden gefahren, wobei einige SS-Männer mitfuhren, um ihn zu »beschützen«. Diese feige Karawane holte in der Nähe der letzten Brücke über den San eine Panzerkompanie ein, die sich vor der Roten Armee, die immer näher kam, zurückzog. Wenn die Soldaten mit ihrer schweren Ausrüstung die Brücke als erste überquerten, konnten die Russen sehr wohl den »SS-Baustab Venus«, wie Warzog seine illegale Arbeitseinheit nannte, einholen.

Obwohl Warzog nur Hauptmann war – aber ein SS-Hauptmann! –, berief er sich auf seinen Rang und bedrohte gleichzeitig den Wehrmachtsmajor, der die auf dem Rückzug befindliche Einheit befehligte. Er setzte dem Major die Pistole an den Kopf, während andere SS-Männer die Kolonne mit Maschinenpistolen in Schach hielten, befahl seinen Wagen, die

Brücke zuerst zu überqueren, und nahm zwei Wehrmachtsingenieure mit, wobei er eine Maschinenpistole auf den Major und die übrigen Offiziere richtete. Die Brücke war bereits mit Dynamit für eine eventuelle Sprengung bereitgemacht worden, aber Warzog ließ sie von den Ingenieuren sofort sprengen, so daß die Rote Armee die Einheit und ihren wütenden Major gefangennehmen konnte, während der »Baustab Venus« unbehelligt und ungestraft weiterzog.

In der Nähe der polnischen Stadt Grybow schlug Warzogs Mannschaft von Gefangenen und Bewachern ihr Lager mitten auf einer großen Wiese auf. Wiesenthal malte eine Tafel mit der Aufschrift »SS-BAUSTAB VENUS«, und über einen Monat lang zogen der Krieg und die Welt an ihnen vorbei, ohne Fragen zu stellen.

An einem Septembertag aber stellte ein SS-Rottenführer namens März Wiesenthal doch eine Frage. März, den Wiesenthal für einen relativ anständigen Rottenführer hielt, wollte Lebensmittel requirieren und hatte Simon mitgenommen, weil dieser Polnisch sprach. Sie schleppten jetzt zwei Säcke Kartoffeln mit und ruhten sich an einem plätschernden Bach am Rand eines rauschenden Waldes aus. Das Wetter zeigt sich in Osteuropa im September von seiner besten Seite. März lag auf dem Rücken, betrachtete den verschleierten Himmel über ihm und ließ seine Gedanken schweifen.

»Angenommen, ein Adler würde Sie nach Amerika bringen, Wiesenthal«, begann er. »Was würden Sie den Leuten dort erzählen?«

Wiesenthal befürchtete eine Falle und schwieg. Aber März ließ nicht locker. »Haben Sie keine Angst. Sie können offen sprechen.«

Wiesenthal wich der Frage aus. »Wie sollte ich nach Amerika kommen, Herr Rottenführer? Genauso gut könnte ich versuchen, auf den Mond zu gelangen.«

Rottenführer März gab nicht nach. »Stellen Sie sich vor, Wiesenthal, daß Sie in New York eintreffen und die Leute Sie fragen: ›Wie war es in den deutschen Konzentrationslagern? Was hat man Ihnen angetan?‹«

Wiesenthal nahm seinen ganzen Mut zusammen und erwiderte stockend: »Ich glaube – ich glaube, daß ich den Leuten die Wahrheit sagen würde, Herr Rottenführer.«

März erschoß ihn nicht. Er sagte einfach: »Sie würden den Leuten in Amerika die Wahrheit erzählen. Das ist in Ordnung. Und wissen Sie, was dann geschehen würde, Wiesenthal? Man würde Ihnen nicht glauben.«

Mit diesen Worten stärkte März Wiesenthals Willen, am Leben zu bleiben – und zu beweisen, daß März unrecht hatte.

März-Schmerz nannte Wiesenthal den Schmerz, den es ihm bereitete, daß die Prophezeiung des zynischen, aber klugen Rottenführers sich täglich bewahrheitete. Doch als der Krieg sich dem unvermeidlichen Ende näherte – schmerzhaft, für gewöhnlich tödlich und für alle in den Lagern Gefangenen zu langsam –, weckte das Bedürfnis, Zeugnis abzulegen, bei Tausenden dem Untergang Geweihten, von denen viele bereits mehr als halb tot waren, den Willen zum Überleben wieder: sie hatten einen Grund durchzuhalten.

Während die Deutschen ihr Deportations- und Vergasungsprogramm beschleunigten, begannen Hunderte Juden mit eigenen Schreib- und Aufzeichnungs-Programmen. Mordechai Tenenbaum, ein jüdischer Führer des Widerstands in Wilna und später in Bialystok, führte während seiner Abenteuer ein Tagebuch mit Namen, Adressen und Einzelheiten und trug seiner Verlobten, Tamara Sznajderman, die als Kurier für die Jüdische Kampforganisation tätig war, auf zu »leben, um jeden Preis zu leben, damit du die Geschichte erzählen kannst; du kannst das so gut«. Nachdem sie Anfang 1943, wenige Monate bevor er in Bialystok einen Aufstand leitete und dabei ums Leben kam, bei dem Aufstand im Warschauer Ghetto getötet wurde, vergrub Tenenbaum sein Tagebuch, damit die Nachkommen es fanden. Die ersten Worte lauten: »Sei gegrüßt, unbekannter Sucher, der diese Seiten entdeckt.«

Emanuel Ringelblum, ein junger jüdischer Historiker, wurde Anfang 1943 in ein Arbeitslager deportiert und von der jüdischen Resistance herausgeholt und nach Warschau zurückgebracht, weil seine Aufgabe überaus wichtig war; er hatte seit 1933 Dokumente und Notizen über Hitlers früheste Dekrete in Deutschland gesammelt. In seinem Versteck führte er seine Chroniken weiter, obwohl er auf einer Liste von neunzehn Schlüsselfiguren der Resistance stand, die von der in London wirkenden polnischen Exilregierung herausgeholt werden sollten. Als diese Aktion endlich möglich war, lebten sechzehn von ihnen nicht mehr. Ringelblum und die letzten zwei lehnten es ab, gerettet zu werden, »weil wir unsere Pflicht der Gesellschaft gegenüber erfüllen müssen«. Ringelblum wurde im März zusammen mit siebenunddreißig Juden verhaftet, die sich in einem Bunker versteckt hatten. Ringelblum wurde von der Gestapo gefoltert und dann mit seiner Frau und seinem Sohn hingerichtet – wenige Wochen vor dem achtundzwanzig Tage dauernden Aufstand des Warschauer

Ghettos im April 1943. Es war der heroischeste bewaffnete Konflikt des Krieges und eine klare Widerlegung der Behauptung, daß sich die Juden dem Genozid unterwarfen.

Als das Restghetto liquidiert wurde, waren die meisten seiner 60 000 Juden tot; der größte Teil der übrigen wurde in die Todeslager deportiert. Aber Ringelblums Notizen und andere Aufzeichnungen (einschließlich der Berichte des ersten Augenzeugen über die Vernichtungen in Treblinka) wurden in Milchkannen und Blechschachteln gefunden, die man 1946 und 1950 in den Ruinen des Warschauer Ghettos ausgrub. In der Asche von Auschwitz-Birkenau entdeckten Forscher zwischen 1945 und 1962 in der mit Knochen durchsetzten Erde nahe der Stelle, wo einst die Krematorien Tag und Nacht brannten, fünf Manuskripte von Arbeitern der Sonderkommandos, deren Arbeit darin bestand, die Überreste der Vergasten zu vernichten. Ende 1980 fanden polnische Schüler, die einen Baum pflanzten, ein sechstes Manuskript in griechischer Sprache, das in einer vergrabenen Flasche erhalten geblieben war. Alle diese Manuskripte stammten von Toten – aber die Worte ihrer Autoren leben und erzählen die Wahrheit.

Das posthume »Tagebuch von Salomon Tauber« – einem Kapo (jüdischer Polizist) im Ghetto von Riga, der seine Frau in einen Vergasungslastwagen steckte – ist die Grundlage für die Handlung von Frederick Forsyths 1972 erschienenem Roman *Die Akte Odessa*. In diesem romanhaften »Tagebuch« ist kein Wort erfunden. Es besteht aus Aussagen, die in Wiesenthals Büro gemacht wurden.

Deshalb betrachtet Wiesenthal sein Gespräch mit Rottenführer März und den psychischen Schmerz, der darauf folgte, als Augenblick der Wahrheit, der ihm seine Zukunft als Zeuge und seine Aufgabe der Vergeltung bewußt machte. Er verwendet es ohne Kommentar oder Beschönigung als abschließenden Nachsatz zu seinen 1967 erschienenen Erinnerungen *Doch die Mörder leben*. Wenn er heute danach gefragt wird, erinnert er sich, daß er erst nachdem er Lemberg verlassen hatte, weiter denken konnte als bis zur Sicherheit seiner Frau irgendwo in Warschau und seinem eigenen Überleben von Tag zu Tag oder vom Morgen bis zum Abend. Doch seine polnische Odyssee – in der Obhut von fünfzig SS-Killern, die ihn und weitere dreißig Juden brauchten, um selbst am Leben zu bleiben – öffnete ihm die Augen für die Realität, daß Deutschland tatsächlich im Begriff war, den Krieg zu verlieren, und daß seine Wächter versuchten, mit der Masse der Deutschen zu verschmelzen. Jener Masse, die Hitler akzeptiert hatte, ohne die Verbrechen zu begehen, die er der SS überlassen hatte. Obwohl Wiesenthal gerade Kartoffeln schleppte und als einziges Ende die Auslöschung sah, war für ihn die Vorstellung unerträglich, daß sich all diese Leute nach dem Krieg der Verantwortung entziehen würden.

Als sich die Russen Grybow näherten, brach der SS-Baustab Venus seine Zelte ab, zog wieder nach Westen und stahl unterwegs Verpflegung. Kommandant Warzog wußte, daß er an der Grenze seinen Vorgesetzten ein rationaleres militärisches Leistungsdiagramm vorlegen mußte als das Faktum, daß fünfzig SS-Leute nicht einmal drei Dutzend Juden bewachten. Daher umstellten seine SS-Leute in Chelmiec eine Kirche während der Messe und entführten alle männlichen Gläubigen, damit sie für Venus arbeiteten. In der Nähe von Neu Sandez (jetzt Nowy Sacz) benützte Warzog Wiesenthals technische Kenntnisse, um das Terrain auf seine Eignung für Anti-Panzer-Barrikaden entlang einer steilen, schmalen Staubstraße zu prüfen, die auf der Spitze eines einsamen Hügels endete. »Herr Kommandant«, bemerkte Wiesenthal respektvoll, »diese Straße führt nirgendwohin. Hierher verirrt sich nie ein Panzer.«

Warzog schlug auf sein Halfter und bellte: »Habe ich dich nach deiner militärischen Meinung gefragt?« Wiesenthal begriff, daß Warzog nur Arbeit suchte, um sich aus einem bereits verlorenen Krieg herauszuhalten.

»Eine Zeitlang«, erinnert sich Wiesenthal, »bauten wir Hindernisse für Panzer, die nie kommen würden. Dann kamen die Russen näher, also zogen wir wieder weiter, diesmal zum Konzentrationslager Plaszow außerhalb von Krakau; hier brachten Dyga und ein zweiter SS-Mann die meisten Juden in den nahen Wald und erschossen sie«, nachdem die Lagerbehörde flüchtig jene Leute ausgewählt hatte, die sie behalten wollte.

Ein deutscher General entdeckte den Venus-Schwindel, löste den »Baustab« auf und schickte Warzog und seine Männer zurück an die Front. »Warzog treibt sich noch irgendwo herum«, sagt Wiesenthal, »und ich hoffe, daß ich ihn finde, bevor die biologische Lösung uns beide einholt.«

Einige von Warzogs polnischen Gefangenen wurden ebenfalls hingerichtet, aber der Rest wurde nach Chelmiec zurückgeschickt, während eine Handvoll arbeitsfähiger Juden das erlebte, was Wiesenthal noch immer »die Schrecken von Plaszow« nennt. Es war ein Arbeitslager, in das man Ende 1942 die kräftigeren Überlebenden aus Krakaus altem Ghetto überstellt hatte; die anderen kamen direkt in die Todeslager.

Simon handelte richtig, als er sich unter die gesichtslosen Arbeitssklaven in Plaszow mischte. Er überlebte hier bis September 1944, als die Rote Armee näherkam und das Lager liquidiert wurde. Um ihre Spuren zu verwischen, zwangen die Nazis die Insassen, Massengräber auszuheben und die Leichen zu verbrennen.

Ende 1944 wurden Plaszows Überlebende »umgesiedelt«. Frauen und Kinder kamen in das etwa zwanzig Kilometer entfernte Auschwitz, und man hörte kaum mehr von ihnen. Arbeitsfähige Männer, darunter noch immer Wiesenthal, marschierten nach Groß-Rosen, einem großen Steinbruch in der Nähe von Breslau (jetzt Wroclaw, Polen) in Unterschlesien. Hier sorgte ein SS-Unternehmen dafür, daß die Juden sich zu Tode arbeiteten, so daß weder Kugeln noch Gas an sie verschwendet werden mußten.

In Groß-Rosen gab es Gefangene, die vom letzten Warschauer Aufstand stammten. Sechzehn Monate nach der Vernichtung des Ghettos und seiner Helden hatte im August 1944 in Warschau ein nichtjüdischer, neun Wochen dauernder Aufstand begonnen, als die Rote Armee – kurz – am östlichen Stadtrand erschienen war. Während die Russen erst im nächsten Jahr versuchten, Warschau zu befreien, hatten die Polen weitergemacht, und die SS hatte die Stadt bis zum Tod verteidigt: dem Tod von mehr als 200 000 Zivilisten, etwa 15 000 polnischen Untergrundkämpfern und über 10 000 Deutschen. Die SS wurde durch Brigaden von russischen Deserteuren und deutschen Sträflingen verstärkt und legte bei den verzweifelten Straßenkämpfen eine Brutalität an den Tag, die Polens Christen vor Augen führte, was die Juden erduldet hatten und was sie in der nächsten Runde der »Endlösung« erwartete. Als Lebensmittel, Medikamente und schließlich das Wasser zu Ende gingen, brachen Krankheiten aus, und so gut wie kein Kind überlebte. Tausende Polen wurden kaltblütig erschossen, und ein großer Teil der Stadt wurde dem Erdboden gleichgemacht, wie Hitler es seinen Feinden versprochen hatte: Sie würden nur verbrannte Erde erobern.

Wiesenthal machte sich um seine Frau Cyla, die der polnische Untergrund in der Topielstraße 5 untergebracht hatte, Sorgen und fragte die Warschauer Überlebenden, ob es jemanden aus der Topielstraße gab. Einer der Männer sagte, er habe auf Nummer 7 gewohnt. Ohne zu verraten, daß er mit Irena Kowalska verheiratet war, fragte Wiesenthal den Mann, ob er sie kannte.

»Die blonde Frau? Ja, an die erinnere ich mich gut«, erwiderte der Mann – fügte jedoch hinzu, daß sie nicht mehr am Leben sei. »In der Topielstraße hat *niemand* überlebt, mein Freund. Die Deutschen kreisten ein Haus nach dem anderen mit Flammenwerfern ein und sprengten nachher, was von dem Haus übrig war. Es gibt keine Hoffnung, glauben Sie mir. Die Topielstraße ist ein einziges großes Massengrab.«

Wiesenthal erinnert sich an diesen Moment der »Wahrheit« und sagt jetzt: »In dieser Nacht ging ich als Witwer zu Bett.«

Während des Aufstandes machte Cyla eine ähnliche Erfahrung: Ein polnischer Untergrundkurier aus Lemberg hatte Irena Kowalska »informiert«, daß »der Gestapomann Waltke Wiesenthal verhaftet hatte (*was stimmte*), dieser sich die Pulsadern aufschnitt (*ebenfalls richtig*) und tot ist«.

VI. Die letzte Befreiung 1945

Wenn Wiesenthal an den Beginn des Jahres 1945 zurückdenkt, sagt er: »Es war eine widerliche Zeit, und es ist für mich jetzt noch widerlich, über sie Ermittlungen anzustellen. Es war die Zeit, in der aus Naziverbrechern Helfer der Alliierten wurden, weil sie ihr Leben retten wollten. Jeder hatte seinen Hausjuden, seinen eigenen Charakterzeugen, der in gutem Glauben aussagen konnte, daß dieser oder jener Killer sein Leben verschont hatte. Nur die Eichmann-Anhänger, die sich jetzt zerstreuten, waren noch immer hundertfünfzigprozentige Nazis. Alle anderen Nazis suchten einen Ausweg oder wollten zumindest einen Fuß in das Tor des anderen Lagers stellen.«

Für Wiesenthal war es schlimmer als eine widerliche Zeit: Es war eine Untergangszeit, in der, wie er es ausdrückt, »mein Lebensweg aus zweitausend Kilometern Konzentrationslagern bestand«, und es gab eine Million Todesarten – Verhungern, Krankheiten, Kräfteverfall, Fieber, Frost, Einäscherung, Sadismus, Massenhinrichtungen ... Als sich die Rote Armee Anfang 1945 Groß-Rosen näherte, wurden die Insassen – noch immer unter strenger Bewachung – in verschiedene Richtungen auf Todesmärsche geschickt. Obwohl der Krieg verloren war, wollten die Deutschen nach wie vor diejenigen sein, die beschlossen, wann und wo ihre Juden starben. Wer taumelte oder fiel, wurde sofort erschossen.

Wiesenthals Weg führte durch Schlesien nach Chemnitz (in der DDR dann Karl-Marx-Stadt) ... über gefrorene Felder und durch eisige Wälder ... und dann im Viehwaggon nach Buchenwald. »Der Mann, der das Einladen überwachte, war einer der niederträchtigsten Kerle, die ich je kennengelernt habe«, erinnert sich Wiesenthal. »Er belegte uns nicht nur mit Schimpfworten, die ich noch nie gehört hatte, sondern beschwerte sich darüber, daß der Waggon, in den wir jeweils zu hundert gezwängt wurden, halb leer sei. Deshalb mußte die Zahl auf hundertfünfundvierzig erhöht werden. Die Soldaten, die uns bewachten, ließen uns in den Stationen weder Wasser holen noch Wasser lassen. Im Bahnhof von Leipzig versuchten einige Zivilisten, uns Brot zu geben, aber die Soldaten vertrieben sie mit Gewehrkolben. Als wir Buchenwald erreichten, gab es in jedem Waggon etwa vierzig Tote.«

Buchenwald war vielleicht das schlimmste aller deutschen Konzentrationslager. In den letzten Kriegsmonaten starben hier 56 549 Gefangene, und es ist kein Zufall, daß ein Überlebender von sechs Jahren

Buchenwald das maßgebliche Buch über den Mechanismus der Konzentrationslager, *Die Theorie und Praxis der Hölle*, geschrieben hat: Eugen Kogon (1903–1987), ein deutscher Schriftsteller und Verleger. In Buchenwald wurde der Kommandant Karl Koch durch die private Ausbeutung der Arbeitssklaven zum Millionär, während seine Frau Ilse, die »Bestie von Buchenwald«, aus der Haut der ermordeten Insassen Lampenschirme anfertigen ließ.[6] Als Buchenwald endlich im April 1945 befreit wurde, waren die meisten seiner Juden getötet oder evakuiert worden, aber einen von ihnen, den achtjährigen Israel Lau, zog ein amerikanischer Armeerabbi lebend aus einem Haufen Leichen. Der Rabbi fragte den Jungen weinend: »Wie alt bist du?«

»Älter als du«, erwiderte der Junge.

Der Rabbi mußte lachen, aber das Kind sagte: »Sieh mal, du kannst weinen und lachen wie ein kleiner Junge, aber ich habe seit Jahren nicht gelacht, und ich weine nicht einmal mehr. Also sag mir: wer ist älter?«

Wiesenthal blieb nicht lange in Buchenwald. Anfang Februar 1945 wurden etwa dreitausend Gefangene, darunter auch er, auf einen Güterzug geladen – 140 pro Waggon. Sie kannten ihr Ziel nicht – und manchmal sah es so aus, als ginge es den Eisenbahnern genauso; sie ließen die Gefangenen einen Tag lang in den Waggons stehen, bevor sie sich wieder nach Südosten in Bewegung setzten. Während der sechs Tage dauernden Fahrt gab es weder Essen noch Wasser.

»Die Toten standen ruhig zwischen den Lebenden«, erzählt Wiesenthal. »Wir warfen sie aus dem Waggons, aber als die Zivilisten, die an der Route wohnten, protestierten, drohte uns die SS, sie würde uns erschießen, wenn wir unterwegs weitere Leichen hinauswarfen. Wir legten daher die steifen Leichen wie Bretter auf den Boden und setzten uns auf unsere toten Kameraden.«

Als der Konvoi an einem Freitag in einer kalten, klaren Nacht am Bahnhof von Mauthausen in Oberösterreich eintraf, waren nur noch zwölfhundert der ursprünglich dreitausend Passagiere am Leben. Weitere hundertachtzig starben auf dem bergauf führenden Sechseinhalb-Kilometer-Marsch vom Bahnhof zum Lager.

Wiesenthal gehörte beinahe zu den Opfern. Sie stapften mühsam über gefrorenen Schnee, und Wiesenthal hängte sich bei einem polnischen Fürsten namens Radziwill ein. Eine Zeitlang stützten die beiden einander, aber als sie nicht mehr weiterkonnten, sanken sie einfach in den Schnee.

»Lebt ihr?« bellte eine Stimme auf deutsch, und um diesem Zustand abzuhelfen, schoß der Besitzer der Stimme auf sie. Aber der SS-Wächter hatte kalte Hände, und der Schuß landete im Schnee zwischen Wiesenthal und Radziwill. Dann schliefen die beiden Männer ein.

Lange vor Morgengrauen schickten die Lagerbehörden Lastwagen hinunter, um die Leichen einzusammeln und das Zartgefühl der Dorfbewohner zu schonen, die morgens zur Arbeit gingen. Wiesenthal und Radziwill waren steifgefroren, wurden für tot gehalten und mit den übrigen auf den Lastwagen geworfen. Simon weiß nicht, ob es die Bewegung oder die Wärme der anderen Leichen war, die sie ein wenig belebte, aber als der Lastwagen sie beim Krematorium des Lagers ablieferte, bemerkten die dort arbeitenden Gefangenen, daß die beiden Männer nicht ganz tot waren. Sie trugen Wiesenthal und Radziwill in einen Duschraum, zogen sie aus und legten sie in kaltes Wasser. Als beide schwach und schwindlig zu sich kamen, wurden sie in die »Todesbaracken« geschmuggelt, in denen man Gefangene, die zu schwach zum Arbeiten waren, sterben ließ.

Dort lag Wiesenthal beinahe drei Monate: Ein Fünfzig-Kilo-Kadaver, der seine tägliche Ration von zweihundert Kalorien stinkender Suppe trank. Auch die Baracken stanken – nach Krankheit, Eiter, Tod und Gefangenen, die zu zweit und dritt in einem Bett schliefen und von denen manche nicht mehr erwachten. Der Gestank war so schrecklich, daß die SS-Leute nicht einmal den Kopf hereinsteckten. Ein Wächter stand einfach vor der Tür und führte mit einer Frage die Zählung durch: »Wie viele sind heute nacht gestorben?« Einige Zeit danach sammelte ein Arbeitstrupp vom Krematorium die Leichen ein.

»Manchmal«, sagt Wiesenthal, »glaubten wir, daß wir die letzten lebenden Menschen auf der Erde sind. Wir hatten den Bezug zur Realität verloren. Wir wußten nicht, ob außer uns jemand am Leben war.«

Während Simon in den letzten Kriegswochen sterbend in Mauthausen lag, verwendete er Bleistifte und Papier, die er »organisiert« hatte, um die trostlose Hölle vor der Tür der Todesbaracken zu zeichnen. Denn das Konzentrationslager, das Wien und anderen österreichischen Städten Pflastersteine lieferte, war um einen hundertsechsundachtzig Stufen tiefen Steinbruch errichtet worden. Hier arbeiteten sich Juden und andere Feinde des Faschismus – spanische Republikaner, Zigeuner, Homosexuelle, Zeugen Jehovas – zu Tode, oder sie wurden erschossen oder hinuntergestürzt. Nur zehn Prozent der Gefangenen waren Deutsche oder Österreicher. Am 31. März 1943 wurden anläßlich eines Besuchs von

Heinrich Himmler zu seiner Unterhaltung tausend holländische Juden vom Rand der Grube hinuntergestoßen und blieben fünfzig Meter tiefer zerschmettert liegen. Von da an bezeichnete die SS dieses sich wiederholende Ritual als »Fallschirmspringen«.

In den ersten vier Monaten des Jahres 1945 starben in Mauthausen über 30 000 Gefangene: viele infolge der brutalen Behandlung, aber mehr an Erschöpfung, Hunger und Krankheiten. Mauthausen war ein Arbeitssklavenlager für Männer[7] – und sie starben eines »natürlichen« Todes, was der SS die wenigsten Vernichtungsprobleme bereitete. Ab April gab es im Lager kein Waschwasser. »Wir wimmelten vor Läusen und waren mit Schmutz bedeckt«, erinnert sich ein Überlebender. »Manchmal knackten wir zweihundert Läuse pro Mann. Wenn ich saß und aufstehen wollte, schwindelte mir und ich sah zwei Minuten lang nichts. So schwach waren wir.«

In der Nacht vom 4. Mai 1945 verschwanden die letzten SS-Männer aus dem Lager. Am nächsten Morgen kam niemand, um die Toten zu zählen oder sie einzusammeln. Der ausgemergelte Wiesenthal, der knapp fünfundvierzig Kilo wog, schaffte es in den Hof, um selbst zu sehen, daß nicht angetreten wurde. Es war ein heller, sonniger Frühlingsmorgen, und in der Luft lag Fichtenduft statt des üblichen Geruchs von brennendem Fleisch aus dem Krematorium. Gegen zehn Uhr rollte ein großer grauer Panzer mit einem weißen Stern auf der Seite und der amerikanischen Fahne auf dem Turm in das Lager.

»Jeder Stern war ein Stern der Hoffnung«, sagt Wiesenthal. »Ich war etwa hundertfünfzig Meter vom ersten Panzer entfernt, aber ich wollte einen dieser Sterne berühren.« Aus den Todesbaracken schwankten andere lebende Leichname und schwenkten ihre lang versteckten Landesfahnen oder frisch angefertigte Versionen der Stars and Stripes. »Ich hatte überlebt, um diesen Tag zu sehen, aber ich schaffte die letzten fünfzig Meter nicht mehr.« Als seine Knie nachgaben, fiel er auf das Gesicht.

Ein amerikanischer GI in grünem Kampfanzug hob ihn hoch. Wiesenthal konnte nicht sprechen, konnte nicht einmal den Mund bewegen, aber er zeigte auf den Panzer und wurde hingebracht. Als er den weißen Stern der Hoffnung auf dem kalten, grauen Panzer berührte, verlor er bei der neunten Befreiung in seinem Leben, der ersten, die ihm die Freiheit brachte, das Bewußtsein.

VII. Vormittage in Mauthausen

Als die Amerikaner der 65. Division die Skelette sahen, die ihnen am 5. Mai 1945 entgegenschwankten, um sie zu begrüßen, requirierten sie jede Kartoffel in dem Gebiet. Doch für viele, die sie »retteten«, war es schon zu spät. Etwa dreitausend Insassen starben in den Wochen *nach* der Befreiung von Mauthausen. Manche waren zu schwach oder zu krank, um sich von ihrem Martyrium zu erholen. Andere verließen das Lager zu früh, denn man mußte kräftig sein, um im vom Krieg verwüsteten Europa zu überleben.

Simon Wiesenthal wachte in seinem Bett durch den Duft echter Suppe auf. Sie war so köstlich, daß er zuviel von ihr aß – und erbrach. Aber er überlebte seine Rettung, und die amerikanischen Ärzte pflegten ihn gesund. »Andere hatten nicht solches Glück«, sagt er. »Es gab welche, die starben, *weil* man ihnen half. Die Amerikaner verteilten Schweinefett und Corned beef in Dosen, was für jemanden, der von vierhundert Kalorien im Tag gelebt hat, tödlich sein kann. Sie überlebten die Hölle also nur, um am Tor zum Paradies zu sterben.«

Sobald sich Simon nach etwa zehn Tagen allein fortbewegen konnte, unternahm er einen Spaziergang in die Umgebung. Er kam an spielenden Kindern und Bauern bei der Feldarbeit vorbei und schlenderte auf das Dorf zu, bis er sich nach nur eineinhalb Kilometern schwach und schwindlig fühlte. Er bat in einem Bauernhaus um ein Glas Wasser und erhielt von einer drallen österreichischen Bäuerin Apfelsaft. Sie wußte nach einem Blick auf sein hageres Gesicht und die schlotternde Kleidung, von wo diese Vogelscheuche kam. Sie deutete mit dem Kopf auf das Lager und fragte: »War es dort drin schlimm?«

»Seien Sie froh, daß Sie das Lager nicht von innen gesehen haben!«

»Warum sollte *ich* es gesehen haben?« fragte sie. »Ich bin keine Jüdin.«

Wiesenthal zuckte vor *März-Schmerz* zusammen: der Schmerz, den er empfand, weil sich Rottenführer März' Prophezeiung zum ersten Mal erfüllt hatte. Er trank den Apfelsaft aus und ging.

Implizite in der Antwort dieser Frau – die relativ gut genährt, aber großzügig war und sicherlich nichts Unrechtes getan hatte – lag die vorherrschende Einstellung: »Das geschieht Juden« und »das geschieht dem Rest von uns.« Doch der *März-Schmerz*, den die oberösterreichische Bäuerin Simon – ohne es zu wollen – zugefügt hatte, stimmte einen Überlebenden des Holocausts nachdenklich.

In den folgenden Wochen, Monaten und Jahren behaupteten viele Österreicher und »gute Deutsche« Wiesenthal gegenüber, daß sie »nichts von dem gewußt hatten, was geschah« oder sogar »einige Juden gerettet« hatten. Darauf reagiert er heftig:
»Wenn all die Juden gerettet worden wären, von denen man mir in den ersten Monaten erzählte, hätte es am Ende des Krieges mehr Juden gegeben als zu seinem Beginn. Nach einer Weile glaubte ich es auch nicht mehr, wenn die Leute mich davon überzeugen wollten, daß sie überhaupt nichts gewußt hatten. Vielleicht kannten sie nicht die ganze Wahrheit über die Vorgänge innerhalb der Todeslager. Aber nachdem Hitler am elften März 1938 in Österreich einmarschiert war, *mußten* sie etwas bemerkt haben. Sie mußten es sehen, wenn Männer in schwarzen SS-Uniformen ihre jüdischen Nachbarn fortbrachten. Ihre Kinder kamen aus der Schule nach Hause und berichteten, daß man ihre jüdischen Klassenkameraden hinausgeworfen hatte. Sie sahen die Hakenkreuze auf den zerbrochenen Auslagen von geplünderten jüdischen Geschäften. Sie mußten um den Schutt der Synagogen herumgehen, die 1938 während der *Kristallnacht* zerstört worden waren. Die Leute wußten, was vorging, obwohl viele sich schämten und deshalb lieber wegschauten, um nicht zu viel zu sehen. Soldaten und Offiziere kamen im Urlaub von der Ostfront nach Hause und erzählten von Massakern an den dortigen Juden. Die Menschen wußten viel mehr, als sie sogar sich selbst gegenüber zugaben, und deshalb leiden heute so viele an akutem Schuldbewußtsein.«
Als Wiesenthal in das Lager Mauthausen zurückkehrte, erwartete ihn ein neuer Schlag. Die kräftigeren Überlebenden, die noch nicht wußten, wie es weitergehen sollte, hatten die Leitung der Baracken übernommen. Ein polnischer Spitzel namens Kazimierz Rusinek stürzte sich grundlos auf Simon und schlug ihn bewußtlos. Als Wiesenthal aufwachte, hatten ihn Freunde auf sein Bett getragen. »Was hat er gegen dich?« fragte einer von ihnen.
»Keine Ahnung«, erwiderte Simon. »Vielleicht ist er zornig, weil ich am Leben bin.«
»Das mußt du den Amerikanern erzählen«, verlangten seine Freunde. »Wir sind keine Untermenschen mehr, sondern freie Männer ... Wir begleiten dich morgen, wenn du dich ein bißchen besser fühlst.«
Wiesenthal erklärte sich damit einverstanden, denn: »Wenn jemand ein Skelett schlagen kann, was kann eine solche Person noch getan haben?«
Als sie am nächsten Morgen zur Lagerleitung gingen, hörte sie der Kom-

mandant, Oberst Richard Seibel, an und sagte: »Dafür haben wir eine eigene Abteilung. Sie heißt Kriegsverbrechen.«
In einem Büro mit einer handgeschriebenen Namenstafel hörte sich ein junger Leutnant namens Mann Wiesenthals Geschichte, seine Zeugen und die Aussage des Arztes, der ihn behandelt hatte, an. »Sie werden von uns hören«, sagte er kurz angebunden.
An diesem Abend entschuldigte sich Rusinek vor all seinen Freunden bei Wiesenthal und hielt ihm die Hand hin. Dieser nahm die Entschuldigung zur Kenntnis, gab ihm jedoch nicht die Hand. Obwohl Rusinek später im kommunistischen Polen stellvertretender Kulturminister und ein leitender antisemitischer Propagandist wurde, der Wiesenthal in den sechziger Jahren weitere Schwierigkeiten bereitete, sagt Simon, daß er zu jener Zeit »nicht wichtig war. Er war bereits Teil der Vergangenheit. Wichtig war, was ich in der Abteilung für Kriegsverbrechen gesehen hatte: SS-Männer wurden von den Amerikanern verhört, erbettelten von ihnen Zigaretten, wurden von ehemaligen Gefangenen bewacht, die auch dolmetschten, und duckten sich jedes Mal, wenn sie an einem Juden vorübergingen. Einer von ihnen hatte uns mit der Peitsche ins Gesicht geschlagen, wenn wir ihm nicht schnell genug aus dem Weg gingen, jetzt zitterte er, genau wie wir vor ihm gezittert hatten. Ich hatte bereits nervöse deutsche Soldaten gesehen, aber nie einen SS-Mann, der Angst hatte. Ich hatte die SS für die starken Männer, die Elite eines perversen Regimes, gehalten. Doch jetzt sah ich, daß ›Herrenmenschen‹ in dem Augenblick zu Feiglingen werden, in dem sie keine Waffen mehr schützen. Erst zwei Wochen waren vergangen, und die Elite des Tausendjährigen Reichs kämpfte um Zigarettenkippen.«
Einige Tage später suchte Simon die Abteilung für Kriegsverbrechen auf, um sich bei Leutnant Mann zu bedanken und ihm seine Dienste anzubieten. Der junge Offizier hörte ihm mitfühlend zu, wies aber darauf hin, daß Wiesenthal über keine Ermittlungserfahrung verfüge. Dann fragte er: »Wieviel wiegen Sie?«
»Sechundfünfzig Kilo«, log sein Gegenüber.
Der Leutnant lachte. »Lassen Sie es sich eine Zeitlang gutgehen, Wiesenthal, und kommen Sie wieder, wenn Sie wirklich sechsundfünfzig Kilo wiegen.«
Die Amerikaner versuchten, ihn zur Rückkehr nach Polen zu überreden, wo dringend Architekten gebraucht wurden. »Zuerst wird man Sie in ein Sanatorium schicken, um Ihre Gesundheit zu festigen«, erklärte man

ihm. »Dann werden Sie nach Hause fahren und Häuser für Menschen bauen, die sie brauchen.« Doch Wiesenthals Heimatstadt Lwow war bereits Teil der Sowjetunion, und er wußte, daß dort der Bau von Privathäusern überhaupt keine Priorität genoß. Aber das war nicht der Grund, warum er nein sagte.

»Alle Häuser, die ich gebaut habe, sind fort. Ich habe in Polen meine Mutter, meinen Vater, meine Frau und alle Verwandten verloren«, erklärte er. »Für mich ist dieses Land ein Friedhof. Jeder Baum, jeder Stein würde mich an ganze Tragödien erinnern. Wie können Sie mich auffordern, auf einem Friedhof zu leben?«

Das Bild, das er verwendete, war keineswegs verfehlt, denn für viele Menschen wie ihn war Polen schlimmer als ein Friedhof. Obwohl Polen die zweithöchste Zahl an den von Nazis ermordeten Menschen aufwies, war der Antisemitismus unter den Überlebenden stärker als vor dem Krieg. Man mied jüdische Überlebende, als wären sie von den Toten auferstandene Gespenster, die Besitz wiederhaben wollten, den sich die Polen längst angeeignet hatten.

In seiner 1985 erschienenen maßgeblichen Chronik des Holocaust schreibt der Oxforder Historiker Martin Gilbert – der auch Mitautor des 1983 uraufgeführten, mit dem Academy Award ausgezeichneten Dokumentarfilms *Genozid* war, daß »innerhalb von sieben Monaten nach dem Kriegsende in Europa und nach einem Jahr, in dem sich kein deutscher Soldat auf polnischem Boden befunden hatte, in Polen dreihundertfünfzig Juden ermordet wurden«. Unter ihnen befanden sich Chaim Hirszman, der Belzec auf wunderbare Weise überlebt hatte, sowie fünf Überlebende von Auschwitz, Buchenwald und Mauthausen – darunter eine zweiundzwanzigjährige Frau. Sie wurden am Ostersonntag des Jahres 1946 bei einem Gebäude, das wie ein Polizei-Kontrollpunkt aussah, angehalten, aus dem Wagen geholt, sofort erschossen, ausgezogen und nackt auf der Straße liegengelassen. Ihre uniformierten Mörder waren ehemalige polnische Partisanen.

Es war kein Wunder, daß Simon Wiesenthal, der von diesen Ereignissen erfahren und durch die polnischen Nachkriegsmorde sogar einige Bekannte verloren hatte, sein Geburtsland als einen einzigen großen Friedhof sah. Was er noch nicht wußte, war, daß die Tote, die ihm am wichtigsten war, seine Frau Cyla, in diesem Friedhof am Leben war.

Cyla, alias »Irene Kowalska«, war bei dem deutschen Angriff auf die Topielstraße nach dem Warschauer Aufstand nicht gestorben. Sie war wenige Minuten, bevor Flammenwerfer den ganzen Block beleuchteten und verbrannten, in der Dunkelheit untergetaucht. Als die Schlacht zu Ende war und die Überlebenden zusammengetrieben wurden, war sie als »Christin« »nur« zur Zwangsarbeit in eine Maschinengewehrfabrik in der Nähe von Gelsenkirchen deportiert worden. Sie wurde am 11. April 1945 von den Engländern befreit, während ihr »toter« Ehemann sterbend in Mauthausen lag.

Nachdem sie seit einem Jahr glaubte, daß ihr Mann sich bei der Gefangennahme durch die Gestapo die Pulsadern aufgeschnitten hatte, sagte Cyla Wiesenthal den britischen Behörden, daß sie in Wirklichkeit Jüdin und die Witwe eines Architekten namens Simon Wiesenthal sei. Im englischen Hauptquartier überzeugte man sie davon, daß ihr nichts anderes übrigblieb, als nach Lwow zurückzukehren und in der Sowjetunion ein neues Leben zu beginnen. Sie bekam einen Eisenbahnfahrschein, und im Juni machten sie und eine Freundin sich auf den Weg hinter den Eisernen Vorhang. Hätten sie diese Reise vollendet, so hätte es bestimmt keine Rückkehr mehr gegeben. Einmal waren sie übrigens während der Fahrt nur fünfzig Kilometer von Simon entfernt.

Mit etwas mehr Fleisch unter dem Gürtel und ein wenig Rouge auf den Wangen, um möglichst gesund auszusehen, meldete sich Wiesenthal wieder bei der Abteilung für Kriegsverbrechen in Mauthausen.

»He, Wiesenthal«, begrüßte ihn Leutnant Mann. »Hat Sie dieser polnische Kerl wieder verprügelt? Ihr Gesicht ist ganz rot.«

Wiesenthal versicherte ihm, daß es bis morgen verheilt sein würde, und kam zur Sache: »Sie haben mich befreit, Sie haben mir das Leben gerettet, aber ich weiß nicht, was ich mit meinem Leben anfangen soll. Ich habe niemanden und nichts, wofür ich leben möchte, aber ich könnte meinem Leben Sinn geben, indem ich Ihnen bei Ihrer Arbeit helfe. Ich habe sehr viel gesehen und habe ein gutes Gedächtnis. Vor meinen Augen sind Männer und Frauen ermordet worden. Ich kann Ihnen Namen, Daten und manchmal Adressen nennen. Ich kann Ihnen helfen, die Verbrecher zu finden. Wenn Sie sie verhören, ist es am wichtigsten, die richtigen Fragen zu stellen – und die habe ich.«

Mann ließ ihn einen Brief an Oberst Seibel schreiben, dem Simon Berichte über Verbrechen, die er gesehen oder von denen er erfahren hatte, beilegte. Simon war selbst darüber verblüfft, daß seine Chronik »die Namen von einundneunzig Männern enthielt, die vor Gericht gestellt werden mußten, wenn mein Bedürfnis nach Gerechtigkeit befriedigt werden sollte«.

Drei Wochen nach der Befreiung von Mauthausen wurde Simon angestellt. Er wurde mit einem Hauptmann der US-Army und einem Jeepfahrer ausgeschickt, um das Gebiet um Mauthausen nach ehemaligen SS-Wächtern abzusuchen, die sich in der Gegend versteckt hielten. »Man mußte nicht weit fahren«, erinnert er sich. »Man stolperte beinahe über sie.« Nach einer Weile langweilten den Hauptmann die immer gleichen Szenen, außerdem hatte er genug davon, zitternde Ex-»Herrenmenschen« von ihren Frauen oder Freundinnen loszureißen, und schickte Simon in das jeweilige Haus, um die Verhaftung vorzunehmen.

Wiesenthals erster »Klient« hieß Schmidt. Ihn zu verhaften war beinahe eine Situationskomödie. Schmidt wohnte im zweiten Stock, der nur über eine steile Treppe zu erreichen war, und Wiesenthal langte außer Atem oben an. Beim Hinuntergehen fühlte sich Wiesenthal – der noch immer infolge des Martyriums, das er durch Schmidt und dessen Vorgesetzte in Mauthausen erduldet hatte – so schwach, daß er sich schwer auf eine Stufe setzte. Nach einigen Minuten »half mir Schmidt, während wir die Treppe zusammen hinuntergingen. Er hätte ohne weiteres davonlaufen können. Hätte er mir einen leichten Stoß versetzt, so wäre ich die Treppe hinuntergefallen, und er hätte durch die Hintertür entkommen können. Aber Schmidt dachte gar nicht daran davonzulaufen. Statt dessen faßte er mich am Arm und half mir hinunter. Es war absurd – als würde ein Kaninchen einen Jagdhund tragen.«

Im Jeep begann Schmidt zu weinen. »Ich war nur eine unbedeutende Person«, schluchzte er. »Ich habe nur meine Befehle befolgt. Warum stürzen Sie sich auf mich und lassen die großen Fische entkommen? Ich habe nichts Unrechtes getan. Ich schwöre Ihnen, ich habe Kopf und Kragen riskiert, um Gefangenen zu helfen.«

Jetzt wandte sich ihm der ehemalige Gefangene zu und knurrte sarkastisch: »Ja, Sie haben den Gefangenen geholfen. Ich habe Sie oft gesehen. Sie haben ihnen auf dem Weg zum Krematorium geholfen.« Den Rest der Fahrt schwieg Schmidt.

Österreich war ein Jahrzehnt lang unter den Amerikanern, Engländern, Franzosen und Russen aufgeteilt, und Mauthausen lag in der sowjetischen Besatzungszone. Die US-Abteilung für Kriegsverbrechen verlegte ihre Tätigkeit über die Donau nach Linz. Mauthausen-Insassen, die für die Amerikaner arbeiteten, wurden in einem Lager für Displaced Persons in der Schule von Leonding, einer kleinen Stadt in der Nähe von Linz, untergebracht. In dieser Schule hatte Adolf Hitlers Erziehung begonnen,

und Wiesenthal erinnert sich: »Wir schliefen auf Feldbetten in einem Klassenzimmer, dessen Fenster auf ein kleines Haus hinausgingen, das das ehemalige Zuhause von Hitlers Eltern war. Sie waren im Friedhof am Ende der Straße begraben. Mir gefiel der Ausblick vom Zimmer nicht besonders. Ich zog aus der Schule aus und kam in das Lager Bindermichl, einem Stadtteil von Linz. Durch meine Tätigkeit für die Amerikaner wurde mir ein möbliertes Zimmer in der Landstraße zugewiesen. Es war wirklich nichts Besonderes, aber durch das Fenster sah ich einen kleinen Garten.«
Wiesenthals neue Adresse war nicht nur praktischerweise zwei Häuser von der Abteilung für Kriegsverbrechen in der Landstraße 36 entfernt, sondern zwei Häuser weiter befand sich das Haus Landstraße 32, in dem ein gewisser Adolf Eichmann, der neununddreißig Jahre zuvor in der deutschen Stadt Solingen zur Welt gekommen war, seine Jugendzeit verbracht hatte und in dem sein Vater und seine Stiefmutter noch lebten. Man nannte sie die »Elektro-Eichmanns«, denn Karl Adolf Eichmann, der jahrelang Leiter der Linzer Straßenbahnwerkstätten gewesen war, besaß jetzt ein Geschäft für Elektrogeräte. Nachdem Wiesenthal in Mauthausen von ungarischen Juden erfahren hatte, daß Eichmann die treibende Kraft hinter den Deportationen gewesen war, setzte er sich als einer der ersten auf seine Fährte. Auf Simons Wunsch durchsuchten die Amerikaner das Haus des Vaters, fanden jedoch keine Spur vom Ältesten. Als sie ein Foto des verlorenen Sohns wollten – der als der am wenigsten erfolgreiche der fünf Eichmann-Nachkommen galt –, gab es keines. Außerdem hatte Adolf Eichmann darauf geachtet, nie über seine Arbeit zu sprechen, und wollte auch nicht fotografiert werden.
Am 1. August erhielt Wiesenthal den Hinweis, daß Eichmann sich im Haus Nummer 8 von Fischerndorf versteckte, einem Ortsteil von Altaussee in der Nähe des letzten Bollwerks der SS. Er verständigte den amerikanischen Spionage-Abwehrdienst (CIC), der die österreichische Polizei bat, Eichmann zu verhaften. Die Polizei ging irrtümlich zu Nummer 38, wo sie einen SS-Hauptmann namens Anton Burger fand, der über ein beachtliches Versteck von Waffen und Munition verfügte. Sie verhafteten ihn und waren mit ihrem Tagewerk zufrieden. Burger, ein ehemaliger Kommandant des Konzentrationslagers Theresienstadt in der ehemaligen und jetzt wieder existierenden Tschechoslowakei, hatte ebenfalls in Eichmanns Stab gedient. Wiesenthal zitiert diesen Fall von falscher Identität oft als Beispiel für das Nachkriegs-Chaos, in dem anscheinend hinter jeder Tür bekannte und unbekannte SS-Männer lauer-

ten. Aber er war nicht sehr überrascht, denn im Ausseer Land war so viel Nazibeute versteckt, daß die Einwohnerzahl von 18 000 im Jahr 1944 sich 1945 vervielfacht hatte. »Wenn man einige tausend deutsche Soldaten abrechnet«, fragte sich Wiesenthal, »wer waren dann die zahllosen Zivilisten, die während der Monate vor dem Zusammenbruch des Dritten Reichs hier eintrafen?« Die Antwort war, daß die Leute, die gewußt hatten, wo die Leichen begraben waren, jetzt wußten, wo der gestohlene Schatz der SS vergraben war – und in seiner Nähe bleiben wollten.

Als Wiesenthal erfuhr, daß die Österreicher statt des größeren Fisches, den er suchte, Burger gefangen hatten, ersuchte er den CIC, die Angelegenheit selbst in die Hand zu nehmen. Ein amerikanischer Agent fuhr nach Fischerndorf 8 und fand eine Frau namens Veronika Liebl, was zufällig der Mädchenname von Frau Eichmann war. Ja, sie war diese Veronika Liebl, gab sie zu, aber sie hatte sich im April in Prag von ihrem Mann scheiden lassen und ihn seither nicht gesehen. Sie hatte ihre drei Söhne – Klaus, Dieter und Horst – bei sich und wollte nicht sagen, warum sie sich von deren Vater getrennt hatte. Wiesenthal sagte dem CIC, daß man sie für den Fall, daß ihr Ex-Gatte sie besuchte, überwachen müsse.

In Linz arbeitete Wiesenthal vormittags für die Abteilung für Kriegsverbrechen und nachmittags für ein neues jüdisches Komitee, dessen Vizepräsident er wurde. Später wurden diese beiden Räume das Hauptquartier des Jüdischen Zentralkomitees für die US-Zone in Östereich – und ein Mekka für deportierte Juden, die die ewige Frage nach einer Katastrophe stellten: »*Wer sonst lebt noch?*« Aber im Gegensatz zu einem Erdbeben oder sogar einem nuklearen Angriff hatte der Holocaust seine Überlebenden und seine Opfer über ganz Europa verstreut, wobei die meisten Aufzeichnungen über sie vom Winde verweht, vernichtet oder nicht vorhanden waren.

Eben dieses Chaos und das Fehlen von Informationsaustausch ermöglichte es den Verbrechern, die Familien zerrissen hatten – meist für immer –, unter ihren eigenen Namen in Amerika zu leben, wie es Dr. Josef Mengele und Franz Stangl taten, oder Pseudonyme wie »Memling« für Mengele und »Leutnant Eckmann« für Eichmann zu verwenden. Die Welle von menschlichem Elend und ewiger Hoffnung trieb auch viele dieser Flüchtlinge hinter eine Einrichtung, die Sir Winston Churchill zum ersten Mal am 5. März 1946 in einer Rede in Fulton, Missouri, als Eiserner Vorhang bezeichnet hatte.

Wie bei allen Nachkriegsorganisationen Wiesenthals bestand die Haupttätigkeit des Jüdischen Komitees nicht darin, Unrecht wiedergutzumachen, sondern Listen anzulegen. Informationen können zu Gerechtigkeit führen – deshalb hielten die Sowjets Tatsachen zurück. Überlebende, die zu Wiesenthal kamen und sich nach ihren Lieben oder Freunden erkundigten, wurden gefragt, von wo sie kamen. In der Zentrale des Komitees türmten sich die von der Stadt oder dem Ort angelegten Listen von Überlebenden. Wiesenthal und seine Kollegen arbeiteten die Nächte durch und kopierten Namen aus allen Quellen, während vor der Tür besorgte Menschen die ganze Nacht Schlange standen und darauf warteten, wie Wiesenthal es ausdrückte, »daß ein Blick über Hoffnung oder Verzweiflung entschied«. Manchmal gab es Streitigkeiten oder Handgemenge, und einmal zerrissen zwei Männer die Liste, um die sie rauften. Bei einer anderen Gelegenheit stritten zwei Männer in der Schlange, wer als nächster eine Liste zu sehen bekam, die ein dritter Mann studierte. Als sie einander von Angesicht zu Angesicht gegenüberstanden, fielen sie sich plötzlich um den Hals – sie waren Brüder, die einander seit Wochen suchten.

Wiesenthal erinnert sich an »Augenblicke stummer Verzweiflung, wenn jemand entdeckte, daß die Person, die er suchte, wenige Tage zuvor hier gewesen war und ihn gesucht hatte. Sie hatten einander verfehlt. Wo sollte man jetzt suchen? Andere durchsuchten die Listen der Überlebenden und hofften wider alle Hoffnung, die Namen von Menschen zu finden, die man vor ihren Augen getötet hatte. Jeder hatte von einem Wunder gehört.«

Wiesenthal, der zu dieser Zeit kaum an Gott, Rabbis oder Wunder glaubte, studierte selten seine Listen, denn »ich hatte keine Hoffnung, daß meine Frau am Leben war. Wenn ich an sie dachte, stellte ich mir vor, daß ihre Leiche unter einem Schuttberg lag, und hätte gern gewußt, ob man die Leichen gefunden und sie begraben hatte. In einem Augenblick unlogischer Hoffnung schrieb ich an das Internationale Komitee des Roten Kreuzes in Genf. Sie antworteten mir prompt, daß sie meine Frau nicht gefunden hatten.«

Er wußte, daß es für seine Mutter in der Asche von Belzec kein Grab gegeben hatte, und hoffte, daß wenigstens seine Frau auf einem Friedhof ruhte. Ein ordentliches Begräbnis war für Wiesenthal seit dem Augenblick ein Ziel – sogar eine fixe Idee –, als der Arbeitstrupp in Lemberg an dem deutschen Soldatenfriedhof vorbeikam, in dem »auf jedem Grab eine Sonnenblume stramm wie ein Soldat beim Appell stand«. (Dieses

Thema gab seinem besten Buch, *Die Sonnenblume*, 1970, Zielstrebigkeit und Titel.)

Als er eines Nachts im Sommer 1945 an der Liste der Überlebenden aus Krakau arbeitete, stieß er auf Namen und Adresse eines ehemaligen Klassenkameraden von ihm und Cyla aus Buczacz: ein Dr. Biener. Wiesenthal schrieb Biener einen Brief nach Krakau und berichtete ihm, daß Cyla tot war. Nur für den Fall, daß ihre Leiche noch immer unter den Ruinen der Topielstraße 5 in dem etwa 240 Kilometer entfernten Warschau lag – würde Biener bitte hinfahren und nachsehen, was er finden konnte? Da es keine Postverbindung mit Polen gab, händigte Wiesenthal den Brief einem illegalen Kurier aus, der darauf spezialisiert war, für einen entsprechenden Preis Post über die Tschechoslowakei nach Polen zu befördern.

Cyla Wiesenthals Empfang in Polen war für diese Zeit typisch. Nachdem sie und ihre Freundin in Bohumin die tschechoslowakische Grenze überschritten hatten, bestiegen sie den Nachtzug nach Lwow. Der Zug fuhr bis Krakau, wo ein vierstündiger Aufenthalt eingeschoben wurde. Auf dem Bahnhof wurde Cylas Koffer – der ihren gesamten Besitz enthielt – gestohlen.

Um Cyla zu trösten, schlug ihre Begleiterin einen Spaziergang durch die vor einigen Monaten durch ein Wunder verschonte mittelalterliche Stadt vor. Die zurückweichenden Deutschen hatten die Sprengung von Krakau vorbereitet, doch die Stadt überlebte, weil polnische Partisanen das Haupt-Zündkabel buchstäblich in letzter Minute kappten. An diesem Sommermorgen war das berühmte Krakau neblig und trübselig – bis jemand Cylas Namen rief. Aus dem Nebel trat ein Dentist namens Landek, den Simon und Cyla in Lwow gekannt hatten. Landek »wußte«, daß Simon tot war, und drückte sein Beileid aus. Dann erzählte er Cyla, daß Dr. Biener vielleicht mehr über Simons Tod wußte.

»Dr. Biener aus Buczacz?« fragte Cyla. »Ist er in Krakau?«

»Er wohnt fünf Minuten von hier.« Landek gab ihr die Adresse.

Als sie Dr. Bieners Haus erreichten, bat Cyla ihre Freundin, unten zu warten, weil sie die grausigen Einzelheiten von Simons Tod unter vier Augen erfahren wollte. Dann stieg sie drei Treppen hoch und drückte einen Klingelknopf, neben dem BIENER stand.

Als Biener öffnete, *wußte* er, daß er ein Gespenst sah, und schlug die Tür zu.

Cyla war darauf vorbereitet gewesen, aus der Fassung zu geraten, aber nicht, abgewiesen zu werden. Sie trommelte an die Tür und rief: »Machen Sie auf! Ich bin Cyla. Cyla Wiesenthal! Cyla Müller aus Buczacz! Simons Frau!«

Dr. Biener öffnete vorsichtig die Tür. »Aber Sie sind tot. Ich habe gerade einen Brief erhalten.«

»Ich bin sehr lebendig«, versicherte ihm Cyla. »Sie würden auch halbtot aussehen, wenn Sie die Reise unternommen hätten, die ich hinter mir habe.«

Dr. Biener ließ sie ein und erklärte: »Gestern habe ich einen Brief von Ihrem Mann bekommen. Simon behauptet, daß Sie gestorben sind, als die Deutschen Ihr Haus in Warschau zerstörten!«

Jetzt wurde Cyla blaß. »Simon? Aber der ist doch seit über einem Jahr tot!«

»Wer schreibt mir dann aus Linz?« fragte Biener. »Hier, lesen Sie diesen Brief.«

Cyla rief ihrer Reisegefährtin zu, sie solle heraufkommen und sie zwicken, um zu sehen, ob sie träumte.

Seither glaubt Simon Wiesenthal an Wunder. »Wenn mein Brief nicht am Vortag bei Dr. Biener eingetroffen wäre, wenn Cylas Zug nicht den langen Aufenthalt gehabt hätte, wenn sie den Spaziergang nicht unternommen hätte, wenn sie Landek nicht getroffen hätte, wenn Dr. Biener nicht zu Hause gewesen wäre, dann wären die beiden Frauen zum Bahnhof zurückgegangen und hätten die Reise nach Rußland fortgesetzt. Cyla wäre irgendwo in der Sowjetunion gelandet, und es hätte Jahre gedauert, bis ich sie wiedergefunden hätte, ganz zu schweigen davon, ob ich sie herausbekommen hätte.«

Es war viel einfacher, Briefe von Linz nach Krakau als in die umgekehrte Richtung zu schicken. Während Cyla Simon drei gleichlautende Briefe schrieb, trieb Dr. Biener illegale Kuriere auf, die Bezahlung im voraus verlangten, aber nicht für die Lieferung garantierten. Nur einer der Briefe traf ein: der mit dem längsten Weg – über Budapest.

Es dauerte fünf Wochen, aber Simon Wiesenthal wird sein Leben lang den Augenblick nicht vergessen, an dem er die vertraute Schrift seiner Frau auf einem nicht erwarteten Brief einer »Toten« erblickte.

Inzwischen war das Amt für Strategische Dienste (OSS; Vorläufer der Central Intelligence Agency CIA) in Linz Simons Dienstgeber. Sein Hauptmann wollte ihm nicht die Erlaubnis erteilen, durch die sowjetische Zone zu reisen, um seine Frau zu holen, weil er über zu viele geheime Informationen über den amerikanischen Sicherheitsdienst verfügte.

Das Amt besorgte Reisepapiere für Cyla, aber da es keine Postverbindung gab, mußte ihr jemand sehr verläßlicher diese Papiere bringen.
Ein Freund des Jüdischen Komitees, Dr. Felix Weisberg aus Krakau, bot sich als Cylas Begleiter an. Seine romantische Mission wimmelte vor Ängsten und Irrtümern wie ein Shakespeare-Stück. Auf der Fahrt durch die Tschechoslowakei sah Weisberg eine NKWD-Straßensperre vor sich und wurde darauf aufmerksam gemacht, daß die Kontrolle »sehr streng« sei. Weisberg hatte Angst davor, was die Russen mit jemandem anfangen würden, der *Amerikansky dokumenty* bei sich trug, und vernichtete sie. Doch der NKWD durchsuchte ihn nicht einmal, und erst als er sicher vorbei war, fiel ihm ein, daß er Cylas Krakauer Adresse zerstört hatte und sich nicht an sie erinnerte.
Trotzdem fuhr Weisberg unbeirrt nach Krakau weiter und brachte auf der Anschlagtafel des Jüdischen Komitees eine Nachricht an: »Würde Cyla Wiesenthal sich bitte mit Dr. Felix Weisberg in Verbindung setzen, der sie zu ihrem Mann nach Linz bringen wird?«
Da inzwischen schon sehr viele Leute aus Polen fort wollten, tauchten drei Frauen auf und behaupteten, die Frau Simon Wiesenthals zu sein. »Der arme Felix Weisberg«, sagt Wiesenthal. »Sein Problem war schwerer als das Urteil des Paris. Er kannte meine Frau nicht. Ich hatte sie ihm nicht beschrieben. Er hätte sehr leicht die falsche Frau Wiesenthal mitbringen können.«
Die Frau, die die einfachste Geschichte erzählte, gefiel Weisberg am besten, also kaufte er auf dem Schwarzmarkt Reisepapiere für sie und brachte sie sicher nach Linz. Dort ließ er sie draußen warten, während er Simon sehr ausführlich alle Schwierigkeiten schilderte und sich immer wieder entschuldigte. Zum Schluß erklärte er: »Ich habe meine Frau im Krieg verloren. Wenn die da nicht Ihre ist, heirate ich sie selbst.«
Doch als Cyla Wiesenthal den Raum betrat, stahl sich Felix Weisberg unverheiratet und praktisch unbemerkt fort.

VIII. »Vergeßt unsere Mörder nicht!«

Da sowohl Cyla als auch Simon sich den Vierzig näherten, vergeudeten sie keine Zeit, um die verlorenen Jahre wettzumachen. Ihr einziges Kind, Pauline Rosa, kam am 5. September 1946, knapp ein Jahr nach ihrer plötzlichen, aufregenden Wiedervereinigung, in Linz zur Welt. »Niemand hat jemals ein Kind so sehr gewollt wie wir«, erklärt Simon lakonisch.

Toviah Friedman – ein polnischer Flüchtling, der *seine* Eichmann-Jagd in Wien um die gleiche Zeit begann wie Simon die seine in Linz und später in Israel Leiter des Haifa-Instituts für die Dokumentation von Kriegsverbrechen war, erinnert sich an den Wiesenthal des Jahres 1946, mit dem er seine Notizen verglich. Er war »ein verbitterter, unbarmherziger, rachsüchtiger Verfolger von Naziverbrechern. Ich verstand ihn absolut.«

Einige Monate später nahm Wiesenthal einen unbedeutenden SS-Folterknecht in Gewahrsam, der sich in einem amerikanischen Kriegsgefangenenlager aufhielt. Als ihn die Militärpolizei durchsuchte und Wiesenthal zusah, »fanden sie dieses Foto bei ihm«, erzählte Simon Jahre später einem Besucher und holte das Foto eines nackten Juden heraus, der mit baumelnden Armen und Beinen an einem Fleischhaken hing. »Als ich sah, daß er dieses Bild als Erinnerung mit sich herumtrug, sprang ich ihn brüllend an. Ich verlor die Kontrolle über mich. Es war das einzige Mal, daß ich einen Menschen töten wollte, und es gelang mir beinahe. Zwei amerikanische GIs mußten mich von ihm wegreißen.«

Inzwischen waren die amerikanischen Soldaten, die die Konzentrationslager befreit und Simons Empörung geteilt hatten, turnusmäßig nach Hause geschickt und durch Neuankömmlinge aus den USA oder von der Front in Fernost ersetzt worden. Es war für Wiesenthal schwierig, seinen neuen amerikanischen Vorgesetzten die Dringlichkeit seiner oder ihrer Aufgabe klarzumachen: »Sie hielten diejenigen von uns, die wollten, daß der Gerechtigkeit Genüge getan wird, für Auge-um-Auge-Rächer und Schwarzseher, die die Welt immer durch ein Stacheldrahtgitter sehen würden.« Der Kalte Krieg hatte sich noch nicht aufgeheizt, aber diese Amerikaner sahen das Nachkriegseuropa durch den rot-weiß-blauen Standard ihrer demokratischen Vorstellungen. Wiesenthal war entsetzt, als ihm ein Hauptmann, der die Deutschen erziehen sollte, erklärte: »Es wird immer Menschen mit verschiedenen Standpunkten geben. Zu Hause haben wir Demokraten und Republikaner. Hier haben Sie Nazis und

Anti-Nazis. Das hält die Welt in Schwung. Versuchen Sie, sich deshalb nicht zu viele Sorgen zu machen.«
Solche Menschen, die sich nicht bemühten, Deutsch zu lernen, sondern sich auf einheimische, meist weibliche Dolmetscher verließen, wurden oft die Beute von, wie Wiesenthal es ausdrückt, »der besten Waffe der Nazis: dem *Fräulein*-Faktor. Jeder junge Amerikaner interessierte sich natürlich mehr für ein hübsches, entgegenkommendes Mädchen als für einen ›dieser SS-Männer‹, die alle wie einen bösen Traum vergessen wollten.«
Als Wiesenthal in Oberösterreich einen SS-Mann verhaftete, erschien die hübsche siebzehnjährige Tochter des Gefangenen in ihrem am tiefsten ausgeschnittenen Dirndl im Amt und ersuchte den diensthabenden Hauptmann um die Erlaubnis, ihrem Vater Essen zu bringen. Der Hauptmann füllte ein Formular aus, bewunderte sie dabei – und machte ein Rendezvous mit ihr aus. Drei Tage später erfuhr Wiesenthal, daß der SS-Mann auf »Befehl des Hauptmanns« freigelassen worden war.
Simon stürmte in das Zimmer des Hauptmanns und fragte ihn, warum. Der Hauptmann befahl ihm, »den Mund zu halten«.
»Ach so«, sagte Wiesenthal. »Das ist also die Antwort. Sie müssen mir überhaupt nichts mehr erklären, Hauptmann.«
Wiesenthal schien seinen Zorn unter Kontrolle zu haben, als er das Amt in Linz verließ und direkt zu dem fünfundachtzig Kilometer entfernten Hauptquartier der US-Besatzungsarmee in Salzburg fuhr. Dort sprach er mit den Vorgesetzten des Hauptmanns und begann dabei zu schluchzen. Er erklärte ihnen: »Bitte rufen Sie den Hauptmann an und sagen Sie ihm, daß ich den nächsten Nazi, den ich finde, töten werde – und daß er dafür verantwortlich sein wird. Er macht mich zum Mörder.«
Simon erregte solches Aufsehen, daß der Hauptmann rasch nach Heidelberg versetzt wurde. Seine Abschiedsworte an Wiesenthal waren: »Sie sind ein Hurensohn.« Worauf dieser antwortete: »Das ist nichts. Für mich sind Sie ein Nazi.«
Es kam so weit, erzählt Wiesenthal, daß »ich einen Verbrecher am Nachmittag verhaften konnte, worauf er am nächsten Morgen frei war, weil einer meiner Vorgesetzten mit seiner Frau oder seiner Tochter geschlafen hatte«.
Noch größere Ernüchterung setzte ein, als ein Offizier, den er respektierte, ihm eines Tages erklärte: »Sie *müssen* in die Vereinigten Staaten emigrieren, Simon. Leute wie Sie können drüben glänzende Karrieren ma-

chen. Sie arbeiten hart, sind intelligent, begeistert, idealistisch. Sie werden in den USA ein großer Mann werden, weil Sie ebenfalls Jude sind. Hören Sie, Simon, in Amerika regeln Ampeln den Verkehr, und alles andere regeln Juden.«

Der Mann meinte es als Witz, aber Wiesenthal sah kalt durch ihn hindurch und sagte: »Sie müssen morgen einen Ersatz für mich finden. Heute ist der letzte Tag, an dem ich für Sie arbeite.«

Der Chef entschuldigte sich, aber Wiesenthal empfand seine Bemerkung als »Schlag ins Gesicht – daß ein Offizier der US-Army, die mich befreit hatte, wie ein Nazi sprechen kann. Ein schlechter Witz war also an der Geburt des Jüdischen Historischen Dokumentationszentrums schuld. In der gleichen Nacht trieb ich dreißig Überlebende zusammen – Entwurzelte wie ich, Menschen ohne Zukunft, mit einer sehr traurigen Vergangenheit und ohne Geld, und sagte ihnen: ›Ich arbeite nicht mehr für die Amerikaner. Für sie ist das Leben zu einfach. Sie glauben, daß es in Amerika Cowboys und Indianer und in Europa Nazis und Juden gibt. Es ist unsere Pflicht, diese Arbeit selbständig durchzuführen.‹ Und so errichteten wir das Jüdische Historische Dokumentationszentrum in Linz – ohne Geld, ohne kriminalistische Erfahrung und ohne jegliche offizielle Schirmherrschaft. Einzig aus dem Gefühl heraus, daß wir das Recht des Opfers auf unserer Seite hatten – und haben!«

Simon Wiesenthal findet, daß der größte Nachkriegsfehler der Juden darin bestand, sich auf eine materielle statt eine moralische Wiedergutmachung einzulassen.

Er weigerte sich lange Zeit, Wiedergutmachungsgeld, das gesetzlich ihm gehörte, von der Westdeutschen Regierung entgegenzunehmen, die sich in den fünfziger Jahren bereit erklärte, die Juden für ihren Besitz und ihre Gesundheit zu entschädigen.[8] Das alles oder zumindest einen Teil davon hatte Wiesenthal durch die Nazis verloren. Er brauchte beinahe acht Jahre, bis er die Idee, von den Deutschen Geld anzunehmen, akzeptierte. Als er es tat, steckte er mehr als die Hälfte in sein Dokumentationszentrum.

Obwohl er das Zentrum in der Goethestraße 63 in Linz erst 1947 eröffnete, waren seine Anfangskosten minimal. Miete und ähnliche Spesen fielen weg, weil das Zentrum in einer Baracke der Gemeinde Linz untergebracht war. Für Porto und Telefon überwies ein ehemaliger polnischer Parlamentarier, Dr. Aaron Silberschein, der Industrieller in Genf geworden war, einen freiwilligen Beitrag von fünfzig Dollar monatlich. Die meisten von Simons »Entwurzelten« lebten noch in Lagern für Displaced

Persons (DP), wo sie Unterkunft und Essen erhielten, und Zeugen konnte man jederzeit erreichen. »Entwurzelte« wurden zu »Korrespondenten« des Jüdischen Historischen Dokumentationszentrums, und in jedem Lager stellte man ihnen Schreibmaschinen und Papier zur Verfügung, damit sie Aussagen festhalten konnten.

Wiesenthals größte Hilfsquelle waren die Listen, die er während seines Jahres bei den Amerikanern zusammengetragen hatte. Jeder ehemalige KZ-Insasse, den er oder sein Netzwerk von Korrespondenten in den DP-Lagern in Deutschland und Österreich kennenlernte, wurde über Brutalitäten, Folterungen und Morde interviewt, die er oder sie gesehen hatte oder von denen sie erfahren hatten. Aussagen vom Hörensagen wurden nicht akzeptiert, und genaue Namen und Daten waren wichtiger als blutrünstige Einzelheiten. Wiesenthal führte eine Kartei nach geographischen Orten; bevor das Jahr 1947 zu Ende war, hatte er über tausend Schauplätze in alphabetischer Reihenfolge gesammelt. Eine zweite Kartei führte Verbrecher namentlich an, wann immer er Fotos von ihnen erhielt, ließ er sie in den DP-Lagern zirkulieren, denn viele waren nur unter ihrem Titel oder Spitznamen bekannt (»Todesengel« usw.). In einer dritten Kartei waren Tausende Zeugen enthalten, von denen die meisten bereits eidesstattliche Erklärungen abgegeben hatten.

Da praktisch alle seine Korrespondenten DPs waren, die auf die Emigration in andere Teile der Welt warteten, war der Zu- und Abgang hoch, aber sie blieben in Kontakt, und es sprach sich bald in Amerika, Australien, Palästina und auch auf dem Kontinent Europa herum, daß da hinten in Linz ein Mann namens Wiesenthal Beweise gegen Naziverbrecher sammelte. Hunderte unverlangter Aussagen trafen im Zentrum ein, und ihnen wurde nachgegangen. Wiesenthal nahm Beziehungen zu der Alliierten Historischen Kommission in München, dem *Centre de documentation juive contemporaine* in Paris und jüdischen Vereinigungen in Prag, Bratislava, Budapest, Italien und Griechenland auf und tauschte mit ihnen Informationen aus.

Als sich die Nachrichten über seine Arbeit vermehrten, begann Post, die nur mit » Wiesenthal, Österreich« adressiert war, ihn in Linz zu erreichen – und beinahe jeder Brief behandelte ein Ereignis, bei dem es um Leben oder Tod ging. Im März 1947 hatte er ein Erlebnis, das sein Schicksal besiegelte:

»Drei Rabbis besuchten mich in Linz und berichteten, daß sich in einem Haus in der Nähe von Villach in Kärnten eine ganze Bibliothek von jüdischen religiösen Büchern befand. Hitler hatte vorgehabt, für eine ausgestorbene Rasse Museen und Bibliotheken zu errichten – die Überreste eines Volkes, das er ausgerottet hatte –, und die Bibliothek war offenbar ein Teil dieses Projekts. Für diesen Zweck wurden jüdische Bücher weggebracht, statt sie zu verbrennen, und hatten Mengele und viele andere Lagerärzte Anweisung, »besondere jüdische Typen« in die Universität von Straßburg zu schicken, wo sie mit Injektionen getötet und gekocht wurden, bis sie Skelette waren, die viel später als ›typische Juden aus dem zwanzigsten Jahrhundert‹ ausgestellt werden sollten.

Mit den so ›konservierten‹ Menschen konnte man nur eines tun: ihnen anständige Begräbnisse geben. Aber die Beziehung eines religiösen Juden zu einem religiösen Buch ist wie eine menschliche Beziehung, deshalb lag in den Augen der Rabbis Verzweiflung, als sie mich anflehten, ›bitte helfen Sie uns, diese Bücher zu retten‹.

Ich fuhr mit ihnen in tiefem Schnee durch die Berge nach Villach, wo wir die Nacht verbrachten. Am Morgen gingen wir in das Haus und ich sprach mit dem Verwalter, der uns einließ. Vom Keller bis zum Dachboden gab es nur Bücher: Bibeln, Gebetbücher, Talmuds, Bücherzeichen, silberne Lesezeichen und Etiketts der Besitzer. Dieses stammte aus Wilna, andere aus Paris, Krakau, Prag ...

Für die drei Rabbis war es, als hätten sie ein Konzentrationslager befreit. Der jüngste von ihnen war aus Karpatorußland, er hatte seine ganze Familie in Treblinka verloren. Er hob ein Buch auf, betrachtete es, küßte es sehr sanft und legte es dann genau dorthin zurück, wo er es gefunden hatte. Nachdem er dies unzählige Male getan hatte, griff er nach einem anderen Buch, begann es zu lesen – und fiel in Ohnmacht!

Einer von uns hatte Schnaps mit, und als wir ihn zu sich brachten, trank er einen Schluck und begann zu weinen. ›Es ist mein Gebetbuch‹, erklärte er. Dann klappte er es auf und reichte es mir. ›Das ist eine Nachricht von meiner Schwester.‹ Auf der ersten Seite stand in weiblicher Schrift in Jiddish:

> Wer immer dieses Gebetbuch findet, möge es meinem geliebten Bruder Joshua Seidmann geben. Die Mörder sind in unserem Dorf. Sie sind im nächsten Haus ... Bitte vergeßt uns nicht! Und vergeßt unsere Mörder nicht! Sie ...

Hier verlief sich die Schrift. Der Rabbi war jetzt beherrscht und sprach beinahe ruhig. ›Wenn Sie nichts dagegen haben‹, sagte er, ›möchte ich das

Buch behalten.‹ Ich klappte es zu und gab es ihm. Aber ich sehe es noch vor mir – und höre es: das Buch mit den starken Deckeln, die ich einschnappen ließ. Denn dies war nicht nur die Nachricht einer Schwester an einen Bruder oder einer Jüdin an einen Rabbi. Es war eine Botschaft an mich: von den Millionen, die gestorben waren, an uns, die Überlebenden. Für mich war dieser Brief der Letzte Wille und das Testament von sechs Millionen Toten, und auf der Heimfahrt nach Linz beschloß ich im Auto, ihr Vermächtnis zu erfüllen.
Seit ich aus dem Wagen stieg, treibt mich dieses Vermächtnis weiter – und wird es immer tun.«

IX. Wiesenthals Gesetz

Das Kriegsende war für Simon Wiesenthal nicht gleichbedeutend mit dem Ende der Gewalttätigkeiten gegen ihn. Wenige Tage nach seiner endgültigen Befreiung durch die Amerikaner war er von dem späteren polnischen stellvertretenden Minister für Kultur geschlagen worden. Nach etwas mehr als einem Jahr wurde er in einem DP-Lager in der Nähe von Linz von einem mit einem Messer bewaffneten ehemaligen Gestapoagenten angegriffen, der David Zimet hieß – ein Jude!

Zimet war in der südpolnischen Stadt Tarnów Ghettopolizist gewesen und außerdem, sagt Wiesenthal, »die rechte Hand eines sehr bekannten Gestapo-Sadisten, der Grunov hieß. Später wurde Zimet nach Mauthausen geschickt und arbeitete dort im Krematorium. Seine Familie blieb in Tarnów. Als die Russen, die Krakau einnehmen wollten, sich Tarnów näherten, begannen die Deutschen wieder, die wenigen hundert Juden zu deportieren, die von den zwanzigtausend Tarnówer Juden vor dem Krieg übrig waren. Da keine Züge mehr gingen, wurden sie in Lastwagen verladen. In einem Lastwagen mit jüdischen Frauen befanden sich Zimets Frau und Tochter. Der Haß gegen ihn war so groß, daß die jüdischen Frauen, die der Lastwagen in den Tod fuhr, seine Frau und Tochter an Ort und Stelle töteten.«

1946 war Zimet als DP in Österreich und wurde von mehreren Überlebenden aus Tarnów erkannt. Wiesenthal sammelte noch im DP-Lager Aussagen über ihn, als Zimet davon erfuhr. »... deshalb kommt er um sieben Uhr früh mit einem Messer in mein Büro«, erzählt Simon. »Er war 1947 ein großer, stämmiger, gesunder Mann, während wir alle noch immer zu mager waren. Er hatte im Ghetto gut gelebt, und im Krematorium in Mauthausen bekamen sie alle die doppelte Essensration ... Nein, ich hatte ihn in Mauthausen nicht kennengelernt. Ich sehe ihn zum ersten Mal, als er hereinstürzt und mich angreift. Ich packe das Tintenfaß auf meinem Schreibtisch und werfe es ihm ins Gesicht, um mich zu schützen, und ich schreie so laut, daß Leute gelaufen kommen, um mir zu helfen, und er wird verhaftet. Dafür kam Zimet vier Wochen ins Gefängnis. Aber weil er im Krematorium gearbeitet hatte, brauchen sie ihn für den Mauthausen-Prozeß und bringen ihn als Zeugen nach Deutschland. Von dort emigriert er nach Kanada.«

Jahre später sah Wiesenthal eine vertrauliche Liste von Fällen durch, die von der Königlichen Kanadischen Berittenen Polizei untersucht wurden.

»ZIMET, David: Polizist im Ghetto von Tarnów. Zeugen haben seine Brutalität bestätigt«, las er dort.
» Zimet!« rief Wiesenthal. »Das ist mein alter Fall!« Er informierte die kanadischen Behörden über das belastende Material, das er über Zimet besaß, aber sie waren nicht bereit, einen Juden wegen Naziverbrechen anzuklagen. Das Kanadische Jüdische Komitee griff ein, und Zimet erklärte sich bereit, sich einem vom Komitee zusammengestellten Schlichtungsausschuß zu stellen.
»Dabei ist nichts herausgekommen«, erzählt Wiesenthal, »die jüdische Gemeinde zögerte, den Fall zu veröffentlichen, da Zimet Jude war. Das ist so schrecklich! Infolge dieser falschen Einstellung können wir uns nicht um jüdische Helfer der Nazis kümmern, wir verlieren unsere Glaubwürdigkeit, wenn wir behaupten, daß wir gegen jeden, der Verbrechen begangen hat, eingreifen. Wenn alle sehen könnten, daß wir nicht nur Deutsche und Ukrainer suchen, sondern sogar unsere eigenen jüdischen Verbrecher, wäre die Opposition gegen uns viel geringer.«
»Im Ghetto von Lwów sah ich zum ersten Mal jüdische Kollaborateure«, berichtet Wiesenthal in seinen Memoiren, »und später entdeckte ich sie in verschiedenen Konzentrationslagern. Es gab einige empörende Fälle, und wenn ich nach dem Krieg über das Problem sprach, waren viele Juden beunruhigt. Vielleicht hatten sie erwartet, daß Juden gegen Verderbtheit immun sind. Wie alle Völker haben wir unsere Heiligen und unsere Sünder, unsere Feiglinge und unsere Helden.«
Reinhard Heydrich, der die Endlösung organisierte, glaubte, daß das Geheimnis der Manipulation in Einbeziehung und Kollaboration liege. Indem er jüdische Ältestenräte einrichtete, die die Gestapo-Erlässe durchsetzen sollten, konnte Heydrichs linke Hand, Adolf Eichmann, jede jüdische Gemeinde dazu zwingen, an ihrer eigenen Vernichtung mitzuarbeiten.
Wiesenthal gibt zu, daß »die härteste Pflicht« der jüdischen Räte, die die Deutschen in jedem Ghetto und Konzentrationslager organisierten, »die Entscheidung war, welche Namen auf die ›Transportlisten‹ für die Todeslager gesetzt werden sollten. Die Nazis hatten gewisse Kriterien für die Eintragung (Gesundheit, Alter usw.) erstellt, aber ... sie überließen oft die endgültige Auswahl den Juden.« Wenn Juden andere Juden für die Vernichtung auswählten, konnten die Deutschen behaupten, daß sich die Juden selbst ausgerottet hatten.
Simon gibt auch zu, daß es unter den Ratsangehörigen Helden und Mär-

tyrer gab, vor allem den zionistischen Arzt Dr. Elchanan Elkes, der in der litauischen Stadt Kaunas (Kovno in der ehemaligen Sowjetunion) im Ghetto Oberhaupt von etwa 60 000 Juden wurde. Elkes widerstand nicht nur seinen deutschen Herren, sondern behinderte sie auch auf jede nur mögliche Art und half vielen Ghettobewohnern zu entkommen. Vor allem aber lehnte er 1944, als das Ghetto aufgelöst und seine letzten Überlebenden nach Dachau gebracht wurden, das Angebot des jüdischen Untergrunds ab, ihn in Sicherheit zu schmuggeln. Statt dessen begleitete Elkes seine Leidensgenossen (und Patienten) nach Dachau, wo er am 17. Oktober 1944 starb; er wurde später mit einem Granit-Gedenkstein geehrt. Aber sogar Elkes konnte nur eine beschränkte Zahl von Arbeitsbewilligungen ausstellen. Er versuchte, sie den Oberhäuptern großer Familien zukommen zu lassen, um so eine möglichst große Zahl vor der Deportation zu retten. Dadurch verurteilte er viele von denen, die er widerstrebend ausschied, zum Tod.

Wiesenthal weist darauf hin, daß »ein Mann, der die Macht hatte zu retten, auch die Macht besaß zu verurteilen. Die SS und die Gestapo waren keine Wohltätigkeitsorganisationen. Sie wollten eine Liste von so und so vielen Menschen, die am nächsten Dienstag in den Zug gesteckt werden sollten – und nicht eine Person weniger. Man konnte nicht feilschen. Die Leute mußten am Dienstag um zwölf Uhr dreißig gestellt sein, nicht um zwölf Uhr vierzig. Deshalb bin ich Menschen gegenüber, die sagen: ›Dieser Mann hat mir das Leben gerettet‹, sehr skeptisch. Wer konnte Leben retten? Nur ein Funktionär.«

Einmal bat ein Leumundszeuge Wiesenthal, einen Funktionär zu schonen, weil »er meinen Namen von der Transportliste strich«.

»Und wessen Namen setzte er an Stelle des Ihren ein?« fragte Wiesenthal. Der Mann konnte nicht antworten und tat es auch nicht.

Von Elkes und einigen wenigen anderen sagt Wiesenthal: »Natürlich überlebten viele der Menschen, die sie retteten. Sie können Zeugnis ablegen. Aber wir haben sechs Millionen weitere Zeugen verloren, die vielleicht etwas anderes zu sagen hätten.« Er fügt hinzu, daß einige Mitglieder des Jüdischen Rats »das einzige taten, was sie unter diesen Umständen tun konnten – sie befolgten die Vorschriften der Nazis buchstabengetreu. Andere wurden korrumpiert. Sie akzeptierten Gefälligkeiten, jonglierten mit Namen, hofften gegen jede Hoffnung, daß sie vielleicht die eigene Haut retten konnten. Manche Juden waren im Konzentrationslager Vertrauensleute. Manchmal halfen sie ihren Mitgefangenen, manchmal nicht.

Nach dem Krieg verhaftete ich nicht nur Juden, die Nazi-Kollaborateure waren, sondern ich warf aus den Häftlings-Komitees, die die DP-Lager und die ehemaligen Konzentrationslager leiteten, Leute hinaus, die keine Unterlagen über ihre Aktivitäten während der Nazizeit erbringen konnten. Ich erließ eine Vorschrift, die in den Lagern als *Lex Wiesenthal* bekannt wurde – die lateinische Bezeichnung von ›Wiesenthals Gesetz‹. Sie war sehr einfach: ›*Niemand, der in der Nazizeit eine amtliche Funktion ausgeübt hat, kann im jüdischen Leben der Nachkriegszeit eine Funktion bekleiden.*‹ Ich sagte nicht, daß ein solcher Mensch ein Verbrecher ist. Ich kümmerte mich überhaupt nicht darum, ob er gut oder schlecht war. Aber ich mußte unsere jüdische Gesellschaft vor weiteren unangenehmen Überraschungen schützen.«

»Übertreib es nicht, Simon«, redete ihm ein Freund, den er als »offiziellen Juden« bezeichnet, zu. »Was du tust, wird nur die Schuld der Nazis verringern.«

»Nein«, widersprach Simon, »es wird die Schuld der Nazis vergrößern. Wenn sie Druck auf die Juden ausübten, gegen andere Juden vorzugehen, sind sie nicht nur schuldig, Millionen von uns getötet zu haben, sondern auch, Hunderte Juden korrumpiert zu haben.«

Wiesenthal stellte fest, daß »in vielen Fällen solche Leute nach dem Krieg Arbeit bei jüdischen Organisationen fanden. Vielleicht versuchten sie, es wiedergutzumachen, vielleicht dachten sie, daß so etwas das beste Versteck sei. Einmal fuhr ich eigens nach Paris, um mit dem Europa-Direktor des Joint Distribution Committee (JDC) zu sprechen, weil für ihn ein Mann – ein Jude! – arbeitete, der in einem Konzentrationslager für die Transporte in die Todeslager zuständig gewesen war.«

Laut Wiesenthal erwiderte der JDC-Direktor, ein Amerikaner: »Na und? Es war eine Zeit, in der jeder Dienst machen mußte.«

»Ja, das weiß ich«, erwiderte Wiesenthal. »Ihr Angestellter verfügte über die Macht, Menschen in die Vernichtung zu schicken. Ich weiß nicht, wie er es machte. Aber nehmen wir an, daß jemand zu Ihnen kommt und sagt: ›Mein Vater war krank, und er steckte ihn in den Transport‹, oder: ›Mein Vater konnte noch arbeiten, aber er steckte ihn in den Transport‹, was antworten Sie dann? Der Ankläger hat vielleicht keine Zeugen. Ihr Mann hat vielleicht oder vielleicht nicht Zeugen. Aber Sie werden ein schlechtes Gewissen haben. Und wenn dem nicht so ist, werde ich solches Aufsehen um den Fall machen, daß Sie ihn entlassen werden.«

Was der Direktor tat.

Zweiter Teil

Adolf Eichmann

Wo immer der Mörder sich verstecken mag,
Wir werden ihm folgen bei Nacht und Tag.
Und wie die Sonnenblume die Sonne sucht,
Entgeht unsern Augen kein Teil seiner Flucht.

Nathan Alterman

X. Der »Zionist« Eichmann

Am Montag, dem 23. Mai 1960, dem Tag, an dem Israel bekanntgab, daß sich der aus Argentinien entführte Adolf Eichmann »zur Zeit hier im Gefängnis befindet«, erhielt Simon Wiesenthal in seinem Heim in Linz ein offizielles Telegramm aus Jerusalem: GLÜCKWÜNSCHE ZU IHRER AUSGEZEICHNETEN ARBEIT. Er studierte es befriedigt, reichte es dann seiner Tochter Pauline, einem Teenager, und sagte: »Als du ein Baby warst, bekamst du deinen Vater nie zu Gesicht. Du schliefst, wenn ich zur Arbeit ging, und du schliefst, wenn ich nach Hause kam. Ich weiß nicht, wie lang ich leben werde. Ich weiß nicht, ob ich dir überhaupt etwas hinterlassen werde. Aber dieses Telegramm ist mein Geschenk für dich. Weil ich jetzt durch dieses Telegramm in die Geschichte eingehe.«

Adolf war das älteste von fünf Eichmann-Kindern (vier Söhne und eine Tochter) und entpuppte sich bald als Versager: Er war der einzige, der die Oberschule nicht abschloß. Die erste Oberschule, in der er versagte, war die Kaiser-Franz-Staatsoberrealschule in Linz, die ein anderer Adolf – Hitler – um die Jahrhundertwende besucht hatte. Nach zwei erfolglosen Jahren an diesem Institut wechselte Eichmann in die Höhere Bundeslehranstalt für Elektrotechnik, Maschinenbau und Hochbau, die er ebenfalls nicht abschloß. In beiden Fällen, erzählte er einem israelischen Vernehmungsbeamten, »nahm mich mein Vater aus der Schule, weil ich – ich kann es genauso gut zugeben – nicht gerade der pflichtbewußteste Student war«.

Er war immer höflich und überaus zurückhaltend und nahm jede Arbeit an, die die Bekannten seines Vaters für ihn fanden – drei Monate als Bergarbeiter im Untersberg zwischen Salzburg und der deutschen Grenze, zwei Jahre als Radioverkäufer für die Österreichische Elektrotech – bis sein Vater, der den Eindruck hatte, daß sein Sohn nicht weiterkam, ihm vorschlug, Handelsreisender zu werden.

An diesem Punkt – 1927, als Eichmann einundzwanzig war – griff seine Stiefmutter ein. Seine Mutter war 1916 gestorben, weil sie laut Eichmann zu viele Kinder zu kurz nacheinander geboren hatte, und sein Vater hatte im gleichen Jahr wieder geheiratet. Die zweite Frau Eichmann hatte einen Vetter in Wien, der Präsident des Österreichischen Automobilclubs war und eine tschechische Jüdin geheiratet hatte. Der Vetter, den Eichmann »Onkel« nannte, kontaktierte einen Herrn Generaldirektor Weiss, den jüdischen Leiter der Vacuum Oil Company, und innerhalb von vierzehn Tagen war Eichmann ausgebildet, angestellt und hatte das exklusive Recht, im Mühlviertel, in Oberösterreich Sphinx-Benzin und Gargoyl-Mobiloil zu verkaufen.

Während der weltweit zunehmenden Depression verdiente der reisende Mineralöl-Verkäufer Adolf Eichmann auf der Straße gut.

Aber er war 1932 wieder in Linz, als Österreichs Nationalsozialistische Deutsche Arbeiterpartei im Märzenkeller – einer großen Bierhalle im bayerischen Stil in Linz – eine Versammlung abhielt. Eichmann besuchte diese Versammlung, und während einer Pause in den Hetzreden näherte sich ihm ein beinahe zwei Meter großer Riese von Mann mit massiven, breiten Schultern, dicken Armen, rechteckigem Kinn und Mensurnarben im Gesicht – eine Erinnerung an seine Studententage an der Grazer Universität. Eichmann kannte ihn vom Sehen – er war ein Linzer Anwalt, um drei Jahre älter als Eichmann, und hieß Ernst Kaltenbrunner. »Wir hatten einander gelegentlich getroffen«, erinnerte sich Eichmann. »Sein Vater und mein Vater unterhielten seit zwanzig Jahren geschäftliche Beziehungen. Ernst Kaltenbrunner sagte es mir geradeheraus: ›Du kommst zu uns.‹ So war es damals üblich, alles sehr frei und locker, kein Krampf. Ich sagte: ›In Ordnung.‹ So kam ich zur SS.«

Adolf Eichmann wurde am 1. April 1932 mit der Parteinummer 889 895 und der SS-Nummer 45 326 Mitglied der NSDAP. Sein Werber Kaltenbrunner, ein Kettenraucher, der bereits Alkoholiker war, wurde bald Parteisprecher in Oberösterreich und bot den Mitgliedern juristische Hilfe, während er gleichzeitig die österreichische Untergrund-SS befehligte. Im März 1938 wurde Kaltenbrunner zum Staatssekretär für Sicherheitswesen ernannt. Nach Reinhard Heydrichs Ermordung in Prag 1942 wurde Kaltenbrunner zu seinem Nachfolger ernannt und war Leiter des Reichssicherheits-Hauptamts in Berlin, dem nicht nur die Gestapo, sondern auch die Deportationsmaschinerie der »Endlösung« unterstand. Die Gestapo war in Kaltenbrunners Reich Amt IV. Das unter Eichmanns Leitung stehende Referat IV B 4 wurde geschaffen, um die Bereitstellung und den Transport der Juden in die Todeslager durchzuführen. Kaltenbrunner wurde nach dem Krieg im Nürnberger Prozeß verurteilt und gehenkt.

Während sie die Leiter vom jungen Bürger, der auf Nationalismus machte, zum unbarmherzigen leitenden Vernichtungsbeamten hinaufstiegen, behielt Kaltenbrunner Eichmann als seinen Schützling im Auge, behandelte ihn jedoch gönnerhaft, weil er ihm geistig, körperlich und gesellschaftlich unterlegen war. Kaltenbrunner kam immerhin aus einer Familie mit zwei Generationen von Anwälten, war selbst Anwalt und hatte das Recht, sich Doktor (juris) zu nennen, während Eichmanns Familie für öffentliche Versorgungsbetriebe arbeitete. Eichmann selbst hatte die Schule nicht abgeschlossen und sich nie sportlich ausgezeichnet. Er gehorchte jedoch Befehlen, ohne zu fragen: den Befehlen seines Vaters, seiner Arbeitgeber und jetzt seiner Partei.

»Ich war relativ jung und daran gewöhnt, daß man mich führte« – so sah er es. Die politische Philosophin Hannah Arendt (1906–1975), ein Flüchtling aus Nazideutschland, stellte es in ihrem tiefschürfenden Bericht über seinen Prozeß, *Eichmann in Jerusalem* mit dem Untertitel *Ein Bericht über die Banalität des Bösen*, anders dar:

> Aus einem eintönigen Leben ohne Bedeutung und Ansehen hatte ihn der Wind in die Geschichte geweht, wie er sie verstand, nämlich in eine Bewegung, die immer in Bewegung blieb, und in der jemand wie er – der bereits in den Augen seiner gesellschaftlichen Klasse, seiner Familie und daher auch in seinen eigenen Augen ein Versager war – von vorn beginnen und noch immer Karriere machen konnte.

Seine Laufbahn bei Vacuum Oil war für ihn nicht mehr so wichtig wie der Freitag-Nacht-SS-Dienst im Braunen Haus der Partei in Linz, wo er auf einem Strohsack schlief, Wache stand, und »da ich einer der wenigen war, die arbeiteten, und zudem gut verdiente«, im benachbarten Wirtshaus den Kameraden Bier und Zigaretten spendierte. An Sonntagen wurde sein SS-Regiment – dessen Angehörige aus Salzburg und Linz kamen – von Salzburg, wo ihre Uniformen und Paraden (und von 1933 an ihre Partei) verboten waren, über die Grenze nach Freilassing in Deutschland gefahren, wo eine Hilfspolizei-Einheit der SS der Gastgeber für ihre Ausbildung und ihre Märsche war.

Da Eichmann für seine Wochenenden mit »den Kameraden« lebte, machte es ihm kaum etwas aus, als im Frühjahr 1933 »Direktor Blum zu mir sagte: ›Wir müssen beim Personal Einsparungen vornehmen.‹ Er sagte, ich sei der einzige unverheiratete Verkäufer, deshalb sei er auf mich verfallen. Also kündigte er mich.«

Durch das Kissen seiner Fünf-Monate-Abfertigung (ein Monat für jedes Jahr bei der Firma) gut geschützt, wohnte er bei seiner Familie in Linz, wo sein Vater ein eigenes Geschäft für Haushaltsgeräte – Elektro-Eichmann – eröffnet hatte. Während Eichmann sich in Österreich, wo der austrofaschistische Kanzler Engelbert Dollfuß gerade die Nazi-Partei verboten hatte, nach Arbeit umsah, fiel ihm ein, daß es ihm in Nazideutschland, in dem Hitler soeben an die Macht gekommen war, vielleicht besser gehen würde. Da die Familie Eichmann bei ihrer Übersiedlung von Solingen nach Linz die deutsche Staatsbürgerschaft nie aufgegeben hatte, »sagte ich mir: ›Schließlich bin ich deutscher Staatsbürger.[1] Ich kann nach Deutschland gehen und mein Glück versuchen.‹«

Als Eichmann aus Oberösterreich nach Passau fuhr, hatte er ein Empfehlungsschreiben von Kaltenbrunner bei sich. Dort suchte er den SS-Gauleiter auf, der bei der Versammlung, auf der Eichmann ein Jahr zuvor angeworben wurde, der Hauptredner gewesen war. Eichmann bat ihn um Hilfe. Er strebte einen Posten bei der bayerischen Filiale der Vacuum Oil an, doch der Gauleiter schlug ihm vor, statt dessen Sturmmann zu werden. Eichmann war immer bereit, auf die Ideen anderer einzugehen, und meldete sich freiwillig. »Ich sagte mir: ›Gut, ich werde Soldat.‹ Ich hatte für niemanden zu sorgen.«

Er hatte mehr als eine Grenze überschritten. Er wurde zuerst nach Lechfeld, einem SS- und SA-Lager in der Nähe eines Klosters und einer Brauerei, geschickt und landete – trotz seiner deutschen Staatsbürgerschaft – in der »Österreichischen Legion«, wie die SS es nannte. Er wurde zur Stoßtrupp-Ausbildung abkommandiert und spezialisierte sich auf Straßenkämpfe, zeichnete sich jedoch vor allem bei der mühseligen Plackerei aus, die bei den meisten militärischen oder paramilitärischen Organisationen als echter »Mumm« Anerkennung findet:

»Ich will Ihnen eine Geschichte erzählen, damit Sie sehen, wie wenig mir die harte Ausbildung ausmachte. Später erzählte ich sie den mir unterstellten Offizieren und Unteroffizieren. Es war noch in Lechfeld. Eine häufige Bestrafung – die später verboten wurde – bestand darin, daß wir durch hartes Gras und über Schotter kriechen mußten. Als es zum ersten Mal geschah, meldeten sich einige Männer krank und wurden für dienstuntauglich erklärt. Weil ich fand, daß man uns unfair behandelte, biß ich die Zähne zusammen und stand es durch. Die Haut an meinen Ellbogen war abgeschunden, aber ich ließ sie nicht verbinden. Nach dem Mittagessen mußten wir weitermachen. Die Pflaster, die ich mir auf die Wunden geklebt hatte, waren im Nu weggekratzt. Ich hatte überhaupt keine Haut mehr auf den Ellbogen. Aber ich hielt durch. Dadurch erregte ich Aufmerksamkeit und wurde befördert.«

Er verließ Lechfeld Ende 1933 als Unterscharführer. Sein nächstes Ziel war Dachau. Dieses war das erste Nazi-Konzentrationslager, lag am Stadtrand von München und enthielt zu jener Zeit mehr aus politischen denn aus rassischen Gründen inhaftierte Hitler-Gegner. Bei ersteren war eher anzunehmen, daß sie es lebend verlassen würden, obwohl manche gebrochen und eingeschüchtert nach Hause kamen und nicht bereit waren, über ihre Erlebnisse zu sprechen – auch nicht in ihren Familien. Doch Eichmanns Bataillon des Regiments »Deutschland« war »außerhalb des Konzentrationslagers in einem riesigen Hangar aus Stahl und Beton untergebracht, in dem vorher Munition gelagert war. Wir schliefen in dreistöckigen Betten.«

Die SA hatte Dachau als Ort der *Konzentration* – mehr im körperlichen als im geistigen Sinn – von Hitlers Feinden angelegt, um sie in Gewahrsam zu nehmen oder zu eliminieren.

Zuerst kam Rache: Bayerns ehemaliger Generalstaatskommissar von Kahr, der 1923 Hitlers Bierhallen-Putsch unterdrückt hatte, wurde 1934 während des Röhmputsches ermordet. Dann kam die Unterdrückung Andersdenkender: Politische Gegner, freimütige Geistliche, liberale Verleger, störrische Nazis, die laut fragten, ob Hitler zu weit oder zu schnell ging, und andere, die ihre Gedanken äußerten, wurden in Dachau geprügelt und gefoltert und manchmal ermordet. Dann kamen die »Unerwünschten« – Homosexuelle, Zigeuner, Juden. Am 12. April 1933 befahl man vier jüdischen Gefangenen – drei Kaufleuten und einem Nürnberger Anwalt –, aus der Reihe zu treten. Sie wurden vor den Augen ihrer Mitgefangenen von Sturmmännern erschossen. Den Gefangenen erklärte man, daß die vier Juden »feindliche Elemente waren, die nicht das Recht hatten, in Deutschland zu leben«, und daß sie »die gerechte Strafe erlitten hatten«.

Als Eichmann nach Dachau kam, gab es in Deutschland bereits mehrere Konzentrationslager. Die SS übernahm sie von der SA, um sie auf Spezialisierung und rücksichtslose Effizienz umzuorganisieren: Sachsenhausen für Berliner, Ravensbrück für Frauen etc. Obwohl Terror und Brutalität herrschten, geschah dies auf relativ individueller Basis. Erst im Lauf der vierziger Jahre entstanden für die Bedürfnisse der Endlösung *Vernichtungslager* wie Belzec und Sobibor, wo die Opfer bei ihrem Eintreffen *en masse* vergast wurden.

Von 1933 bis 1934 wurde Dachau von bayerischen SS-Männern bewacht, die einen Totenschädel auf dem Kragenspiegel trugen. »Wir nannten sie

›Totenköpfler‹«, erinnerte sich Eichmann. Seine von Preußen befehligte Einheit trug die Lebensrune mit der Nummer 1. Sie waren Fußtruppen. Eichmann zog die übliche deutsche Militärausbildung und die strenge militärische Disziplin »der Stoßtrupp-Spielerei, die wir in Lechfeld hatten« vor, ärgerte sich aber über die »zermürbende Eintönigkeit« des Militärlebens – »Tag für Tag immer das gleiche, immer wieder das gleiche« – und schmiedete Pläne, um der Routine zu entkommen.

Als er erfuhr, daß der Nachrichtendienst der SS, der Sicherheitsdienst, Leute aus dem Mannschaftsrang rekrutierte, bewarb er sich. Im Herbst 1934 erhielt Eichmann den Befehl, sofort nach Berlin zu reisen.

Die SD-Zentrale im Hohenzollern-Palast in der Wilhelmstraße enttäuschte Eichmann zweifach: »Ich erwartete das, was ich in Illustrierten gesehen hatte: SS-Kommandos folgten hohen Parteifunktionären in Autos, auf den Trittbrettern standen Männer.« Er hatte den SD (Sicherheitsdienst) mit der Leibwachenabteilung des Reichssicherheitsdienstes verwechselt, aber da er das richtige bürokratische Wort *Begleitkommando* nie kennengelernt hatte, konnte er sich nicht beschweren. Es ist für Adolf Eichmanns Karriere typisch, daß das ziellose, jungenhafte Mischmasch von Fehlinformationen und mißverstandener Identität, das ihn nach Berlin gebracht hatte, ihn in der Informationsabteilung des SD Fuß fassen ließ – der erste Schritt nach oben auf der Vernichtungsleiter.

Er mußte eine Akte über verdächtige Freimaurer bearbeiten, das heißt, die Karteikarten alphabetisch ordnen. Die Freimaurerlogen mit ihren mythischen Riten und Geheimzeichen hatten die römisch-katholische Kirche und die Habsburger lange Zeit beunruhigt. Die Nazis hatten die Freimaurer bald zusammen mit Juden, Kommunisten und Zigeunern in einen Topf geworfen.

Obwohl Eichmann versuchte, sich vor dieser Arbeit zu drücken, indem er behauptete, er wisse nichts über die Freimaurer und habe nie von ihnen gehört, gehorchte er schließlich, weil er seine Spuren verwischen mußte. Er war der geborene Vereinsmeier, der Mitglied des »Christlichen Vereins Junger Männer« und Mitglied von zwei deutschen Jugendbewegungen gewesen war; 1932 war er im Begriff, in Linz in die »Schlaraffia«, eine freimaurerähnliche Vereinigung, einzutreten, als Kaltenbrunner ihn darauf aufmerksam machte, daß dies mit dem Nazismus inkompatibel war. Kein Wunder, daß er bei der Arbeit in Berlin eine Gänsehaut bekam.

Noch schlimmer war es für Eichmann, daß Heinrich Himmler, der als

Hühnerzüchter versagt hatte und jetzt die SS leitete, die Abteilung jeden zweiten oder dritten Tag inspizierte; auch Kaltenbrunner besuchte sie öfter. Der inkonsequente Eichmann wußte, daß Kaltenbrunner über seinen Flirt mit freimaurernahen Vereinigungen unterrichtet war, und unterstützte rasch (oder tat zumindest so) die Eugenik (Erbgesundheitslehre) seines Mentors: obligatorische Schwangerschaften für alle arischen Frauen unter fünfunddreißig; wenn ihre Männer diese Kinder nicht zeugen wollten oder konnten oder wenn die Frauen nicht verheiratet waren, dann sollten Familienväter mit mehr als vier Kindern als »Deckhengste« zur Verfügung stehen. Andererseits sollten die Juden ausgerottet und die Slawen mittels Sterilisierung und Vernichtung ihrer Führer ausgelöscht werden.

Nach drei Wochen auf diesem unangenehmen Platz in der Informationsabteilung wurde Eichmann zum Assistenten eines Kurators ernannt, der mit Material, das aus Logen in ganz Deutschland stammte, ein Freimaurermuseum schaffen wollte: Schurze, Medaillone, Siegel, Fotos, ganze Bibliotheken. »Ein Raum sollte als Johannis-Grad-Tempel und ein anderer als Andreas-Grad-Tempel gestaltet werden. Meine Arbeit bestand darin, Tausende ›rituelle Gegenstände‹ zu klassifizieren, katalogisieren und mit Etiketts zu versehen. Ich war fünf Monate damit beschäftigt.«

1935 blieb eines Tages ein österreichischer Nazi-Aristokrat namens Leopold von Mildenstein bei Eichmanns Schreibtisch im Johannis-Grad-Tempel stehen und bat ihn, ihm seine Arbeit zu erklären. Mildenstein war von Eichmanns Begabung als Verwalter der durch Hitler zum Aussterben verurteilten Kulte beeindruckt. Er hatte gerade im SD-Hauptamt eine jüdische Abteilung organisiert und bat den jungen Mann, für ihn zu arbeiten. Eichmann zögerte nicht: »Ich wäre mit dem Teufel mitgegangen, nur um von diesen Siegeln wegzukommen.«

Man fragt sich jetzt, wer bei einem solchen Paar der führende Partner geworden wäre. Damals beeindruckte Eichmann seine Vorgesetzten nur durch den Fleiß, mit dem er alles tat, was von ihm verlangt wurde. Obwohl ihn einer seiner Kollegen als »äußerst farbloses Geschöpf« beschrieb – »der typische Untergeordnete: pedantisch, spitzfindig und ohne gründliche Kenntnisse« –, verfügte Eichmann über eine gewinnende, ergebene Art. Er nahm jedesmal Haltung an und schlug die Hacken zusammen, wenn im Korridor ein Offizier an ihm vorbeiging.

Von Mildenstein, der als SD-Geheimdienstchef in Palästina gearbeitet hatte, gab ihm Theodor Herzls zukunftsträchtiges Werk *Der Judenstaat*

(1896); er sollte es lesen und dann berichten. Dadurch befaßte sich Eichmann mit dem Zionismus.

Ja, Zionismus! »Das Buch interessierte mich sehr«, erinnerte sich Eichmann später. »Bis dahin wußte ich von diesen Dingen nichts. Irgendwie ... berührte dieses Buch eine Saite in mir, und ich nahm alles in mich auf ... Sobald ich es ausgelesen hatte, mußte ich einen Extrakt daraus machen, der als Leitheft für den SS-Generalstab und auch für den speziellen Gebrauch des SD dienen sollte ...«

1936 war Eichmann einer der führenden Experten des SD in bezug auf das Judentum. Er zitierte Herzl und las weiter – zunächst die *Encyclopaedia Judaica* und Adolf Böhms *Geschichte des Zionismus* –, hielt Vorträge und schrieb Abhandlungen. Unter den Dokumenten, auf die Simon Wiesenthal bei seinen Nachforschungen stieß, befand sich ein Ansuchen Eichmanns aus der Mitte der dreißiger Jahre um finanzielle Mittel, damit er mit einem Rabbi Hebräisch studieren könne. Obwohl Eichmann erwähnte, daß die Stunden nur drei Mark kosten würden – »ein echtes Sonderangebot«, betont Wiesenthal –, lehnten seine Nazichefs das Gesuch ab.

»In dem Leitheft beschrieb ich die Struktur der Weltorganisation des Zionismus, die Ziele des Zionismus, seine Quellen sowie die Schwierigkeiten, die ihm im Weg standen. Ich betonte auch, daß man ihn ermutigen müsse, weil er unserem Wunsch nach einer politischen Lösung entsprach: Die Zionisten beanspruchten ein Territorium, auf dem sich das jüdische Volk endlich in Frieden niederlassen konnte. Und das war ziemlich genau das gleiche, was die Nazis wollten.« Vielleicht glaubte Eichmann unter Mildensteins relativ (im Vergleich zu Kaltenbrunner) freundlichem Einfluß eine Zeitlang tatsächlich, daß es für das jüdische Problem eine politische Lösung gab.

Er begann, allein das hebräische Alphabet zu studieren. Und wann immer er Gelegenheit dazu hatte, trat er angeblich dafür ein, »den Juden festen Boden unter den Füßen zu geben«; Palästina den Krematorien vorzuziehen; statt einer »körperlichen« eine politische Lösung, Emigration oder Vertreibung statt der Vernichtung anzustreben. In dem alles verschlingenden Schmelztigel des Nationalsozialismus waren dies harmlose Anfänge für einen Völkermörder, der zum endgültigen Großinquisitor des europäischen Judentums werden sollte. Doch über all dem stand die unerschütterliche Akzeptanz und die unbarmherzig schnelle Ausführung von allem Bösen, das von oben verfügt wurde.

Ende 1936 gesellte sich in dieser Abteilung des SD ein weiterer Schützling von Mildensteins zu Eichmann: Otto Albrecht Alfred von Bolschwingh, neunundzwanzig Jahre alt, ein preußischer Adeliger, der 1933 in Palästina eine Firma für Baumaterial gegründet und dort für von Mildenstein spioniert hatte, bis die Engländer seine Berichte abfingen. Anfang 1937 knüpfte Bolschwingh Kontakte zwischen dem SD, der die Juden aus Deutschland raus- und der zionistischen Bewegung, die deutsche Juden in Palästina reinhaben wollte. Er informierte zunächst Eichmann darüber, daß ein »Herr von der Haganah« – der jüdischen Verteidigungsorganisation – Berlin besuchte. Eichmann führte Kommandant Feivel Polkes, einen in Polen geborenen Buchhalter, zweimal zum Mittagessen aus und kehrte mit der Einladung zu einem Besuch Palästinas zurück, um das Geschäft weiter zu besprechen.

Von Mildenstein war von Beruf Ingenieur und zur Organisation Todt[2] versetzt worden, dem gleichen Unternehmen, an das 1944 Simon Wiesenthal und weitere dreiunddreißig Geiseln als »nichtdeutsche Zwangsarbeiter« verkauft wurden. Sein Nachfolger Herbert Hagen unternahm Ende 1937 mit Eichmann die Reise nach Palästina. Sie waren mit Presseausweisen des *Berliner Tagblatts* – das einmal eine liberale jüdische Zeitung gewesen war, bis die Nazis es übernahmen – ausgerüstet und begaben sich auf einem rumänischen Dampfer auf eine bizarre, vergebliche Pilgerfahrt in das Heilige Land.

Die beiden verbrachten nur zwei Tage in Palästina. Während ihr Schiff im Hafen von Haifa lag, nahm Eichmann ein Taxi zur Spitze des Bergs Karmel. In der Nähe von Tel Aviv besuchten er und Hagen einen Kibbuz sowie eine deutsche Kolonie in Sarona – ein Zufluchtsort für umgesiedelte Freimaurer, die zu dem verbotenen Orden der Templer gehörten. Kommandant Polkes holte sie erst ein, als sie nach Kairo weitergereist waren; er konnte ihnen nichts Konkretes anbieten. In Kairo kamen Eichmann und Hagen mit dem fanatischen Großmufti von Jerusalem zusammen; er war bereits aus Palästina verbannt, weil er Unruhen anzettelte und im Radio für Hitler warb. Doch als die beiden deutschen »Journalisten« von Ägypten nach Palästina zurückkehren wollten, um die Verhandlungen mit der Haganah fortzusetzen, verweigerte ihnen das Britische Konsulat, das von ihren Kontakten erfahren und ihre Presse-Beglaubigungen durchschaut hatte, das Einreisevisum.

Bei der Heimkehr von der Pilgerfahrt in das Heilige Land bekam Eichmann Paratyphus, was er als »das klägliche Ende einer zunächst vielversprechenden Reise« bezeichnete. Er verließ das Schiffslazarett erst, als sie in Bari anlegten, und schrieb nach seiner Ankunft in Berlin »einen im wesentlichen absolut negativen detaillierten Bericht«. Er zitierte unzufriedene deutsche Juden in Palästina, die sagten, daß es besser wäre, zu Hause in einem Konzentrationslager zu leben. An den unteren Rand des Berichts kritzelte SD-Chef Heydrich »Gut«.

Eichmann, der weiter und höher stolperte, wurde am 30. Januar 1938 zum Obersturmführer ernannt und wegen seiner »umfassenden Kenntnisse der organisatorischen und ideologischen Methoden des Gegners, des Judentums,« gelobt. Doch trotz seiner späteren Macht kam er nie über den Obersturmbannführer hinaus; für die Koordination der Massenvernichtung war kein höherer hierarchischer Posten vorgesehen.

Als Adolf Hitler am 12. März 1938 sein Geburtsland Österreich annektierte und die deutschen Truppen jubelnd empfangen wurden, wurde auch ein SD-Team dorthin gesandt. Adolf Eichmann war davon überzeugt, daß man ihn auf diese Mission ins adoptierte Heimatland seiner Familie schicken würde, aber als es nicht der Fall war, schluckte er seine Enttäuschung hinunter: »Befehl ist Befehl. Man muß gehorchen, und damit hat sich's.«

Es stellte sich heraus, daß Hitler, Himmler, Heydrich und Hagen größere Hoffnungen in ihn setzten. Eine Woche später wurde er als Leiter der »Zentralstelle für jüdische Auswanderung« in Wien eingesetzt.

Baron Louis von Rothschild, das Oberhaupt der internationalen Bankiersfamilie, nahm am 13. März 1938 das Sonntagsabendessen in seinem Wiener Palais in der Prinz-Eugen-Straße ein, als sechs Gestapomänner mit Stahlhelmen eintrafen, um ihn zu verhaften. Der Butler ließ sie in einem Vorraum warten, bis der Baron die Mahlzeit beendet hatte. Dann brachten sie Baron Rothschild in eine Gefängniszelle und internierten ihn später in einem Gestapo-Hotel, bis mit dem Haus Rothschild ein Lösegeld vereinbart werden konnte. Die Nazis verlangten zwanzig Millionen Dollar, erhielten aber wesentlich weniger. Es war noch eine Zeit, in der man mit Hitler Geschäfte machen konnte.

Als Eichmann sein Amt in Wien antrat, erhielt er im glitzernden, mit Kronleuchtern ausgestatteten Palais Rothschild »einen kleinen Raum, in dem nur ein Schreibtisch stand«; später betrachtete er diese Zeit als das beste Jahr seiner Karriere. Hier entdeckte er seine beiden wahren Talente: Er konnte unbarmherzig organisieren, und er konnte von einer – wirklichen oder illusorischen – Position der Stärke aus verhandeln.

»Ich versuchte herauszufinden, wann genau sich Eichmann aus dem theoretischen Sachverständigen für die jüdische Frage in einen Henker verwandelte«, erzählt Simon Wiesenthal. »Als er nach Wien kam, redete er noch immer höflich von ›erzwungener Emigration‹. Ich habe mit Juden gesprochen, die sich aus dieser Zeit an Eichmann erinnern. Alle sagten, daß er anders war als die übrigen SS-Rowdies. Seine Haltung war unnachgiebig, aber immer eisig höflich.«

Zu jener Zeit hatte Eichmann die Aufgabe, möglichst viele Juden zu vertreiben und von reichen Juden, die emigrieren wollten und zusätzlich ausländische Währung suchten, um die Flucht ärmerer Juden zu bezahlen, soviel Geld und Wertsachen herauszuholen wie möglich. Er setzte die Maschinerie über Nacht in Bewegung. Als ein siebzehnjähriger Wiener Jude namens Arthur Pier zur Polizei ging, um einen Paß zu beantragen, und die lange Reihe verzweifelter Menschen sah, fand er, daß diese Art von Unannehmlichkeit nichts für ihn war. Er ging auf die Post und gab sein Ansuchen auf. Achtundvierzig Stunden später traf ein Paß ein. »Ich fuhr mit der Bahn nach Griechenland«, erzählt er, »und war drei Wochen später in Palästina.« Dort änderte er seinen Namen zu Ascher Ben Nathan und kehrte nach dem Krieg als Eichmann-Jäger, Partner Wiesenthals und später als erster Botschafter Israels zu seinem ehemaligen Erzfeind Deutschland zurück.
Zu Beginn seiner Tätigkeit in Wien ließ Eichmann die Führer der jüdischen Gemeinde zu sich bringen, die alle bei der Übernahme durch die Nazis eingesperrt worden waren. Er suchte einen Juden, mit dem er für eine »beschleunigte Emigration« zusammenarbeiten konnte, und stand einem Dr. Josef Löwenherz gegenüber, der noch immer so empört über seine Verhaftung war, daß er Eichmann beschimpfte.
»Der Zorn überwältigte mich«, erinnerte sich Eichmann 1960. »Ich verlor die Beherrschung, was sehr selten geschah. Ich weiß nicht, was mich überkam. Ich ließ mich gehen und schlug ihn ins Gesicht. Ich bin sicher, daß der Schlag nicht schmerzte. Soviel Kraft habe ich nicht. Aber ich verbarg diesen Zwischenfall nie. Als ich später den Befehl übernommen hatte, sprach ich in Anwesenheit der mir unterstellten Offiziere vor Dr. Löwenherz darüber – und bat ihn um Entschuldigung. Das tat ich bewußt ... weil ich in der Abteilung, die ich später leitete, keine körperliche Gewalttätigkeit duldete. Deshalb entschuldigte ich mich in Uniform und in Anwesenheit meines Stabs.« Für einen Schreibtischmörder ist nichts

wichtiger als saubere Hände – die physische Gewaltanwendung überließ er anderen.
Dr. Löwenherz war über die Behandlung empört, aber Eichmanns Angebot, Juden zur Ausreise zu verhelfen, lockte ihn, und er arbeitete während des Kriegs mit ihm zusammen. Er entwarf Vorschläge für die Überführung von vier Millionen Juden nach Palästina statt nach Polen, verhandelte mit Eichmann über Unterkünfte für ausgewiesene Juden, setzte Wucher-Ausreisegebühren und Wechselkurse für ausländische Währungen für Juden fest, die in der Lage waren, sich von Österreich freizukaufen ... und kontaktierte sogar eine amerikanische jüdische Organisation, das Joint Distribution Committee, um weitere ausländische Beträge als Lösegeld für die österreichischen Juden zu erhalten. Er war eine historische Gestalt, schrieb Hannah Arendt, denn er wurde »der erste jüdische Funktionär, der tatsächlich eine ganze jüdische Gemeinde zu einer Institution umorganisierte, die im Dienst der Nazi-Behörden stand«.[3]
Am Morgen des 12. November 1938 erklärte in Berlin Eichmanns Chef, Reinhard Heydrich, dem dicken, mit Auszeichnungen behängten Nazi-Luftmarschall und militärischen Kommandanten Hermann Göring, daß das Ausweisungsverfahren in Österreich schnell, in Deutschland langsamer und in beiden Gebieten nicht schnell genug funktionierte. »Das Problem besteht nicht darin, die reichen Juden zur Ausreise zu bewegen, sondern den jüdischen Pöbel loszuwerden.« Wenige Tage zuvor war in Paris der verwundete deutsche Botschaftsattaché Ernst von Rath gestorben, den zwei Tage zuvor ein siebzehnjähriger polnischer Jude, Hirsch Grynszpan, angeschossen hatte. Das war der Vorwand, unter dem das *Kristallnacht*-Pogrom ausgelöst wurde, bei dem im gesamten Dritten Reich jüdische Geschäfte und Synagogen systematisch zertrümmert und angezündet wurden.
Simon Wiesenthal findet, daß Eichmanns große Veränderung mit der Kristallnacht begonnen hat. Heydrichs Befehle an Wien sahen ausdrücklich vor, daß Eichmann verständigt werden mußte. Einige Tage später bemerkten die Führer der jüdischen Gemeinde in Wien, daß Eichmann sie nicht mehr aufforderte, Platz zu nehmen, wenn er sie zu sich rief. Sie mußten drei Schritte vor ihm Haltung annehmen und stehen bleiben.
Anfang 1939 konnte niemand mehr Eichmanns Persönlichkeitsveränderung übersehen. Dr. Franz Meyer, ein deutscher Zionist, der mit ihm in Berlin zu tun gehabt hatte, wurde gemeinsam mit anderen jüdischen Führern nach Wien zu einer Sitzung über »erzwungene Emigration«

beordert. Bei Eichmanns Prozeß sagte Meyer aus: »Die Veränderung war so entsetzlich, daß ich nicht wußte, ob ich es mit dem gleichen Menschen zu tun hatte. Ich stand einem Mann gegenüber, der sich wie der Herr über Leben und Tod benahm. Er empfing uns überheblich und rüde.«

Im Frühjahr 1939 – als Adolf Hitler in die bereits zerstückelte Tschechoslowakei einmarschierte und sie durch die Schaffung des Protektorats Böhmen und Mähren und des faschistischen Marionettenstaats Slowakei von der Landkarte löschte – wurde der damals dreiunddreißig Jahre alte Eichmann nach Prag versetzt.

Später war Eichmann die treibende Kraft bei der Umgestaltung von Maria Theresias alter, an der Eger liegenden Festungsstadt Theresienstadt (Terezín); aus ihr wurde ein Gefängnislager, das vorgab, ein »privilegiertes Ghetto« zu sein. Halbjuden, jüdische Beamte und Juden, die im Ersten Weltkrieg auf deutscher Seite gekämpft oder Arier geheiratet hatten, kamen dafür in Frage, genauso wie reiche Juden, die sich den Zugang zur »Schutzhaft« erkauften, indem sie auf ihr Vermögen verzichteten. Obwohl Theresienstadt erst 1941 eröffnet wurde und Eichmann sich zu dieser Zeit nicht mehr in Prag aufhielt, beanspruchte er die »Vaterschaft« dafür. Er bezeichnete es als sein Verdienst, daß dieses KZ als »menschlicher Schaukasten« erfolgreich gewesen war und die durch Berichte über Greuel in den Lagern beunruhigten Inspektoren des Internationalen Roten Kreuzes zufriedengestellt hatte. Theresienstadt verfügte über Familienunterkünfte, einen jüdischen Vorstand, ein eigenes Orchester und hatte einen einzigen Fehler, wie Eichmann später bedauernd feststellte: Es war für seinen Zweck zu klein. Deshalb wurden ab 1943 überzählige Juden entweder in Vernichtungslager transportiert oder an Ort und Stelle erschossen und damit Platz für Neuankömmlinge geschaffen. In Theresienstadt starben etwa 35 000 Menschen; für weitere 84 500 war es der Vorraum zur Vernichtung.

Doch als der »Scheinkrieg«, den Hitler durch Annektierung und Zustimmung in Österreich sowie Teilung und Subversion in der Tschechoslowakei gewonnen hatte, mit dem Blitzkrieg in Polen zum Zweiten Weltkrieg explodierte, war die »Endlösung« noch nicht erfunden. Eichmann – der inzwischen Hauptsturmführer geworden war – wurde als Leiter der »Reichszentrale für jüdische Auswanderung« nach Berlin zurückversetzt.

Bereits zu Beginn seiner Jagd auf Eichmann wollte Simon Wiesenthal nicht nur feststellen, was sein »Klient« getan hatte, sondern auch, warum er es ge-

tan hatte. Er versuchte, mit Eichmanns Mitschülern aus Linz und den Kameraden aus dessen SS-Zeit Anfang der dreißiger Jahre zu sprechen, aber sie konnten nur wenig über ihn erzählen. Einer der guten Freunde der Eichmann-Familie, der kein Nazi gewesen war, weigerte sich einfach, die Anschuldigungen gegen diesen »einfältigen, stumpfen Adolf zu glauben, der nie das Wort ergriff und oft idiotisch an einer einzigen Idee festhielt«. Wiesenthal sagte später: »Der Mann wußte nicht, wie gut er Eichmann charakterisiert hatte – wie sehr er recht – und gleichzeitig unrecht – hatte.«

1985 sagte mir Wiesenthal: »Es war ein Fehler, daß ich in seinen frühen Jahren nach einem Motiv suchte. Es gab kein Motiv, keinen Haß, keinen Antisemitismus. Als ich dies in meinen Memoiren schrieb, hielten mich etliche Leute für verrückt. Aber das stimmt nicht. Er war ein reines Produkt der Nazi-Indoktrinierung; wenn man ihm befohlen hätte, sich das Telefonbuch zu holen und alle Leute zu töten, deren Namen mit K begannen, ganz gleich, ob sie Juden waren oder nicht, so hätte er es getan – einschließlich des Kaisers. Oder alle rothaarigen Menschen. Während seiner Verhöre in Israel gab er zu, daß er seinen Vater getötet hätte, wenn es ihm seine Vorgesetzten befohlen hätten. Und wenn Hitler ihm befohlen hätte, die Juden nach Palästina statt nach Theresienstadt und Auschwitz zu schicken, hätte er es getan.

In dieser Hinsicht war er ein typisches Produkt nicht nur der Nazijahre, sondern jeder Diktatur. Eichmann hätte ein Kommunist sein können, der seine Befehle von Stalin erhielt, oder ein Mafioso, der sie von seinem Paten bekam. In jeder Diktatur verlockt solche Menschen das gleiche: Laß den Führer für dich denken.«

Wiesenthal sagt, daß viele seiner »Klienten« gute Nachbarn und sogar Säulen ihrer Vor- und Nachkriegsgemeinden waren.

»Ich habe die Lebensgeschichten zu vieler Nazi-Mörder studiert. Keiner kam als Mörder zur Welt. Sie waren zumeist Bauern, Arbeiter, Büroangestellte oder Bürokraten – Leute, die man jeden Tag trifft. Manche hatten eine schöne Kindheit, manche nicht. Beinahe alle erhielten irgendeine Form religiöser Erziehung, keiner war vorbestraft. Dennoch wurden sie aus Überzeugung zu Mördern – fachmännischen Mördern. Ich kann unmöglich wissen, wie sie auf ihre ersten Verbrechen reagiert haben, und sie erinnern sich vielleicht gar nicht daran, aber ich weiß, daß später jeder einzelne von ihnen zum Massenmörder wurde. Es war so, als hätten sie die SS-Uniformen angezogen und ihr Gewissen zu der Zivilkleidung in den Schrank gehängt. In dem Augenblick, in dem Eichmann das Hakenkreuz anlegte, war das erste Opfer, das er deportierte, kein Jude, sondern sein Gewissen.«

XI. Wannsee: die »Endlösung«

Adolf Eichmann befand sich während der ersten beiden Kriegsjahre in Berlin in Sicherheit. Als der sich erweiternde Konflikt Grenzen schloß und jeglichen Verkehr unterbrach, konnte er nur noch zusehen, wie seine Bemühungen, die Vertreibung der Juden zu beschleunigen, zum Stillstand kamen. Hitler eroberte einen großen Teil Europas sehr rasch, der Krieg dehnte sich nach Asien aus, vielleicht stand sogar eine Auseinandersetzung mit den USA bevor, und Eichmanns Reichszentrale für jüdische Auswanderung fand keine Aufnahmeländer mehr.

Er verbrachte viel Zeit damit, ein nebelhaftes Programm zur Umsiedlung von vier Millionen Juden auf die Insel Madagaskar auszuarbeiten. Er bezeichnete es als »Traum, den einmal Theodor Herzl, der Vorkämpfer für einen jüdischen Staat«, geträumt hatte, aber hier irrte er: Herzl hatte nicht Madagaskar, sondern Uganda in Erwägung gezogen. Eichmanns Vorgesetzte nahmen jedenfalls diesen Vorschlag niemals ernst, also stand der hauseigene Spezialist für andere Aufgaben zur Verfügung, zum Beispiel, in Polen Ackerland zu suchen, auf dem man Vernichtungslager errichten konnte. Eichmanns Beteiligung daran war ein weiterer Meilenstein an seiner Straße zur Hölle: Der Verschwörer wird zum Massenmörder.

Mitte 1941 wurde Eichmann zum Obersturmbannführer befördert und zum Leiter der Abteilung IV B 4 in der Gestapozentrale in Berlin ernannt. Abteilung IV war die Gestapo unter der Leitung von Heinrich Müller; Unterabteilung B befaßte sich mit »Sekten«, und dann gab es vier Referate: 1. Katholiken; 2. Protestanten; 3. Freimaurer; 4. Juden.

Hitler hatte Deutschland und den Genozid nach Osten erweitert, war ausgewichen und hatte fintiert, wann immer man ihm einen Strich durch die Rechnung machte, war zurückgewichen, wenn ein warnender Finger ihm drohte, verschlang den Arm aber beim nächsten Mal. Mit dieser Taktik hatte er Polen erobert, einen großen Teil Osteuropas geschluckt und konnte jetzt mit dem Genozid beginnen, ohne daß ihn die neugierigen Blicke seiner Bürger und Kleriker dabei störten. Ihr Abscheu bei seinen früheren Versuchen, geistige und körperliche »Krüppel« zu vergasen, weil sie »unnütze Esser« waren, die man füttern mußte, hatte ihn gezwungen, den taktischen Rückzug anzutreten. Als er beschloß, sein Vernichtungsprogramm für die Juden in ein Gebiet zu verlegen, in dem es nur minimalen Protest geben würde, war Polen mit seiner langen Geschichte des An-

tisemitismus der ideale Schauplatz, denn dort würden keine Proteste zu erwarten sein.
Obwohl sich Hitler öffentlich für die »Vernichtung der jüdischen Rasse« eingesetzt hatte, war es der selbstgefällige Reichsmarschall Hermann Göring, der Reinhard Heydrich am 31. Juli 1941 damit betraute, »alle erforderlichen organisatorischen, praktischen und finanziellen Vorbereitungen zu treffen, um die Endlösung des jüdischen Problems in den im deutschen Einflußbereich liegenden Gebieten Europas zu bewerkstelligen«.
In Görings drei Absätze umfassenden Auftrag an Heydrich wurde nichts eindeutig ausgesprochen. Nirgends gab es einen konkreten Entwurf oder einen Abriß, in dem es hieß: »Jetzt werden die Juden getötet.« Man mußte alles aus Worten wie »Endlösung« oder »totale Lösung« oder »territoriale Lösung« folgern. Doch der Holocaust-Historiker Raul Hilberg weist darauf hin, daß diese Euphemismen eindeutig die Befugnis erteilten, erfinderisch zu sein: Maßnahmen in Gang zu setzen, die noch nicht in Worte gefaßt werden konnten. Bei jedem Aspekt dieser Operation ergänzte die Erfindungsgabe die Notwendigkeit. Alle Probleme, vor denen die beteiligten ausführenden Organe standen, waren laut Hilberg noch nie dagewesen. Man hatte nicht nur keine Ahnung, wie man die Juden töten sollte, sondern man wußte auch nicht, was man nachher mit ihrem Besitz anfangen sollte. Und das war nicht alles: Die Welt durfte auf keinen Fall erfahren, was geschehen war.
Ende August oder Anfang September 1941 wurde Adolf Eichmann laut eigener Aussage nach Berlin in Heydrichs Büro zitiert. Eichmann erklärte in seinen Memoiren und bei seinen Verhören in Israel, daß Heydrich sich offensichtlich in seiner Haut nicht wohl gefühlt hatte. »Der Führer, ja also, die Emigration ist ...« begann Heydrich stotternd. Dann schweifte er zu einer »kurzen Rede über die Emigration« ab, die praktisch aufgehört hatte, bevor er endlich zur Sache kam: »Der Führer hat die physische Vernichtung der Juden befohlen.«
»Das waren seine Worte«, gab Eichmann an. »Dann schwieg er, was nicht seine Art war, als wolle er testen, wie sie auf mich wirkten. Im ersten Augenblick erfaßte ich ihre Bedeutung nicht, weil er sich so vorsichtig ausgedrückt hatte. Als ich begriff, schwieg ich, weil hier nichts mehr zu sagen war. An so etwas hatte ich nie gedacht – an eine gewaltsame Lösung. Ich verlor alle Freude an meiner Arbeit, allen Unternehmungsgeist, alles Interesse. Ich war sozusagen erschlagen.«

Die Wirklichkeit war anders.
Christian Wirth, »der wilde Christian«, den Kurt Gerstein in Belzec kennenlernte, wurde nach Polen geschickt, um in Belzec versuchsweise ein Todeslager zu errichten. Wirths Projekt wurde als Versuchsgelände für die *Aktion Reinhard* verwendet, die nichts anderes war als die Vernichtung der polnischen Juden.
Laut Franz Schalling, einem deutschen Polizisten, der in Chelmno im ersten Winter als Sicherheitsbeamter tätig war, ließ die SS ihn und die übrigen Polizisten ein Gelöbnis unterschreiben, in dem sie »versprachen, über alles, was wir sehen, den Mund zu halten«. Nachdem sie unterschrieben hatten, fragten sie, um was für eine streng geheime Aufgabe es sich handle. Die Antwort lautete: »Die Endlösung des jüdischen Problems.«
Wirth gewöhnte es sich an, eine Dose mit Goldfüllungen zu schütteln, die er aus den Zähnen seiner Opfer herausgeholt hatte. Die gleichgültige Außenwelt erhielt am 19. Januar 1942 eine Vorwarnung, denn Jakub Sulzman, der Rabbi des zwanzig Kilometer vom Vernichtungslager Chelmno entfernten Grabow, schrieb an leitende jüdische Persönlichkeiten in Lodz:

> »Meine sehr lieben Freunde:
> Ich habe mit dem Schreiben gewartet, bis man mir bestätigte, was ich gehört hatte. Zu unserem großen Kummer wissen wir jetzt Bescheid. Ich sprach mit einem Augenzeugen, der entkommen war. Er erzählte mir alles. Sie werden in Chelmno, in der Nähe von Dombie vernichtet, und sie sind alle im Wald von Rzuszow begraben. Die Juden werden auf zwei Arten getötet: durch Schüsse oder durch Gas. Das ist gerade Tausenden Juden aus Lodz widerfahren. Glaubt nicht, daß dies ein Verrückter geschrieben hat. Es ist die tragische, entsetzliche Wahrheit.«

Obwohl »die Endlösung des jüdischen Problems« schon im Gang war, wurde sie erst einen Tag, nachdem Rabbi Sulzman seine Warnung absandte, in ihre endgültige Form gebracht. Am Dienstag, den 20. Januar 1942, bestellte Heydrich fünfzehn Staatssekretäre in eine Villa am Wannsee, einem See im Westen von Berlin; es waren Beamte, die mit der täglichen Arbeit in den Ministerien und wichtigen Abteilungen betraut waren. Vertreten waren das Justiz- und das Innenministerium, das Ministerium für Außenpolitik und Östliche Territorien sowie die Kanzlei der Nazipartei

und die Dienststelle für Görings Vierjahresplan für wirtschaftliche Unabhängigkeit. Außerdem war Gestapochef Heinrich Müller anwesend.
»Mindestens sieben der fünfzehn Leute, die am Wannsee zusammenkamen, hatten Doktortitel, hauptsächlich der Philosophie«, sagt Wiesenthal voll tiefster Verachtung. »Und diese gebildeten Männer – diese angesehenen Doktoren der Philosophie, der Medizin und der Justiz – die ebenfalls wußten, was in Polen geschah, saßen in einer überaus zivilisierten Umgebung um einen Tisch herum und formulierten den größten Genozid, das barbarischeste Gemetzel der menschlichen Geschichte an unschuldigen Zivilisten ...«
Einer der rangmäßig niedrigsten Anwesenden war SS-Obersturmbannführer Adolf Eichmann, der als Leiter der Gestapo-Abteilung IV B 4 die Einladungen versendet und an der Zusammenstellung der (größtenteils ungenauen) Statistiken für Heydrichs Eröffnungsrede mitgewirkt hatte. Die Endlösungs-Konferenz, wie sie genannt wurde, war zuerst für den 10. Dezember 1941 vorgesehen gewesen, mußte jedoch verschoben werden, weil drei Tage zuvor die Japaner Pearl Harbour bombardiert und in der gleichen Woche Deutschland und Italien den Vereinigten Staaten den Krieg erklärt hatten. Da der Krieg jetzt weltweit war, hatte Nazi-Deutschland keine Hemmungen mehr, seine ursprünglichen »Lösungen des jüdischen Problems« – Evakuierung und Vertreibung – gänzlich aufzugeben, sich über die Zwischenlösung der Konzentrationslager hinwegzusetzen und zur »Endlösung« zu gelangen: Vernichtung.
Bei der Wannsee-Konferenz, die am dritten Dienstag im Januar 1942 um elf Uhr begann, führte Eichmann Protokoll. Das Dutzend Doktoren, Diplomaten und Generäle – plus einem Oberst, einem Hauptmann und einem ehrfürchtigen Obersturmbannführer – Eichmann – brauchte etwas weniger als eineinhalb Stunden, um über das Schicksal von elf Millionen europäischer Juden zu entscheiden und die Vernichtung von sechs Millionen von ihnen zu besiegeln.
Aus Eichmanns Aufzeichnungen geht hervor, daß Heydrich die Konferenz mit der Erklärung eröffnete, Reichsmarschall Göring habe ihm »die Verantwortung für die Ausarbeitung der Endlösung für das jüdische Problem ohne Rücksicht auf geographische Grenzen übertragen. Mit Billigung des Führer tritt jetzt eine neue Lösung an die Stelle der Emigration: die Evakuierung der Juden nach dem Osten. Die derzeitigen Aktionen dürfen nur als Notbehelfe gesehen werden; dennoch vermitteln sie praktische Erfahrungen, die hinsichtlich der künftigen Endlösung von größter Bedeutung sind.«

»Was heißt das alles?« fragte Eichmanns israelischer Vernehmungsbeamter ihn beinahe zwanzig Jahre später.

Eichmann übersetzte bereitwillig aus dem Bürokratendeutsch: »Da die Emigration jetzt verboten war, mußten sie nach dem Osten deportiert werden.«

»Was ist mit ›praktischen Erfahrungen‹ gemeint?«

Eichmann gab zu, daß es sich um das systematische Zusammentreiben und die Erschießung von Juden handelte, die bereits in Rußland und Polen begonnen hatten – was Wiesenthal inzwischen sah und erlebte.

»Innerhalb des Systems der Endlösung«, hieß es in Eichmanns Aufzeichnungen weiter, »werden die Juden unter entsprechender Leitung zwangsweise zur Arbeit in den Ostgebieten verpflichtet werden. Aus den arbeitsfähigen Juden werden große, nach Geschlechtern getrennte Gruppen gebildet. In diesen Gebieten werden sie zum Straßenbau eingesetzt. Zweifellos wird ein großer Teil von ihnen durch natürliche Verminderung eliminiert werden.«

»Was ist mit ›natürlicher Verminderung‹ gemeint?« wurde Eichmann gefragt.

»Das ist ein absolut normaler Tod«, erwiderte er. »Zum Beispiel an einem Herzanfall oder an Lungenentzündung. Wenn ich jetzt tot umfiele, so wäre das natürliche Verminderung.«

Sein israelischer Vernehmungsbeamter, Hauptmann Avner Less, ließ nicht locker. »Wenn ein Mensch gezwungen wird, schwere körperliche Arbeit zu leisten, und er nicht genügend zu essen bekommt, dann wird er schwächer, und wenn er so schwach ist, daß er einen Herzanfall bekommt ...?«

»Das würde zweifellos als natürliche Verminderung gemeldet werden«, antwortete Eichmann.

Heydrichs einleitende Bemerkungen gingen weiter: »Die Überlebenden – die sicherlich über die größte körperliche Ausdauer verfügen – müssen entsprechend behandelt werden. Denn wenn man sie freiläßt, würden sie als natürliche Auslese der Besten eine Keimzelle bilden, aus der sich die jüdische Rasse wieder entwickeln könnte. Das lehrt uns die Geschichte.«

»Was bedeutet ›entsprechend behandelt‹?« fragte Less.

»Das – das«, stammelte Eichmann, der versuchte, sich von den Aufzeichnungen zu distanzieren, die er selbst gemacht hatte. »Das kommt von Himmler. Natürliche Auslese – das ist – das war sein Hobby.«

»Ja, aber was bedeutet es hier?«

»Getötet, getötet. Zweifellos.«

Heydrich schloß damit, daß »Europa während der Durchführung der Endlösung von Westen nach Osten durchkämmt werden wird ... Zunächst werden die evakuierten Juden nach und nach in sogenannte Transitghettos gebracht, um von dort weiter nach dem Osten transportiert zu werden.« Das waren Ghettos, die von örtlichen Juden geräumt wurden, um Platz für die Neuankömmlinge zu schaffen, die sich dort nicht lang aufhalten würden. Heydrich ging dann die Länder einzeln durch: In Frankreich »sollte die Festnahme der Juden zwecks Evakuierung ohne größere Schwierigkeiten vor sich gehen«. Rumänien würde eher ein Problem darstellen, weil »sogar heute noch ein Jude dort gegen Bargeld entsprechende Dokumente erwerben kann, die ihn als Ausländer legitimieren«. In Ungarn »wird es demnächst notwendig sein, der ungarischen Regierung einen Berater für jüdische Fragen zur Seite zu stellen«. (Wie sich herausstellte, war dies mehr als zwei Jahre später Eichmann, und sein Hauptgegner war ein schwedischer Diplomat namens Raoul Wallenberg.)

Als Heydrich geendet hatte, wies der Staatssekretär des Außenministeriums – ein ehemaliger Möbelpacker mit dem stolzen Namen Martin Luther – darauf hin, daß die »tiefschürfende Behandlung dieses Problems« (um einen anderen Euphemismus zu gebrauchen) in den von den Deutschen besetzten skandinavischen Ländern auf Schwierigkeiten stoßen würde. Luther empfahl, die norwegischen und dänischen Juden als letzte zu »behandeln«.

Dr. Bühler, der höchste anwesende Beamte aus dem besetzten Polen, machte darauf aufmerksam, daß Polens restliche zweieinhalb Millionen Juden (ihre Zahl verringerte sich täglich) als Schwarzmarkthändler und Krankheitsträger eine große Gefahr darstellten und daß die meisten arbeitsunfähig waren. »Ich möchte nur um einen Gefallen bitten«, schloß Bühler, »daß das jüdische Problem in meinem Gebiet so rasch wie möglich gelöst wird.«

Der israelische Vernehmungsbeamte Less, der die Wannsee-Aufzeichnungen Jahre später durchging, fragte Eichmann: »Was schlägt Bühler vor?«

»Er schlägt vor, sie zu töten.«[4]

Am Wannsee fiel das Wort *Vernichtung* kein einziges Mal, aber Heydrichs und Eichmanns Bürokratendeutsch war so klar, daß keinem der Anwesenden Zweifel darüber kamen, was sie meinten. Dreißig Kopien von

Eichmanns Konferenzprotokoll wurden an die Führung der SS sowie an die in Wannsee vertretenen Ministerien und Behörden verteilt und damit zur Blaupause der Endlösung.
Cognac wurde eingeschenkt, denn die Teilnehmer blieben zum Essen und stießen ohne Gewissensbisse auf die gute Arbeit eines Vormittags an. Als die anderen fort waren, saßen Eichmann, Müller und Heydrich gemütlich am Kamin und sprachen befriedigt über die Ergebnisse des Tages. »Es war das erste Mal, daß ich Heydrich rauchen und trinken sah«, erinnerte sich Eichmann. Je mehr sie tranken, desto glücklicher wurden sie. Bald sangen alle drei – sogar der unerschütterliche Gestapochef Müller! Laut Eichmann »stiegen wir nach einer Weile auf die Stühle und prosteten einander zu, dann stiegen wir auf den Tisch und latschten im Kreis – auf den Stühlen und wieder auf dem Tisch.«
»Es gibt wahrscheinlich nur eine Handvoll Leute auf der Welt, die wissen, daß die Wannsee-Konferenz ... in der Interpolzentrale abgehalten wurde«, verrät Simon Wiesenthal 1988 in seinen Memoiren. Die Internationale Kriminalpolizeikommission, um Interpol mit dem vollen Namen zu nennen, wurde 1923 in Wien erfunden. Nachdem Hitler Österreich im März 1938 annektiert hatte, und die USA merkwürdigerweise im Mai Interpol beitraten, wurde Heydrich Präsident dieser Organisation und verlegte sie nach Berlin, behielt jedoch die Villa am Wannsee als Basis. Nach dem Krieg übersiedelte die Interpol nach Paris, aber Wiesenthal wies darauf hin, daß über zwei ihrer Nachkriegspräsidenten, Florent Louvage aus Belgien und Paul Dickopf aus Westdeutschland, keineswegs ehrenhafte, jedoch verbürgte Berichte aus der Kriegszeit vorlagen: Louvage hatte mit Heydrich und Kaltenbrunner kooperiert; Dickopf war SS-Offizier und Mitglied des Sicherheitsdienstes gewesen. Laut Wiesenthal war während Dickopfs Amtszeit 1968–1972 als Präsident der Interpol und des Bundeskriminalamts in Wiesbaden die Kooperation beider Dienststellen »so gering, wie zu erwarten war«.
Wannsee bedeutete nicht nur den Anfang vom Ende für beinahe sechs Millionen Juden, sondern auch eine definitive Wende in Eichmanns Karriere. Als ihn Müller nach Minsk und Heydrich nach Belzec schickten, wußte er aus erster Hand – und mindestens genausogut wie alle Teilnehmer an der Wannsee-Konferenz –, worum es bei all den Euphemismen, die er mitgeschrieben hatte, ging. Nachdem er »mit den berühmtesten Leuten, den Päpsten des Dritten Reichs«, wie er sie nannte, an einem Tisch gesessen hatte, merkte er selbst, daß sogar die Elite des deutschen Beamtentums sich darum drängte, Nägel in die Kreuzigung des jüdischen Volks zu schlagen.

Durch das elegante, zivilisierte Drum und Dran und die ungezwungene Kameradschaftlichkeit zerstreute Wannsee bei Eichmann alle Zweifel an »einer Lösung durch Gewalt«. Bei seiner Aussage in Jerusalem wurde er bei seinen Rechtfertigungsversuchen biblisch: »In diesem Augenblick fühlte ich mich beinahe wie Pontius Pilatus, denn ich war frei von jeder Schuld ... Wer war ich, daß ich richtete? Wer war ich, daß ich eine eigene Meinung in dieser Angelegenheit hatte?«

Nur vier Monate nach der makabren Konferenz mit Eichmann und Müller am Wannsee war Heydrich tot. Seit September hatte er zusätzlich als Gauleiter des »Protektorats Böhmen-Mähren« fungiert. Am 27. Mai 1942 fuhr Heydrichs Sportwagen in Prag um eine Kurve, in der ihn zwei Angehörige von tschechischen Flüchtlingskommandos, die die Royal Air Force mit Fallschirmen über ihrem Heimatland abgesetzt hatte, mit einem englischen Militärgewehr und einer Handgranate überfielen. Das Gewehr hatte Ladehemmung, aber die Handgranate jagte den Wagen in die Luft. Heydrich lebte mit zertrümmerter Wirbelsäule bis zum 4. Juni. Seine Mörder flüchteten in die Krypta der Kirche Cyril und Method in Prag, wo sie Selbstmord begingen, als die Gestapo näherkam. Als Vergeltung massakrierte die SS den Bischof der Kirche, zwei Geistliche, den Kaplan und den Vorsitzenden des Gemeinderats sowie über hundert Tschechen, die beschuldigt wurden, den Mördern geholfen zu haben, und unzählige Personen, die beschuldigt wurden, »die Ermordung gebilligt zu haben«. Nicht ganz eine Woche nach Heydrichs Tod wurde das tschechische Dorf Lidice zum Gedenken an ihn zerstört.

Obwohl Lidice noch immer im Weltgedächtnis als einer der Nazigreuel weiterlebt, war es nur die sichtbare Spitze der Operation Reinhard, die Hitler und Himmler dem Gedächtnis des Märtyrers und Mörders widmeten, dessen »Endlösung« ihn überlebte. Aus Eichmanns »privilegiertem Ghetto« Theresienstadt wurden 3000 tschechische Juden herausgeholt und »in den Osten deportiert«, um nie mehr gesehen zu werden. An Heydrichs Stelle als Leiter des RSHA trat Kaltenbrunner. Im gesamten Dritten Reich wurde das Tempo der Endlösung beschleunigt.

XII. Der Massenmörder Eichmann

Nach der Vernichtung des Warschauer Ghettos 1943 gab es im mit dem Dritten Reich verbündeten Ungarn die einzige noch existierende große jüdische Gemeinde in Europa. Dort hatte der Zustrom von Flüchtlingen die jüdische Einwohnerschaft auf das Doppelte, das heißt über 750 000 Personen ansteigen lassen. Der alternde, antisemitische Regent Admiral Miklós von Horthy, der nicht die physische Vernichtung der Juden anstrebte, hatte Juden mit ungarischer Staatsbürgerschaft halbherzig vor Deportationen geschützt. Doch am 19. März 1944 zwang Hitler Horthy, eine ihm genehme Regierung zu ernennen, die sofort allen Juden Arbeitsplatz, Besitz, Bürgerrechte und Staatsbürgerschaft aberkannte, ihnen befahl, den Davidstern zu tragen, und sie in Ghettos trieb, in denen man sie systematisch ausraubte. Zum ersten Mal besetzten deutsche Truppen Ungarn, und Adolf Eichmann wurde nach Budapest geschickt, um die »Endlösung« zu beschleunigen.

»Ich wollte den Meister persönlich kennenlernen«, sagte Heinrich Himmler, als er Eichmann nach Budapest befahl. Der letzte Schritt der Endlösung, das Martyrium der ungarischen Juden, sollte der Höhepunkt von Eichmanns Karriere sein.

Ganz gleich, ob Deutschland den Krieg gewann oder verlor – Eichmann war davon überzeugt, daß es ihm nur »gelingen mußte, die biologische Basis des Ostjudentums durch vollständige Vernichtung zu zerstören, damit sich das gesamte Judentum nie mehr von diesem Schlag erholte. Die assimilierten Juden des Westens, einschließlich Amerikas, würden ... nicht in der Lage sein (und würden auch nicht den Wunsch hegen), diesen ungeheuren Blutverlust zu ersetzen, so daß es keine nennenswerte künftige Generation mehr geben würde.« Ende 1944 war Eichmann so fanatisch, sagt Simon Wiesenthal, daß er, »als Himmler ihm befahl, mit dem Töten in Ungarn aufzuhören, das Wort ›aufhören‹ nicht mehr verstand«.

Im April 1944 begannen die Deutschen, die Provinz systematisch durchzukämmen, trieben die Juden auf dem Land zusammen und deportierten sie in versiegelten, geschlossenen Güterwaggons nach Polen; die Waggons enthielten mehr als siebzig Menschen und zwei Eimer: einen für Wasser, einen für menschliche Ausscheidungen. Hitze und Ersticken forderten ihren Zoll. In Ungarn konnte es jedenfalls keine »guten Deutschen« geben, die keine Ahnung hatten, was los war, denn die ungarische Presse berichtete über die Deportationen, und eine Zeitung

schilderte sogar kühn den Tod von drei Jüdinnen in einem Viehwaggon. Sie waren angeblich 104, 102 und 92 Jahre alt gewesen.
Bis zu vier Güterzüge, die bis zu 12 000 Juden in die Todeslager transportierten, krochen täglich durch Ungarns ländliche Gegenden und hielten in den Bahnhöfen der Städte. Alle hörten das Schreien und Stöhnen von Männern, Frauen und Kindern. In Auschwitz-Birkenau hatten Dr. Josef Mengele und seine Kollegen alle Hände voll zu tun, weil die Selektion für die Gaskammern und Öfen rund um die Uhr getroffen wurde. In Birkenau wurde ein eigenes Nebengeleis verlegt, über das die Deportierten direkt zu der Tür in den Tod gebracht wurden. Wenn die Kapazität des Krematoriums überfordert war, ließ Kommandant Höss neue Verbrennungsgruben ausheben. Die Zahl der jüdischen Todeskommandos, die die Gaskammern betrieben, wurde vervierfacht. Zwischen Mai und Juli 1944 wurden etwa 500 000 Juden aus Ungarn deportiert, und Eichmann zog die Schlinge um die noch in der Hauptstadt lebenden 200 000 Juden enger zusammen.
»Sie wissen doch, wer ich bin, nicht wahr?« stellte er sich dem Jüdischen Rat von Budapest vor. »Ich bin der Mann, der ›Bluthund‹ genannt wird.« 1944 besuchte Rudolf Höss Eichmann dreimal in Budapest, um die verstärkten Transporte nach Auschwitz zu koordinieren. »Das gab mir die Möglichkeit«, erinnerte sich Höss nach dem Krieg in Nürnberg, »Eichmanns Methode zu beobachten, wenn er mit den ungarischen Regierungsabteilungen und der Armee verhandelte. Seine Vorgangsweise war extrem entschieden und sachlich, aber dennoch freundlich und höflich, und man mochte ihn überall und begrüßte ihn, wo immer er auftauchte. Die unzähligen privaten Einladungen, die er von den Leitern dieser Abteilungen erhielt, bestätigten diese Tatsache. Nur die ungarische Armee war über Eichmanns Besuche weniger erfreut. Die Armee sabotierte die Auslieferung der Juden, wo immer es ihr möglich war, aber sie tat es so, daß die ungarische Regierung nicht eingreifen konnte.«
Andererseits behandelte Eichmann den Jüdischen Rat von Budapest wie ein Instrument, auf dem er spielte. Er sagte zu Dr. Rezsö Kastner, einem der Führer des Rats: »Ihre Nerven sind im Eimer, Kastner. Soll ich Sie zur Erholung nach Theresienstadt schicken? Oder ziehen Sie Auschwitz vor?« Gleichzeitig feilschte er um Freiheit für die Juden, indem er anbot, eine Million Juden gegen Barzahlung zu verkaufen. »Blut für Geld, Geld für Blut«, sagte er im Mai 1944 mit einer großartigen Handbewegung. Gegen Ende des gleichen Monats traten an die Stelle von Geld Lastwagen und

Waren, und ein Jude namens Joel Brand, ein Sprecher des Zionistischen Hilfs- und Rettungskomitees von Budapest, wurde mit Eichmanns Angebot in die Türkei geschickt: *Für bis zu 10000 Lastwagen würde er einhundert Juden pro Lastwagen freilassen.* Die Lastwagen sollten zur Verwendung an der russischen Front winterfest gemacht werden.
Palästinas Vertreter Moshe Shertok (der später Premierminister von Israel wurde), sollte Brand in Ankara treffen, aber die britischen Behörden in Jerusalem weigerten sich, Shertok Reisepapiere auszustellen – zum Teil deshalb, weil England nicht einmal mit dem winzigsten Bruchteil von einer Million neuer Juden in Palästina konfrontiert sein wollte, und vor allem deshalb, weil sie in Eichmanns Vorschlag ein durchsichtiges Komplott sahen, um die Alliierten zu spalten – was stimmte. Inzwischen hatte Brand keine Lust mehr, in der Türkei auf Shertok zu warten, und fuhr mit dem Taurus-Express nach Aleppo in Syrien; er hoffte, daß er mit Shertok hier oder in Palästina zusammentreffen konnte. Statt dessen verhafteten ihn britische Sicherheitsagenten in dem Augenblick, in dem er in Aleppo aus dem Zug stieg. Sie internierten ihn in Kairo, und er verbrachte den Rest des Kriegs in britischer Obhut.
Es ist nicht anzunehmen, daß eine der beiden Seiten ernsthaft in Betracht zog, auf die Bedingungen des Geschäfts »Juden für Lastwagen« einzugehen. Eichmann waren Lieferungen an die Ostfront absolut gleichgültig; er hatte Truppen und Nachschub, die an die Front gehen sollten, auf Abstellgeleise dirigiert, um den Weg für Zugladungen mit Deportierten freizumachen, aber Hoffnung und die verworrene Situation ließen die ungarischen Juden weiter mit ihm statt gegen ihn arbeiten.
»Die schlimmste Geschichte, die ich Ihnen über Adolf Eichmann erzählen kann«, sagt Simon Wiesenthal, »ereignete sich zu der Zeit, als er in Budapest war. Im Herbst 1944 saß eine Gruppe hochrangiger SS-Offiziere im Budapester SS-Casino, und einer von ihnen fragte Eichmann, wie viele Leute bereits vernichtet worden waren.
›Über fünf Millionen.‹
Weil er sich unter Kameraden befand und weil alle wußten, daß sie den Krieg in wenigen Monaten verlieren würden, fragte ein anderer, ob Eichmann sich darüber Sorgen machte, was sein werde, wenn die Welt nach den Millionen fragt?
Eichmann gab eine sehr kluge Antwort, die zeigt, daß er wußte, wie die Welt funktioniert: ›Hundert Tote sind eine Katastrophe‹, meinte er. ›Eine Million Tote ist eine Statistik.‹«

XIII. Der Flüchtling Eichmann

Eichmann verließ Budapest am Weihnachtsabend 1944; er floh vor den Flammen, als die Rote Armee die Stadt einkreiste. Im Januar 1945 wurde er aus der neuen Hauptstadt Ungarns, Sopron, in die Sicherheitszentrale in Berlin zurückberufen. Hier kam zu seiner Enttäuschung »ernsthafte Arbeit nicht in Frage. Ununterbrochene Luftangriffe führten zu immer größeren Verwüstungen. Jeden Tag wurde das Fernmeldenetz repariert, und jede Nacht wurde es wieder zerstört. Ohne dem Fernmeldenetz waren Evakuierungen undurchführbar. Ich kümmerte mich nicht mehr um die Arbeit der Staatspolizei, weil sich niemand um mich kümmerte. Ich verbrachte mehr Zeit zwischen den Ruinen als an meinem Schreibtisch ...«

Jeden Tag nahm sein Chef und früherer Mentor Kaltenbrunner das Mittagessen mit seiner gesamten Abteilung ein – bis auf Eichmann, der nie eingeladen wurde. Die meisten von ihnen verwischten ihre Spuren, um der Strafe nach dem Krieg zu entgehen, und die meisten mieden diesen Paria, der ihre Wünsche erfüllt hatte. Paradoxerweise wurden Kaltenbrunner und etliche dieser Leute lange vor Eichmann gehängt. Die tägliche Brüskierung durch sie störte ihn kaum.

Er ärgerte sich jedoch, als er feststellte, daß einer der Abteilungsleiter den ganzen Tag damit beschäftigt war, falsche Dokumente, Zeugnisse und Identitätskarten auszustellen. »Er arbeitete für die Mitglieder der Sicherheitspolizei in Abteilung IV, die ihre Namen ändern und beweisen wollten, daß sie während des Krieges Versicherungsvertreter oder etwas Ähnliches gewesen waren.« Sie forderten Eichmann auf, sich zu bedienen, aber dieser sagte, er brauche es nicht. »Dieses absurde Geschäft mit den falschen Papieren erregte bei mir Übelkeit«, erzählte er Jahre später den israelischen Vernehmungsbeamten. »Ich hätte mir eher eine Kugel durch den Kopf geschossen, als mir selbst ein offizielles Dokument auszustellen.«

Abgesehen von einigen Führungen von Rot-Kreuz-Inspektoren durch Theresienstadt hielt sich Eichmann bis April in Berlin auf. Heinrich Himmler befahl ihm von seinem Feldhauptquartier in einem nahen Schloß aus, nach Theresienstadt zurückzukehren, das liquidiert werden mußte, weil die alliierten Armeen näherkamen. Eichmann sollte hundert bis zweihundert prominente Juden auswählen und an einen sicheren Ort in Tirol bringen, damit sie bei eventuellen Verhandlungen mit dem

Oberkommandierenden der Alliierten, General Dwight D. Eisenhower, als Geiseln benützt werden konnten. Himmler sammelte aus allen Gebieten seines Todesimperiums Geiseln, die ihn und Deutschland vielleicht davor bewahren konnten, gemeinsam mit Hitler in Flammen aufzugehen. Unter diesen Geiseln befanden sich der ehemalige französische Premierminister Léon Blum, der in Österreich gefangengehalten wurde, und »die Jüdin Gemma La Guardia-Glück, die am 24. April 1887 in New York zur Welt kam und in Ravensbrück eingesperrt war«. Sie war die Schwester von New Yorks beliebtestem Bürgermeister, Fiorello H. La Guardia (1882–1947); ihr Vater war Italiener, ihre Mutter und ihr Mann waren Juden.

Obwohl Himmler für Eichmann die prominenteste Ratte war, die das sinkende Schiff verließ, und er sogar vor seinen Rot-Kreuz-Gästen gegen »Himmlers humane Linie« gewettert hatte, gehorchte er seinen Befehlen nicht nur, sondern ging wenn möglich über sie hinaus. Er raste mit dem Wagen nach Theresienstadt und ließ den Jüdischen Rat ein »Who's who« zusammenstellen, ohne ihnen jedoch den wahren Zweck dieses Werks zu verraten. Als Rabbi Leo Baeck, einer der Führer des deutschen Judentums, vorbeikam, war Eichmann darüber erstaunt, daß Baeck noch am Leben war. Die Mitglieder des Rats hielten den Atem an, aber an diesem Tag war Eichmann nicht auf Tod aus. Er sagte ihnen einfach, sie sollten Baecks Namen an die Spitze der Liste setzen. Als er schon im Gehen war, erklärte er seinen entsetzten Marionetten: »Jüdische Todeslisten sind meine bevorzugte Lektüre, bevor ich zu Bett gehe.« Damit nahm er einige Aufstellungen von einem anderen Stoß und schlenderte davon.

Nach einem kurzen Aufenthalt in Prag fuhr Eichmann nach Österreich und suchte für seine Geiseln einen Aufenthaltsort in den Bergen. In der Tiroler Stadt Brixlegg geriet er in einen Fliegerangriff, überlebte jedoch. In Innsbruck, der Hauptstadt Tirols, hatte der Gauleiter zuviel zu tun, um seinen Besucher aus Berlin zu empfangen, und ließ ihm ausrichten, »daß er andere Sorgen habe, als sich um Juden zu kümmern«. Doch einer seiner Abteilungsleiter fand zwei Dörfer auf dem Brennerpaß zwischen Österreich und Italien, in denen es leere Hotels gab, und diese wurden Eichmann zur Verfügung gestellt.

Doch inzwischen war Böhmen eingekreist, und die Rote Armee blockierte die Straßen nach Theresienstadt.

Nach hektischen Besuchen in Linz und Prag, bei denen er sich nicht mit Berlin in Verbindung setzen konnte, zog sich Eichmann in den letzten Zufluchtsort der SS zurück: Bad Aussee im steirischen Salzkammergut, dem Bezirk der Salzbergwerke. Propagandaminister Goebbels hatte das Ausseerland als »Alpenfestung« bezeichnet und es als wagnerhaften Schauplatz für den heroischen letzten Kampf des Nazismus gesehen. Statt dessen erwies es sich als geheime Schatztruhe, in der die SS-Spionage- und -Spionageabwehrdienste ihre Beute horteten, um ein »Viertes Reich« zu finanzieren oder, wahrscheinlicher, um ihre Haut zu retten. Meisterwerke der Kunst aus Italien, Frankreich, Belgien, Dänemark und Holland waren in einem aufgelassenen Salzbergwerk gelagert; als der österreichische Widerstand sie im Mai 1945 fand, wurde ihr Wert auf zweieinhalb Milliarden Dollar geschätzt.

Viel verkehrsfähiger waren die Vermögenswerte des RSHA, die Eichmanns Chef Kaltenbrunner zu Beginn des Frühjahrs 1945 aus Berlin in den Ort Altaussee geschickt hatte: Dutzende Kilogramm Goldbarren; fünfzig Kisten mit Goldmünzen und anderen goldenen Gegenständen – jede Kiste wog fünfzig Kilogramm; zwei Millionen US-Dollars; zwei Millionen Schweizer Franken; fünf Kisten mit Diamanten und Edelsteinen und eine Markensammlung im Wert von mindestens fünf Millionen Goldmark.

»Später«, erzählt Simon Wiesenthal, »fanden wir Beweise dafür, daß die Sonderabteilung der Reichsbank, die für die Beute aus Konzentrationslagern zuständig war, in den ersten Maitagen 1945 mehrere Kisten mit ›Goldzähnen‹ nach Aussee geschickt hatte.«

Wiesenthal erklärt weiter, daß Goldzähne und -füllungen, die man den Gefangenen in den Lagern ausgebrochen hatte, in ein zentrales Depot im Konzentrationslager Oranienburg kamen und von dort an die DEGUSSA[5]-Gesellschaft geschickt wurden, die das Gold zu Barren verschmolz. »DEGUSSA-Gold wurde später in Tirol in Form von getarnten Goldziegeln in Hausdächern gefunden, nachdem ein überladenes Golddach zusammengebrochen war.«

Kaltenbrunner und die übrigen hohen Tiere, die sich mit ihrem Schatz in Aussee verkrochen hatten, freuten sich keineswegs über das Wiedersehen mit Eichmann und interessierten sich auch nicht im geringsten für sein und Himmlers Theresienstadt- Tirol-Hirngespinst. Sie gaben ihm Arbeit – er mußte rumänische Faschisten im Waffengebrauch ausbilden; die Leute waren vor den siegreichen Alliierten geflohen und sollten in ihr Heimatland zurückkehren und zur Schaffung des »Vierten Reichs« beitragen. Als Himmlers Befehl: »Niemand darf auf Engländer und Amerikaner schießen!« durchkam, wurde die Ausbildung aufgegeben.

Adolf Hitler beging am 30. April 1945 in seinem Berliner Bunker Selbstmord und wurde zusammen mit seiner Frau Eva Braun verbrannt. Sie hatte ihn am vorhergehenden Tag geheiratet und zwei Minuten, bevor Hitler sich in den Mund schoß, Gift geschluckt. In seinem Testament verstieß er Himmler, weil dieser Annäherungsversuche an die Alliierten gemacht hatte. An seiner Stelle wurde Admiral Karl Dönitz zu Hitlers Nachfolger ernannt, der sehr schnell kapitulierte. Himmler wurde am 21. Mai in Flensburg in der Nähe der dänischen Grenze von britischen Truppen gefangengenommen. Der ehemalige Hühnerzüchter war als Soldat verkleidet und trug eine schwarze Klappe über dem linken Auge. Zwei Tage später biß er während einer ärztlichen Untersuchung eine Kapsel mit Zyankali auf, die er unter seinem Zahnfleisch versteckt hatte, und starb innerhalb von zwölf Minuten.

Anfang Mai meldete sich Eichmann in Bad Aussee, um neue Befehle zu erhalten. Der ungeschlachte Kaltenbrunner, der eine Patience legte und auf das Ende wartete, begrüßte den berüchtigsten Rekruten der Nazi-Partei nicht einmal, sondern befahl ihm, »verdammt nochmal zu verschwinden«. Eichmann nahm ihn beim Wort und machte sich mit falschen Papieren – die er in Berlin noch verschmäht hatte – auf den Weg nach Deutschland. Laut den Papieren war er der Luftwaffen-Unteroffizier Adolf Barth.

»Unteroffizier Barth« wurde in Ulm von den Amerikanern gefangengenommen, floh jedoch, als der amerikanische Geheimdienst für seinen Geschmack zu genau sondierte. Er kam nicht weit und landete in Weiden in einem weiteren amerikanischen Kriegsgefangenenlager, wo es ihm gelang, für späteren Gebrauch eine neue Identität zu bekommen. Im drauffolgenden Monat wurde er dreimal verlegt – Ende Mai in das Lager Berndorf in der Nähe von Rosenheim, Anfang Juni in ein Sonderlager für SS-Männer in Kematen und Mitte Juni in ein Arbeitslager bei Cham im Bayerischen Wald in der Nähe der tschechischen Grenze. Unterwegs ernannte er sich wieder zum Offizier: er war »Leutnant Eckmann«.

Dem deutschen Zivilisten Rudolf Scheide gegenüber, der die Arbeitsgruppen in Cham beaufsichtigte, gestand »Leutnant Eckmann«, daß er in Wirklichkeit ein »Major Eichmann« sei. Der Name sagte Scheide nichts, und er erklärte Eichmann: »Es ist Ihre Sache, wie Sie sich nennen wollen.«

Eichmann arbeitete in einem Dreißig-Mann-Bautrupp, der von zwei amerikanischen Militärpolizisten in die Stadt begleitet wurde, um Cham wiederaufzubauen. Am 30. Juni 1945 verriet jemand Scheide, wer Eichmann war, und erzählte auch ein wenig von dem, was er im Krieg getan hatte. Das war Scheide zuviel, und er verständigte den im Lager untergebrachten Mann vom Spionageabwehrdienst. Als der Arbeitstrupp am Abend zurückkehrte, warteten der CIC-Mann und Scheide schon auf Eckmann. Doch nur neunundzwanzig Männer kamen nach Hause: Eichmann war gewarnt worden und verschwunden.

Unter dem neuen Decknamen Otto Heninger fand er in Prien am Chiemsee, dem größten See Bayerns, bei einem Bauern Arbeit. Dann wanderte er nach Norden in die englische Zone Deutschlands. Im Frühling 1946 meldete sich »Heninger« in Eversen in Niedersachsen bei der Polizei als Waldarbeiter und fand bald in dem Waldgebiet, in dem akuter Arbeitermangel herrschte, Arbeit. Einige Monate später ging sein Arbeitgeber infolge der Währungsreform bankrott, und »Heninger« zog wieder nach Norden. Er machte kurz vor Hamburg in der Lüneburger Heide halt, wo ihm der Bruder eines Freundes Arbeit als Holzfäller verschaffte. Später pachtete »Heninger« ein wenig Grund in Altensalzkoth in der Nähe der norddeutschen Stadt Celle und züchtete Hühner.

In Eichmanns Heimatstadt Linz hielt sich Wiesenthal über die Verwandten seines Opfers auf dem laufenden und hatte den ersten Kontakt mit den künftigen Israelis gemacht. Sie wurden damals in Österreich von zwei Organisationen vertreten: Von *Bricha* (was Entkommen heißt), und von der *Haganah.* Erstere, die verdeckt, aber ziemlich aktiv vorging, schmuggelte »Displaced Persons« in das damalige Palästina, letztere war die geheime jüdische Verteidigungsorganisation.

Beide Organisationen wurden in Österreich von einem hochgewachsenen, schlanken, eleganten Mann geleitet, der nur als »Arthur« bekannt war. Wiesenthal fand, daß er aristokratisch wirkte, obwohl er Zigarren rauchte und etwas trug, das Simon als »inter-alliierte Phantasieuniform« bezeichnete, »die wie eine verwirrende Kombination von amerikanischen, britischen und französischen Uniformen aussah – und auch so aussehen sollte«. Der liebenswürdige »Arthur« war der frühere Arthur Pier, der 1938 schriftlich um seine Emigrationspapiere angesucht hatte, statt Schlange zu stehen. In Palästina war er der *Haganah* beigetreten, hatte seinen Namen in Ascher Ben Nathan geändert und hatte 1944 in einem kleinen Büro in der Nähe des Hafens von Haifa begonnen, die Geschichten der eintreffenden Überlebenden zu sammeln und eine Liste von Nazi-Verbrechern in der Reihenfolge ihrer Bedeutung aufzustellen.

Als er im November 1945 in sein heimatliches Wien zurückkehrte, hatte er wieder seine Identität als Arthur Pier angenommen. Er war mit einem Koffer angekommen, dessen doppelter Boden nicht nur Gold enthielt, um die heimliche jüdische Emigration nach Palästina zu finanzieren, sondern etwas noch viel Wichtigeres: Mikrofilme der Akten über viele der wichtigen, verschwundenen und am Genozid beteiligten Nazis; Adolf Eichmann stand an der Spitze der Liste. »Arthur« hatte unter der Schirmherrschaft der Vereinigung Jüdischer Studenten das erste Dokumentationszentrum in Wien gegründet. Die meisten seiner Agenten – einschließlich seines späteren Nachfolgers Tuviah Friedman – hatten an der Wiener Universität inskribiert, was seiner Tätigkeit den Deckmantel der Legalität verlieh.

»Arthur« predigte allen seinen Mitarbeitern, daß sie das Gesetz nie selbst in die Hand nehmen durften. »Nur die gesetzlichen Behörden und die dazu befugten Richter haben das Recht, Verbrecher zu bestrafen«, erklärte er ihnen. »Unsere Aufgabe besteht darin, gesuchte Nazis zu finden und sie von den Alliierten verhaften zu lassen. Persönliche Racheakte können unserer Sache nur schaden, die nicht nur Gerechtigkeit fordert, sondern auch so viele Juden wie möglich nach Palästina schicken will.« Obwohl Wiesenthal noch immer kampflustig war, hatte er bereits »Arthurs« Überlegungen beigepflichtet.

Nachdem »Arthur« und Simon die Angaben über Eichmanns Verbrechen, seine Vergangenheit und Aufenthaltsorte ausgetauscht hatten, beschlossen sie, einen Verführer zu Eichmanns Strohwitwe nach Altaussee zu schicken, der versuchen sollte, das Schweigen der »Geschiedenen« zu brechen. »Arthur« wählte Henyek Diamant, einen gut aussehenden polnischen Juden aus Kattowitz; als seine Familie in einen für Auschwitz bestimmten Viehwaggon getrieben wurde, hatte er einfach seinen besten Anzug angezogen, einen Strauß aus roten Rosen in die Hand genommen und so getan, als wäre er ein Christ, der zu einer Hochzeit unterwegs war. Er hatte zum Glück blaue Augen, kaufte sich einen Tirolerhut, ließ sich einen Hitler-Schnurrbart wachsen und bleichte sich Haare und Augenbrauen.

1943 traf er in Graz ein, ging in ein Krankenhaus und stellte sich als Chirurg namens »Dr. Ulensky« vor. Niemand wollte seine medizinischen Zeugnisse sehen, und er wurde mit dem Sezieren von Leichen betraut. Später kämpfte er im ungarischen Untergrund, und als die Deutschen 1944 mißtrauisch wurden, verwandelte er sich in Ostungarn in »Dr. Yanowsky« und half Juden, nach Rumänien zu fliehen, das im August Hitler den Krieg erklärt hatte. Sowohl infolge seiner helfenden Hände als auch wegen seiner Karriere als Schein-Chirurg bekam er den Spitznamen »Manus«

Manus war von seinem neuesten Auftrag nicht begeistert. »Das ist eine großartige Idee, Arthur«, erwiderte er sarkastisch. »Du willst, daß ich der Liebhaber dieser Hure werde. Bist du verrückt? Auch ich habe Gefühle. Ich soll den gleichen Mund küssen, den Eichmann geküßt hat? Du willst, daß ich zu ihr ziehe und mit ihr zusammenlebe? Ha!« Nachdem er sich beruhigt hatte, erklärte er sich bereit, es zu versuchen.

In Aussee gab er sich als holländischer Kollaborateur namens Henryk van Diamant aus, bezauberte einige SS-»Witwen«, hatte aber bei Vera Eichmann keinen Erfolg, obwohl er ihre Söhne begeisterte. Eines Tages berichtete er Wiesenthal telefonisch, daß er am nächsten Tag mit den drei Jungen eine Bootsfahrt unternehmen wollte. Etwas in seiner Stimme veranlaßte Simon, alles stehenzulassen und nach Aussee zu fahren. Dort unternahm er mit Manus einen Spaziergang am See.

»Du hast deine Familie in den Lagern verloren, Manus«, sagte Wiesenthal. »Waren Kinder darunter?«

»Zwei Söhne und eine Tochter.« Manus sah ihn dabei nicht an.

»Und du glaubst, daß du Eichmann zurückholen kannst, indem du da draußen einen Unfall baust?« fragte Simon und zeigte auf das Wasser. Er verbrachte die nächste halbe Stunde damit, Manus den Mord an Eichmanns Söhnen auszureden, und überzeugte ihn schließlich durch das Argument, daß »ein Mann, der gefühllos den Tod von einer Million Kindern befohlen hat, kaum Gefühle für die eigenen Kinder zeigen wird«.

Nach seiner Rückkehr nach Linz rief Wiesenthal Arthur an, und sie einigten sich darauf, Manus mit einer anderen Mission zu betrauen. Eichmann hatte überall, wo er hinkam, Geliebte gehabt. Vielleicht besaß eine von ihnen noch ein Foto ihres verrufenen Freundes, das auf Steckbrief-Plakaten verwendet werden konnte: das war viel dringender als Rache an seiner Familie.

In Ungarn war eine Margit Kutschera aus München seine Geliebte gewesen. Sie erzählte Manus, daß sie Fotos von sich und Eichmann gehabt habe, aber sie hatte sie zum letzten Mal in ihrer Hotelsuite in Budapest gesehen; sie war 1944 während der alliierten Luftangriffe geflohen und hatte alles zurückgelassen. Manus fuhr nach Budapest, stellte aber fest, daß Suite und Hotel längst von der Roten Armee geplündert worden waren.

1947 erfuhr Arthur, daß eine weitere Ex-Geliebte von Eichmann, Maria Mösenbacher, in Urfahr wohnte, einem auf dem linken Donauufer liegenden Stadtteil von Linz. Arthur ließ wieder Manus kommen. Wie in Aussee gab Manus vor, ein holländischer SS-Mann zu sein, der nicht wagte, nach Hause zurückzukehren. Er besuchte ein Café, in dem Frau Mösenbacher, eine gutaussehende, annähernd vierzig Jahre alte Frau, Stammkundin war, und es dauerte nicht lang, bis sie ihm gestattete, sie auf einen Drink einzuladen. Bald teilte sie ihr Zuhause und ihre Geheimnisse mit ihm – und eines Tages auch ihr Fotoalbum. Während sie umblätterte, entdeckte Manus das Foto eines gutgekleideten Mannes, das kurz vor dem Zweiten Weltkrieg gemacht worden war. »Wer ist das?« fragte er.

»Ach, ein Freund.« Sie blätterte schnell weiter. »Den suchen die Juden«, sagte sie noch.

Einige Stunden später verließ Manus das Haus. Arthurs Bekannter, ein Polizeibeamter, hatte einen Freund bei der Polizei Urfahr. Dieser machte bei Frau Mösenbacher eine Hausdurchsuchung und nahm einige Bücher und das Fotoalbum mit. Ein paar Stunden später brachte er alles zurück. Es fehlte nichts. Einige Tage danach schickte Arthur Wiesenthal das Foto von Eichmann. Obwohl es aus dem Jahr 1935 stammte, war es klar und scharf und konnte gut reproduziert werden. Doch lange Zeit führte es nur zu einem »Leutnant Otto Eckmann«, der am 30. Juni 1945 aus der Obhut der Amerikaner verschwunden war.

Obwohl Wiesenthal nicht mehr für die Amerikaner arbeitete, kooperierten sie noch. Ende 1947 informierte ihn der CIC in Bad Ischl, daß Vera Liebl im Bezirksgericht »um der Kinder willen« um einen Totenschein für ihnen »Ex-Ehemann« Adolf Eichmann angesucht hatte. Sie hatte eine eidesstattliche Erklärung eines Karl Lukas aus Prag vorgelegt, der beschwor, daß er gesehen habe, wie Eichmann am 30. April 1945 bei Straßenkämpfen in der tschechischen Hauptstadt gefallen war.

Wiesenthal ersuchte den CIC, eine Verschiebung der Verhandlung zu erreichen: Normalerweise wurden solche Fälle innerhalb von zwei Wochen erledigt, um den Witwen die Möglichkeit zu geben, entweder die Pension ihres Mannes zu beanspruchen oder wieder zu heiraten. Man bewilligte ihm vierzehn Tage, und er legte die eidesstattlichen Aussagen von Zeugen bei den Nürnberger Prozessen vor: Die eines SS-Majors Wilhelm Höttl, der Eichmann am 2. Mai 1945 lebend in Bad Aussee gesehen hatte, und die von Rudolf Scheide, dem deutschen Aufseher in Cham, dem Eich-

mann Mitte Juni 1945 seine Identität gestanden hatte. Um den Fall endgültig zu entscheiden, sandte Wiesenthal einen Mann nach Prag, der dort herausbekam, daß der »Augenzeuge« von Eichmanns »Tod«, Karl Lukas, ein Angestellter des Tschechoslowakischen Landwirtschaftsministeriums und mit Frau Eichmanns Schwester Maria verheiratet war.
Sobald der österreichische Richter Wiesenthals Beweise geprüft hatte, wies er Frau Eichmanns Gesuch ab und machte sie darauf aufmerksam, daß er sie strafrechtlich verfolgen würde, falls sie es jemals wieder mit einem solchen Trick versuchen sollte. Fünfzehn Jahre später informierte Wiesenthal nach Eichmanns Gefangennahme in einem seltenen Anfall von Rachsucht die Tschechoslowakischen Behörden über Lukas' eidesstattliche Erklärung. Das Landwirtschaftsministerium entließ Lukas sofort.
»Ich bin davon überzeugt«, sagt Wiesenthal, »daß mein wichtigster Beitrag zu der Suche nach Eichmann die Zerstörung der Legende von seinem Tod war. Wenn er gesetzlich für tot erklärt worden wäre, dann wäre sein Name von allen Fahndungslisten verschwunden und er hätte offiziell nicht mehr existiert. Sein Fall wäre abgeschlossen worden. Die weltweite Suche nach ihm wäre zu Ende gewesen. Ein Mann, der als tot gilt, wird nicht mehr gejagt. Viele SS-Verbrecher wurden nie gefaßt, weil sie sich für tot erklären ließen, so daß sie danach glücklich unter neuen Namen weiterleben konnten. Manche von ihnen heirateten ihre ›Witwen‹ wieder.«
Obwohl »Otto Heninger« sich in Norddeutschland zu Tod langweilte, blieb er dort, bis er genügend Geld beisammen hatte, um eine Reise über den Ozean zu finanzieren. Laut Hannah Arendt »gelang es ihm Anfang 1950, den Kontakt mit ODESSA, einer geheimen Organisation von SS-Veteranen, herzustellen, und im Mai des gleichen Jahres wurde er durch Österreich nach Italien geschleust, wo ihn ein voll über seine Identität informierter Franziskaner-Priester mit einem Flüchtlingspaß auf den Namen Richard Klement versah und ihn nach Buenos Aires weiterschickte.«
Der Priester in Rom war Pater Anton Weber von der St.-Raphael-Gesellschaft, der Jahre später mit den Hunderten »getauften Juden« prahlte, die er vor Hitler gerettet hatte. Er gab dann auch zu: »Ja, jemand namens Richard Klement kam zu mir. Er sagte, daß er aus Ostdeutschland käme und nicht dorthin zurückkehren und weiter unter den Bolschewiken leben wolle, also half ich ihm.« Wieso Pater Weber, der selbst Bayer war, Eichmanns starken österreichischen Akzent nicht bemerkte, muß ein Kirchengeheimnis bleiben.

Mit Webers Hilfe traf Eichmann Mitte Juli 1950 in Argentinien ein – als »Ricardo Klement, siebenunddreißig, staatenlos, katholisch«. 1951 befand sich Wiesenthal wieder auf der Fährte. Anfang des gleichen Jahres »berichtete mir ein ehemaliges Mitglied des deutschen Spionageabwehrdienstes, das gute Kontakte zu ODESSA hatte, daß man Eichmann vergangenen Sommer in Rom gesehen hatte; wahrscheinlich war er nach Südamerika unterwegs gewesen«.

Einige Monate später folgte eine weitere Bestätigung durch einen persönlichen Besuch von ODESSA. Nachdem Simon in Magazinen Artikel über Schatzsucher veröffentlicht hatte, die auf Eichmanns versteckten Goldschatz aus waren, erhielt er in seinem Büro in Linz den Besuch eines schlanken, eleganten, österreichischen Aristokraten, den er in seinen Memoiren als »Heinrich von Klimrod« bezeichnet. Sein Gast kam sofort zur Sache: »Ich vertrete eine Wiener Gruppe von ehemaligen SS-Männern. Unsere beiderseitigen Interessen treffen an einem Punkt zusammen. Wir wissen, daß Sie fanatischer Idealist sind. Sie wollen Eichmann finden und ihn vor Gericht bringen. Das wollen wir auch – aus einem anderen Grund. Wir wollen sein Gold haben. Wir könnten eine zweckdienliche Zusammenarbeit organisieren.«

Der »fanatische Idealist« wollte keine Partnerschaft mit ehemaligen SS-Männern eingehen und auch kein Geschäft mit dem Gold machen, »das weder mir noch Eichmann gehört« (und, fügte er für sich hinzu, »das vielleicht von meinen neunundachtzig Verwandten stammt, die von Eichmanns Männern getötet wurden«), also lehnte er das Angebot ab. Doch es war ihm vorher gelungen, Klimrod zu entlocken, daß sich Eichmann vermutlich in Südamerika aufhielt, nachdem er in einem Kapuzinerkloster in Rom Zuflucht gefunden hatte und die Patres Weber und Benedett ihm geholfen hatten. Doch den Namen »Ricardo Klement« erfuhr er nicht.

XIV. Eichmanns Entführung

»Die fünfziger Jahre waren für Eichmann-Jäger schlechte Jahre«, stellt Wiesenthal fest. »Der kalte Krieg hatte den Höhepunkt erreicht, und die ehemaligen Alliierten hatten sich zu beiden Seiten des Eisernen Vorhangs eingegraben. Die Amerikaner hatten mit dem Krieg in Korea alle Hände voll zu tun. Niemand interessierte sich für Eichmann oder die Nazis. Wenn zwei Nazis einander trafen, sagten sie: ›Ein neuer Wind weht!‹ und schlugen einander auf die Schultern.«

Arthur Piers (Ascher Ben Nathans) Nachfolger Tuviah Friedman hatte den Eindruck, daß »nur wir beide – Wiesenthal und ich – noch an Eichmann dachten. Alle anderen hatten ihn vergessen. Die in Deutschland gebliebenen Juden waren an dem wirtschaftlichen Nachkriegsaufschwung beteiligt. Viele lebten als Christen und hatten christliche Mädchen geheiratet.« Ende 1951 hatten sich die meisten der Displaced Persons, die Juden waren, in Westeuropa, Israel, Australien und in Nord- und Südamerika niedergelassen. Der Strom von Zeugen, der sich in Wiesenthals Dokumentationszentrum in Linz und dem Friedmans in Wien ergossen hatte, war zu einem Rinnsal verkümmert.

Im Frühjahr 1952 riß Wiesenthals vorletzte Verbindung ab, als Eichmanns Frau und seine drei Söhne aus Altaussee verschwanden. Wiesenthal verfiel in tiefe Depression. »Offensichtlich ist es allen gleichgültig«, sagte er. »Sogar die Israelis machen sich wegen Nasser weit mehr Sorgen als wegen Eichmann.«

Während ODESSA Wiesenthal als unkooperativen »fanatischen Idealisten« sah, beschrieb ihn Tuviah Friedman als »Zionisten vom rechten Flügel, als Kämpfer, der die Politik von Extremisten wie Menachem Begin[6] bewunderte.« Obwohl man Friedman nicht als historischer Quelle trauen kann und Ascher Ben Nathan ihn als »abnormal«, »indiskret«, »unzuverlässig«, »Aufschneider« und »Plappermaul« bezeichnete, dem wirklich wichtige Geheimnisse verschwiegen werden mußten, sagt Simon Wiesenthal, daß Friedman und er »zwischen 1946 und 1952 gut zusammenarbeiteten – vielleicht weil wir beinahe zweihundert Kilometer voneinander entfernt waren, er saß in Wien, ich in Linz. Wir tauschten Informationen aus und lieferten einander Beweismaterial.«

1952 gab Friedman auf – zumindest in Österreich. »Meine Schränke gingen vor Dokumenten und eidesstattlichen Erklärungen über«, erinnert er sich. »Aber niemand verlangte Einsicht in sie, um sie zur Verfolgung von

Nazis zu verwenden. Die Deutschen wollten sie nicht, die Österreicher wollten sie nicht, und weder die westlichen Verbündeten noch die Russen wollten sie.« Daraufhin packte Friedman seine Akten in zwei große Koffer, und schloß sein Wiener Büro.

Friedman ließ sich in Haifa nieder und heiratete eine ungarische Ärztin, die er in Wien kennengelernt hatte, als sie unterwegs nach Israel war. Dann kehrte er nach Österreich zurück und beendete sein Studium. Ende 1952 besuchte er zum Abschied Wiesenthal in Linz und kopierte *seine* Eichmann-Akten – sicherheitshalber. Simons Verzweiflung hatte zugenommen; er aß, trank und schlief kaum, und wenn seine Frau Cyla ihn fragte, warum, antwortete er jedesmal: »Die Nazis haben den Krieg verloren, aber *wir* verlieren den Nachkrieg.« Doch er hatte seinen persönlichen Krieg noch nicht aufgegeben; er begleitete Friedman zum Bahnhof und erklärte ihm:

»Du fährst nach Israel zurück, Tadek, und läßt dich nicht schikanieren. Hör nicht auf, die Israelis an Eichmann zu erinnern. Laß dir nicht von ihnen einreden, daß du ihn vergessen sollst. Laß die israelische Regierung alles tun, was sie will: Häuser für Einwanderer bauen, jeden Hebräisch lehren, ein starkes Heer aufstellen. Großartig! Sehr gut! Aber sie müssen auch anfangen, Eichmann zu suchen. Und nur du kannst ihnen so lange zusetzen, bis sie etwas unternehmen.«

Als sie sich am Bahnsteig umarmten, fügte Simon hinzu:

»Denk einfach daran, Tadek! Wenn wir Eichmann kriegen, wird er von einem jüdischen Gericht in einem jüdischen Staat gerichtet werden. Die Geschichte und die Ehre unseres Volks stehen auf dem Spiel.«

Die Depression, in die Simon Wiesenthal 1952 verfiel, als er erfuhr, daß Eichmann und nach ihm seine Familie aus Europa verschwunden waren, wirkte sich vor allem als Schlaflosigkeit aus. Nachts lag er wach, und die Toten – zuerst seine Familie, dann seine Freunde, dann die Tausenden, die er in den Lagern kennengelernt hatte, und dann die Fälle, die täglich auf seinem Schreibtisch landeten – zogen an ihm vorbei. Der letzte war immer Eichmann, der manchmal mit einer Peitsche knallte. Simon hatte keine Alpträume, denn er verbrachte seine Nächte wach in Gesellschaft von Gespenstern. Ein Arzt, den er aufsuchte, erklärte ihm, er brauche Entspannung, Ablenkung, ein Hobby.

»Ich habe ein Hobby«, widersprach Wiesenthal. »Ich sammle Zeugen.«

»Und dieses Hobby macht Sie krank«, stellte der Arzt fest. »Sie verlängern für sich das Konzentrationslager. Wenn Ihre Zeugen weinen, dann weinen Sie ebenfalls. Und wenn sie leiden, dann leiden Sie mit. Wie viele Tote waren es? Sechs Millionen? Dann werden Sie Nummer sechsmillioneneins sein, wenn Sie sich kein echtes Hobby zulegen, zum Beispiel Briefmarken sammeln.«

Wiesenthal stürzte sich mit dem gleichen Eifer auf das Briefmarkensammeln wie auf alles andere, das er unternimmt. Doch statt daß er darüber die Nazis vergaß, lenkte dieses Hobby seine Aufmerksamkeit auf entscheidende Einzelheiten, die schließlich seine Arbeit neu belebten. Zu einigen der größten Erfindungen der Menschheit kam es erst, wenn die Wissenschaftler, Forscher, sogar Künstler nach einer Periode der intensiven Konzentration Pausen oder Umwege einlegten: der spielende Geist kann manchmal dem Geist, der mit seiner Weisheit am Ende ist, neue Energie verleihen. Einmal hatte Wiesenthals Beitrag zu einem Kriegsverbrecherprozeß darin bestanden, daß er den Richter auf den Stempel auf einem Briefumschlag aufmerksam machte, der aus Polen nach Hause adressiert war. Dieser Stempel widerlegte das Alibi eines SS-Mannes, daß er zu der Zeit, in der in Polen ein Massaker stattfand, bereits in Deutschland gewesen war.

Es war eine überaus mühsame Aufgabe, die Übereinstimmungen zwischen Ricardo Klement und Adolf Eichmann zu finden. Der Durchbruch kam durch Wiesenthals Hobby, auch wenn man es damals nicht erkannte. Bei einer Philatelie-Ausstellung in Innsbruck lernte er Ende 1953 einen alten Baron kennen, der ihn in seine Villa in Tirol einlud, um ihm seine Sammlung zu zeigen. Bei einer Flasche Wein erzählte der Baron – der überzeugter Katholik und glühender Monarchist war und wegen seiner Ansichten unter Hitler gelitten hatte – seinem jüdischen Gast, wie entsetzt er darüber war, daß prominente Nazis in Tirol wieder hohe Ämter bekleideten, »als hätte sich nichts verändert. Und das geschieht nicht nur hier.« Er suchte in einer Schublade nach dem Brief eines argentinischen Freundes und reichte ihn dann mitsamt dem Umschlag Wiesenthal. »Schöne Marken, nicht wahr?« bemerkte der Baron. »Aber lesen Sie, was drinnen steht.«

Sein Freund, ein ehemaliger Oberstleutnant in der deutschen Wehrmacht, der seine Abneigung gegen Hitler nie verborgen hatte, war als Ausbilder für Juan Peróns Truppen nach Argentinien übersiedelt. Er schrieb dem Baron:

> »Es gibt hier einige Leute, die wir beide gekannt haben ... Es sind auch Personen anwesend, die Sie nie kennengelernt haben. Stellen Sie sich

vor, wen ich noch gesehen habe – ich mußte sogar zweimal mit ihm sprechen: dieses schrecklich Schwein Eichmann, der das Kommando über die Juden führte. Er lebt in der Nähe von Buenos Aires und arbeitet für eine Wassergesellschaft.«

»Wie gefällt Ihnen das?« fragte der Baron. »Einige der Schlimmsten aus dem Haufen sind davongekommen.«

Wiesenthal beherrschte sich, denn der Baron würde seinem Freund vielleicht Simons Erregung schildern, und dieser erwähnte sie vielleicht in einem Gespräch und warnte dadurch »dieses Schwein Eichmann«. Aber er prägte sich den Abschnitt und alle Namen im Brief sowie die Adresse des Absenders ein. Er lehnte es ab, noch ein Glas Wein zu trinken, weil er befürchtete, daß dies seine Erinnerung trüben könnte, verabschiedete sich bald, kehrte in sein Hotel zurück und schrieb alles nieder.

Sobald Simon wieder in Linz war, rief er Arieh Erschel, den israelischen Konsul in Wien, an, und bereitete dann zwei vollständige Akten über Eichmann vor. »Ende 1953 wußte ich genau, wo sich Eichmann in Argentinien aufhielt und wo er arbeitete«, erklärte er. »Mir fehlte nur sein Name, den ein ausgebildeter, vertrauenswürdiger jüdischer Ermittler auf Grund meiner Angaben leicht herausbekommen konnte. Ich schrieb also einen ausführlichen Bericht über Eichmann und ergänzte ihn mit seinem Foto und Kopien seiner eigenhändig geschriebenen Briefe.« Wiesenthal schloß mit dem Abschnitt aus dem Brief des Barons (ohne den Autor zu erwähnen), und gab Erschel eine Kopie, damit er sie nach Jerusalem weiterleitete. Die zweite Kopie schickte er an Nahum Goldmann in der New Yorker Zentrale des Jüdischen Weltkongresses, einer Dachorganisation, die behauptet, daß sie im Namen von jüdischen Gemeinden in siebzig Ländern spricht.

Nahum Goldmann (1894–1982) war ein dynamischer, in Polen geborener Wissenschaftler, der 1936 den Jüdischen Weltkongreß gegründet hatte, um die Welt vor dem Nationalsozialismus zu warnen und die Verfolgung der Juden zu verhindern. Er war Präsident des Jüdischen Weltkongresses sowie Leiter der Zionistischen Weltorganisation und so mächtig, daß er bei einem seiner häufigen Besuche im jungen Staat Israel eine Zusammenkunft mit Premierminister David Ben Gurion abkürzte, weil er »zu beschäftigt war«. Er war ein reizbarer Autokrat, der gern kategorische Statements abgab, z. B. daß neunzig Prozent von Israels Bewohnern außerhalb seiner Grenzen leben, und (laut Simon Wiesenthal) »nur ich bestimmen kann, was für die Juden gut ist«. Nahum Goldmann hatte nach dem Krieg bei der International Claims Conference, bei der mit den Regierungen über die Kompensationen verhandelt wurde, die den verfolgten Juden zugesprochen werden sollten, den Vorsitz geführt. Als der österreichische Bundeskanzler Julius Raab ihn mit »Juden und Österreicher sind beide Opfer des Nazismus« begrüßte, hatte ihn Goldmann mit beißendem Sarkasmus zurechtgewiesen: »Ja, Herr Kanzler, deshalb bin ich gekommen, um Sie zu fragen, wieviel Geld die Juden den Österreichern schulden.«

Von Israel kam keine Antwort, aber Wiesenthal ist bis heute über die Antwort wütend, die er nach zwei Monaten aus New York erhielt. Goldmann hatte das Material an Rabbi Abraham Kalmanowitz weitergeleitet, den Präsidenten und Dekan des Mirrer Yeshiva Central Institute. Der Rabbi hatte deutsch geschrieben, den Empfang des Briefes bestätigt und nach »Eichmanns vollständiger Adresse in Buenos Aires« gefragt. Wiesenthal wiederholte höflich, daß er sie noch nicht besaß, daß er aber einen spanischsprechenden Ermittler hinschicken konnte, vorausgesetzt, der WJC bezahlte die Reisekosten sowie 500 Dollar. Rabbi Kalmanowitz bestand in seiner Antwort darauf, daß Wiesenthal Eichmanns Adresse bekanntgeben solle, und legte einen Brief von Nahum Goldmann bei, in dem dieser behauptete, »Eichmann befindet sich ohnehin nicht in Argentinien, sondern in Damaskus«.

Wiesenthal will es zwar nicht zugeben (leugnet es aber auch nicht), daß an dem Problem zum Teil Tuviah Friedmans Sperrfeuer an falschen Hinweisen schuld war (Eichmann ist in Syrien, Eichmann ist in Kuweit), mit denen er echte Hinweise provozieren wollte. Aber er schiebt Nahum Goldmann mehr Schuld zu: »Dieser Mann blockte alles ab. Wenn Organisationen um Geld baten, sagte er immer nein. Ich fragte ihn einmal, warum, und er antwortete: ›Ich mag unabhängige Organisationen nicht.‹ Ich beharrte darauf, daß meine Arbeit nur von unabhängigen Einzelpersonen und kleinen Gruppen getan werden kann. Das war ihm egal – er wollte das Monopol behalten.«

Die Antipathie zwischen Wiesenthal und dem Jüdischen Weltkongreß, die 1986 während des Wahlfeldzugs von Kurt Waldheim um das Präsidentenamt in Österreich explodierte, wurzelte in der Jagd nach Eichmann, die Wiesenthal im März 1954 beinahe aufgab. Er war über das Nichtvorhandensein von Ergebnissen, Geld und dem Interesse Außenstehender so verzweifelt, daß er sein Dokumentationszentrum in Linz zusperrte und 532 Kilogramm Akten an die Yad Vashem Historischen Archive in Israel schickte. Aber genau wie Friedman behielt er eine Akte bei sich: Adolf Eichmann.

Die Jagd nach Eichmann schlief für mindestens fünf Jahre ein. »Als ich Nahum Goldmann 1956 wiedersah«, erinnert sich Simon wehmütig, »erzählte ich ihm, daß ich mein Zentrum hatte schließen müssen. Es kam keine Reaktion, überhaupt keine, nicht einmal ein mitfühlendes Wort.«

Gab es wirklich keine Möglichkeit, Eichmann aufzuspüren, wenn Wiesenthal ihm so nahe gekommen war? 500 Dollar stellten bestimmt auch damals keine unüberwindliche Hürde für jemanden so Entschlossenen wie Simon dar, wenn es um das Auftreiben von Geld ging. Aber er brauchte nicht nur Geld, sondern auch Unterstützung. »Ich war in Linz allein«, erklärte er. »Angenommen, wir fanden Eichmann, der in der Nähe von Buenos Aires lebte und für eine Wassergesellschaft arbeitete, wie sollten wir ihn fassen? Was konnte ich, ein Privatmann, der am anderen Ende der Welt saß, tun? Die Deutschen waren in Argentinien eine starke politische Macht. Deutsche Soldaten bildeten Peróns Armee aus. Deutsche Sachverständige leiteten die argentinische Industrie. Deutsches Kapital war in Millionenhöhe in argentinische Banken investiert.«

Simon Wiesenthal schätzt die Vermögenswerte, die die Nazis aus Europa hinausgeschmuggelt hatten, auf etwa eine Milliarde Dollar. »Nach dem Krieg sandten die Nazis Fachleute und Geld nach Argentinien. Laut einer nach seinem Sturz erfolgten Untersuchung bekam Perón rund 100 Millionen Dollar. Buenos Aires wurde zum Südterminal-Flughafen für ODESSA. Die Deutschen übernahmen Hotels und Pensionen, verschafften neuen SS-Einwanderern Arbeit und Ausweise und verfügten über ausgezeichnete Beziehungen zu den höchsten Regierungsbeamten. Irgendwann hatte eine Gruppe argentinischer Deutscher vorgehabt, nach Deutschland zu fliegen und alle Naziverbrecher aus dem Gefängnis Landsberg herauszuholen.«

1954 nahm Wiesenthal an, daß »Eichmann sich in Argentinien sehr sicher fühlen muß, sonst hätte er seine Familie nicht nachkommen lassen. Vielleicht besitzt er dort einflußreiche Freunde, sonst würde er es nicht wagen, in oder in der Nähe einer Stadt zu wohnen, in der über 200 000 Juden leben. Auch wenn ihn seine Opfer selten sahen – wer weiß? Jemand aus den jüdischen Komitees in Wien oder Prag oder Budapest konnte ihn erkennen.«

In Wirklichkeit war Eichmann während seiner ersten drei Jahre in Argentinien kaum jemals in Buenos Aires gewesen. »Ricardo Klement« war mit dunkler Brille, einem Hitler-Schnurrbart und einem tief ins Gesicht gezogenen Hut eingetroffen, war jedoch von SS-Freunden abgeholt worden, die ihn rasch mit dem Leiter von CAPRI zusammenbrachten, einer von Deutschen gegründeten Firma, um Nachkriegsflüchtlingen Arbeit zu verschaffen. CAPRI bot »Klement« Arbeit im ungefähr 950 km von der Hauptstadt entfernten Tucumán an.

CAPRI war ein Vertragsunternehmen der argentinischen Regierung, das Ausschau nach Wasserkraft hielt und hydroelektrische Anlagen und Dämme plante. »Klement« bekam die Aufsicht über eine Mannschaft von einheimischen Arbeitern, zeichnete sich als energischer Arbeitsorganisator aus, wurde befördert, mit Verantwortung betraut und bekam Gehaltserhöhungen, die es ihm ermöglichten, innerhalb von zwei Jahren seine Familie nachkommen zu lassen. Vera Liebl, die »Ex-Frau-Eichmann«, hatte einen Brief von einem »Fremden« bekommen, dessen Schrift sie erkannte. In ihm stand, daß »der Onkel deiner Kinder, den jeder für tot hielt, am Leben ist und es ihm gut geht«. Als sie und ihre Söhne am 15. August 1952 mit »Onkel Ricardo« in Tucumán zusammentrafen, hatte sie ihren Söhnen erzählt, daß er »der Vetter eures toten Vaters ist«. Die Jungen mochten ihn so sehr, daß sie sich freuten, als der Onkel ihre Mutter heiratete und sie einen vierten Sohn bekam: Ricardo Francisco. Den zweiten Namen erhielt er zu Ehren eines Franziskaners, der dem stolzen Vater geholfen hatte, über Italien zu entkommen.

Das Familienleben der Eichmann-Kinder klingt komplizierter, als es war. Manchen Bekannten gegenüber spielte die Mutter die geschiedene Frau, die wieder geheiratet hatte, anderen gegenüber jedoch die Witwe; ihr Vater gab sich als ihr Onkel und Stiefvater aus, und ihr Halbbruder war in Wirklichkeit ihr Bruder. Sogar als das Baby »Ricardo Francisco Klement *Eichmann*« getauft wurde, stellten seine Brüder keine Fragen. Sie waren schwerfällig – wie ihr Vater in seiner Jugend. Er beschwerte sich einmal darüber, daß sie »überhaupt nicht bestrebt waren, etwas zu lernen«, und nicht einmal »versuchten, ihre sogenannten Talente zu entwickeln«.

Rückblickend stellt Simon Wiesenthal fest: »Adolf Eichmanns Verderben war sein Familiensinn. Er wollte die Beziehung zu seiner Frau wieder aufnehmen, er liebte Familienfeiern, und er wollte seine Söhne um sich haben. Er paßte genau wie Mafiosi in die Mittelklasse-Schablone, und seine Loyalität half uns schließlich, seine Spur aufzunehmen.«

Als Peróns Frau Evita 1952 an Krebs gestorben war, verlor CAPRI seine Regierungsverträge und ging im darauffolgenden Jahr bankrott. Als Wiesenthal also den Brief las, den der Informant des Barons in Buenos Aires geschrieben hatte, war dieser längst überholt, denn Eichmanns Arbeitgeber war vor die Hunde gegangen. Aber er war nach Buenos Aires zurückgekehrt, suchte Arbeit und hätte leicht aufgespürt werden können. Die Familie Klement mietete ein kleines Haus in der Calle Chacabuco in Vicente Lopez, einer Vorstadt von Buenos Aires. Mit zwei weiteren Nazis als Partner gründete Eichmann eine Wäscherei, die zugrunde ging. Dann ließ er seine Familie zurück, arbeitete einige Monate auf einer Kaninchenfarm, fand anschließend einen Büroposten in einer Fabrik für Obstkonserven, aber auch der war nur von kurzer Dauer.

Er hielt sich abwechselnd in der Stadt und außerhalb von ihr auf, hatte eine Zeitlang Arbeit und dann wieder keine, war in Buenos Aires erledigt, schaffte es knapp, für die Familie zu sorgen – aber er schaffte es immer. Sein Hausherr, Francisco Schmidt, ein Jude, konnte über seinen Mieter nur Gutes sagen.

Während der ersten fünf Jahre in Argentinien wußte nur eine Handvoll vertrauenswürdiger SS-Freunde, daß »Klement« Eichmann war. Jeder konnte erraten, daß er ein Nazi-Flüchtling war, aber von denen gab es Tausende. Deutsche wie der Freund des Barons, der ihn »als das Schwein Eichmann« erkannte, erfuhren für gewöhnlich nichts über seine argentinische Identität – oder wollten nichts erfahren. Doch als er sich jetzt in einer sehr prekären finanziellen Lage befand, wandte er sich an zwei Nazi-Hilfsorganisationen in Argentinien, obwohl sie vielleicht von Informanten infiltriert waren.

Man kann diese Gruppen als »ODESSAS Arme« bezeichnen, wenn man will, aber sie waren keineswegs eine Untergrundorganisation für geflüchtete Nazis. Sie funktionierten eher wie das Netz ehemaliger Schüler oder Kommilitonen, erkannten schnell Eichmanns zunehmenden Bekanntheitsgrad und belohnten seine frühere Arbeit mit einem Posten bei der Mercedes-Benz-Fabrik in Suarez in der Nähe von Buenos Aires. Er begann als Mechaniker, wurde bald zum Vorarbeiter und dann zum Abteilungsleiter befördert.

Eichmann versuchte kaum mehr, seine Identität zu verbergen, und wurde allmählich in Argentiniens weitläufiger Nazikolonie zu einer Berühmtheit. 1955 gab er sogar einem holländischen SS-Mann namens Willem S. Sassen ein Interview. Dieser war 1948 in Argentinien eingetroffen und versuchte sich seither als Journalist; die Belgier hatten ihn wegen Kriegsverbrechen in absentia zum Tod verurteilt. Bei dem Interview mit Sassen erklärte Eichmann, er habe deshalb an der »Endlösung« festgehalten, weil

Hitler »sich vielleicht in allem geirrt hat, eines aber feststeht: Der Mann war imstande, sich vom Obergefreiten zum Führer eines Volkes von beinahe achtzig Millionen hinaufzuarbeiten ... Sein Erfolg allein bewies mir, daß ich mich ihm unterordnen sollte.«

Nachdem Simon Wiesenthal sein Dokumentationszentrum in Linz aufgegeben hatte, befaßte er sich mit Flüchtlingsarbeit, zuerst mit noch immer durch den Krieg verschleppten Personen, und dann ab 1956 mit Flüchtlingen nach antikommunistischen Aufständen in Polen, Ungarn und Ostdeutschland. »Nach dem Aufstand in Ungarn«, erinnert er sich, »war ich eine Zeitlang Leiter von acht Schulen für die Berufsausbildung von Flüchtlingen: Wir lehrten sie Berufe, die im Westen gebraucht wurden, zum Beispiel Fernsehtechniker und Automechaniker. Wir versuchten auch, für Fachleute, die Sprachen lernen und Prüfungen bestehen mußten, bevor sie in ihren neuen Ländern ihren Beruf ausüben konnten, eine Überbrückung zu finden.«

Simon vertrat auch verschiedene jüdische Agenturen in Österreich, obwohl es ein Handicap war, daß er in zwei Stunden von Wien entfernt in Linz festsaß. Trotzdem wollte er nicht aus Linz fort, weil er Adolf Eichmanns Familie nicht aus den Augen lassen wollte. Die Eichmanns wohnten nur zwei Häuserblocks von der Wohnung Wiesenthals entfernt. Und jeden Tag kam Simon mindestens zweimal an ihrem Elektrogeschäft vorbei, auf dessen Schild stolz EICHMANN stand, der Name, der Wiesenthal nicht losließ.

Am Abend arbeitete er als freiberuflicher Journalist und schrieb für Überlebende-Publikationen wie *Die Mahnung* in Westberlin und *La Voix Internationale de la Résistance* in Brüssel sowie für jede österreichische Zeitschrift, die bereit war, seine unangeforderten Beiträge zu drucken (was in Linz öfter der Fall war als in Wien und Salzburg). Nach einiger Zeit »kamen die Herausgeber zu mir, wenn sie etwas über Themen wie Naziverbrechen haben wollten, weil ich das Monopol dafür hatte: Ich war die einzige Person, die in Österreich darüber schrieb. Aber es war kein Beruf und ganz sicher kein Lebensunterhalt.«

Wie 1938 und 1939, 1968 und 1989, war das Jahr 1956 eines jener Schiksalsjahre in der Geschichte, deren Nachwirkungen noch heute nicht nur in Osteuropa, sondern in verschiedenen Teilen der Welt zu spüren sind. 1956 erwies sich ein Ereignis im Nahen Osten, das für Simon Wiesenthal und jeden anderen wie eine Katastrophe aussah, als das Gegenteil: Das große Suezkanal-Fiasko wendete das Blatt für Nazijäger. Im Juli verstaatlichte Gamal Abdel Nasser den Suezkanal und veranlaßte dadurch Israel, Ende Oktober in den Gazastreifen und die Halbinsel Sinai einzumarschieren, worauf Frankreich und England eine Woche später Ägypten angriffen. Obwohl der Druck der USA und der UNO alle drei zwang, sich zurückzuziehen, gab Israels anfänglicher Erfolg ihm die Gewißheit, daß seine arabischen Nachbarn es nicht »in das Meer fegen« würden, wie sie wiederholt angekündigt hatten. Jetzt konnten die Sicherheitsdienste zwar spät, aber doch Zeit für den anderen Feind erübrigen: die noch immer in Freiheit befindlichen Naziverbrecher.

Am Mittwoch, den 22. April 1959 fand Simon Wiesenthal in den Linzer *Oberösterreichischen Nachrichten* auf der letzten Seite die Anzeige, daß Frau Maria Eichmann, die Stiefmutter seines Opfers, gestorben war. Im Nachruf standen die Überlebenden: Adolf Eichmann befand sich nicht unter ihnen, hingegen war seine Frau Vera angeführt. »Die Menschen lügen meist nicht, wenn sie Nachrufe schreiben«, sagt Wiesenthal. »Dort stand: ›Vera Eichmann‹. Offensichtlich hatte sich Frau Eichmann nie scheiden lassen und auch nicht wieder geheiratet.« Er schnitt den Artikel aus, legte ihn in seine Eichmann-Akte und verständigte den israelischen Konsul in Wien, Yad Vashem und weitere Leute in Israel, die das vielleicht interessierte.

In Israel interessierte es jemanden, der einen hohen Posten innehatte. In diesem Sommer erreichte Wiesenthals Information Isser Harel, den Leiter des israelischen Geheimdienstes. Wiesenthals Information bestätigte Berichte, die Harel aus der BRD erhalten hatte. Er ging zu Premierminister Ben Gurion und sagte ihm: »Wir besitzen Beweise dafür, daß sich Eichmann in Argentinien befindet. Kann ich meinen Männern den Befehl geben, sich auf seine Fährte zu setzen?«

»Ja«, sagte Ben Gurion, »bring Eichmann tot oder lebend zurück. Aber es wäre mir lieber, wenn du ihn lebend bringst. Es wäre für unsere Jugend sehr wichtig.«

Zwei junge israelische Agenten besuchten Wiesenthal in Linz und baten ihn, dort weiterzumachen, wo er 1954 aufgehört hatte. Da Simon wußte, daß er bei den Hinterbliebenen in Linz kein Glück haben würde, schickte er einen Mann zu Maria Liebl nach Westdeutschland, um sich nach dem Aufenthaltsort ihrer Tochter Vera Eichmann zu erkundigen. Frau Liebl schlug dem Mann die Tür vor der Nase zu, erzählte ihm aber vorher noch, daß Vera in Südamerika einen Mann namens »Klemt« oder »Klems« geheiratet hatte.

Das berichtete Wiesenthal nach Israel. Es bestätigte wieder eine deutsche Quelle, laut der Vera Eichmann »in einer Scheinehe« mit einem Deutschen namens Ricardo Klement lebte.
»Ich war sicher, daß es eine richtige Ehe war – daß Frau Eichmann mit ihrem Mann Adolf Eichmann zusammenlebte«, erzählte Wiesenthal. »Sonst hätte die Eichmann-Familie in Linz sie im Nachruf nicht als Vera Eichmann angeführt. Die Eichmann-Söhne lebten mit ihren Eltern in Buenos Aires. Mir fiel ein, daß sie wahrscheinlich dort in der deutschen Botschaft registriert waren, weil sie bald in das wehrpflichtige Alter kamen. Ich bat einen Freund, sich vorsichtig zu erkundigen. Er berichtete, daß die Eichmann-Söhne tatsächlich unter ihrem richtigen Namen registriert waren.«
Das genügte den Israelis, um ein Team von drei Geheimagenten in einem Haus in der Calle Chacabuco unterzubringen, das dem Wohnsitz von »Ricardo Klement« gegenüberlag. Sie fotografierten »Klement« mit Teleskoplinsen von den Fenstern aus und mit Aktenkoffern, die in Wirklichkeit Handkameras waren, auf der Straße, im Autobus zur und von der Arbeit, während der Mittagspause, und jedes Mal, wenn er sein Haus betrat oder es verließ oder an einem Fenster auftauchte. Anfang 1960 übersiedelten »Klement« und seine Familie in ein primitives Ziegelhaus – ohne Elektrizität und Fließwasser –, das er und seine Söhne selbst gebaut hatten; die Israelis übersiedelten mit ihnen und setzten die Beobachtung fort. Das Haus lag in der Garibaldi-Straße in San Fernando, einem der heruntergekommenen Vororte von Buenos Aires.
Weil die Agenten im Ausland illegal operierten, mußte Israel entsprechende Vorsichtsmaßnahmen treffen, bevor sie Eichmann entführten. Sie mußten den Richtigen einfangen. Eine Panne oder eine peinliche Verwechslung konnten dazu führen, daß Argentinien die diplomatischen Beziehungen zu Deutschland abbrach, was eine Katastrophe gewesen wäre, denn es war ein wichtiger Handelspartner der BRD und nicht nur das Heim von Nazi-Flüchtlingen, sondern auch von vielen tausend jüdischen Flüchtlingen. Obwohl sie »Klement« von oben, von unten und von der Seite fotografiert hatten, blieb ein Handicap: frühe Eichmann-Fotos fehlten, und er war älter und magerer geworden. »Klement« hatte den gleichen schmallippigen, grausamen Mund, aber nichts von der eleganten Arroganz des lebenslustigen Offiziers. Sogar Menschen, die ihn persönlich gekannt hatten, wollten nicht beschwören, daß aus Adolf Eichmann dieser bescheidene, schäbige Familienvater mit dem blassen, zer-

furchten Gesicht geworden war. Die Israelis wollten erst versuchen, ihn zu ergreifen, wenn sie sicher waren, daß Eichmann und »Klement« ein und derselbe waren.
Am Samstag, dem 6. Februar 1960, las Wiesenthal in der Zeitung, daß Eichmanns Vater am Tag zuvor gestorben war – er war nach nicht einmal einem Jahr seiner Frau ins Grab gefolgt. Das Begräbnis würde erst in fünf Tagen stattfinden, weil die Familie »Verwandte aus dem Ausland« erwartete. Simon verständigte die Israelis, machte sie jedoch darauf aufmerksam, daß dies sich auf Emil, einen von Eichmanns vier Brüdern beziehen könne, der in Westdeutschland lebte. Wiesenthals junge Kontaktleute suchten ihn auf und erzählten ihm, daß ihre Chefs auf ein aktuelles Foto von Eichmann beinahe genauso scharf waren wie die beiden Agenten auf den Mann selbst.
Zwei Tage vor dem Begräbnis ging Wiesenthal auf den Friedhof, fand das Familiengrab der Eichmanns und erkundete außer dem Standort des Grabes auch das Terrain im Umkreis von mehreren hundert Metern. »Ich nahm an, daß das, was ich vorhatte, gemacht werden konnte, vor allem an einem dunklen Wintertag«, erinnert er sich in seinen Memoiren. Er machte zwei Fotografen ausfindig, die auch vertrauenswürdige Freunde waren. »Ich bat sie, die ganze Familie Eichmann zu fotografieren, während sie um das Grab herumstand. Ich erklärte ihnen, es sei wesentlich, daß sie nicht gesehen würden. Sie machten es sehr gut. Sie versteckten sich in einer Entfernung von etwa 200 Metern und schossen scharfe Fotos der Familienmitglieder, obwohl das Licht keineswegs gut war.«
Eichmann kam nicht zum Begräbnis seines Vaters. Doch fünf Stunden nach der Zeremonie hielt Wiesenthal Fotos der vier Brüder in der Hand. Er nahm das Foto Eichmanns, das Manus Frau Mösenbacher entwendet hatte, und steckte es zu den übrigen vier. »Im Vergleich zu den heutigen Fotos der vier Brüder sah Adolf, der älteste, wie ein jüngerer Bruder aus. Ich studierte die Gesichtszüge der fünf Brüder durch eine Lupe. Viele Leute hatten mir gesagt, daß Adolf Eichmann seinem Bruder Otto am ähnlichsten sah. Während ich die Fotos durch die Lupe betrachtete, begriff ich plötzlich, warum so viele Leute geschworen hatten, sie hätten Adolf Eichmann nach dem Krieg in Altaussee gesehen, während sie in Wirklichkeit einen seiner Brüder sahen. Die Familienähnlichkeit war verblüffend ...
Wenn ›Ricardo Klement‹ in Buenos Aires mit Adolf Eichmann identisch war, dann mußte sein Gesicht die gleiche Entwicklung durchgemacht ha-

ben wie die Gesichter seiner Brüder. Ich schnitt aus den Fotos die Gesichter der vier Brüder aus, sowie Adolf Eichmanns Gesicht aus dem alten Foto. Ich mischte die Gesichter wie Spielkarten und warf sie auf den Tisch. Irgendwie kam ein zusammengesetztes Gesicht heraus: vielleicht Adolf Eichmann.«

Als die beiden jungen Israelis kamen, führte Wiesenthal ihnen den Eichmann-Kartentrick vor. »So muß er jetzt aussehen – wahrscheinlich ist er seinem Bruder Otto am ähnlichsten«, erklärte er. »Alle fünf Brüder haben den gleichen Gesichtsausdruck. Seht euch den Mund, die Mundwinkel, das Kinn, die Schädelform an.«

»Phantastisch!« rief einer von ihnen. »Dürfen wir die Fotos mitnehmen?« fragte der zweite.

Sie waren zur Tür draußen, bevor Simon ja sagen konnte. »Plötzlich hatten sie es eilig. Ich wollte sie nicht einmal eine Sekunde lang zurückhalten. Ich hörte nichts von ihnen, nahm also an, daß sie meine Hilfe nicht brauchten. Mehr konnte ich nicht tun.«

Die Israelis mußten noch einmal geschickt vorgehen, bevor sie »Klement« als Eichmann identifizieren konnten – und er spielte ihnen direkt in die Hände. Als »Ricardo Klement« am Montag, dem 21. März 1960, von der Arbeit nach Hause ging, tat er etwas, das er in der Zeit, in der die Israelis ihn beobachteten, nie getan hatte: Er kaufte seiner Frau einen Blumenstrauß.

Der Leiter des Unternehmens entnahm der Akte, daß Adolf Eichmann Vera Liebl am 21. März 1935 geheiratet hatte. Es war ihre Silberne Hochzeit – und diese sentimentale Geste war sein Verderben. Am gleichen Abend erreichte ein Drei-Worte-Telegramm Harel in Tel Aviv: »HA'ISH HOU HA'ISH.« (Der Mann ist der Mann.)

Während das Überwachungsteam Eichmann nicht aus den Augen ließ, brachte Israel ein aus sechs Mann bestehendes »Entführungskommando« nach Buenos Aires. Vier Männer waren Israelis, die auf verschiedenen Routen ins Land gekommen waren und über absolut stichhaltig gefälschte Papiere und Lebensläufe verfügten. Zwei Männer waren argentinische Juden, die man an Ort und Stelle rekrutiert und darauf aufmerksam gemacht hatte, daß sie vielleicht gezwungen sein würden, Argentinien für immer zu verlassen – vor allem, wenn die »Operation Eichmann« erfolgreich verlief.

Dann erreichte ein Bericht des Geheimdienstes Harel, demzufolge »Klement« »mit einem hochrangigen Nazi in der Gegend von La Gallareta in der Provinz Santa Fe gesehen worden war. Die Beschreibung des anderen Mannes entspricht der von [Dr.] Josef Mengele.« Daraufhin beschloß Harel, den Einsatz zu verdoppeln, indem er selbst nach Argentinien flog und die Operation Eichmann übernahm, während er gleichzeitig nach dem ärztlichen Experimentierer von Auschwitz Ausschau hielt. Als zwei Mitglieder des israelischen Kabinetts, die die Einzelheiten des Unternehmens kannten, beanstandeten, daß ein großes Passagierflugzeug *und* der Leiter des Mossad (Israels zentralisierte Spionageorganisation) sich nur deshalb in Gefahr begaben, weil sie Eichmann zurückbringen wollten, erklärte ihnen Harel vergnügt: »Damit die Investition sich lohnt, werden wir versuchen, auch Mengele mitzubringen.«

Ein schon lange vorgesehener Besuch des israelischen Außenministers Abba Eban in Argentinien lieferte die erforderliche Deckung für die Operation Eichmann. Argentinien feierte im Mai 1960 hundertfünfzig Jahre Unabhängigkeit, und Eban sollte bei den Feierlichkeiten an der Spitze der israelischen Delegation stehen. Gleichzeitig würde die El Al, die staatliche israelische Fluglinie, den Flugverkehr zwischen Tel Aviv und Buenos Aires aufnehmen. Der große Propellerturbinen-Jet, der Eban und seine Begleitung am 11. Mai nach Argentinien bringen sollte, würde, wenn alles gut ging, nach einigen Stunden oder Tagen mit Eichmann und seinen Entführern nach Hause fliegen. Harel und sein Team begannen sofort, »sichere Häuser« zu mieten (insgesamt sieben), in denen sie Eichmann oder sich selbst verstecken konnten. Sie verpflichteten die Vermieter zum Stillschweigen, indem sie behaupteten, Eban wolle geheime Besprechungen mit arabischen Diplomaten über den Frieden im Nahen Osten abhalten.

Eichmanns Entführung war für den 11. Mai, 18. 30 Uhr, festgesetzt. Doch Anfang Mai verschob die argentinische Regierung die Ankunft der Israelis um acht Tage, weil ihre Minister sie erst am 19. Mai um 14 Uhr empfangen konnten. Statt den gut ausgearbeiteten Plan zu ändern, beschloß Harel, an seinem Zeitplan festzuhalten und die Woche, in der sie Eichmann in Argentinien gefangenhalten mußten, dazu auszunützen, um vielleicht auch Mengele zu schnappen.

Am 11. Mai ließ der Mercedes-Bus Eichmann wie üblich an seiner Ecke aussteigen. In Argentinien war es Herbst, und es wurde zeitig dunkel. Auf der Garibaldistraße parkte ein Wagen mit geöffneter Motorhaube, und drei Männer beugten sich über den Motor. Ein vierter Mann, anscheinend der Besitzer, ging ungeduldig auf und ab. In der Nähe parkte ein weiteres Auto.

Als Eichmann am streikenden Wagen vorbeiging, griff er in die Tasche. Die hintere Tür hatte gerade begonnen aufzugehen, aber jetzt befürchteten die drei »Mechaniker«, die den Motor in Stich lassen und die Beute hineinschieben sollten, daß er eine Pistole ziehen würde, und wollten es nicht riskieren, noch einen Sekundenbruchteil zu warten. Einer von ihnen sprang ihn an, stieß seine Hand weg und warf ihn zu Boden. Während die beiden aufeinander einschlugen, rollten sie in einen Graben, und die beiden anderen »Mechaniker« sprangen hinterher, um Eichmann zu überwältigen. Der vierte Mann schlug die Motorhaube zu und hielt dann Wache, während der Fahrer den Motor startete und die beiden Männer auf dem Rücksitz Platz für einen dritten machten.

Eichmann versuchte, um Hilfe zu rufen, aber sein künstliches Gebiß hatte sich gelockert, rutschte im Mund herum und erstickte ihn beinahe. Als die drei Angreifer ihn auf den Boden des Wagens schleuderten, hielten ihn die beiden Rücksitz-Passagiere fest und durchsuchten ihn. Die Waffe, nach der er gegriffen hatte, war eine Taschenlampe, mit der er den Weg zu seiner unbeleuchteten Tür finden wollte.

»Eine Bewegung und Sie sind ein toter Mann«, sagte der Fahrer über die Schulter. Es war Zvi Aharoni, der leitende Vernehmungsbeamte im israelischen Gegenstück zum FBI, eine Schlüsselfigur für die kommenden Tage des Dialogs mit Eichmann. Die drei »Mechaniker« rannten zu dem zweiten Wagen. Der Wächter ging in das von den Israelis gemietete Haus zurück, um zu beobachten, was die »Klements« taten, sobald ihnen klar wurde, daß der Hausherr verschwunden war. Da Eichmann noch acht oder neun Tage in Argentinien bleiben würde, konnte man nicht wissen, was vielleicht unternommen wurde, um ihn zu befreien oder um die Ausreise zu verhindern.

Von dem Augenblick, in dem Eichmann nach der Taschenlampe gegriffen hatte, bis zum Start des Wagens, während er gefesselt und geknebelt hinten lag, waren siebenundzwanzig Sekunden vergangen. Eine undurchsichtige Schutzbrille nahm ihm die Sicht. Aharoni benützte anstelle der Hauptstraßen Seitenstraßen und brauchte eine Stunde – während der zweite Wagen sich davon überzeugte, daß sie nicht verfolgt wurden –, bis sie eine Villa mit dem Codenamen »Tira« im Florencio-Varela-Bezirk von Buenos Aires erreichten.

Im Haus durchsuchten sie den Mund ihres Gefangenen nach einer Giftphiole, fanden aber keine. Dann begutachteten sie die linke Armbeuge und fanden die verräterischen Narben an der Stelle, wo man seine SS-

Tätowierung entfernt hatte. Erst jetzt fragte ihn Aharoni auf deutsch: »Wer sind Sie?«

Eichmann wich der Frage nicht aus, indem er behauptete, Ricardo Klement zu sein. »*Ich bin Adolf Eichmann*«, erwiderte er. Nach einer Pause fügte er müde, aber beinahe erleichtert hinzu: »Ich weiß, daß ich mich in den Händen von Juden befinde. Ich habe mich mit meinem Schicksal abgefunden.«

In der darauffolgenden Woche sprach Eichmann offen mit Aharoni und schrieb sogar eine Erklärung, die wie folgt begann:

> Ich, der unterzeichnete Adolf Eichmann, erkläre hiermit – da meine wahre Identität entdeckt wurde – aus freien Stücken, daß ich, wie ich weiß, keine Möglichkeit habe, dem Lauf der Gerechtigkeit zu entgehen. Ich bin damit einverstanden, nach Israel gebracht zu werden und mich vor einem qualifizierten Gericht zu verantworten.

Vera Eichmann wartete drei Tage, bevor sie sich wegen ihres verschwundenen Mannes an jemanden wendete. Sie klapperte Krankenhäuser und Leichenschauhäuser ab, während ihre Söhne Nazi-Wohltätigkeitsorganisationen und argentinische faschistische Organisationen kontaktierten, von denen keine einem obskuren Emigranten namens Klement, der offenbar seine Familie verlassen hatte, viel Aufmerksamkeit schenkte. Als die Polizei endlich verständigt wurde, verliefen auch ihre Nachforschungen streng routinemäßig. Eichmanns ältester Sohn Klaus (der es vorzog, sich Nikolaus zu nennen), sagte 1965, daß er »einen von Vaters Freunden, der ebenfalls SS-Angehöriger war«, aktivierte, damit er Eichmann abfing, wenn seine Entführer versuchten, ihn außer Landes zu bringen. »Er organisierte ein ganzes Netz von Überprüfungen ... Es gab keinen Hafen, keinen Bahnhof, keinen Flugplatz und keine wichtige Kreuzung, an der keiner von unseren Männern stand.«

Um den 14. oder 15. Mai glaubte eines der israelischen Kommandos, verdächtige Aktivitäten außerhalb des Verstecks zu sehen, also wurden Eichmann, der Vernehmungsbeamte und die Wächter in eine andere Villa verlegt. Davon abgesehen verlief seine kurze Gefangenschaft in Argentinien glatt und unbemerkt. Harels einzige Enttäuschung bestand darin, daß Eichmann dabei blieb, er kenne Mengele kaum und habe ihn ganz bestimmt in letzter Zeit nicht gesehen. Als er erwähnte, Mengele sei vielleicht dorthin gegangen, wohin die meisten Nazis gingen, wenn sie keine feste Adresse hatten – Gilda Jurmanns Pension in Vicente Lopez –, ordnete Harel die Überwachung dieser Pension an, allerdings zur großen Bestürzung von Aharoni und anderen Mitgliedern der Operation Eichmann, die fanden, daß er ihre Mission in Gefahr brachte.

»Mengele brannte wie Feuer in meinen Knochen«, gab Harel später zu, als er erklärte, warum er zu jeder von Mengeles bisherigen Adressen Agenten schickte. Erst am Freitag, dem 20. Mai, dem neuen Datum, an dem Abba Ebans Delegation eintreffen sollte, gab Harel zu, daß Mengele spurlos verschwunden war.

Der Propellerturbinen-Jet landete um 17.52 Uhr mit einer ungewöhnlich großen Besatzung von neunzehn Personen – einschließlich einer gut ausgeschlafenen Cockpit-Mannschaft für den Rückflug – in Buenos Aires. Nachdem die Passagiere das Flugzeug verlassen hatten und begrüßt worden waren, wurde es zur Wartung in einen Hangar gezogen. Drei Stunden später kamen die Besatzungsmitglieder, die den Heimflug als Passagiere absolvierten, in unterschiedlichen Verfassungen aus dem Geschäftsviertel von Buenos Aires zurück. Der Zustand eines uniformierten »Stewards« war so schlecht, daß man ihn bis zum Flugzeug fahren mußte und zwei Kollegen ihm die Treppe hinaufhalfen. »Es ist gut, daß keine Passagiere mitfliegen«, bemerkte ein argentinischer Flugplatzwächter. »Von dem möchte ich nicht bedient werden.«

Der als »George Doron« angeführte »betrunkene Steward« war in Wirklichkeit der wichtigste Passagier. Man hatte Adolf Eichmann in eine Uniform gesteckt, ihm ein Schlafmittel gegeben und ihn mit Whisky vollaufen lassen, bevor er die Villa verließ. Das Flugzeug startete ohne Zwischenfall. Nach einem Tank-Stop in Dakar, Senegal, setzte es am nächsten Tag kurz vor Sonnenaufgang in Tel Aviv auf.

Am nächsten Nachmittag wandte sich Premierminister Ben Gurion an die Knesset, das israelische Parlament:

»Ich muß der Knesset mitteilen, daß der israelische Geheimdienst einen der größten Naziverbrecher gefaßt hat: Adolf Eichmann, der gemeinsam mit anderen Naziführern für das verantwortlich war, was sie als ›die Endlösung des jüdischen Problems‹ bezeichneten – das heißt, die Vernichtung von sechs Millionen europäischer Juden. Eichmann befindet sich bereits gemäß dem Gesetz über die Verbrechen der Nazis und ihrer Kollaborateure in Israel in Haft.« Dieses Gesetz besagt, daß Verbrechen gegen das jüdische Volk in Israel bestraft werden können, auch wenn sie außerhalb des Landes und bevor es existierte begangen wurden.

Die argentinische Reaktion erfolgte rasch und heftig, aber zu spät. Am 5. Juni 1960 beschloß der UNO-Sicherheitsrat einstimmig, Israel wegen der Verletzung der argentinischen Souveränität durch Eichmanns »gesetzwidrigen, heimlichen Transfer« zu verurteilen. Bereits zuvor hatte der »Transfer« in ganz Südamerika Pogrome ausgelöst. Auf israelische Botschaften und Konsulate, auf hebräische Schulen und Synagogen, auf jüdische Kultur- und Gemeinschaftszentren sowie auf die Häuser prominenter Juden wurden selbstgebastelte Bomben geworfen. Friedhöfe wurden entweiht, koschere Restaurants mit Maschinenpistolen beschossen, und auf Mauern in Buenos Aires, Asunción, Montevideo, Bogotà, Rio und São Paulo »Tod den Juden« geschmiert. Argentiniens faschistische Organisation *Tacuara,* an die sich die Eichmann-Söhne bei der Suche nach ihrem Vater um Hilfe gewendet hatten, plante, den israelischen Botschafter zu entführen und die Botschaft in die Luft zu sprengen. (Westdeutsche Nazis setzten einen Preis auf den Kopf von Isser Harel aus.) Ein bekannter argentinischer jüdischer Gelehrter, Maximo Handel, wurde von Nazi-Schlägern, die Hakenkreuze in seinen Körper schnitten, bewußtlos geschlagen. Eine junge Jüdin, Merta Penjerek, die angeblich Essen in die Villa gebracht hatte, in der Eichmann festgehalten wurde, wurde entführt und ermordet. Die Pogrome hielten bis zum 1. Juni 1962, dem Tag nach Eichmanns Hinrichtung, an, als eine *Tacuara*-Bande Graciella Narcissa Sirota, die Tochter des Besitzers des Verstecks, entführten, folterten, vergewaltigten und ihr mit Zigaretten ein Hakenkreuz in die Brust brannten.

Und um die Zeit, als Ben Gurion sich an die Knesset wandte, erhielt Simon Wiesenthal ein Telegramm von Yad Vashem, das ihn zu der gut gemachten Arbeit beglückwünschte.

»Ich sah Adolf Eichmann zum ersten Mal an dem Tag, an dem sein Prozeß im Gerichtssaal in Jerusalem eröffnet wurde«, erzählt Simon Wiesenthal in seinen Memoiren aus dem Jahr 1967. *»Beinahe sechzehn Jahre lang hatte ich praktisch jeden Tag und jede Nacht an ihn gedacht. Im Geist hatte ich das Bild eines dämonischen ›Herrenmenschen‹ gesehen. Statt dessen erblickte ich einen schwächlichen, farblosen, schäbigen Kerl in einer Glaszelle zwischen zwei israelischen Polizisten; sie sahen interessanter und auffallender aus als er. Alles an Eichmann schien mit Kohle gezeichnet zu sein: sein graues Gesicht, sein kahl werdender Kopf, seine Kleidung. Er hatte nichts Dämonisches an sich; er sah wie ein Buchhalter aus, der Angst hat, um eine Gehaltserhöhung zu bitten. Etwas stimmte überhaupt nicht, und ich dachte*

darüber nach, während die unfaßbare Anklage (›die Ermordung von sechs Millionen Männern, Frauen und Kindern‹) verlesen wurde. Plötzlich wußte ich, was es war. Im Geist hatte ich immer den SS-Obersturmbannführer [Major] Eichmann, den höchsten Richter über Leben und Tod, gesehen. Aber der Eichmann, den ich jetzt sah, trug nicht die SS-Uniform des Terrors und der Morde. Er hatte einen billigen, dunklen Anzug an und wirkte wie eine leere, zweidimensionale Pappkartonfigur.«

Wiesenthal bemerkte, daß auch die Zeugen Schwierigkeiten hatten, den schäbigen, kleinen Zivilisten in der Kabine aus kugelsicherem Glas zu identifizieren, und schlug Oberstaatsanwalt Gideon Hausner vor, Eichmann eine Uniform anzuziehen. Hausner lehnte ab, weil die Idee emotionell zwar richtig war, aber dem Ereignis die theatralische Aura eines Schauprozesses verleihen würde. Und da Israel bereits im internationalen Rampenlicht stand, weil es den Angeklagten entführt hatte, beobachtete die gesamte Welt kritisch, ob Eichmann menschlich behandelt wurde, auch wenn sie Stunde um Stunde von seiner Unmenschlichkeit hörte.

Simon hatte noch einen Vorschlag, von dem er wußte, daß Hausner nein dazu sagen würde. Die Anklage enthielt fünfzehn Punkte: »… veranlaßte die Ermordung von Millionen Juden«, er legte »Millionen Juden Bedingungen auf, die voraussichtlich zu ihrer körperlichen Vernichtung führen würden«, »fügte ihnen schwere körperliche und geistige Schäden zu«, »erteilte Weisung, daß bei jüdischen Frauen Geburten verboten und Schwangerschaften unterbrochen werden mußten«, »rassische, religiöse und politische Verfolgung«, »Plünderung des Besitzes« mittels Mord, die Vertreibung von »Hunderttausenden Polen aus ihren Häusern« und »vierzehntausend Slowenen« aus Jugoslawien und die Deportation von »Zehntausenden Zigeunern« nach Auschwitz. Fünfzehn Mal wurde Eichmann gefragt, wie er plädierte, und fünfzehn Mal antwortete er: »Nicht schuldig.«

Wiesenthal hielt diese Verfahrensweise für inadäquat: »Man hätte Eichmann sechs Millionen Mal fragen und ihn sechs Millionen Mal zur Antwort zwingen müssen.«

Da der Prozeß acht Monate dauern würde, konnte man von Hausner nur eine negative Antwort erwarten. Doch zwölf Jahre nachdem Adolf Eichmann 1962 gehenkt worden war, gestand mir Wiesenthal, er habe sich gefragt, ob es richtig gewesen war, sein Opfer hinzurichten, und zwar aus dem gleichen Grund: »Wenn man für die Ermordung von sechs Millionen Menschen einem einzigen Mann das Leben nimmt, setzt man den

Wert der Toten herab. Wenn man es auf eine bestimmte Art sieht, bedeutet es, daß ein deutsches Leben soviel wert ist wie sechs Millionen jüdische Leben. Ich bin im allgemeinen gegen die Todesstrafe, obwohl ich verstehen kann, daß Eichmann ein Sonderfall ist. Doch in dem Augenblick, in dem man ihn tötete, war der Prozeß zu Ende. Aber es tauchen heute noch Menschen mit neuen Aussagen, neuen Beweisen gegen ihn auf. Vielleicht wäre es besser gewesen, ihn sechs oder elf Millionen Mal lebenslänglich zu verurteilen und ihn als Warnung für die Mörder von morgen in Haft zu behalten. Jedes Mal, wenn neue Anklagen auftauchten, sollte man ihn in die Glaszelle zurückbringen, ihn darauf antworten lassen und die Entscheidung einem Richter überlassen. Der Prozeß ist eine Lehre. Aber ich weiß nicht.«

Was war die Lehre aus dem Eichmann-Prozeß? Zu einer Zeit, als die Welt sich vom Holocaust als historische Verirrung distanzierte und revisionistische Neo-Nazis anfingen zu behaupten, daß Auschwitz und Anne Frank sich nie ereignet hatten, strafte Eichmanns Aussage diese Lüge Lügen. Und, wie Wiesenthal es in der 1988 erschienenen Abhandlung *»Recht, nicht Rache«* ausdrückt:
»Der Eichmann-Prozeß vermittelte das wesentliche, tiefe Verständnis der Nazi-Mordmaschinerie und ihrer wichtigsten Vertreter. Seit dieser Zeit versteht die Welt den Begriff ›Schreibtischmörder‹. Wir wissen, daß jemand nicht fanatisch, sadistisch oder geisteskrank sein muß, um Millionen zu ermorden; daß es genügt, ein loyaler Anhänger zu sein, der begierig danach ist, für einen Führer seine Pflicht zu tun, und daß Massenmörder absolut nicht asozial sein müssen – es gar nicht sein können! Im Gegenteil, Massenmord in großem Maßstab setzt jemand sozial angepaßten als Mörder voraus.«
Er fügte in einem Interview hinzu: »Diese Leute waren oft gute Familienmenschen, gute Väter. Sie gaben den Armen. Sie liebten Blumen. Aber sie töteten Menschen. Warum? Weil sie glaubten, daß sie nicht denken mußten. Hitler würde für sie denken. Kein einziger war als Mörder geboren.«

Dritter Teil

Raoul Wallenberg vs. Josef Mengele

Als sie die Juden holten, war ich kein Jude, also protestierte ich nicht. Als sie die Gewerkschaftler holten, gehörte ich nicht zur Gewerkschaft. Als sie die Katholiken holten, war ich kein Katholik. Als sie mich holten, war niemand mehr übrig, der protestierte.

Martin Niemüller
Evangelischer Theologe und Pastor, als Hitlers
»persönlicher Gefangener« von 1937 bis 1945 im KZ.

XV. Der Fall Raoul Wallenberg

Als Simon Wiesenthal sich ein Vierteljahrhundert nach Wallenbergs Verschwinden mit dem Fall befaßte, stellte er fest, daß es »keine Organisation – nur die vereinte Familie – und keinen Lärm gab.« Um Lärm zu machen, wendete Wiesenthal die gleiche Methode an wie bei Gustav Wagner, der Franz Stangl als Kommandant von Sobibor gefolgt war. Sie funktionierte sehr effizient und brachte Wallenbergs Schicksal aus der Dunkelheit des Gulag in das Licht der empörten Öffentlichkeit.

Einige Minuten vor einer Pressekonferenz trat Wiesenthal zu einem befreundeten Journalisten und bat ihn, »mich zu fragen, woran ich gerade arbeite.« Er tat es, und ich erwiderte, daß ich mich »außer mit den Nazis mit dem Fall Wallenberg beschäftige«. Fünfundneunzig Prozent der Journalisten in dem Raum hatten nie von Raoul Wallenberg gehört, deshalb erzählte ich jetzt der Presse die ganze Geschichte. Ich verschaffte dem Fall außerhalb von Schweden mehr Publicity als er in den letzten fünfundzwanzig Jahren gehabt hatte. Dann schrieb ich in der holländischen Presse, im *Spiegel* und in unserem alljährlichem Bericht, der weltweit verteilt wird, Artikel über Wallenberg.«

1972 emigrierte Moshe Leder, der achtzehn Jahre lang Wiesenthals Sekretär gewesen war, nach Israel, wo er die russische Abteilung von Radio Israel leitete. Wiesenthal bat ihn, »erwähne bitte wenigstens einmal in euren russischen und jiddischen Sendungen für die Sowjetunion den Namen Raoul Wallenberg. Es wäre möglich, daß von Zeit zu Zeit jemand, der aus Rußland herauskommt, Nachrichten mitbringt oder darauf reagiert.« Wiesenthal war klar, daß er zuerst beweisen mußte, daß Wallenberg nach dem 17. Juli 1947 noch am Leben war. Ein Jahrzehnt später hatte Andrei Gromyko erklärt, daß Wallenberg zu diesem Zeitpunkt tot gewesen war, also bevor Wiesenthal ihn – tot oder lebendig – finden konnte.

Als der schwedische Außenminister Christer Wickman Ende 1972 nach Österreich kam, besuchte Wiesenthal seine Pressekonferenz als Journalist – er besaß seit achtundzwanzig Jahren einen Ausweis der Wiener Auslandspresse-Vereinigung – und fragte ihn: »Was gibt es im Fall Wallenberg Neues?«

»Soweit es die schwedische Regierung betrifft, ist der Fall Wallenberg abgeschlossen«, erwiderte Wickman mit schonungsloser Offenheit.

Simon empfand diese Antwort persönlich als »Schlag ins Gesicht«, deshalb erwiderte er: »Für mich ist er nicht abgeschlossen. Und ich bin sicher, daß Ihnen das schwedische Volk das, was Sie jetzt so rasch und direkt gesagt haben, nie verzeihen wird.« Damals begriff Simon, daß die Lösung des Wallenberg-Rätsels nie von Schweden kommen würde.
Doch solche Konfrontationen brachten Schlagzeilen und Nachrichten – und verschafften Wiesenthal 1974 einen Anruf von seinem ersten wichtigen Zeugen, einem Wiener Arzt namens Menachem Meltzer, der begann: »Sie haben von einem Mann geschrieben und gesprochen, den ich kennengelernt und mit dem ich gesprochen habe.«
»Wer ist der Mann?« fragte Simon
»Wallenberg.«
»Wann haben Sie mit ihm gesprochen?«
»Sommer 1948.«
»Ein Jahr nach seinem Tod«, bohrte Wiesenthal vorsichtig.
»Laut den Russen«, erwiderte Meltzer.
Daraufhin sprang Wiesenthal in sein Auto und fuhr zu Meltzer, der in der Engerthstraße wohnte. »Ich war so aufgeregt«, erinnert sich Simon, »daß ich zu schnell fuhr und einen Strafzettel bekam.« Er brachte verschiedene Fotos mit: Wallenberg allein, andere Personen, Wallenberg in Gruppen, Gruppen ohne Wallenberg. Jedesmal, wenn Raoul auftauchte, identifizierte ihn Meltzer richtig. Dann lehnte sich Wiesenthal zurück und hörte sich seine Geschichte an, die er gern weitererzählt:
»Meltzer war ein jüdischer österreichischer Kommunist, der in den dreißiger Jahren in die Sowjetunion fuhr, um beim Aufbau des sozialistischen Paradieses mitzuhelfen. Er kam gerade zu Stalins Schauprozessen gegen Ausländer zurecht, die als Spione denunziert wurden. Gleichzeitig wurde in Österreich die Lage immer schlimmer – er meinte Hitler. Da er ein weiser Jude war, der in einer Situation festsaß, der er nicht entkommen konnte, beschloß er, nicht zu warten, bis Stalin auch ihm einen Prozeß anhängte. ›Bevor sie mich nach Sibirien schicken, werde ich freiwillig dorthin gehen. Sobald ich in Sibirien bin, können sie mich nicht mehr nach Sibirien schicken.‹
Er ging also zum NKWD und sagte: ›Ich bin Arzt. Ich bin außerdem Idealist. Ich weiß, daß es in Sibirien Orte ohne Arzt gibt. Dorthin möchte ich.‹«
Mit dem Selbstbewußtsein des braven Soldaten Schwejk verhielt er sich in Sibirien unauffällig, überlebte den Zweiten Weltkrieg mit einem Mini-

mum an Unannehmlichkeiten und überdachte seine Lage. Bei Kriegsende war er Oberster Medizinischer Beamter für alle Straflager in Nordsibirien. Im Sommer 1948 besuchte er ein Arbeitslager im Ural bei Khal'mer Yu. Es war nach einem Jahr im hundert Kilometer nördlich des Polarkreises gelegenen Workuta offensichtlich Wallenbergs zweiter Aufenthaltsort in Sibirien. Dort hatte man anscheinend Wallenberg alle diplomatischen Privilegien in der Gefangenenhierarchie aberkannt. Seine Rationen wurden verringert, und man schickte ihn als Arbeitssklaven in ein Kohlenbergwerk.

Wallenbergs herausfordernde Reaktion bestand darin, daß er durch die Schwerarbeit kräftiger wurde, worauf er in das noch weiter nördlich liegende Khal'mer Yu geschickt wurde. Dr. Meltzer lernte ihn kennen, als man Arbeiter für einen Dammbau brauchte und er mit zwanzig Ärzten nach Norden fuhr, um das verfügbare Menschenpotential in Khal'mer Yu zu überprüfen.

Die Männer warteten in langen Reihen, und wir hatten die Akte jedes einzelnen. Auf einer stand der Name Wallenberg, doch der ist in Rußland nicht ungewöhnlich. Auch der Vorname Raoul fiel mir nicht auf, denn der russische Buchstabe R wird in der cyrillischen Schrift zu P. Ich hielt es für einen Irrtum und fragte den Gefangenen: ›Ihr Vorname ist Paul, nicht wahr?‹

›Nein, ich heiße Raoul‹, widersprach der Mann. ›Ich bin Skandinavier.‹

Meltzer sah auf und erblickte einen dunklen, mittelgroßen Mann mit scharfen Gesichtszügen und hartem Blick, was alles nicht sehr nach Wikinger aussah. Deshalb sagte er: ›Aber das ist kein skandinavischer Name.‹

›O doch‹, antwortete Wallenberg. ›Kennen Sie den Forscher Amundsen?‹

›Der den Südpol entdeckte?‹

›Ja. Er war Norweger und sein Vorname war Roald. Ich bin Schwede, und mein Vorname ist Raoul.‹«

Damit endete ihr Gespräch. Meltzer untersuchte Wallenberg und stellte fest, daß er »ein starkes Herz hatte«, daß sich aber seine Lunge noch nicht von den Monaten im Bergwerk erholt hatte. Meltzer befreite ihn auf drei Monate von Schwerarbeit. Anscheinend blieb Wallenberg bis Anfang 1951 in Khal'mer Yu, und wurde dann in ein Lager für politische Gefangene in Werchnojarsk im Südural verlegt. Er blieb zwei Jahre dort und kam dann nach Wladimir.

Meltzer wurde 1951 nach Österreich repatriiert. Er übersiedelte nach Israel und starb dort bald nach seinem Gespräch mit Wiesenthal. Aber er hatte Wiesenthal, der Welt, dem schwedischen Außenministerium (das ihn in Wien befragte) und Wallenbergs Familie die ersten schriftlichen Beweise dafür geliefert, daß Wallenberg nach seinem offiziellen Tod in Moskau am Leben und seine Gesundheit recht gut war. »Wir hatten bewiesen, daß wir recht hatten«, sagt Simon. »Gromyko hatte gelogen, und Wallenberg konnte noch am Leben sein.«

Anfang 1979 reagierte der sowjetische Dissident Youri Belov auf Simons öffentliche Bitte um Informationen über Wallenberg. Belov, der aus der Schwerarbeit entlassen und aus seinem Heimatland deportiert worden war, kam durch Wien durch und besuchte Wiesenthal. Er hatte 1963 in einem sowjetischen Gefangenenlager in einer Sanitätsabteilung mit einem ungarischen Gefangenen zusammengearbeitet. Der Ungar brachte Belov zu einem amerikanischen Kommunisten, der im Gefängniskrankenhaus im Sterben lag. Wie jeder ausländische Gefangene hatte sich der Ungar bei dem Amerikaner nach Ungarn erkundigt, damit er ihren Familien etwas von ihnen erzählen konnte, falls er je nach Hause kam, doch dieser sagte: »Nein, ich habe keine Ungarn kennengelernt, aber in der Lubjanka gab es einen Diplomaten, der in Ungarn gearbeitet hatte. Ich erinnere mich nicht an seinen Namen, aber er war Skandinavier – ich glaube, Schwede. Er trat in Hungerstreik, deshalb brachten sie ihn in das Butyrka-Gefängnis in Moskau zurück und steckten ihn in die psychiatrische Klinik.«

Wiesenthal fragte Belov, wann der Amerikaner den Schweden in Moskau gesehen hatte. 1961, erwiderte er. Wiesenthal brachte Belov so wie vorher Meltzer in die schwedische Botschaft, damit er dort eine eidesstattliche Erklärung abgab. Belov arbeitete während des nächsten Jahrzehnts bei der Internationalen Gesellschaft für Menschenrechte in Frankfurt, wo er gegen den Mißbrauch der Psychiatrie und andere politische Verfolgungen in der UdSSR protestierte.

Meltzer und Belov sind zwei Hauptzeugen, mit denen Wiesenthal begann, die Lügen aufzuzeigen, die Wallenbergs Existenz umgeben. Er hat auch viele Betrüger bloßgestellt, die aus Rußland kamen und hofften, daß sie den Namen Wallenberg verwenden konnten, um im Westen Fuß zu fassen. Es gab unter ihnen vielleicht einen oder zwei sowjetische Spitzel, die falsche Hinweise lieferten, mit denen sie die gesamte Suche nach Wallenberg in Verruf bringen konnten. Doch die meisten waren, wie Wiesenthal es ausdrückte, »Gauner und Hochstapler, die sicherlich unfähig waren, aus eigener Kraft zu überleben. Siebzig Jahre Revolution in Rußland haben die Menschen nicht besser gemacht. Sie sind Materialisten und verehren den Kapitalismus so sehr, daß sie glauben, sie müßten nur Rockefeller oder Wallenberg sagen, damit etwas von deren Geld auf sie abfärbt. Manchmal fliege ich eigens nach Israel, um Menschen mit solchen Geschichten zu treffen. Aber sobald ich sie frage: ›Wo waren Sie gemeinsam mit Wallenberg?‹, antworten sie: ›Nein, das ist mein Geheimnis. Mein Leben mit Wallenberg wird in einem Buch geschildert, das ich bereits schreibe, deshalb kann ich es Ihnen nicht erzählen. Später lasse ich Sie das Vorwort schreiben.‹ Dann breche ich das Interview ab und verbringe ein paar Tage bei meiner Tochter und ihrer Familie, die in Israel leben.«

In einem Arbeitssklaven-Lager im Ural in der Nähe von Swerdlowsk lernten 1972 zwei Gefangene einander kennen, und einer von ihnen sagte: »Ich heiße Ascher Hanukajew.«

»Ich bin Raoul Wallenberg«, sagte der andere.

»Ist Wallenberg ein jüdischer Name?« fragte Hanukajew.

»Nein, ich bin ein schwedischer Diplomat. Die Russen haben mich 1945 aus Ungarn entführt.«

Hanukajew behauptet, daß er vier Tage mit Wallenberg zusammen war, der »mir erzählte, warum er entführt wurde: Er hatte 35 000 Juden vor den deutschen Besatzern gerettet.« Hanukajew, der noch sechs Jahre von einem Fünfundzwanzig-Jahre-Urteil abzusitzen hatte, erinnert sich an Wallenbergs Abschiedsworte: »Gott helfe dir, früher hinauszukommen. Mich werden sie wahrscheinlich nie gehen lassen.«

Ein anderer ehemaliger Sowjet-Gefangener, Victor Hermann, sagte, er habe 1977 gehört, daß sich Wallenberg in einem »Zwischengefängnis« in der zentralrussischen Stadt Gorki[1] befand, bevor er »nach Norden geschickt« wurde, und daß ihn andere Gefangene noch 1979 gesehen hätten. Leider kam durch die sowjetische Invasion in Afghanistan die Entspannung zum Stillstand. Die Emigration tröpfelte nur noch, genau wie die »Begegnungen« mit Wallenberg. »Jetzt werden so weit östlich liegende Orte in der Sowjetunion genannt, daß man sie unmöglich überprüfen kann«, stellte Simon fest. »Ende der siebziger und bis in die achtziger Jahre gab es Berichte, laut denen er sich in einem Lager in der Nähe von Irkutsk befand, das für besondere Leute vorgesehen war, die mit gewöhnlichen politischen Gefangenen nicht in Kontakt kommen sollten. Doch solche Gefangene werden nicht entlassen, deshalb kann niemand kommen und sagen: ›Ich habe diesen Mann dort gesehen.‹ Sie können nur sagen, daß es dort sehr hohe Tiere gibt, also könnte es sein, daß man Wallenberg dort versteckt hat. Andere Berichte sprechen von einem »alten Schweden« an der chinesischen Grenze (im Psychiatrischen Sonderkrankenhaus von Blagoweschensk, in dem einheimische Dissidenten einer Gehirnwäsche unterzogen werden), und wieder andere haben ihn im Zentrum von Leningrad gesehen.

Eine *Huldigung für den verschwundenen Helden des Holocaust,* die 1985 im Simon-Wiesenthal-Zentrum stattfand, erbrachte ein »Hearing« von Raoul – vielleicht! 1963 wurde Greville Wynne, ein englischer Agent, der achtzehn Monate in der Lubjanka absaß, zur täglichen Bewegung an der frischen Luft in eine Einzelabteilung auf dem Dach des Gefängnisses gebracht. Als Wynne das Dach in einem winzigen, schmutzigen, käfigartigen Fahrstuhl erreichte, hörte er, daß ein weiterer Käfig bei der nächsten Abteilung eintraf. Als dort das Tor aufging, rief eine Stimme: »Taxi!« Wynne grinste über diesen herausfordernden Humor. Fünf Tage später geschah es wieder.

»Sind Sie Amerikaner?« rief er.

»Nein, Schwede«, antwortete die Stimme, bevor die Wächter beide Männer zum Schweigen brachten.

Ein unheilvollerer und genauerer späterer Bericht versetzte Wallenberg Anfang der sechziger Jahre auf die Insel Wrangel, einen einsamen, eisigen Stützpunkt innerhalb des Polarkreises, der ungefähr vierhundertfünfzig Kilometer nordwestlich der Küste Alaskas liegt. Der Bericht beruht auf der Aussage eines ehemaligen KGB- und NKWD-Agenten namens Efim Moschinsky, der zwei Jahre auf Wrangel verbrachte und später nach Israel emigrierte. Laut ihm war Wallenberg in das Krankenhaus des Gefangenenlagers eingeliefert worden, wo Wissenschaftler der sowjetischen Flotte und der Weltraumforschung angeblich medizinische Experimente an ausländischen Gefangenen vornahmen, die der Kreml bereits für tot erklärt hatte. Man injizierte ihnen experimentelle Drogen, setzte sie lang anhaltenden Strahlungen aus, ernährte sie mit möglicherweise infizierter Nahrung, versenkte sie für lange Zeiträume unter Wasser und ließ sie unterschiedliche Mengen Sauerstoff atmen, so daß die verfrühten offiziellen Nachrufe auf die Opfer rasch zu sich selbst verwirklichenden Prophezeiungen wurden.

Mit etwas Glück hätte Dr. Mengele seine Praxis hier fortsetzen können,

ohne daß er sich umstellen mußte. Die Vorstellung, daß es vielleicht auch im Gulag eine ganze Kategorie von lebendig sterbenden Unpersonen wie Wallenberg gegeben hatte, ist beinahe unerträglich.
Moschinsky sagte, daß Wallenberg eine Holzhütte mit zwei Räumen mit einem sowjetischen Staatsfeind – einem russischen antikommunistischen Führer namens Aleksandr Truschnowitsch – teilte. Wenn man Moschinsky glauben kann (und im Lauf der Jahre haben die Umstände seinen Bericht eher bestätigt als widerlegt), dann verleiht er der These der Autoren des Buches *Verschwundener Held*, Werbell und Clarke, Glaubwürdigkeit: Wallenbergs Gesundheit verschlechterte sich auf Wrangel aus welchem Grund auch immer, und man verlegte ihn entweder nach Wladimir oder in ein Moskauer Sonder-Gefängniskrankenhaus, in dem er 1964 oder 1965 starb.
Wiesenthal organisiert weiterhin in Österreich, Holland und der Bundesrepublik Wallenberg-Kongresse. Er hält alljährlich im Januar, dem Monat, in dem Raoul verschwand, und im August, dem Monat, in dem er zur Welt kam, Versammlungen ab. Er gibt zu, daß es eine sehr gute Propaganda ist, die Welt daran zu erinnern, daß »Wallenberg jetzt ein Mann Mitte achtzig ist, der sich noch immer in den Konzentrationslagern des Zweiten Weltkriegs befindet«. Er drängte Schweden, sich den USA, England und der Schweiz anzuschließen und den Fall Wallenberg bei den Europäischen Sicherheitskonferenzen in Madrid und Wien als ein Korbdrei-Thema (Familienzusammenführung) der Helsinki-Verträge von 1975 zur Sprache zu bringen. Er forderte Schweden auf, 1980 die Sommerolympiade in Moskau zu boykottieren, wenn der Kreml nicht die Wahrheit über Wallenberg gestand.
Zweiundsechzig Nationen blieben Moskau fern, doch Schweden gehörte nicht zu ihnen – und der Beweggrund für die zu Hause Gebliebenen war nicht Raoul, sondern die sowjetische Invasion in Afghanistan.
Wiesenthal und Wallenbergs Familie bedrängten die schwedische Regierung so lange, bis sie anbot, einen oder zwei gefangene kommunistische Spione gegen Raoul auszutauschen, doch die Russen lächelten nachsichtig und meinten, es wäre unvernünftig von den Schweden, irgendwen gegen jemanden auszutauschen, der 1947 eingeäschert worden sei. Die meisten schwedischen Diplomaten erblickten darin auch einen beunruhigenden Präzedenzfall: Wenn die Russen einen ihrer Agenten zurückhaben wollten, konnten sie in Moskau einem Schweden etwas anhängen und ihn dann austauschen. (Das geschah 1986, als ein sowjetischer Spion

ertappt wurde, der auf einem U-Bahn-Bahnsteig geheime Daten erhielt, worauf der KGB einem amerikanischen Journalisten in Moskau, Nicholas Daniloff, eine Falle stellte.) Wallenbergs Kollege Per Anger bemerkte zu Schwedens Bereitschaft zu feilschen: »Wenn all das doch vor Jahren geschehen wäre – Raoul wäre jetzt vielleicht ein freier Mann.«

Ende der siebziger Jahre und sehr spät in Leonid Breschnews Leben überredete Wiesenthal auf Kissingers Vorschlag hin den amerikanischen Erdölmagnaten Armand Hammer, der einst Lenin gekannt hatte und dem deshalb alle seine Nachfolger trauten – dazu, beim sowjetischen Präsidenten und Parteichef zu intervenieren.

»Hammer sprach einmal mit Breschnew über Wiesenthals Berichte, und Breschnew erwiderte, er habe den Namen Wallenberg noch nie gehört, fügte jedoch hinzu: ›Ich werde Sie informieren.‹« Später sagte er Hammer: »Gromyko hat bereits geantwortet.« Zu diesem Zeitpunkt wußte weder Wiesenthal noch Hammer, daß es Generalmajor Breschnew von der 18. sowjetischen Armee in Ungarn gewesen war, der 1945 Raouls Verhaftung angeordnet hatte.

Um die gleiche Zeit tauchte in Israel der Bericht der Tochter eines ehemaligen Verwalters des Musikkonservatoriums in Moskau auf, deren Vater als Schwarzmarkthändler auf achtzehn Monate ins Gefängnis gewandert war, weil er ein Ausreisevisum nach Israel beantragt hatte. Als Jan Kaplan 1977 aus der Lubjanka entlassen wurde, rief er Dr. Anna Bilder in Jaffa an und erzählte ihr, daß er draußen war. »Wie hast du es geschafft, all das durchzustehen?« fragte sie ihn.

»Man kann da drinnen sehr lang überleben«, erwiderte er. »Als ich 1975 im Butyrka-Gefängniskrankenhaus lag, lernte ich einen Schweden kennen, der mir erzählte, daß er seit dreißig Jahren im Gefängnis sei – und ich fand, daß er recht gesund aussah.«

Anna Bilder wurde beinahe sofort in die schwedische Botschaft in Tel Aviv zu einem Gespräch eingeladen. Die Bemerkung ihres Vaters hatte mit der Nachricht eines jungen russischen Juden übereingestimmt, der im Moskauer Haus eines hohen KGB-Offiziers an einer Ersten-Mai-Party teilgenommen hatte. »Es wurde viel Wodka getrunken, und die anwesenden jungen Männer begannen, über Dissidenten und die schwere Zeit, die sie im Gefängnis mitmachten, zu sprechen. Dazu meinte der KGB-Offizier: ›Glauben Sie das ja nicht! Es ist heute nicht mehr so hart wie früher. Man kann jetzt im Gefängnis sehr lange leben. Ich habe in der Lubjanka einen Schweden unter meiner Obhut, der seit dreißig Jahren dort sitzt.‹«

Der junge russische Jude hörte den Namen Wallenberg und die Geschichte seines Verschwindens erst, als er nach Israel emigrierte. Daraufhin ging er in die schwedische Botschaft und gab einen Bericht ab. Aufgrund dieser neuen Information verkündete Schweden Anfang 1979, daß es den Fall Wallenberg offiziell wieder aufrollen werde, und schickte den Russen eine Note, in der es eine Untersuchung forderte. Moskaus Antwort auf diese verspätete Anfrage lautete:

> Es gibt weder etwas Neues in bezug auf Raoul Wallenbergs Schicksal, noch kann es das geben. Wie bereits bei unzähligen Gelegenheiten erklärt, starb er im Juli 1947, und die Behauptung, daß er sich bis 1975 in der Sowjetunion befand, stimmt nicht mit den Tatsachen überein.

Eine verhängnisvollere Reaktion erfolgte in Moskau. Am 3. Februar 1979 wurde Kaplans Haus von sowjetischen Kriminalbeamten durchsucht und Jan Kaplan wieder verhaftet. Seine Tochter in Israel erfuhr es durch drei anonyme Anrufe (einer auf hebräisch und zwei auf russisch), die ihr rieten, um ihres Vaters willen nicht mehr über Wallenberg zu sprechen. Laut dem letzten Bericht (1986) befand sich Kaplan noch immer im Gefängnis.

***

Der größte Dienst, den Wiesenthal Wallenberg erwies, bestand darin, daß er die öffentliche Aufmerksamkeit auf ihn lenkte. Um 1972 versuchte er, den Schriftsteller Leon Uris dazu zu überreden, über Raoul einen seiner vor Fakten strotzenden Romane zu schreiben. Doch Uris arbeitete an einem Buch über Masada, die Festung, in der 73 v. Chr. 960 jüdische Männer, Frauen und Kinder Massenselbstmord begingen, um nicht von den Römern abgeschlachtet zu werden.

»Masada hat 2 000 Jahre gewartet. Wallenberg kann nicht so lange warten«, erklärte Wiesenthal vergeblich.

1977 las in Kalifornien eine Frau namens Annette Lantos eine kleine Notiz auf den letzten Seiten der New York Times, laut der Wiesenthal sicher war, daß Raoul Wallenberg in den sechziger Jahren noch am Leben gewesen war und vielleicht noch 1975 gesichtet wurde.

Für Annette Lantos war es eine Stimme von den Toten; Wallenberg hatte sie und ihren Mann Tom vor diesem Tod gerettet. Sie glaubten, daß Wallenberg 1945 bei der Schlacht um Budapest von den Nazis ermordet worden sei, denn das hatten ihnen ihre sowjetischen »Befreier« und deren ungarische Marionetten erzählt. Seit 1972 hielt Annette unter der Schirmherrschaft des Jewish Community Relations Council, das die Holocaust-Überlebenden in Schulen, Clubs und Kirchen schickte, Vorträge über den Einsatz eines Mannes, des *verstorbenen* Raoul Wallenberg.

Als Annette Tillemann zwölf war, hatten Pfeilkreuzler ihren Vater aus einem Luftschutzraum gezerrt und auf der Straße getötet. Doch sie und ihre Mutter waren von Wallenberg gerettet worden, und nach dem Krieg emigrierten sie nach Kanada und gedachten noch immer dankbar Raouls. 1950 heiratete Annette Tom Lantos, der aus einem Zwangsarbeiterlager geflohen war und sich unter schwedischem Schutz im Ghetto versteckt hatte – um 1947 aus Ungarn zu fliehen, nachdem er gegen die Machtübernahme durch die Kommunisten protestiert hatte.

Tom wurde Professor für Wirtschaftswissenschaften an der Universität von Kalifornien und ein allgemein bekannter Kommentator der Weltpolitik.

Der Fall Wallenberg zeigt Wiesenthals weltweiten erzieherischen Einfluß. »Nicht nur Wallenbergs Name war vergessen worden«, erinnert sich Annette. »Zu jener Zeit war es nur für seine Mutter wichtig, ob er am Leben war oder starb. Nachdem ich Wiesenthals Darstellung gelesen hatte, war ich entschlossen, Raoul Wallenbergs Rettung zu meinem wichtigsten Anliegen zu machen.«

1977 gründete sie »Besorgte Bürger für Wallenberg«, das spätere Freie Wallenberg-Komitee. Im Oktober 1979 versprach ihr Präsident Jimmy Carter, daß die US-Regierung sich für Wallenbergs Freilassung einsetzen würde. Obwohl Carter seine Wiederwahl nicht schaffte, kandidierte Tom für den Kongreß und wurde zum demokratischen Vertreter des San Mateo Counties gewählt. Eine seiner ersten Aktionen in Washington bestand in dem Antrag, Raoul Wallenberg zum Ehrenbürger der Vereinigten Staaten zu ernennen. Der Antrag wurde im Herbst 1981 beinahe einstimmig angenommen.

Bei der einige Tage später im Weißen Haus stattfindenden Zeremonie, bei der Wiesenthal und die Lantos auf dem Podium saßen, sagte Präsident Reagan: »Eigentlich sind wir diejenigen, die sich geehrt fühlen. Raoul Wallenberg ist der schwedische Retter von beinahe 100 000 jüdischen Männern, Frauen und Kindern. Was er tat, was er erreichte, war von biblischer Größe ... Wo immer er ist, brennt seine Menschlichkeit wie eine Fackel.«

Reagans abschließende Worte lauteten:
»Es heißt, daß ein Mensch begonnen hat, den Sinn des menschlichen Lebens zu verstehen, wenn er Bäume pflanzt, in deren Schatten er nie sitzen wird. Raoul Wallenberg ist ein solcher Mann. Er rettete Menschen das Leben, die er nie gekannt hatte, indem er sein eigenes Leben riskierte. Ich erfuhr erst kürzlich, daß ungarische Juden, die jetzt in Schweden leben, hinter der Yad Vashem Holocaust-Gedenkstätte in Israel zu Raouls Ehren 10 000 Bäume pflanzten.«
Er wandte sich Raouls Halbschwester und seinem Halbbruder zu:
»Mrs.Lagergren, Mr. von Dardel, wir werden alles in unserer Macht Stehende tun, damit Ihr Bruder im Schatten dieser Bäume sitzen und die Achtung und Ehre genießen kann, die so viele für ihn empfinden.«
Im Januar 1981 berief Simon Wiesenthal zum sechsunddreißigsten Jahrestag von Raouls Verschwinden in Stockholm ein formelles Hearing ein, um die Zeugenaussagen im Fall Wallenberg noch einmal durchzugehen. Neben ihm befanden sich auf dem Podium Gideon Hausner, der Oberstaatsanwalt beim Eichmann-Prozeß, Elie Wiesel, Gewissen und Chronist des Holocaust, und die bereits pensionierte Richterin des schwedischen Höchstgerichts, Ingrid Gärde-Widemar.
Zu dem gemeinsam mit dem Kopenhagener Internationalen Sacharow-Komitee abgehaltenen Wallenberg-Hearing kamen ferner das englische Parlamentsmitglied Greville Janner und der französische Nobelpreisträger André Lwoff, die in ihren Heimatländern Vorsitzende der Raoul-Wallenberg-Komitees sind, sowie Annette Lantos und Elizabeth Monyhan, Sekretärin des Freien-Wallenberg-Komitees des US-Senators.
Während des Hearings legte Wiesenthal Auszüge aus den Tagebüchern von General Gennadij Kuprianow vor, einem sowjetischen Kriegshelden, den Stalin von 1948 bis 1956 einsperren ließ. Während der acht Jahre im Gulag hatte General Kuprianow Wallenberg dreimal getroffen: 1953, 1955 und Anfang 1956. Jahre danach erwähnte er diese Zusammenkünfte einem anderen Ex-Gefangenen gegenüber, der später nach Israel emigrierte und einer russischen Emigrantenzeitung von Kuprianow und Wallenberg erzählte. 1979 wurde der rehabilitierte General im Ruhestand in das KGB-Hauptquartier in Leningrad bestellt und von einem Oberst ermahnt, er solle nicht das Gerücht verbreiten, daß eine offiziell tote Person noch am Leben sei.
Vier Monate später erhielt Kuprianow wieder eine der bedrohlichen grünen Vorladungen vom KGB. Diesmal erklärte ihm der Oberst, daß

er, »um die amerikanisch-israelischen Provokationen zu widerlegen ... jetzt nach Hause gehen und diese falschen Berichte dementieren« müsse.
»Aber ich kann die Wahrheit nicht dementieren«, erklärte Kuprianow. »Ich kann nicht sagen: ›Nein, ich habe den Schweden nicht getroffen‹, wenn ich dreimal bei verschiedenen Gelegenheiten mit ihm zusammenkam.«
Der Oberst befahl ihm, am nächsten Tag mit dem Dementi wiederzukommen. In dieser Nacht sagte der alte General seiner Frau und seiner ehemaligen, mit der Familie befreundeten Sekretärin: »Ich weiß nicht, ob ich diesem Verhör standhalten kann.«
Er ging am nächsten Morgen mit leeren Händen zum KGB und kam nie zurück. Fünf Tage später rief das KGB seine Frau an: »Ihr Mann ist krank. Sie können ihn im Polizeikrankenhaus besuchen.« Als sie hinkam, schickte man sie in das Leichenschauhaus. Wie Raoul Wallenberg war ihr Mann an »Herzversagen« gestorben.
Kuprianows ehemalige Sekretärin, die Wiesenthal nur als »I. L.« bezeichnete, besaß zu diesem Zeitpunkt ein Ausreisevisum und kam mit den entscheidenden Seiten aus Kuprianows Tagebüchern, die sie kopiert hatte, bevor der KGB sie beschlagnahmte, nach Wien. Wiesenthal sagte, er habe diese Unterlagen prüfen lassen, aber die Skeptiker griffen Wiesenthals Weigerung, »I. L.« zu identifizieren sowie andere Unstimmigkeiten auf und verwarfen seine Hearings. Wiesenthal erklärte, daß »I. L.« zwar jetzt in den USA lebte, aber noch Verwandte in Leningrad hatte, die sie schützen wollte. Und als ich 1986 Wiesenthal um weitere Einzelheiten in der Affäre Kuprianow drängte, sagte er: »Vergessen Sie Kuprianow; es ist nichts daraus geworden.«
Bei der Stockholmer Sitzung wurde eine Resolution Wiesenthals angenommen, laut der man annahm, daß Wallenberg am Leben sei, bis der Beweis für das Gegenteil erbracht würde. »Die Familie und die Welt haben das Recht – eigentlich die Pflicht –, weitere Untersuchungen und Aufklärungen zu verlangen«, läßt Simon nicht locker. »Solange die Russen nicht offen Rechenschaft ablegen, hat es keinen Sinn, darüber zu debattieren, ob er tot ist oder lebt.«
1983 trug Wiesenthal sehr viel dazu bei, daß Einsteins Trick aus dem Jahr 1948 wieder aufgegriffen wurde, indem man Raoul Wallenberg für den Friedensnobelpreis nominierte. Da Nobelpreise nicht posthum verliehen werden, würde der Preis nicht nur den Wert von Raouls Arbeit bestätigen, sondern auch die Überzeugung eines vorwiegend schwedischen

Gremiums, daß er noch irgendwo am Leben war. Bis jetzt – und vermutlich für immer – ist der Nobelpreis sowohl an Wallenberg als auch an Wiesenthal vorbeigegangen.
Am 17. Januar 1985 sandte Simon Wiesenthal dem schwedischen Premierminister Olof Palme ein Telegramm:

> HEUTE VOR VIERZIG JAHREN WURDE EIN MANN, DEM DIE FREIHEIT DER ANDEREN WICHTIGER WAR ALS SEIN EIGENES LEBEN, VON DEN SOWJETS VERHAFTET. TAUSENDE VERDANKEN IHM IHRE FREIHEIT. WAS ER FÜR SO VIELE MENSCHEN ERREICHT HAT, DIE HEUTE IN FREIHEIT LEBEN, KANN ERST FRÜCHTE TRAGEN, WENN DIESER WOHLTÄTER UND ECHTE HELD DES ZWANZIGSTEN JAHRHUNDERTS AUS DEN HÄNDEN DER SOWJETS GERETTET WIRD. ICH TEILE HEUTE ABEND MIT IHNEN DEN WUNSCH, DASS RAOUL WALLENBERG WIEDER TEIL AN DER FREIHEIT HABEN MÖGE, DIE ER GEFÖRDERT HAT.

Wiesenthal sagt, daß er eine herzliche Antwort von Palme erhielt, obwohl seine Sekretärin im Jüdischen Dokumentationszentrum ihrer noch nicht habhaft werden konnte. Nicht lang nach Palmes Ermordung 1986 brachte sein Nachfolger, Premierminister Ingvar Carlsson, bei einem offiziellen Besuch in Moskau die Wallenberg-Frage dem neuen sowjetischen Führer Michail S.Gorbatschow gegenüber zur Sprache. Er erklärte, »warum Raoul Wallenbergs Schicksal für die schwedische Regierung und auch für die schwedische und internationale öffentliche Meinung noch immer wichtig ist und warum frühere sowjetische Erklärungen zu diesem Fall nicht als zufriedenstellend betrachtet werden können«.
Gorbatschow versprach, sich mit der Angelegenheit zu befassen, und Carlsson schrieb an das Simon-Wiesenthal-Zentrum: »Sie können versichert sein, daß das Schicksal Raoul Wallenbergs mir sehr gegenwärtig ist und daß die schwedische Regierung ihre Bemühungen in bezug auf ihn nie einstellen wird.«
Nachdem Gorbatschow 1985 Andrej Gromyko nach achtundzwanzig Jahren als Außenminister die Stufen zur Präsidentschaft hinaufgetreten hatte, nahm der einflußreiche Kolumnist der *New York Times*, A. M. Rosenthal, in einer Leitartikel-Kampagne Gromyko als »die lebende Verbindung des Kremls« zu Raoul Wallenberg aufs Korn.

Gromyko, der [damalige] stellvertretende Außenminister, unterschrieb 1957 die Note, die besagte, daß Wallenberg tot war, wählte aber sorgfältig Worte, die implizierten, daß diese Feststellung geändert werden konnte. Gromyko war inzwischen Präsident der Sowjetunion geworden. Er wußte, und auch Gorbatschow weiß und kann der Welt erzählen, warum Wallenberg noch immer lebt. Und wenn das nicht der Fall ist, kann Gorbatschow sagen, auf welche Weise, in welchem Jahr und in welcher Zelle der Schwede starb. Es ist für alle Menschen, vor allem für die Russen, wichtig, es zu wissen.
Als Gromyko 1988 das Präsidentenamt an Parteichef Gorbatschow abtrat, erneuerte Abe Rosenthal die Kampagne, indem er andeutete, daß Gorbatschow an Stärke gewinnen würde, wenn er die Sünden seinere Vorgänger offenbarte.
Ende 1989, wenige Monate nachdem Andrej Gromyko seine Geheimnisse ins Grab mitgenommen hatte, lud das sowjetische Außenministerium Wallenbergs Halbschwester und seinen Halbbruder nach Moskau ein; sein Sprecher, Gennadij I.Gerasimow, entschuldigte sich bei ihnen für einen »tragischen Irrtum. Ihr Bruder geriet in den Mahlstrom der Unterdrückung.« Der KGB gab ihnen eine kleine Schachtel mit Raouls Eigentum: seinem schwedischen Diplomatenpaß, einigen alten Rechnungen und ein paar Notizbüchern. Der stellvertretende Vorsitzende des KGB, Wladimir Pereschkow, drückte seine persönliche Bewunderung für Raouls kühne Taten in Ungarn aus und fügte hinzu, daß er sogar »in diesem Land zu einem Helden wurde«. Aber die Russen hielten an der Geschichte fest, daß der Held 1947 in der Lubyanka starb. Vier Tage später holte der KGB die Karte hervor, auf der Raoul am 6.Februar 1945 in Moskau als Gefangener registriert worden war: Sie war eben erst »zufällig« entdeckt worden.
»Wir glauben es einfach nicht«, sagte Nina Lagergren. »Wir sind davon überzeugt, daß unser Bruder noch immer hier in einem Gefängnis am Leben ist.«
Sie und Guy van Dardel besuchten das Gefängniskrankenhaus in Wladimir, in dem laut Per Anger, jetzt Vorsitzender der Raoul Wallenberg-Komitee, mehrere Zeugen ihren Halbbruder 1980 gesehen hatten. Sie traten bei einer beliebten Fernseh-Talkshow in Moskau auf, wo die Zuseher aufgefordert wurden, anzurufen, »wenn Sie jemanden gesehen haben, den Sie für Raoul Wallenberg halten«. Fünfzig Anrufer reagierten. Trotz der offiziellen Dementis des Kremls zum Fall Wallenberg bestand

Simon Wiesenthal noch 1990 darauf: »Es ist wichtig, die Legende zu zerstören, daß Wallenberg 1947 gestorben ist. Wir brauchen von den Sowjets die ganze Wahrheit. Wenn er am Leben ist, wo ist er? Wenn er nicht mehr lebt, wann und wo und unter welchen Umständen ist er gestorben? In beiden Fällen – warum wurde der Mann nach so vielen Interventionen nicht entlassen?«
Er hoffte, daß »Gorbatschow heute oder vielleicht morgen aus dem Schatten seiner Vorgänger heraustreten und das Licht der Wahrheit über die Angelegenheit verbreiten würde. Er war der erste, der durch die Wahrheit überhaupt nichts zu verlieren hatte. Es gibt keine Verjährung, wenn man die Wahrheit finden will.«
Ich fragte Wiesenthal: » Warum haben sich Ihrer Meinung nach die Russen angesichts so vieler Gelegenheiten, Wallenberg freizulassen, dafür entschieden, ihn zu liquidieren?«
Wiesenthal antwortete langsam: »Wie jede Dikatur hat auch die Sowjetunion nie einen Fehler zugegeben. Keine Diktatur der Weltgeschichte hat das je getan. Und nach Stalin hat sich eigentlich nichts geändert. Solange die Sowjetunion eine Diktatur bleibt, kann es keine dauerhafte Veränderung geben. Sobald die Russen eine Erklärung abgeben, die falsch ist, bleiben sie dabei, auch wenn sie wissen, daß sie falsch ist. Das gehört zum Wesen jeder Diktatur.«
Dann fügte er, beinahe als Nebenbemerkung, eine Erkenntnis hinzu, die nicht nur im Lauf der Zeitalter den Diktatoren, sondern auch Präsidenten von Demokratien wie Richard Nixon und Kurt Waldheim – und manchmal sogar Wiesenthal – entgangen ist:
»Kluge Leute wissen es. Wer einen Fehler zugibt, kann nur gewinnen.«
Nachdem sich die Sowjetunion 1991 aufgelöst hatte und Gorbatschow vorzeitig in Pension geschickt wurde, fragte ich Simon Wiesenthal, wie jemand glauben könne, daß Raoul Wallenberg heute noch am Leben sei. Hätte man Sterblichkeitstabellen über das Überleben im Gulag geführt, dann läge die Zahl doch sicherlich seit über fünfundvierzig Jahren so weit unter Null wie die Temperatur in Sibirien. Und, um die Wahrheit zu sagen, wäre Wiesenthal nicht auch überrascht, wenn Wallenberg noch am Leben wäre?
»Wenn ein Jude Realist sein möchte, sollte er an Wunder glauben«, erwiderte Simon. »Wer nicht an Wunder glaubt, ist kein Realist. Sehen Sie mich an! In einer Situation, in der man jede Minute jeden Tages um die geringste Chance, am Leben zu bleiben, kämpfen mußte, versuchte ich

dreimal, Selbstmord zu begehen – und überlebte. Wer gab mir die Chance zu überleben? Die Gestapo! Deshalb glaube ich an Wunder. Und ich formuliere es so: *Raoul Wallenberg lebt, solange wir von den Russen keine glaubwürdigen Informationen über seinen Tod erhalten.*«

XVI. Der Dilettant Mengele

Ein englischer Schriftsteller fragte Simon Wiesenthal einmal Anfang der achtziger Jahre, welche Fehler er in seinem Leben gemacht habe. Wiesenthal erwiderte, daß ihm nicht bewußt war, Fehler gemacht zu haben, aber auch wenn es der Fall wäre, könne er nicht darüber sprechen, weil die Neo-Nazis dieses Geständnis für ihre Propaganda benützen würden. Als ich ihm bei einer anderen Gelegenheit 1983 die gleiche Frage stellte, antwortete er milder: »Ich weiß, daß Tausende Menschen darauf warten, daß ich einen Fehler begehe. Wir hatten innerhalb von achtunddreißig Jahren 3 000 Fälle, aber wir schafften es nur, 1 100 vor Gericht zu bringen. Von den 3 000 haben mich nur vier Leute verklagt. Drei haben ihren Fall verloren, und einer ist anhängig.« Einige Wochen später wurde die letzte Klage vom Kläger fallengelassen.[2]

Die Kluft zwischen dem Weisen, der sagt, »ich kann nur gewinnen, wenn ich einen Fehler zugebe«, und dem Wiesenthal, der es sich nicht leisten kann, einen Irrtum zuzugeben, ist ein uralter Abgrund, den Psychiater mit nichtangepaßtem Privatleben, Anwälte, die gegen das Gesetz verstoßen, Buchhalter, die ihre Steuern nicht zahlen, kunstvoll versuchen, zu überbrücken. Er liegt irgendwo zwischen Praxis und Predigt und ist mit Hunderten menschlichen Schwächen gefüllt, die der Stoff sind, aus dem Dramen und Zeitungen gemacht werden. Dieser Abgrund des Paradoxen, den der englische Observer richtig als »Schaumschlägerei« der Nazijäger, die »auf einer warmen Fährte sind« bezeichnete, entzog Josef Mengele in den letzten vierunddreißig Jahren seines Lebens der Gerechtigkeit. An der Spitze seiner Verfolger befand sich Simon Wiesenthal, der ehrlich erklärte: »Ich habe einen Pakt mit den Toten. Aber wenn ich diesen Mann kriegen könnte, fände meine Seele endlich Frieden.«

Er kriegte ihn nicht, und er fand ihn nicht. Doch der Abgrund des Paradoxen weist viele Kurven und Windungen auf. Obwohl die Toten den eleganten »Selektionierer«, der Tausende von ihnen in Auschwitz dem Untergang weihte und zahllose Überlebende im Namen der Medizin verstümmelte, nicht vor Gericht brachten, und obwohl Wiesenthal mit beunruhigender Unbeirrbarkeit jeder falschen Fährte (und nur einer Handvoll richtiger) folgte und praktisch immer auf dem Holzweg war, machte seine »Schaumschlägerei« Mengeles letzte Jahre zur Hölle auf Erden und den »Todesengel« zu einem gejagten Einsiedler.

»Als ich in den Lagern war«, berichtet Simon Wiesenthal, »hörte ich kaum

von Eichmann und nie von Stangl, aber der Name Dr. Josef Mengele war überall in unserer Welt bekannt, sogar bei Insassen, die Auschwitz nie in die Nähe gekommen waren: Er war Doktor der Philosophie der Universität München, der Kants Kritik der reinen Vernunft studiert hatte, aber den rassistischen Mist von Hitlers Philosophen Alfred Rosenberg bereitwillig akzeptierte. Er war Doktor der Medizin der Universität Frankfurt[3], der Tausende Kinder – Zwillinge aus ganz Europa – schmerzhaften Injektionen unterzog, mit denen er versuchte, die Farbe ihrer Augen von Braun zu Blau zu ändern ... Mengele war der perfekte SS-Mann; er lächelte hübsche Mädchen an, während er sie in den Tod schickte. Vor dem Krematorium von Auschwitz sagte er einmal: ›Hier treten die Juden durch die Tür ein und gehen durch den Schornstein hinaus.‹«

Schlank und makellos in der schwarzen Uniform des SS-Offiziers, dessen Stiefel in hellstem Glanz strahlten, eine goldene Rosette auf dem Spiegel, so fuhr Hauptmann Mengele auf seinem Fahrrad zur Arbeit. Er war der meistdekorierte medizinische Offizier im Stab von Auschwitz und trug immer die vier Auszeichnungen, die er an der russischen Front erhalten hatte. Als einmal eines seiner beiden Eisernen Kreuze verlorenging, kroch ein Zug Gefangener um ihr Leben – sie durchkämmten die Staubstraßen, die die Quartiere der SS-Offiziere, in denen er lebte, mit dem Lager Auschwitz verbanden, das er aus administrativen Gründen aufgesucht hatte, und mit Birkenau, wo er als oberster medizinischer Offizier des Vernichtungslagers in einer Baracke hinter dem Krankenhaus arbeitete. Zum Glück wurde die Auszeichnung gefunden.

Der fröhlich dahinradelnde Arzt Anfang Dreißig schien gegen den Schmutz, den Staub und die schmierige Schicht rings um ihn, aber auch gegen den Rauch aus den Krematorien immun zu sein. Er summte oder pfiff eine Melodie – vielleicht Mozart, manchmal Wagner, aber unweigerlich richtig, denn er war ein sehr musikalischer Mensch. In den Annalen des Verbrechens lebte er lange, nachdem ihn sein Körper 1979 im Atlantik vor Bertioga Beach im Stich gelassen hatte, als der »Todesengel« oder »Vernichtungsengel« von Auschwitz fort. Sogar jene, die seine Masken durchschauten, als er der Herr ihrer Hölle war, ließen sich täuschen:

»Er stand vor uns, der gutaussehende Teufel, der über Leben und Tod entschied ... Er stand wie ein bezaubernder, eleganter Tanzlehrer vor uns, der eine Polonaise leitet. Links und rechts und rechts und links zeigten seine Hände mit lässigen Bewegungen. Er strahlte Leichtigkeit und Grazie aus, ein willkommener Gegensatz zu der brutalen Häßlichkeit der Umgebung; er beruhigte unsere zerschlissenen Nerven und nahm allem, was geschah, jede Bedeutung ... Ein guter Schauspieler? Ein Besessener? Ein kalter Automat? Nein, ein Meister seines Fachs, ein Teufel, dem seine Arbeit Freude bereitete. Die Leute gingen vollkommen gefügig nach rechts oder nach links ... wohin immer sie der Meister winkte. Manchmal wollte sich eine Tochter nicht von ihrer Mutter trennen, aber die Worte: ›Ihr seht euch ohnehin morgen wieder‹ beruhigten sie voll und ganz.«

Das schrieb Grete Salus, die Witwe eines Arztes, die die einzige Überlebende ihrer Familie in Auschwitz war. Sie konnte nie das Verhalten dieses jungen Arztes am Sterbebett vergessen, seine »überaus überzeugende Freundlichkeit« jenen gegenüber, die er zur Vernichtung winkte.

Auch auf der Selektionsrampe verhielt er sich nicht anders. Die Gefangenen, die man nach Auschwitz deportiert hatte, sahen Mengele für gewöhnlich Minuten, nachdem ihre Güterzüge das Hauptgeleise verlassen hatten und im Rückwärtsgang in den grauen Stacheldrahtkorridor zwischen den Sektoren der Männer und der Frauen hineinfuhren. Die Türen glitten auf, die knüppelschwingenden SS-Männer standen bereit, und es folgte das brutale Entladen aus der stickigen Luft der Güterwaggons. Manchmal waren bei der Ankunft vierzig Prozent der Insassen tot. Die Lebenden wurden von ihrem Gepäck weggerissen und dann zu fünft in Kolonnen aufgestellt, die langsam an einem »Selektor« vorübergingen – in zu vielen Fällen an dem schneidigen Dr. Mengele.

Die »Selektionsrampe«, auf der binnen Sekunden das Schicksal jedes einzelnen der Hunderttausenden Opfer entschieden wurde, war nur eine niedrige Eisenbahnplattform, mit einem Geleise auf der einen und zwei Geleisen auf der anderen Seite. Dort stand er, für gewöhnlich mit auf dem Rücken verschränkten Händen. Seine Lippen waren fest zusammengepreßt, es sei denn, er pfiff. (Der *Donauwalzer* und eine Arie aus *Tosca* waren die Favoriten in seinem Repertoire.) Manchmal sprach er. »Nach rechts«, sagte er beiläufig zu einer jungen Frau oder einem starken Mann. »Nach links«, sagte er augenzwinkernd zu zwei bezaubernden Kindern und ihrer nervösen Großmutter, und für alle drei war sein lächelndes Gesicht das letzte, was sie auf der Welt sahen. Jeden Befehl begleitete ein liebenswürdiges Winken der entsprechenden Hand. Oft trug er elegante weiße Handschuhe aus Ziegenleder, die nie schmutzig waren.

Manchmal schickte er ein Kind nach links und eine Mutter nach rechts.

»Bitte, mein Herr«, flehte die Mutter schüchtern, »ich bin die Mutter des Jungen und möchte mit ihm gehen.« In solchen Fällen, bei denen andere SS-Offiziere einen mörderischen Wutanfall bekamen, antwortete Mengele einfach: »Wie Sie wünschen. Sie dürfen beide nach links gehen.«

An diesem Tag bedeutete »nach links« sofortigen Tod in einer von Birkenaus Gaskammern. »Nach rechts« bedeutete Leben – zumindest für eine Weile. Für diese Gruppe wählte Mengele Männer, Frauen und Teenager aus, die so aussahen, als könnten sie in Auschwitz' Arbeitssklaven-Fabriken und Krankenhäusern sowie auf seinen Straßen Schwerarbeit leisten.

Für ihn waren »Selektionen« ein Spiel. Manchmal veränderte er die Regeln des Spiels, und »links« bedeutete Leben und »rechts« Tod. Viele gesunde Mütter glaubten, sie ersparten ihren Söhnen Schwerarbeit, wenn sie Mengele dazu überredeten, die Jungen mit ihren Schwestern und Großmüttern in die andere Richtung zu schicken. Mengele tat ihnen für gewöhnlich den Gefallen. Eine Frau, mit der er arbeitete und die die Regeln kannte, flehte ihn einmal an, als er ihren Vater in den Tod schickte. »Ihr Vater ist über siebzig«, antwortete Mengele fröhlich. »Glauben Sie nicht, daß er lange genug gelebt hat?«

Er mochte kryptische Dialoge, bei denen er die subtilen Nuancen verstand, während sein Gesprächspartner sie nicht erfaßte. »Waren Sie jemals auf der anderen Seite?« fragte er eine kranke Frau, die noch nicht begriffen hatte, daß sie in die Gaskammer unterwegs war. »Wie ist es dort drüben?«

»Ich verstehe Ihre Frage nicht«, antwortete die Frau.

»Machen Sie sich keine Sorgen«, beruhigte er sie. »Sie werden die Antwort bald erfahren.«

Einmal stand er vor einem Dutzend jugoslawischer Bauern, die gerade in Birkenau eingetroffen waren. »Singen Sie mir etwas von Wagner vor«, verlangte er. Die Jugoslawen hatten nie von Wagner gehört. Deshalb starben sie.

Bei einer Selektion fiel ihm ein schönes junges Mädchen auf. »Sie sehen wie eine gebildete Person aus«, sagte er ihr. Dann pfiff er eine Melodie. »Wissen Sie, woraus das ist?«

»Es ist Wagner«, antwortete sie eifrig. »Ich bin nicht sicher, aber ich glaube, es ist aus *Tannhäuser.*«

»Tut mir leid«, antwortete der geniale Zeremonienmeister. »Es ist aus *Lohengrin.*« Und wegen dieses Fehlers ging sie nach links.

Als die ersten Deportationen aus Ungarn eine Güterwaggonladung von hundert Rabbis enthielten – alle mit schwarzen Hüten und langen, schwarzen Satingewändern –, stellte Mengele sie im Kreis auf und ließ sie tanzen. Er knallte mit der Peitsche, trieb sie immer schneller an und ließ sie die Köpfe heben und zum Himmel und ihrem Gott hinaufblicken, der auf Urlaub war. Dann befahl er ihnen um der Unterhaltung willen zu singen – und ohne aus dem Takt zu kommen, verwandelte sich die Demütigung in Stolz. Die Rabbis sangen die wunderbarste Melodie der jüdischen Liturgie: *Kol Nidre*, ein verzweifeltes, rührendes Gebet, das den Versöhnungstag *Yom Kippur* einleitet und die lange Geschichte der Juden von Foltern, Auspeitschen, Schinden, Hängen, In-Stücke-Reißen, Verbrennen und Kochen erzählt. Damit war für Mengele die Vorstellung zu Ende: Die hundert Rabbis richteten sich auf, öffneten den Kreis, marschierten herausfordernd zur Gaskammer und sangen das jüdische (tägliche) Gebet am Totenbett: »*Shema Yisrael, Adonai eloheinu, Adonai echad.*« (Höre, o Israel, der Herr unser Gott, der Herr ist eins.)
Von den Unzähligen, die Mengele in der ewigen Kälte vor den Kaminen von Ort Birkenau empfing, hatte er für diejenigen, die nicht »als Gottes Abbild« geschaffen waren, eine besondere Begrüßung, denn sie waren Labortiere für seine teuflischen, pseudowissenschaftlichen »Experimente«. Die Autorin von *Auschwitz: Wahre Geschichten aus einem grotesken Land*, Sara Nomberg Prsytyk, erinnert sich, »daß er einmal eine Frau mit zwei Nasen in unser Areal brachte. Ein anderes Mal brachte er ein etwa zehn Jahre altes Mädchen, das statt Haaren Wolle auf dem Kopf hatte. Bei einer anderen Gelegenheit brachte er eine Frau mit Eselsohren.« Natürlich liebte er Liliputaner und Zwerge. Er rieb sich begeistert die Hände, als bei einem Transport die ganze Liliputanerfamilie eines Budapester Zirkus‹ ausstieg. Er war doppelt entzückt, als er feststellte, daß sie ihre eigenen Miniaturmöbel mitgebracht hatten. Er ließ sie in eigene Quartiere bringen, und die Liliputaner machten sich für seinen Besuch schön. »Wie schön er ist! Wie freundlich!« riefen sie. »Es war unser Glück, daß er unser Beschützer wurde. Wie gut von ihm, daß er fragte, ob wir alles haben, war wir brauchen!« Als er eintrat, fiel die winzige Matriarchin vor ihm auf die Knie, umarmte seinen glänzenden Stiefel und küßte ihn. »Sie sind so freundlich, so schön. Gott möge Sie belohnen«, murmelte sie. Mengele schüttelte sie mit einer Fußbewegung ab und stieß sie weg. »Erzähl mir jetzt, wie du mit deinem Liliputaner gelebt hast«, befahl er. »Sprich.« Die Frau riß sich zusammen und begann zu erzählen, daß ihr Mann ein lie-

bevoller Vater, ein fleißiger Arbeiter, ein guter Versorger war. »Das interessiert mich nicht!« unterbrach sie Mengele. »Nur wie du mit ihm geschlafen hast.«

Die meisten Liliputaner starben langsam, aber weniger qualvoll als andere Häftlinge, da Mengele ihnen regelmäßig Blut abnahm, um in seinen »wissenschaftlichen Laboratorien« den Geheimnissen ihrer Erbmasse auf den Grund zu gehen. An den Aderlaß-Tagen gab er ihnen doppelte Brotrationen, um sie für ihren Beitrag zur deutschen Forschung zu belohnen. Einige der gewissenhafteren Liliputaner ließen die Prozedur sogar häufiger über sich ergehen, um damit zusätzliches Brot für ihre Familien zu verdienen.

Ende 1944, als die Vernichtungsmaschinerie über ihre Kapazität in Anspruch genommen wurde, hatte Mengele mit einigen alten Frauen aus einem jüdischen Altersheim in der Slowakei Mitleid und ließ sie in seine Krankenreviere einliefern, um ihnen das Schlangestehen vor dem Tod zu ersparen. Eine von ihnen rief: »Gott segne Sie für Ihre Güte, weil Sie sich solche Mühe geben, uns alte Leute zu schützen.« Mengele erwiderte: »Warum segnen Sie mich, bevor Sie mich kennen?« Einige Minuten später erteilte er den Befehl, die Frauen durch Giftinjektionen ins Herz zu töten.

Als 1944 ein vierzehn Jahre alter jüdischer Schüler aus Transsylvanien in Auschwitz eintraf, kannte er Mengeles Ruf bereits. Er schildert »den berühmten Dr. Mengele« als »typischen SS-Offizier«, mit »grausamem Gesicht, doch nicht unintelligent«, der ein Monokel trug und einen Taktstock schwenkte, der seine Untertanen entweder nach links oder nach rechts schickte. Elie Wiesel belog Mengele und behauptete, achtzehn und Bauer zu sein. Dadurch blieb er am Leben und konnte Zeugnis über die Katastrophe ablegen, die er als erster »der Holocaust« nannte, sowie der gleichgültigen Welt die Wahrheit über die »Endlösung« auf eine Weise erzählen, die ihm 1986 den Friedensnobelpreis eintrug.

In seinen Auschwitz-Memoiren mit dem passenden Titel *Anus Mundi* charakterisiert der Pole Wieslaw Kieler »den Anthropologen Dr. Mengele;, der auch Lagerarzt war«, als »überaus eleganten, gut aussehenden SS-Offizier, der dank seines attraktiven Äußeren und seines guten Benehmens den Eindruck eines höflichen, kultivierten Mannes vermittelte, der nichts mit Selektion, Phenol und Zyklon B zu tun hatte. Wie er in Wirklichkeit war, erfuhren wir bald genug.«

Tatsächlich war Dr. Josef Mengele kein böses Genie, kein uralter Dibbuk, kein Teufel in Menschengestalt, sondern ein dummer Intellektueller, ein Dilettant, ein Amateur, der menschliche Wesen als seine Meerschweinchen verwendete. Obwohl er besser erzogen und begabter war als Eichmann oder Stangl, war er im Leben genau wie sie ein Verlierer: ein Stümper, aus dessen Mißerfolgen sich weitere Mißerfolge, gescheiterte Anfänge und plötzliche Abbrüche ergaben. Sie hinterließen eine Fährte von groben Schnitzern und falschen Anhaltspunkten, die an Simon Wiesenthals größter Enttäuschung nach dem Krieg schuld waren. Sogar die Tatsache, daß Mengele 1979 in anderthalb Meter tiefem Wasser ertrank, was die Welt und Wiesenthal um die Chance brachte, ihm vor Gericht gegenüberzustehen, war banal und ungeschickt, paßte jedoch zu der Mittelmäßigkeit des Mannes.

Josef Mengele, der älteste Sohn von Karl und Walburga Mengele, kam am 16. März 1911 als der Erbe eines wertvollen Lagers von landwirtschaftlichen Maschinen in der schwäbischen Stadt Günzburg zur Welt, die zwischen Stuttgart und München an der Donau liegt. Wiesenthal sagt, daß »die Mengeles seit beinahe einem Jahrhundert die führenden Bürger der Stadt waren und daß jeder Einwohner irgendwie von ihnen abhängig war«. Das erklärt, warum eine Mauer des Schweigens Josef Mengeles Besuche in seiner Heimatstadt umgab, obwohl er der meistgesuchte Kriegsverbrecher war, auf dessen Kopf Hunderttausende Dollar ausgesetzt waren.

Als Mengele 1930 an die Münchener Universität ging, war er nur durch seinen Familiennamen, seine Tanzkunst und den weißen Wagen bekannt, den ihm seine Eltern zum Abschluß der Oberschule geschenkt hatten. Zu dieser Zeit war München noch immer das Zentrum der Gewalttätigkeit, die Adolf Hitler sieben Jahre zuvor mit seinem mißlungenen Bierhallenputsch ausgelöst hatte, doch der junge Mengele mühte sich durch sein Studium in der philosophischen und medizinischen Fakultät und hielt sich von Tagesereignissen fern. Obwohl sich seine Eltern früh dem Nationalsozialismus angeschlossen hatten und sein Vater die Mengele-Fabrikshalle für einen Auftritt Hitlers zur Verfügung gestellt hatte, trat Josef erst 1937 in die Nationalsozialistische Partei ein und ein Jahr später in die SS.

Da hatte er bereits das Medizinstudium abgeschlossen. Sein Mentor an der medizinischen Fakultät in Frankfurt war ein Mann, mit dem man in Nazi-Deutschland rechnen mußte: Professor Otmar von Verschuer, ein auf Zwillingsforschung spezialisierter »Rassenwissenschaftler«. Er hatte 1937 Hitler »als den ersten Staatsmann« begrüßt, der »erkannt hat, daß Erbbiologie und Rassenhygiene die maßgeblichen Prinzipien der Staatskunst sind«.

Mengele schrieb seine Dissertation bei von Verschuer über den Wolfsrachen von Kindern, absolvierte sein Praktikum als Internist an dem Universitätskrankenhaus in Leipzig, verbrachte seine Turnuszeit an dem neu gestifteten Institut für Erbhygiene in Frankfurt und ließ sich dort als Arzt nieder.

Zu Kriegsbeginn wurde der junge Dr. Mengele als Arzt zur Division Wiking der Waffen-SS einberufen. *»Sehr viele Leute glauben noch immer, daß Waffen-SS eine Kampfeinheit bedeutet«, sagte mir Simon Wiesenthal 1985. »Ja, es begann so, aber im April 1942 überstellten sie 34 000 Wächter aus Konzentrationslagern und Gefängnissen sowie die* Einsatzgruppen, *die SS-›Sonderkommandos‹, die nach jeder Eroberung hineingeschickt wurden, um ›zivile Feinde‹ zu erledigen, von der regulären SS zu der Waffen-SS, weil sie jetzt im Kampf gebraucht wurden. Dann wurden 1943 drei Brigaden, die Erste und Zweite Infanterie und die Erste Kavallerie, Sonderkommandos, die in Rußland hinter der Front operierten und Tausende Juden, Zigeuner, Russen und Intellektuelle töteten, in Regimenter der Waffen-SS wie ›Der Führer‹ und ›Das Reich‹ integriert, die bereits berüchtigt waren, weil sie Dörfer niederbrannten und Zivilisten abschlachteten. Deshalb wurde nach dem Krieg die gesamte SS, einschließlich der Waffen-SS, in Nürnberg als verbrecherische Organisation verurteilt.«*[4]

1942 drang an der russischen Front die Division Wiking in den etwa 3 200 Kilometer vom Vorkriegsdeutschland entfernten Kaukasus ein, kurz bevor der große Rückzug nach Westen begann, bei dem im Kampf um Stalingrad 300 000 deutsche Soldaten fielen. Das war der Wendepunkt des Krieges. In diesem Jahr erhielt Mengele in Rußland sein erstes Eisernes Kreuz, weil er »unter feindlichem Beschuß auf dem Schlachtfeld zwei verwundete Soldaten aus einem brennenden Panzer rettete und ihnen Erste Hilfe leistete«, und das zweite, weil er selbst verwundet wurde.

Während Mengele in einem Militärkrankenhaus in Deutschland seine Gesundheit wiedererlangte, kontaktierte er von Verschuer, der inzwischen Leiter des Kaiser-Wilhelm-Instituts für Menschliche Vererbungslehre und Eugenik in Dahlem, einem Berliner Bezirk, geworden war. Anfang 1943, ungefähr um die Zeit, als das KZ Auschwitz die Erlaubnis erhielt, »eine experimentelle physiologische und pathologische Station«

einzurichten, meldete sich Mengele freiwillig als Lagerarzt, und von Verschuer stellte sich hinter ihn und finanzierte seine Experimente mit Zwillingen. Doch Mengele nützte später Auschwitz aus, um seine Forschungen auf Bucklige, Zwerge, Liliputaner und schließlich auf Fötusse, Babys, Kinder, Frauen, Männer, Juden, Christen und Zigeuner auszudehnen: ein im Dritten Reich zum Tod verurteilter Querschnitt durch das gesamte Menschengeschlecht.

»Mengele verwirklichte sich in Auschwitz mehr als jeder andere SS-Arzt«, schreibt der amerikanische Psychiater Robert J. Lifton in: »*The Nazi Doctors: Medical Killing and the Psychology of Genocide*« (1986). »Dort kam er zur Geltung, fand ein Anwendungsgebiet für seine Talente, so daß etwas, das möglich gewesen war, zur Tatsache wurde. Mengele war intelligent, aber kaum ein intellektueller Riese, und fand in Auschwitz *über sein Talent hinaus* Ausdrucksweise und Anerkennung. Die entscheidende Auschwitz-Dimension kam hinzu und ... schuf eine einmalig intensive Version des Auschwitz-Ichbewußtseins als Arzt-Mörder-Forscher.

Mengele machte sich die allmächtige Autorität, die jeder SS-Arzt in Auschwitz besaß, zu eigen und maximierte sie. Wenn er diese Allmacht zur Schau stellte, konnte er eine starke, mitreißende Wirkung erzielen, weil sie so mühelos mit den Regelungen und der Ideologie verschmolz, die er in das Lager gebracht hatte. In Auschwitz war Mengele ›der richtige Mann zur richtigen Zeit am richtigen Ort‹. Seine Energie und sein Ehrgeiz wurden durch die Auschwitz-Synchronisierung aller seiner Fähigkeiten schlagartig aktiviert.«

Da Mengele hoffte, daß er nach dem Krieg eine Professur erhalten würde, behauptete er, seine Zwillingsforschungen würden das biologische Geheimnis von Mehrfachgeburten so weitgehend enthüllen, daß die Herrenrasse irgendwann die Massenproduktion ihrer Nachkommen von blonden, blauäugigen, arischen Herrenmenschen aufnehmen könnte: ein Stamm, zu dem weder Hitler noch Himmler gehörten. Der schneidige Dr. Mengele übrigens auch nicht.

Trotz der vielen »Todesengel«-Beschreibungen, in denen Mengele als hochgewachsen, blond und blauäugig geschildert wird, behauptete Wiesenthal immer (und die kürzlichen Autopsien bestätigen es), daß er ein »kleiner, dunkelhäutiger, dunkelhaariger Mann war, dessen linkes Auge leicht schielte und zwischen dessen oberen Vorderzähnen sich eine dreieckige Lücke befand. Er begann bereits in Auschwitz eine Glatze zu bekommen. Er sah aus wie ein Zigeuner, wollte aber aussehen wie ein Arier,

was aussichtslos war.« Seine Augen waren grünbraun, seine Haare dunkelbraun, und er war etwa einssiebzig groß.
Eine Gefangene, die Mengeles Experimente graphisch darstellen und dokumentieren mußte, erinnert sich daran, daß er aussah »wie Peter Sellers, aber besser ... Sein Kopf erinnerte an einen Katzenkopf, weil er in Schläfenhöhe breit war. Der Haaransatz ragte spitz in die Stirnmitte. Er hatte dunkelbraune Haare und dunkelbraune Augen. Seine Augenbrauen verliefen in einem spitzen Winkel, wie bei einer Katze. Mit Mengeles Terminologie würde ich sagen, daß er einen M-förmigen Mund, eine gerade, kurze, ebenmäßige Nase, einen großen, breiten Kopf, ein Mal auf dem linken Ohr – eine flache, runde Scheibe auf den Ohrknorpeln – hatte ... Seine Augen waren wie die von Peter Sellers, als sähe man nur die Hälfte der Iris. Es waren tote Augen.«
In *Mutter war zum Begräbnis nicht zu Hause*, den quälenden Erinnerungen von M. S. Arnoni, einem Überlebenden, der Auschwitz 1980 wieder besuchte und 1985 starb, erinnert sich der Autor an den Eindruck, den Mengele auf ihn machte, als er ihn als Teenager bei seinem Eintreffen in Birkenau zum ersten Mal sah: »Er war ein sehr gut aussehender junger Mann. Er war kein Riese wie die übrigen SS-Offiziere. Mittelgroß, von mittlerer Statur, mit zarten, vornehmen Gesichtszügen. Kein arischer Typ, er war dunkel, unter seiner Schirmmütze sahen seidige dunkle Haare hervor.«
In seinem Labor nahmen nach ihrer Farbe (von hellgelb bis dunkelviolett) geordnete menschliche Augen, die wie Schmetterlinge aufgespießt waren, eine ganze Wand ein. Er versuchte auch, die Augen von Kindern blau zu färben, indem er in sie Methylenfarbe injizierte, was sehr schmerzhaft ist. Wenn das Experiment nicht glückte – und es glückte nie! –, wurden die Kinder vergast. Drei Zwillingspaare, die alle noch nicht zehn Jahre alt waren, interessierten Mengele besonders, weil bei jedem Paar zwei verschiedene Augenfarben existierten. Er injizierte ihnen Chloroform ins Herz, so daß sie praktisch gleichzeitig starben, entnahm ihnen die Augen und andere Organe und schickte sie in einem mit »KRIEGSMATERIAL – DRINGEND« gekennzeichneten Paket an von Verschuers Institut in Berlin. Bei einem Satz von Zwillingen mit heterochromen Augen – eine Zigeunerfamilie war geschlossen nach Auschwitz gebracht worden – ließ er die acht Familienmitglieder töten und sezieren. Als Berlin anrief und feststellte, er habe wohl acht Berichte, aber nur sieben Augenpaare eingeschickt, holte er sich von einem einzelnen Zigeuner

dessen heterochrome Augen und schickte sie hinterher. Ein perverses Beispiel wissenschaftlicher Integrität!

Er ließ Kinder stundenlang kopfstehen, um zu berechnen, wie schnell das Blut aus ihren Mägen abfloß. Er steckte sie in kaltes Wasser, um eine Beziehung zwischen Körpertemperatur und Bewußtseinverlust herzustellen. Dr. Martina Puzyna, eine Anthropologin der Universität von Lemberg, die wegen polnischer Untergrundaktivitäten ins KZ gekommen war und die Maße von Mengeles Opfern nehmen mußte, verachtete ihn als Wissenschaftler. Sie erzählte 1985 seinen Biographen Gerald L.Posner und John Ware, daß Mengele »nur als Wahnsinniger bezeichnet werden konnte. Er stellte die Wahrheit auf den Kopf. Er glaubte, daß man eine Über-Rasse genauso leicht schaffen kann wie man Pferde züchtet. Er hielt es für möglich, eine ganze Rasse zu unterjochen. Die Menschen sind so unendlich komplex, daß es nie zur absoluten Herrschaft über eine so große Bevölkerungsgruppe kommen kann. Er war Rassist und Nazi. Sein Ehrgeiz war so groß, daß er unmenschlich wurde. Er war auf genetische Experimente versessen. Wahrscheinlich wollte er, sobald er mit den Juden fertig war, mit den Polen beginnen, und wenn er mit ihnen fertig war, sich einer anderen Gruppe zuwenden. Ich glaube, daß er jedoch all das für sich selbst, für seine Karriere tat. Ich glaube, daß er sogar seine eigene Mutter getötet hätte, wenn es ihm genützt hätte.«

Vielleicht mochte Mengele die Zigeuner, weil er ihnen ähnlich sah. 1943 und 1944 trafen ganze Zugladungen von Zigeunern ein, und er versäumte keine einzige Selektion. Die Zigeuner trugen bunte Gewänder, manche sangen, andere spielten seltsame Instrumente. »Ich habe noch nie eine Selektion so genossen wie diese«, bemerkte er, nachdem einige tausend Zigeuner an ihm vorbeigezogen waren. Manche wählte er für seine Pigmentierungsexperimente aus; bei den Zigeunern kam eine seltene Erkrankung namens »trockener Gesichtsbrand« relativ häufig vor. Ein weißgekleideter, vierjähriger Junge wurde zu seinem Maskottchen – er begleitete Mengele überall hin, tanzte und sang auf Befehl und stand sogar im Sommer 1944 bei der Selektion an seiner Seite.

Eine Zeitlang ging es den Zigeunern in Auschwitz besser als den Juden und den anderen Minderheiten. Manche trafen sogar in der Uniform der Hitlerjugend ein, andere begrüßten ihre Kerkermeister mit »Heil Hitler!«. Einige hatte man aus den Reihen der deutschen Wehrmacht herausgeholt. Für sie wurde ein eigenes »Zigeunerlager« geschaffen, in dem sie mit ihren Familien leben durften (so daß Mengele ihre Erbmasse untersuchen konnte) – bis Ende 1944 eines Nachts alle 4 500 getötet wurden. Zwölf Zwillingspaare wurden gesondert vergast, damit der Todesengel ihre Leichen sezieren konnte. Im letzten Augenblick stieß Mengele auch seinen kleinen Zigeunerliebling in die Gaskammer.

Die Zigeuner waren sein Fetisch, doch Zwillinge waren seine Stärke. »Die Wissenschaftler waren immer in der Lage, Zwillinge zu studieren, nachdem sie zusammen geboren wurden«, erklärte er einmal hämisch. »Aber nur im Dritten Reich kann die Wissenschaft Zwillinge untersuchen, die gemeinsam *gestorben* sind.« Manchmal sezierte er sie sogar, während sie noch lebten. Als in Birkenau zum ersten Mal Zwillinge zur Welt kamen – die Söhne einer Französin –, schenkte er ihnen nicht nur einen Korb, eine Decke und zwei Babyhemdchen, sondern gab ihrer Mutter sogar ein weißes Laken – etwas noch nie Dagewesenes. Doch er nahm ihr jeden Morgen ihre Zwillinge weg und brachte sie erst am Abend zurück; jeden Tag waren sie schwächer und dunkler. Nach drei Wochen waren beide Babys tot, und da ihre Mutter Mengele nicht mehr von Nutzen war, wurde sie in die Gaskammer geschickt.

Miriam und Tovah Fuchs waren jüdische Zwillinge, die im Ghetto von Lodz aufgewachsen waren und von 1939 bis 1944 nur die Unterdrückung durch die Nazis kennengelernt hatten. Ihre Eltern wurden 1942 fortgebracht; von ihrer Mutter hörten sie nie wieder, ihr Vater wurde in Chelmno ermordet. Ihre ältere Schwester Hana war zehn Jahre alt, als sie den Waisen Vater und Mutter ersetzte. Als die drei Schwestern 1944 nach Auschwitz kamen, wurden Miriam und Hana mit den kräftigeren Gefangenen nach rechts geschickt, während Tovah mit den Alten und Schwachen nach links mußte. Als Hana Fuchs sah, daß rechts einige Zwillingspaare eine kleine Gruppe bildeten, wandte sie sich an Mengele: »Meine Schwestern sind Zwillinge und waren nie getrennt.« Mengele blickte von einer zur anderen und schickte Tovah mit einer Handbewegung zu den Lebenden. Alle Zwillinge wurden in ein Gebäude gebracht, von dem Miriam ihr Leben lang sagte, »es war ein Krankenhaus, das kein Krankenhaus war, sondern ein Ort, an dem die Menschen nicht geheilt wurden, an dem alle Menschen krank gemacht wurden, an dem man durch die Injektionen, Transfusionen und Betäubungsmittel neue Schmerzen an Körperteilen litt, die nie zuvor geschmerzt hatten. Seither leide ich unter Geschwüren, Rückenschmerzen, Kopfschmerzen, Konzentrationsschwäche, Gedächtnislücken und Minderwertigkeitskomplexen. Noch schlimmer ist, daß das, was Mengele mir angetan hat, an die nächste Ge-

neration weitergegeben wird. Ich gebar drei Kinder. Das erste kam mit einem Herzfehler zur Welt und lebte nur einige Stunden. Das zweite mußte als Baby operiert werden, weil der Magen nicht richtig funktionierte. Der dritte ist körperlich unterentwickelt, beide Ohren sind geschädigt, er ist teilweise taub, und seine Kiefer sind fehlerhaft. Er befindet sich seit seiner Geburt in ärztlicher Behandlung und muß noch einige schwierige Operationen durchstehen. Die Ärzte haben bestätigt, daß alle diese Mißbildungen auf die Experimente zurückzuführen sind, die an mir vorgenommen wurden. Meine Leiden und die Experimente, die zu ihnen führten, sind die entscheidenden Faktoren in meinem Leben gewesen«, erklärte sie mir 1988 in Wien.
Sie rührte mechanisch in ihrer Tasse und fügte hinzu, daß ihre Zwillingsschwester Tovah, die jetzt in Israel lebt, eine ähnliche Krankengeschichte hat. Auch ihre Schwester Hana befindet sich jetzt in Israel; sie war als Arbeitssklavin nach Deutschland gebracht worden. Hana hat sich nie verziehen, daß sie an den Leiden ihrer Schwestern schuld ist, weil sie Tovah das Leben gerettet hat. Doch beide sind ihr dankbar. Nach einem halben Jahrhundert ist der Holocaust für die drei Schwestern noch genauso gegenwärtig wie für Simon Wiesenthal.

»Ich muß immer an die grausamen Experimente denken, denen er Zwillinge unterzog«, sagt Simon Wiesenthal. »Ich fragte mich, warum, und ich will es Ihnen jetzt sagen. Der pervertierte Nazi-Rassismus beruhte auf dem Glauben an das Blut: gutes Blut, schlechtes Blut, gemischtes Blut, jüdisches Blut, die Nürnberger Gesetze. Als Himmler beschloß, Stauffenbergs[5] Kinder zu töten, tat er es, weil sie schlechtes Blut hatten. Und was für Experimente unternahm Mengele? Er nahm das Blut von Zwillingen und übertrug es auf Schwangere. Warum? Weil er annahm, daß vielleicht das Blut von Zwillingen zu Zwillingen führen würde. Später übertrug er das Blut von Zwillingen auf junge Väter, so daß sie vielleicht Zwillinge zeugen würden. Haben Sie schon jemals so etwas gehört?« schnaubt Wiesenthal wütend. »Zwillingsmacher!«

Unter der Voraussetzung, daß das Vaterland – ob der Krieg nun gewonnen wurde oder nicht – die Verluste wieder wettmachen mußte, versuchte Mengele, das Fortpflanzungstempo zu verdoppeln und damit zu Ruhm zu gelangen. Er verwahrte die »Zwillings«-Akten in leuchtendblauen Mappen auf. Als ein Gefangener, ein Arzt aus Budapest, der als Forschungsassistent eingesetzt war, einen Fleck auf eine Akte machte, sah

ihn der junge Deutsche vorwurfsvoll an und fragte: »Wie können Sie so unvorsichtig mit den Akten umgehen, die ich mit so viel Liebe zusammengestellt habe?«
Der empörte Ungar, Dr. Miklos Nyiszli, schrieb später ein Buch mit dem Titel: *Auschwitz: der Bericht eines Arztes, der Augenzeuge war,* in dem er Mengele beschuldigte, er habe »Millionen Menschen in den Tod geschickt, nur weil sie infolge einer Rassentheorie niedrigere Geschöpfe und daher für die Menschheit schädlich waren. Dieser verbrecherische Arzt verbrachte viele Stunden an seinem Mikroskop, bei seinen Desinfizier-Öfen und seinen Retorten oder an seinem Seziertisch; dann war sein weißer Kittel blutverschmiert, und seine blutigen Hände prüften und experimentierten wie bei einem Besessenen.«
Laut Nyiszli »hielt sich Mengele für einen der wichtigsten Vertreter der deutschen medizinischen Wissenschaft«. Während er einen Zwilling mit einem batteriebetriebenen Gerät tätowierte, erklärte er dem Kind: »Du bist ein kleiner Junge. Du wirst wachsen, und einmal wirst du sagen können, daß Doktor Josef Mengele dir deine Nummer persönlich gegeben hat. Du wirst berühmt sein. Kratz nicht daran.«
Doch die Geschichte hat nachgewiesen, daß er kein Wissenschaftler war. Seine Assistentin, Dr. Olga Lengyel, die ebenfalls eine Gefangene war, erklärt es wie folgt:

> Seine Experimente und Beobachtungen wurden auf abnormale Art durchgeführt. Wenn er Transfusionen vornahm, verwendete er vorsätzlich falsche Blutgruppen. Natürlich kam es zu Komplikationen. Er injizierte Substanzen und kümmerte sich dann nicht um die Ergebnisse. Aber er mußte nur sich selbst Rechenschaft ablegen. Er tat, wozu er Lust hatte, und führte seine Experimente wie ein verrückter Dilettant aus. Er war kein Wissenschaftler. Er hatte die Manie eines Sammlers.

In ihrem erschreckenden, 1947 unter den Titeln *Hitlers Öfen* und *Fünf Schornsteine* erschienenen Buch fragt sich Dr. Lengyel: »Was für eine Vorstellung konnte Dr. Mengele von der medizinischen Arbeit haben, die er im Lager durchführte?« Ihre Antwort: »Seine wissenschaftlich wertlosen Experimente waren nur sinnlose Spiele, und alle seine Aktivitäten waren voller Widersprüche.«
Dr. Ella Lingens-Reiner war Christin und Ärztin in Wien. Sie war im österreichischen Untergrund tätig, bis sie nach Auschwitz geschickt wurde, weil sie Juden geholfen hatte; dort wurde sie gezwungen, Mengele zu

assistieren. In *Gefangene der Angst* (1948) beschreibt sie seine »wissenschaftliche Methode«, Patienten auszusondern: Er zwang gefangene Ärzte dazu, Diagnosen und Prognosen zu erstellen: »Wenn wir schrieben, daß ein Patient länger als drei oder vier Wochen im Krankenhaus bleiben müsse, verurteilten wir ihn zum Tod.« Wenn ein kürzerer Zeitraum angegeben wurde, ließ Mengele Patient und Arzt holen und kreischte: »Was! Sie behaupten, daß Sie Arzt sind, und haben vor, dieses elende Geschöpf nach weniger als vier Wochen aus dem Krankenhaus zu entlassen?« Manchmal schickte er beide in ›Die Bäckerei‹, wie er das Krematorium nannte. Oder er bestand darauf, daß der Insasse zum angegebenen Zeitpunkt entlassen wurde, was bei geschwächten Patienten einfach Mord war«, sagt Dr. Lingens. Es war oft unmöglich, einen Ausweg zu finden.«
Dr. Olga Lengyel stimmt Dr. Ella Lingens zu: »Seine Entscheidungen erfolgten nicht aufgrund medizinischer Überlegungen. Sie wirkten vollkommen willkürlich. Er war der Tyrann, gegen dessen Urteile es keine Berufung gab. Warum sollte er sich die Mühe machen, aufgrund irgendeiner Methode zu selektieren? Der Gesundheitszustand hatte überhaupt nichts mit der Selektion zu tun ... Wie sehr haßten wir diesen Scharlatan! Er entweihte das Wort ›Wissenschaft‹. Wir verachteten seine gleichgültige, hochmütige Art, sein ständiges Pfeifen, seine absurden Befehle, seine eisige Grausamkeit!«
Die scharfsichtigste Diagnose von Mengele kam von einem Laien. Marcus Adler, ein Zwilling, den er persönlich tätowierte, beschrieb später dem Biographen Gerald Astor Mengeles Anomalie mit ungefähr den gleichen Ausdrücken wie vor ihm Simon Wiesenthal. Adler sprach von einem »Doktor der Philosophie, einem Arzt, einem Mann, der die Musik und die Dichtkunst liebte, dessen stärkste Waffe sein Benehmen war. Indem er tat, als wäre er integer, brachte er die Menschen dazu, alles zu tun. Er konnte einen vollkommen entwaffnen. Man konnte nicht glauben, daß er log, doch er log die ganze Zeit. Er handelte in der Überzeugung, daß man ein netter Mensch ist, wenn man einem Juden guten Morgen sagt.«

Um 1975 tagte in Wien ein medizinischer Kongreß, und ein hervorragender deutscher Arzt kontaktierte Wiesenthal. Er behauptete, daß er kürzlich in einem Einzelzimmer des Deutschen Klubs in Asunción mit Mengele zu Mittag gegessen hatte, während zwei Leibwächter Wache hielten. Mengele erwähnte zunächst Artikel, die er in den dreißiger Jahren für deutsche medizinische

Zeitschriften geschrieben hatte, und fragte seinen Gast dann, was dieser von seinen »anthropologischen Studien in Auschwitz« hielt. Der Deutsche, der kein Bewunderer seines Gastgebers war, erwiderte zurückhaltend: »Ich kenne Sie nur aufgrund Ihres Rufes in der deutschen Presse.«
»Gott verdamme die Presse und die Juden!« explodierte Mengele und schlug so heftig auf den Tisch, daß das Geschirr klirrte und die Leibwächter zusammenzuckten. »Was wollen sie von mir? Ich führte die Selektion nur durch, um die Zahl der Lebenden zu vergrößern. Ohne sie wären alle gestorben.«
Jetzt war Wiesenthal an der Reihe zu explodieren. »Schlagen Sie ihn doch für den Nobelpreis vor«, meinte er sarkastisch. »In Auschwitz wurden über zwei Millionen Menschen ›selektiert‹. Es gab dort dreiundzwanzig Ärzte, die bei der Selektion Dienst machten, aber wie kommt es, daß Mengele allein über 400 000 Menschen selektierte? Warum war er für so viele verantwortlich? Wir kennen die Diensteinteilung. Wir wissen, daß Mengele sich freiwillig erbot, die anderen zu vertreten. Er suchte bestimmte Leute für seine entsetzlichen Experimente, und natürlich waren die anderen Ärzte damit einverstanden.«
Nachdem Simon Dampf abgelassen und sich bei dem deutschen Arzt entschuldigt hatte, der ihn mit der anscheinend nützlichen Information aufgesucht hatte, dachte er über Mengeles Erklärung nach und sagte mir: »Er hat seine Verteidigung vorbereitet. Ein Mensch, der so spricht, denkt: ›Wie werde ich mich verteidigen, wenn ich gefaßt werde?‹«
Mengele hatte seine Verteidigung schon viel früher vorbereitet. In Auschwitz erklärte er einmal der Oberschwester in seinem Krankenrevier, einer ins KZ eingelieferten deutschen Kommunistin namens Orli Reichert, warum er jüdische Frauen mit kleinen Kindern unweigerlich in den Tod schickte: »Wenn ein jüdisches Kind geboren wird oder wenn eine Frau mit einem Kind ins Lager kommt, weiß ich nicht, was ich mit dem Kind tun soll. Ich kann es nicht freilassen, weil es keine Juden mehr gibt, die in Freiheit leben. Ich kann das Kind nicht im Lager lassen, weil es sich hier nicht normal entwickeln kann. Es wäre nicht human, ein Kind in den Tod zu schicken, ohne der Mutter zu erlauben, den Tod des Kindes mitzuerleben. Deshalb schicke ich Mutter und Kind gemeinsam in die Gaskammer.«
Da Mengele vorhatte, nach dem Krieg in Berlin eine elegante Praxis als Geburtshelfer und Gynäkologe zu eröffnen, übte er, indem er in Auschwitz so viele Kinder wie möglich entband – wobei er seine Instrumente sterilisierte und jede Nabelschnur peinlich genau durchtrennte. Wenn

ihn das Kind nicht »wissenschaftlich« interessierte, schickte er Mutter und Kind dreißig Minuten später in die Gaskammer.

Doch meist hatte er keine Zeit, sich mit Schwangeren abzugeben, und sandte sie direkt in den Untergang. Aber er zeigte ein gewisses lüsternes Interesse, wenn eine Insassin im Lager schwanger wurde. Er befragte die werdende Mutter und genoß jedes Detail der Liebesaffäre hinter Stacheldraht. Dann schickte er sie in die Gaskammer. Einmal stellte er einer schwangeren Fünfzehnjährigen die intimsten Fragen, klopfte ihr nachher leicht auf den Bauch und entließ sie in die Gaskammer. »Dieses Lager ist keine Entbindungsstation«, erklärte er ihr.

Von all den hunderttausend »Fällen«, die Mengele durch Auschwitz-Birkenau schleuste, berührt Wiesenthal die Geschichte von Ruth Elias am meisten, die nicht schwanger aussah, als sie im Dezember 1943 dort eintraf. Im Mai 1944 hatte sie jedoch bereits die Schrift auf dem Stacheldraht gelesen und durch das Lager-Nachrichtensystem erfahren, daß aufgrund der alliierten Bombenangriffe kräftigere Insassen nach Deutschland geschickt werden sollten, um den Schutt wegzuräumen. Über vier Jahrzehnte später erinnert sich Ruth Elias an ihren Kampf ums Überleben:

»Ich bin im siebenten Monat. Man sagt mir, daß Schwangere in die Gaskammer geschickt werden. Ich bin erst zwanzig. Ich will leben. Freunden gelingt es, meine Nummer in die Transportliste nach Deutschland einzutragen. Wir jungen, kräftigen Arbeiterinnen werden in das Frauenlager gebracht. Es kommt noch eine Auswahl. Diesmal wird Doktor Mengele die Auswahl persönlich treffen. Wir sind nackt und müssen im Gänsemarsch an ihm vorbeimarschieren. Junge Frauen nehmen mich in die Mitte und versuchen, Mengeles Aufmerksamkeit auf sich zu lenken. Wir kommen ihm gar nicht in die Nähe. Ist es möglich? Der Arzt bemerkt mich nicht. Ich darf leben? Und das neue Leben bewegt sich in mir.«

Sie wird nach Hamburg gebracht, wo aufmerksamere Behörden einen Blick auf ihre Gestalt werfen und sie nach Auschwitz zurücksenden. Mengele ist über sein Versehen verblüfft und nimmt sie in sein Krankenhaus auf. Als das Mädchen zur Welt kommt, umwickelt Mengele Ruths Brüste mit Verbänden, damit sie nicht stillen kann.

»Mein Kind schreit vor Hunger. Es will gestillt werden. Ich kaue ein winziges Stückchen Brot und stecke es ihm in den Mund. Meine Brüste sind voller Milch. Ich bin bis zum Hals geschwollen. Doktor Mengele kommt jeden Tag und genießt den Anblick.«

Mitfühlende Schwestern schmuggeln für das Baby Tee ins Zimmer, aber das ist für das verhungernde Kind zu wenig. Am achten Tag sagt Mengele der Mutter: »Seien Sie morgen früh mit Ihrem Kind bereit. Ich werde Sie holen.«

In ihrer letzten Nacht auf Erden, wie Ruth Elias glaubt, klammert sie sich an ihre sterbende Tochter, bis eine Insassin, die Ärztin ist, zu ihr kommt und sagt: »Ich werde Ihnen helfen. Hier ist eine Spritze mit einer starken Dosis Morphium, die Ihr Kind töten wird. Es kann nicht überleben. Es verhungert. Es hat bereits Hungerödeme.«[6]

Ruth Elias sagt der Frau, sie solle es tun, aber sie weigert sich: »Ich bin Ärztin. Ich kann nicht diejenige sein, die das Kind tötet. Es ist kaum noch am Leben, aber Sie sind zwanzig. Sie werden überleben. Sie werden Kinder bekommen. Können Sie das Kind ansehen und beschließen, mit ihm zu sterben? Bitte geben Sie ihm die Spritze!«

Nach zwei Stunden Gewissensprüfung tötet sie ihre Tochter.

Am nächsten Morgen fragt Mengele: »Wo ist Ihr Kind?«

»Während der Nacht gestorben«, antwortet sie matt.

»Ich will die Leiche sehen«, verlangt er. Dann sagt er befriedigt: »Sie haben Glück. Sie werden heute früh ins Arbeitslager gebracht.«

Anfang 1985 wurde in Jerusalem zur Vierzig-Jahr-Feier der Befreiung von Auschwitz ein Mengele-»Prozeß in absentia« abgehalten – nur einige Wochen, bevor seine Überreste in Brasilien auftauchten. Zu den »Richtern« gehörten der Historiker Yehuda Bauer, der Nürnberg-Ankläger Telford Taylor, Eichmanns Ankläger Gideon Hausner und Simon Wiesenthal.

Als Ruth Elias aussagte und erzählte, wie ihre Tochter langsam gestorben war, »ganz nahe bei mir. Ich höre noch immer ihren letzten Atemzug, ihr letztes Stöhnen«, war Wiesenthal sprachlos. Als er Worte fand, wandte er sich den anderen Richtern zu und sagte: »Bitte, keine Fragen.«

Später kam Ruth Elias zu ihm und küßte ihn als Dank für seine einfühlsame Bitte um Schweigen, das ihr gequältes Kind mehr ehrte als alle Worte. »Ich habe drei Kinder«, sagte sie ihm, »drei schöne Kinder, und sie danken Ihnen.«

Als Wiesenthal nach diesem Zusammentreffen nach Wien zurückkehrt, bemerkt er: »Sie können sich vorstellen, daß ich nicht nur alles, was mir in den Lagern zugestoßen ist, mit mir herumtrage, sondern auch alles, was diesen Zeugen zugestoßen ist. Manche Gefühle sind so konfus, daß es für mich mein Baby war, das sie tötete. Nach so vielen Jahren, in denen ich mir solche

Geschichten angehört habe, glauben die Menschen, daß ich aus Stein bin. Das bin ich nicht! Wenn Menschen zu mir kommen und mir erzählen, was ihnen widerfahren ist, beginnen sie zu weinen, und ich weine mit ihnen. Ich fühle es. Ich sehe es. Ich kann immer nur für kurze Zeit vergessen. Ich sage mir, daß wir 1985 haben und daß das 1944 geschehen ist. Aber dann erinnere ich mich.«
Wiesenthal zittert, dann beginnt er zu schluchzen.

XVII. Das größte Schlachtfeld der Geschichte

Zu Beginn des Jahres 1940 berichtete der ehemalige Geschäftsmann Richard Glücks aus Düsseldorf seinem Vorgesetzten von einem Standort, den er als »geeignete Örtlichkeit« bezeichnete. Der »Standort« lag am Zusammenfluß von Weichsel und Sola in jenem Teil Polens, den Deutschland im September 1939 annektiert hatte. Er befand sich in der Nähe von Krakau, gehörte zur Gemeinde Oswiecim und lag an einem wichtigen Eisenbahnknotenpunkt. Man konnte Oswiecim von Wien, Warschau, Berlin und etlichen anderen deutschen Großstädten aus leicht erreichen.

Richard Glücks war der neue Oberinspektor der Konzentrationslager. Der Vorgesetzte, dem er berichtete, war Heinrich Himmler, der zweitmächtigste Mann Deutschlands. Und die »geeignete Örtlichkeit« für ihr größtes polnisches Unternehmen, Oswiecim, wurde unter dem Namen Auschwitz weltbekannt.

Im Sommer 1941 ließ Himmler Rudolf Höss, den ersten Kommandanten von Auschwitz, zu sich kommen und teilte ihm angeblich mit, daß der Führer eine »Endlösung« für das jüdische Problem befohlen habe und daß die SS sie durchführen müsse. Auschwitz war zu diesem Zeitpunkt ein seit einem Jahr bestehendes Konzentrationslager für Polen. In nächster Nähe standen Fabriken, die Krupp, I.G. Farben, Siemens usw. gehörten. Höss kehrte aus Berlin nach Polen zurück, und einige Tage später suchte ihn Adolf Eichmann auf.

Höss war früher Aufseher in Dachau und dann Chef im Konzentrationslager Sachsenhausen gewesen. Seine kriminelle Vergangenheit war weit spektakulärer als die der meisten SS-Aufseher. Während seiner Anfangszeit als Nazi hatte er fünf Jahre einer zehnjährigen Haftstrafe abgesessen, weil er 1923 mit einem Kameraden einen angeblichen Informanten namens Walther Kadow in einem Wald halb zu Tode geprügelt, ihm dann die Kehle durchgeschnitten und ihn mit zwei Schüssen erledigt hatte. Kadow war Volksschullehrer gewesen, und einer seiner früheren Schüler, Martin Bormann, wurde als Höss' Komplize zu einem Jahr Gefängnis verurteilt. Bormann wurde später Hitlers Sekretär und Höss' Gönner.

Höss wurde am 7. April 1947 im Lager Auschwitz an einem Galgen neben dem hübschen Haus gehängt, in dem er, seine Frau und ihre fünf Kinder von 1940 bis 1943 gewohnt hatten. Bei seinem Prozeß vor einem polnischen Militärgericht sagte er aus, daß Eichmann mit ihm über verschiedene Vernichtungsmethoden und über die wahrscheinliche Reihenfolge der Länder gesprochen hatte, die judenfrei würden: Zuerst die Sowjetunion und Polen, dann Deutschland (einschließlich Österreichs), die Tschechoslowakei, Frankreich, Belgien und Holland. (Die ungarischen Juden, die von einem deutschfreundlichen Regime geschützt wurden, standen noch nicht auf dem Fahrplan der »Endlösung«.) Höss und Eichmann waren sich angeblich darüber einig, daß die im Osten angewandten Methoden Hängen, Hinrichtungen und Massaker sich nicht für Auschwitz eigneten, das dafür vorgesehen war, Hunderttausende Juden zu vernichten. Sie wollten sich auch nicht auf das im Euthanasieprogramm und vom »wilden Christian« – Polizeikommissar Wirth – verwendete Kohlenmonoxid verlassen.

»Wir gelangten damals zu keiner Entscheidung«, sagte Höss aus. »Eichmann wollte sich auf die Suche nach einem Gas begeben, das leicht zu bekommen war und keine große Apparatur erforderte.

Ich fuhr mit Eichmann durch die Umgebung von Auschwitz, und wir sahen uns nach dem geeignetsten Ort um ... Wir fanden einen Bauernhof, der unserem Vorhaben entsprach... Er lag etwas abseits hinter einem Wäldchen in der Nähe der Eisenbahnlinie. Die Leichen sollten in einem nahen Feld in tiefen, breiten Gräben begraben werden. Wir rechneten uns aus, daß wir mit dem richtigen Gas 800 Juden in einem Durchgang töten konnten. Diese Berechnung erwies sich später als richtig.«

Auf dem Hof, den Höss Eichmann zeigte, befanden sich in Wirklichkeit zwei Bauernhäuser. Die Deutschen nannten sie das Weiße und das Rote Haus, aber sie gehörten den Harmatas und Wichajs, zwei Bauernfamilien, die immer wieder untereinander geheiratet hatten und das Land gemeinsam bebauten. Sie wurden vertrieben und ihre Häuser für Experimente mit dem neuen Gas Zyklon B zu Bunkern umgebaut. Gefangene aus dem nicht einmal drei Kilometer entfernten Auschwitz hoben unter Aufsicht der SS die Gräben für die Leichen aus. Die ersten Juden wurden um den 20. Januar 1942 im Weißen Haus vergast, während die »Endlösung« bei der Wannsee-Konferenz formuliert wurde.

Heinrich Himmler, der ein Jahr zuvor Auschwitz inspiziert hatte, kam am 17. und 18. Juli 1942 wieder, um das neue, nahegelegene Transit- und Vernichtungslager zu begutachten. Was er sah, gefiel ihm, und er befahl Höss, den Betrieb zu erweitern und effizienter zu gestalten, indem er die Gaskammer und das Krematorium in einem einzigen Mehrzweckgebäude unterbrachte. In dem neuen Lager schossen vier solcher Todeszentren, für die 175 Hektar Land zur Verfügung standen, wie Pilze aus dem Boden; ein fünftes Zentrum wurde in Auschwitz errichtet, wo das gesamte Lager nur acht Hektar umfaßte. Dort waren 1941 im Kellergeschoß der Baracke 11, dem »Todesblock«, die ersten Vergasungen mit Zyklon B an sowjetischen Kriegsgefangenen durchgeführt worden. Die Gaskammer in Auschwitz war für Gefangene bestimmt, die sich auflehnten oder bestraft wurden, zu krank waren, um zu arbeiten, oder aus anderen Gründen eliminiert wurden. Die vier Gaskammern auf dem ehemaligen Bauernhof waren vor allem für Neuankömmlinge vorgesehen, die man für ungeeignet hielt oder nicht dafür brauchen konnte, sich für das Dritte Reich zu Tode zu arbeiten.

Zuerst wurde das neue Lager Auschwitz II genannt, aber dank einer Birkengruppe, die zu Beginn das einzige Kennzeichen war, wurde der Name auf Birkenau geändert. Auschwitz und Birkenau bildeten zusammen das »größte Schlachtfeld der Geschichte«, auf dem im Zweiten Weltkrieg Millionen Menschen starben. Diese Formulierung stammt vom Polnischen Komitee (gemeinsam mit der UNESCO) für die Erhaltung der Monumente zum Gedenken an Widerstand und Martyrium.

Am Dienstag, den 17. Januar 1945 hatte Dr. Josef Mengele zur Geräuschkulisse der Roten Armee die Akten über *seine* großen Projekte – die Experimente mit Zwillingen, Krüppeln, Zigeunern und Zwergen – in zwei Kartons gepackt und sie in einen wartenden Wagen gelegt, der ihn und mehrere Auschwitz-Ärzte in das etwa 320 Kilometer nordwestlich von Auschwitz liegende Konzentrationslager Groß-Rosen brachte. Dort sollten sie ihre »wissenschaftliche« Arbeit fortsetzen.

Das erste mögliche Zusammentreffen zwischen Simon Wiesenthal und Josef Mengele hätte also Anfang 1945 in Groß-Rosen stattfinden können. Wiesenthals kurzer Aufenthalt in Groß-Rosen überschnitt sich einige Tage lang mit dem Mengeles. Doch zum Glück kreuzten sich damals Mengeles und Wiesenthals Wege nicht.

Mengele blieb bis zum 18. Februar in Groß-Rosen, wo man seit drei Jahren bakteriologische Experimente an russischen Kriegsgefangenen vornahm. Als die Rote Armee näherrückte, floh er durch mit Leichen übersätes und durch Flüchtlinge überfülltes Gebiet nach Westen. Er schloß sich an eine auf dem Rückzug befindliche deutsche Einheit an und tauschte dort seine SS-Uniform gegen eine normale Offiziersuniform der

Wehrmacht. Die Einheit blieb zwei Monate in der Tschechoslowakei, bis die Rote Armee sie nach Westen trieb.
Am 2. Mai traf die Einheit in Saaz im Sudetenland auf ein motorisiertes deutsches Feldlazarett; einer der dort tätigen Ärzte, Hans Otto Kahler, war vor dem Krieg im Institut für Vererbung, Biologie und Rassenkunde an der Universität von Frankfurt ein enger Freund von Mengele gewesen. Obwohl Kahler einen jüdischen Urgroßvater hatte, hielt Professor von Verschuer, der das Institut leitete, Kahlers Zwillingsforschung für so wichtig, daß es der Nazipartei nicht gelang, ihn aus dem Institut zu entfernen. Er wurde schließlich zum Offizier ernannt.
An diesem Abend fragte Mengele Kahler, ob er im auf innere Medizin spezialisierten Feldlazarett bleiben könne. Kahler sprach mit dem Kommandanten der Einheit, und Mengele wurde aufgefordert, sich dem Stab anzuschließen. Bald danach fing er ein Verhältnis mit einer Krankenschwester an, der er seine Forschungsakten anvertraute, weil Krankenschwestern nur selten eingesperrt oder von den Alliierten durchsucht wurden.
Er wußte, daß seine Unterlagen belastend waren, ahnte aber nicht, wie schwer belastet er war. Seit Auschwitz am 27. Januar befreit worden war, wurde sein Name in den Aussagen der Überlebenden vor amerikanischen, englischen, französischen, sowjetischen, polnischen, jugoslawischen und tschechoslowakischen Behörden immer wieder genannt. Von April an erschien sein Name an einer der ersten Stellen der Kriegsverbrecherlisten, laut denen er wegen »Massenmordes und anderer Verbrechen« gesucht wurde. Diese Listen hatten das US-Amt für Sonderermittlungen – die spätere UN-Kommission für Kriegsverbrechen – und das Alliierte Oberkommando in Paris zusammengestellt. Doch weder Mengele noch seine Kollegen hatten Zugang zu solchen Publikationen, während seine Frau Irene am 3. Mai eine alliierte Radiosendung gehört hatte, in der die Anklagepunkte gegen ihn aufgezählt wurden.
Obwohl Kahler wußte, daß Mengele ein SS-Arzt war, der eine Wehrmachtsuniform trug, verriet er ihn nie. Oberst Fritz Ulmann, ein höherrangiger Arzt in der Einheit, vermutete die Wahrheit, weil Mengele jeden Tag beim Namensaufruf einen anderen Namen nannte. Obwohl der Krieg in Europa am 8. Mai mit Deutschlands bedingungsloser Kapitulation zu Ende war, saß das Feldlazarett sechs Wochen lang in Sachsen in einem etwa dreißig Kilometer breiten Niemandsland zwischen den amerikanischen und den sowjetischen Linien fest, während die alliierten

Führungsstäbe sich ausrechneten, in wessen Zuständigkeitsbereich es fiel. Schließlich formierte sich die Einheit im Juni als medizinischer Konvoi, marschierte durch die amerikanischen Linien, überwand etliche Straßensperren und gelangte nach Nordbayern.
Sie waren jetzt vor den Rotarmisten sicher, wurden jedoch von der US-Army in der Stadt Weiden geschnappt, weil ihr Treibstoffvorrat zu Ende war. Sie wurden interniert, doch Mengeles Freundin, die Krankenschwester, wurde wie vorhergesehen nach wenigen Stunden entlassen und machte sich mit seinen Forschungsakten auf den Weg nach Gera, ihrer Heimatstadt, die in der sowjetischen Zone lag. Die Offiziere mußten länger warten, während ihre Akten[7] überprüft wurden.
Als Mengele seinen Namen mit Memling angeben wollte, wurde es Kahler, einem Kunstliebhaber, zuviel, und er erklärte seinem Kollegen, daß dies unehrenhaft sei. Also nannte Mengele seinen wahren Namen.
Obwohl er sich acht Wochen lang in amerikanischem Gewahrsam befand, überprüfte niemand die Fahndungslisten für Kriegsverbrecher nach seinem Namen. Die ersten Tage der Besatzungszeit waren sehr chaotisch, und es ist durchaus möglich, daß keine der Listen in die Lager gelangten, in denen er sich aufhielt. Noch etwas rettete buchstäblich seine Haut: Als er 1938 in die SS eintrat, hatte er aus Eitelkeit vermieden, sich seine Blutgruppe eintätowieren zu lassen. Er gab mit seinen ärztlichen Kenntnissen an und redete der SS ein, daß jeder erfahrene Chirurg bei Transfusionen die Blutgruppen vergleichen würde, statt sich auf Tätowierungen zu verlassen. 1945 suchten die amerikanischen Fahnder als ersten Hinweis die SS-Tätowierung, und ein Soldat, der sie nicht aufwies, galt als relativ unbescholten.
Dennoch befürchtete Mengele, daß man ihn entlarven würde. Er verfiel in eine Depression und bat den Neurologen Dr. Ulmann, ihn zu behandeln. Ulmann schöpfte Verdacht, worauf Mengele zusammenbrach und ihm Bruchteile von seiner Tätigkeit in Auschwitz anvertraute. Wie so oft in diesem Beruf, hielt Ulmann als Arzt zu seinem Kollegen und behandelte nicht nur dessen Depression, sondern bot ihm auch an, ihm Papiere zu verschaffen, falls er entlassen wurde oder flüchtete. Ulmann, dessen Entlassung kurz bevorstand, arbeitete im Hauptquartier des Lagers und ließ Duplikate seiner Entlassungspapiere anfertigen, die er Mengele übergab. Dieser konnte sie verwenden, sobald er frei war.
Da die Amerikaner Mengele für unbelastet hielten, wurde er Ende Juli entlassen und von einem Lastwagen nach Ingolstadt an der Donau mit-

genommen. Er machte sich auf den Weg nach Donauwörth, wo ein alter Schulfreund von ihm, Albert Miller, als Tierarzt tätig war. Mengele verschaffte sich ein Fahrrad, stand einige Stunden später vor Dr. Millers Tür und läutete.

»Guten Tag, Dr. Mengele«, begrüßte Frau Miller den uniformierten Besucher, der bestürzt war, weil sie ihn sofort erkannt hatte. Sie bat ihn herein und lud ihn zum Abendessen ein, als ihr Mann nach Hause kam. Mengele erklärte seinen Gastgebern: »Was immer Sie über mich hören, es sind lauter Lügen. Glauben Sie kein einziges Wort davon. Ich habe nichts Unrechtes getan.«

Mengele bat die Millers, seiner Familie mitzuteilen, daß er am Leben, in Sicherheit und frei sei. Sie forderten ihn auf, über Nacht zu bleiben, aber Mengele lehnte ab, denn nach dem Abendessen hatten amerikanische Soldaten Miller verhaftet, um ihn wegen seiner Aktivitäten während der Nazizeit zu verhören. Mengele hatte sich in einem Hinterzimmer versteckt und machte sich im Lauf der Nacht auf den Weg nach Ostdeutschland, um seine kostbaren Akten zu retten.

Während Mengeles gefährlicher dreiwöchiger Reise durch die sowjetische Besatzungslinie berichteten Dr. Miller (der bald freigelassen wurde) und seine Frau Mengeles Familie in Günzburg von seinem Besuch. Mengeles Frau Irene, die 1944 nach der Geburt ihres Sohnes Rolf in ein Häuschen im nahen Autenried übersiedelt war, nahm erleichtert zur Kenntnis, daß sie nicht Witwe war. Am 11. Juni 1945 waren drei amerikanische Militärpolizisten erschienen und hatten ihren Mann gesucht. Damals hatte Frau Mengele mit ziemlicher Sicherheit behaupten können, daß er »wahrscheinlich tot« sei.

Mengele kehrte nach Bayern zurück und suchte in München einen Apotheker auf, der 1942 mit ihm an der Ostfront gekämpft hatte. Der Apotheker und seine Frau waren mit dem Chefapotheker von Auschwitz befreundet, der ihnen erzählt hatte, was dort geschah und welche Rolle Mengele dabei spielte. Sie nahmen Mengele in ihre Wohnung auf, in der er vier Wochen blieb und immer wieder behauptete: »Ich habe nichts zu verbergen. In Auschwitz sind schreckliche Dinge geschehen, und ich tat mein Bestes, um zu helfen. Man kann aber nicht alles tun. Es kam zu entsetzlichen Katastrophen. Ich konnte nur einen Teil der Menschen retten. Ich habe nie jemanden getötet oder ihm Schaden zugefügt. Ich kann beweisen, daß ich unschuldig bin ...«

»Sie sind verrückt«, erklärte ihm der Apotheker. »Es ist unmöglich, daß

Sie ein faires Verfahren bekommen. Wenn Sie sich freiwillig stellen, erschießt man Sie entweder sofort, oder man macht Ihnen den Prozeß und hängt Sie dann. Vergessen Sie den Unsinn, daß Sie Ihre Unschuld beweisen können. Wir müssen einen Ort finden, an dem Sie sich verstecken können.«

Die deutschen Mediziner schlossen wieder einmal die Reihen um ihr schwärzestes Schaf. Der Apotheker kannte zufällig Dr. Ulmanns Schwager und dessen Frau, die beide Ärzte waren. Sie machten sich erbötig, auf einsamen Bauernhöfen in Ostbayern für den falschen Fritz Ulmann Arbeit zu suchen. Die jungen Männer dieser Gegend waren während des Krieges so dezimiert worden, daß man Arbeitskräften kaum oder gar keine Fragen stellte. Aus Dankbarkeit veränderte Mengele einige Buchstaben auf seinen Dokumenten: aus *Ul*mann wurde *Holl*mann.

Die Ulmanns fuhren mit Mengele in der Gegend von Mangolding herum und suchten auf den einsamen Höfen Arbeit für ihren Schützling. Zweimal wurden sie fortgeschickt, doch am dritten Hof hieß sie die Familie Georg Fischer willkommen, die auf ungefähr acht Hektar Grund Kartoffeln und Weizen anbaute, ein Dutzend Milchkühe hielt und eine Hilfskraft brauchte. Mengele wurde als »Fritz Hollmann« vorgestellt, ein Flüchtling aus Görlitz in Ostdeutschland an der polnischen Grenze. Die Fischers luden ihre Besucher zum Mittagessen ein. Georgs jüngerer Bruder Alois erinnert sich, daß Hollmann »aß, als hätte er im Krieg nicht viel zu essen bekommen. Er sagte kein Wort, sondern verschlang nur riesige Mengen. Mein Bruder sagte ihm: ›Wenn Sie genauso viel arbeiten, wie Sie essen, sind Sie mein Mann. Wir versuchen es mit Ihnen.‹«

Fritz Hollmann, alias Dr. Josef Mengele, verpflichtete sich am Dienstag, den 30. Oktober 1945 um zehn Mark wöchentlich als Landarbeiter.

1987 besuchte ich Auschwitz-Birkenau und fand nur wenige Spuren seiner tödlichen Arbeit: Eine detaillierte, von ihm unterschriebene Packliste, die zusammen mit dem Kopf eines zwölfjährigen Zigeunerjungen am 20. Juni 1944 zur weiteren Analyse an ein deutsches Forschungsinstitut geschickt wurde, ein Foto von vier Zigeunern, die Mengele kastriert hatte, einige Seiten mit seinen handschriftlichen »anthropologischen Meßergebnissen« und ein vom 19. August 1944 datiertes Empfehlungsschreiben des SS-Garnisonskommandanten in Auschwitz an die Dienststelle des Oberarztes. Es lautet:

Dr. Mengele befindet sich seit dem 20. Mai 1943 hier. Sein Charakter

> ist offen, ehrenhaft, entschieden. Er ist absolut vertrauenswürdig, rechtschaffen und direkt. Seine geistige und körperliche Hygiene ist hervorragend. Sein Aussehen weist auf keine Charakterschwäche, keine Neigungen und keine Sucht hin. Seine intellektuellen und körperlichen Anlagen können als ausgezeichnet bewertet werden. In seiner Funktion als Lagerarzt des Konzentrationslagers Auschwitz setzte er seine Kenntnisse praktisch und theoretisch bei der Bekämpfung von schweren Epidemien ein. Selbst unter schwierigen Umständen ergriff er jede Gelegenheit, seine theoretischen und praktischen Kenntnisse zu erweitern. Er benützt seine Freizeit, um weitere Forschungsmöglichkeiten und ungewöhnliches anthropologisches Material zu suchen.

Der Bericht empfahl abschließend Mengeles Beförderung, doch in diesem Stadium des Krieges war es dafür zu spät.

Im Archiv von Auschwitz hörte ich eine Bandaufzeichnung der körperlosen elektronischen Stimme eines Zwillings namens Emil Reichenberger, der zwei Jahre lang von Mengele mit Injektionen und Experimenten behandelt worden war, die ihn unter anderem seinen Kehlkopf gekostet hatten. »Doch ich hatte Glück«, schloß die Stimme. »Mein Bruder starb bei den gleichen Experimenten.«

Im Archiv gibt es nur zwei Aufnahmen von Mengele: SS-Identifizierungsfotos, keines aus Auschwitz. Trotz seiner Eitelkeit ließ Mengele sich nur selten fotografieren, denn er wußte, daß man ihn eines Tages wegen seiner Verbrechen gegen die Menschheit zur Verantwortung ziehen würde.

XVIII. Der Flüchtling Mengele

Als Dr. Josef Mengeles »Witwe« Irene Ende Juli 1945 erfuhr, daß ihr Mann am Leben war, behielt sie die gute Neuigkeit für sich. 1946 begann sie, am Wochenende mit der Bahn nach Rosenheim zu fahren, wenn der Landarbeiter Fritz Hollmann frei bekam, um seine »Freundin« in Rosenheim zu besuchen. Irene vergewisserte sich stets, daß ihr niemand folgte, ging dann die Straße nach Mangolding hinauf, traf »Fritz« und verbrachte die Nacht mit ihm in einem Gasthaus am Simssee. Wenn sie nach Autenried und Günzburg zurückkehrte, erzählte sie Freunden weiterhin, daß sie ihren Mann nie mehr wiedersehen würde, ging sogar in Trauerkleidung zur Kirche und bat den Priester, für die Seele ihres verstorbenen Mannes zu beten.

Ihr Schwiegervater Karl Mengele steuerte das Seine dazu bei, indem er Entnazifizierungs-Ermittlern zweimal erzählte, daß sein Sohn als vermißt gemeldet worden war; beim dritten Mal erklärte er ihnen, sein Sohn wäre tot. Offenbar überzeugten er und Irene die Behörden, denn als die ungarische jüdische Gynäkologin Dr. Giselle Perl, die in Auschwitz Mengeles Gefangene gewesen war, ihn 1947 bei den Amerikanern anzeigte, reagierte Brigadegeneral Telford Taylor, US-Hauptankläger bei den Nürnberger Kriegsverbrecherprozessen, ein Jahr später mit folgender Mitteilung an Washington: »Wir möchten darauf hinweisen, daß Dr. Mengele [sic] laut unseren Unterlagen im Oktober 1946 gestorben ist.«

Auf dem Hof der Fischers erinnerte man sich 1985 an Fritz Hollmann als an einen »sehr zuvorkommenden Landarbeiter, der nie Streit anfing und immer gut aufgelegt war«. Das erklärte die Bäuerin dem Münchner Historiker Dr. Günther Deschner, der dem verstorbenen Dr. Josef Mengele auf der Spur war. Ihr Schwager Alois erzählte Deschner, daß Mengele »weder freundlich noch unfreundlich, sondern immer beherrscht und diszipliniert war ... Nur einmal kam es zu einer kleinen Auseinandersetzung. Er war als Landarbeiter eingestellt worden, befahl mir jedoch, das Stroh von der Dreschmaschine wegzuschaffen. Ich sagte ihm, er solle es selbst tun. Darauf wurde er sehr zornig, nur einen kurzen Augenblick lang, aber sehr, sehr zornig. Er sah mich so wütend an, daß ich glaubte, er würde mich angreifen. Doch dann riß er sich zusammen, und es kam nie wieder zu einem solchen Zwischenfall.« »Hollmann« arbeitete von Oktober 1945 bis August 1948 bei der Familie Fischer.

Gegen Ende seiner Landarbeitertätigkeit wollte Mengele seinen Arbeitgebern erklären, daß sie bei der Kartoffelernte eine »wissenschaftliche Selektion« vornehmen sollten, um mittelgroße Kartoffeln zu züchten. Obwohl die Fischers Mengeles Theorien nicht ernst nahmen, fand er, daß »auf diese Weise mein Geist aktiv blieb«.

Irene und Josef Mengele trafen einander zwar zweimal monatlich, doch ihre Ehe ging in die Brüche. Er war auf die Männer, mit denen Irene in Autenried und Günzburg zusammenkam, sehr eifersüchtig und beschimpfte sie während der wenigen Stunden, die sie zusammen verbrachten, ständig wegen ihrer Untreue.

Mitte 1948 wurde ein Dutzend SS-Ärzte wegen Verbrechen gehängt, die (qualitativ und quantitativ) nicht so unmenschlich waren wie die von Mengele verübten. Darauf verschwand er vom Hof und kehrte nach Günzburg zurück, wo ihn Freunde und Verwandte in Wohnungen, Lagerhäusern und sogar in einer Klosterschule namens »Englisches Institut« unterbrachten.

Sobald Karl Mengele Senior und Junior entnazifiziert waren und Josefs Bruder Alois nach vier Jahren in einem Gefangenenlager in Jugoslawien nach Hause kam, florierte die Karl Mengele & Söhne-Gerätefirma durch die Erzeugung von Schubkarren für den Wiederaufbau.

Der einzige Mensch in Günzburg, der Mengele nicht freundlich aufnahm, war seine Frau. Als er kurz nach seiner Ankunft in Südamerika Irene aufforderte, mit ihrem Sohn Rolf nachzukommen, weigerte sie sich. Sie hatte bereits Alfons Hackenjos kennengelernt, den sie nach der 1954 erfolgten Scheidung von Mengele heiratete.

Günzburg war jedoch kein Zufluchtsort, sondern nur ein Rastplatz auf Mengeles Reiseroute nach Südamerika. Am Ostersonntag, den 17. April 1949, gelangte er mit der Bahn aus Deutschland nach Österreich und übernachtete in einem Gasthaus in Steinach am Brenner. Zeitig am nächsten Morgen führte ihn ein Hirte – den seine Familie durch SS-Kontaktpersonen in Günzburg bezahlte – bei Vollmond über den Brenner nach Italien. Dann fuhr er mit der Bahn nach Sterzing, wo er im Gasthaus zum Goldenen Kreuz abstieg. Er blieb einen Monat dort.

Im Goldenen Kreuz traf Mengele einen Italiener mit dem Decknamen Nino, der ein Paßfoto wollte und Mengele dann einen deutschen Personalausweis auf den Namen »Helmut Gregor« lieferte. Sein nächster Besucher mit dem Decknamen Erwin war sein alter Schulfreund Hans Sedlmeier, der jetzt Verkaufsmanager der Firma Mengele in Günzburg war.

Sedlmeier, der dreißig Jahre lang der Mittelsmann zwischen der Familie und ihrem schwärzesten Schaf sein würde, überbrachte ihm die Grüße seines Vaters, Dollars und einen kleinen Koffer, der wissenschaftliche Proben, darunter einen Blutstropfen zwischen zwei Glasplättchen, sowie die kostbaren Aufzeichnungen aus Auschwitz enthielt.

Mengele übersiedelte als »Helmut Gregor« nach Bozen in der autonomen Region Trentino-Südtirol. »Gregor« wurde von einem Mann namens Kurt über die letzte Phase seiner Flucht aus Europa informiert. »Sie werden im Juli von Genua aus nach Argentinien reisen«, erklärte ihm Kurt.

Die Beschaffung der Ausreisedokumente in Genua erwies sich als der gefährlichste Teil von »Gregors« Reise. Er bekam ohne weiteres vom Schweizer Konsulat in Genua einen internationalen Rotes-Kreuz-Paß und bestand auch die vom argentinischen Konsulat verlangte ärztliche Untersuchung. Außerdem lieferte ihm Kurt ein gefälschtes Impfzeugnis, laut dem er innerhalb der letzten zwei Wochen geimpft worden war. Doch als er das Ausreisevisum beantragte, war der Beamte, der Kurt verpflichtet war, auf Urlaub gegangen. Seine Vertreter stellten nicht nur fest, daß seine Dokumente, vor allem das Impfzeugnis, gefälscht waren, sondern wiesen auch eine Bestechungssumme von dreißig Dollar zurück und steckten ihn ins Gefängnis. Eine Untersuchung sollte ergeben, wie er ins Land gelangt war.

»Gregor« schmachtete drei Wochen lang in einem italienischen Gefängnis; seine Zellengenossen bezeichnete er als »widerlichen ländlichen Müll«, »kommunistischen Pöbel« und »den Abschaum der Großstadt«. Zu ihnen gehörten ein Straßenmusikant, der Liliputaner war, und ein morphiumsüchtiger Arzt, dessen Entzugssymptome Mengele auf »konstitutionelle Minderwertigkeit« zurückführte. Doch dann wurde »Gregor« genauso schnell, wie er im Gefängnis gelandet war, wieder entlassen – Kurts Kontaktmann war endlich aus dem Urlaub zurückgekehrt. Plötzlich wurden die Polizisten sehr unterwürfig, und einer von ihnen fragte sich laut, ob »Gregor« Jude sei, weil so viele Leute ihren Einfluß für ihn eingesetzt hatten. Als Wiedergutmachung benützte Kurts korrupter italienischer Beamter seine eigenen Verbindungen und schaffte es, »Gregor« ohne zusätzliche Spesen aus dem Touristendeck in die zweite Klasse zu versetzen. Mengele stach Mitte Juli 1949 in See.

In Argentinien ging es Mengele von Anfang an besser als Eichmann. Nach seiner Ankunft als »Helmut Gregor« nahm er schlecht bezahlte Arbeit als Tischler an, und zwar in Vicente Lopez, dem gleichen Vorort, in dem Eichmann später wohnte, weil dort zum Arbeitsplatz auch ein Zimmer gehörte. Im Raum nebenan wohnte die Familie eines Mechanikers. Als die Tochter des Mechanikers krank wurde, bat er »Gregor«, sie zu behandeln – er hatte Mengeles wahren Beruf dank der schwarzen Tasche erraten, in der er seine Auschwitz-Proben und Forschungsunterlagen aufbewahrte. Mengele isolierte das Kind im Lagerraum und verschrieb kalte Umschläge, Kamillentee und Sulfonamide.

Da man ihn so leicht durchschaut hatte, gab er nach wenigen Wochen die körperliche Arbeit auf und übersiedelte in das Haus eines Nazi-Sympathisanten in der eleganteren Vorstadt Florida. Er kaufte einen Hund und lernte nicht nur andere Flüchtlinge wie Eichmann und seinen Interviewer Willem Sassen[8] – einen holländischen SS-Mann, der Journalist geworden war – kennen, sondern auch jüdische Bridgepartner (die ihn als einen weiteren Flüchtling aus dem Krieg, vor dem sie geflohen waren, akzeptierten), sowie Oberst Hans-Ulrich Rudel (1916–1982), der als einziger Offizier die höchste Tapferkeitsauszeichnung Deutschlands erhalten hatte.

Rudel hatte 2 530 Einsätze geflogen, hatte 532 Panzer abgeschossen und ein Schlachtschiff und einen Kreuzer versenkt. Als er zum ersten Mal abgeschossen wurde, floh er aus der sowjetischen Gefangenschaft; beim zweiten Mal (1944) wurde sein Bein verwundet und amputiert. Von da an betraute ihn Hitlers Sekretär Martin Bormann mit der Operation Feuerland: dabei wurden (hauptsächlich in Nachtflügen) Tonnen von Gold, Pakete von Aktien und Wertpapieren sowie Kisten mit Kunstschätzen nach Argentinien transportiert.

Rudel war überzeugter Nazi, aber kein Kriegsverbrecher, und gehörte sicherlich zur Avantgarde des Neo-Nationalsozialismus. Er emigrierte sofort nach Kriegsende nach Argentinien und schlug eine lukrative Laufbahn als Industrievertreter ein. Gleichzeitig pries er das Vierte Reich an, errichtete SS-Heiligtümer und stand als Berater des Nationalen Luftfahrtinstituts in Córdoba auf Juan Peróns Lohnliste. Er war leidenschaftlicher Sportler und ließ sich durch ein künstliches rechtes Bein nicht daran hindern, Tennis zu spielen sowie Schi und Wasserschi zu fahren. Er gründete in Europa und Lateinamerika Rudel-Klubs vorgeblich für Flugunterricht und Wettkämpfe, in Wirklichkeit als ein *Kameradschaftswerk*, eine Vereinigung ehemaliger Studenten zur Unterstützung »sogenannter Kriegsverbrecher« bei der Übersiedlung in sichere

Gegenden. Das gab er 1960 zu, acht Jahre, nachdem eine deutsche Neonazi-Zeitschrift berichtet hatte, daß »Rudel zum Führer« des Vierten Reichs »ernannt worden sei«.

In seinen Memoiren *Trotzdem,* die in Buenos Aires in deutscher Sprache erschienen, verherrlichte Rudel Hitler und den Krieg gleichermaßen. 1976 wurden zwei westdeutsche Luftwaffengeneräle verabschiedet, weil sie Rudels Auftritt bei einer offiziellen Zusammenkunft ehemaliger Luftwaffe-Piloten verteidigt hatten.

Obwohl Rudels wichtigste Kunden Flugzeugerzeuger waren, gehörte auch Karl Mengele & Söhne aus Günzburg zu den von ihm vertretenen Firmen. Er kannte daher »Helmut Gregors« wahre Identität. Bei einer seiner häufigen Reisen nach Deutschland schlug Rudel vor, daß »Dr. Gregor« als eigener Vertreter der Familienfirma in Südamerika angestellt werden solle, da es sich um ein aufstrebendes Abnehmergebiet handelte. Rudel beschwor die Vision eines fruchtbaren Kontinents herauf, der danach dürstete, mit Düngegeräten, Kettensägen und anderen Mengele-Exporten beglückt zu werden, und überzeugte damit die Familie in Günzburg.

Mengele hatte um 1951 mit Rudel eine Geschäftsreise nach Paraguay unternommen, der ihn mit seinen Kontaktmännern bekanntmachte und ihm das Gebiet zeigte. »Rudel«, schreiben Mengeles Biographen Posner und Ware, »überzeugte Mengele davon, daß in Paraguay ein lukrativer Markt für landwirtschaftliche Geräte darauf wartete, mit Beschlag belegt zu werden, vor allem in den wasserreichen, üppigen Weidegebieten des Südostens«. Als General Alfredo Stroessner, ein faschistischer Diktator deutscher Abstammung, 1952 als Präsident auf Lebenszeit die Macht ergriff, gewann Paraguay für Mengele als potentielles Zufluchtsland an Wert, sollte sich das politische Klima in Argentinien jemals verschlechtern.

1953 übersiedelte »Dr. Gregor« in eine Wohnung in der Calle Tacuari im Zentrum von Buenos Aires. Doch er schlug auch in der Vorstadt Florida Wurzeln, indem er in eine kleine Tischlerwerkstatt investierte, die Holzspielzeug und einzelne Möbelstücke anfertigte. Sie expandierte mittels des Kapitals der Familie Mengele, erzeugte Geräte für Textilfabriken und machte bald Gewinne. Dank dieser Einnahmen sowie der Verkaufsprovisionen von Karl Mengele & Söhne konnte »Gregor« sorgenfrei leben und die besten Restaurants von Buenos Aires frequentieren.

Obwohl die Familie Mengele in Günzburg bis heute standhaft behauptet, sie habe dem verlorenen Sohn nie den Weg geebnet, sprechen alle Beweise dagegen. Die Familienbande sind so stark, daß Karl sen. 1954 seinen ältesten Sohn in Argentinien besuchte und dessen Scheidung von Irene beschleunigte, bevor Streitigkeiten vor Gericht die Aufmerksamkeit der Alliierten erregten. Er arrangierte auch die zweite Ehe des Flüchtlings: mit Martha Weil Mengele, der Witwe von Josefs jüngstem Bruder Karl, der Ende 1949 im Alter von siebenunddreißig Jahren an einem Herzinfarkt gestorben war.

Paradoxerweise wurzelt eine solche Verbindung in der jüdischen Tradition, wo man von einem Junggesellen erwartet, daß er die Witwe seines Bruders heiratet; hier handelte es sich jedoch um ein geschäftliches Manöver, um die Firma in der Familie zu behalten. Josef hatte zwar ein geheimes Dokument unterschrieben, in dem er auf seinen Anteil an Mengele & Söhne verzichtete – nur sicherheitshalber, falls ein Staatsanwalt oder ein Opfer jemals Wiedergutmachung verlangten und die Einnahmen der Firma pfänden oder beschlagnahmen ließen. Jetzt befürchtete der Patriarch, daß Martha, die den Anteil ihres Mannes geerbt hatte, wieder heiraten und dadurch einem Nicht-Familienmitglied das Mitspracherecht in der Firma verschaffen würde. Er hatte bereits die Beziehung zwischen ihr und einem Geschäftsmann aus Günzburg zum Scheitern gebracht. Wenn Josef Martha heiratete, dann erhielt er durch sie einen Anteil am Gewinn und verfügte über eine Stimme im Aufsichtsrat.

Martha Mengele mußte dazu überredet werden. Es würde ihre dritte Ehe sein und sie und ihren zehn Jahre alten Sohn Karl-Heinz entwurzeln. Martha, eine üppige, sinnliche Frau, hatte ein umtriebiges Liebesleben geführt, das das Stadtgespräch von Günzburg war. Sie war 1944, als ihr Sohn geboren wurde, mit einem Geschäftsmann namens Wilhelm Ensmann verheiratet gewesen. Bei ihrer Scheidung von Ensmann 1948 hatte sie ausgesagt, daß in Wirklichkeit Karl Mengele jun. der Vater war – und ein Bezirksgericht in Memmingen hatte Mengeles Vaterschaft bestätigt. Laut Josefs Sohn Rolf war sie »hinreißend schön«; für die übrigen Mengele war sie eine heiße Kartoffel, die die Familie nur zu gern exportierte.

Im März 1956 wurde ein Skiurlaub in der Schweiz arrangiert, bei dem die Familie zusammenkommen und Josef um Martha werben sollte. »Helmut Gregor« flog mit einem argentinischen Paß für Ausländer nach Genf. Dort holte ihn der getreue Firmenbevollmächtigte Hans Sedlmeier ab und fuhr mit ihm nach Engelberg, einem Schweizer Skiort südlich von Luzern. Im Hotel Engelberg erwarteten Martha, ihr Sohn Karl-Heinz und

Josefs Sohn Rolf die beiden Männer. Rolf sollte seinen Onkel Fritz aus Argentinien kennenlernen, der mit ihm spazierengegangen war, als er klein war.

Onkel Fritz begeisterte zehn Tage lang die beiden Mengele-Jungen, die bald Stiefbrüder werden sollten, mit Erzählungen von den tollkühnen Gauchos und Mestizos der argentinischen Pampas, aber auch mit seinen Heldentaten während des Krieges gegen die »Partisanen«. Laut Posner und Ware, die Rolf Mengele im August 1985 interviewten, war dieser von seinem eleganten Onkel beeindruckt, der im Smoking zum Dinner kam, aufregende Geschichten erzählte und ihm das erste Taschengeld seines Lebens gab. »*Onkel Fritz* war ein sehr interessanter Mann«, erinnerte sich Rolf. »Er erzählte uns Geschichten aus dem Krieg, und zu jener Zeit sprachen die Erwachsenen nicht über den Krieg. Ich mochte ihn als Onkel.« Ihm fiel auch auf, wie aufmerksam *Onkel Fritz* zu Rolfs Tante Martha war – obwohl er es damals für normale Familienzuneigung hielt.

Die Mühelosigkeit, mit der *Onkel Fritz* Argentinien verlassen hatte und in die Schweiz gelangt war, machte ihn kühn, und er fuhr mit seinen Verwandten für eine Woche nach Günzburg. Dort warb er weiterhin um Martha, und nach einer Woche waren sie inoffiziell verlobt. Er fuhr auch mit einem Leihwagen nach München, um den Apotheker und seine Frau zu besuchen, die ihn sofort nach dem Krieg aufgenommen hatten. »Gregor« wurde dort in einen geringfügigen Autounfall verwickelt, doch die Polizei machte ihn darauf aufmerksam, daß er Deutschland erst verlassen dürfe, wenn der Fall erledigt war. Mengele rief beunruhigt seine Familie in Günzburg an. Karl sen. fuhr nach München und »bezahlte die Polizei«, wie Rolf behauptet, »damit sie den Unfall vergaß«. Am nächsten Tag flog »Gregor« nach Argentinien.

Bei der Suche nach einem Haus für die Familie fiel Mengele ein weißes Stuckhaus in der Virrey-Vertiz-Straße im Vorort Olivos auf. An der Rückseite grenzte der Besitz an Juan Peróns Wohnsitz während dessen Amtszeit (bis 1955). Doch wenn Mengele eine Hypothek aufnehmen wollte, mußte er außer den »vorläufigen« Papieren zusätzliche Beweise für seine Identität vorlegen. Da er nicht gesucht wurde, keine Belohnungen auf seinen Kopf ausgesetzt waren und er keine Berühmtheit war, beschloß er, es unverfroren unter seinem wirklichen Namen zu versuchen.

Er suchte die deutsche Botschaft in Buenos Aires auf, nannte einer Sekretärin seinen richtigen Namen, Geburtsdatum und -ort, die Daten der Eheschließung und Scheidung, seine Adressen in Buenos Aires und

Günzburg und schwor, daß er Josef Mengele war und sieben Jahre lang unter dem falschen Namen Helmut Gregor gelebt hatte. Niemand stellte weitere Fragen. Die Botschaft ließ die Angaben durch Bonn überprüfen, aber niemand sah in den alliierten oder westdeutschen Fahndungslisten nach. Mengele schien in mehreren von ihnen auf, doch sein Name war nur einer von vielen. Falls Einzelheiten überprüft wurden, dann waren es nur jene, die er selbst angegeben hatte.

Am 11. September 1956 erhielt er von der deutschen Botschaft eine Identitätsbescheinigung auf den Namen Josef Mengele. Diese legte er dem argentinischen Bundesgericht vor, das ein Gerichtszertifikat ausstellte. Das Zertifikat übergab er der Bundespolizei, von der »Josef Mengele, Erzeuger« eine neue Identitätskarte mit der Nummer 3 940 484 erhielt. Mit dieser Karte kehrte er zu seiner Botschaft zurück, die ihm den westdeutschen Paß Nummer 3 415 574 ausstellte.

Einen Monat später emigrierten Martha Mengele und ihr Sohn nach Argentinien und zogen in Buenos Aires in das Haus in der Virrey-Vertiz-Straße. Obwohl sie erst 1958 in einer zivilen Zeremonie in Uruguay heirateten, führten sie ein bürgerliches Eheleben. 1957 verkaufte Mengele die Tischlerwerkstätte und investierte 100 000 Dollar in eine pharmazeutische Firma namens Fadro Farms, die er zusammen mit zwei argentinischen Partnern gegründet hatte. Er war jetzt allgemein unter dem Namen Dr. Josef Mengele bekannt.

Kurz nach den Flitterwochen des Paares im Sommer 1958 verhaftete die Polizei von Buenos Aires Mengele im Rahmen einer Razzia – ein Teenager war nach einer Abtreibung gestorben. Mengele wurde gemeinsam mit anderen ausländischen Ärzten unter dem Verdacht, ihren Beruf ohne Lizenz auszuüben, festgehalten. Obwohl er nichts mit dem Fall zu tun hatte, saß er nicht gern im Gefängnis, weil er befürchtete, daß seine ärztliche Vergangenheit zum Vorschein kommen könnte. Außerdem standen Juan Peróns Nachfolger ihren Nazi-Wählern nicht sehr freundlich gegenüber, was sich auswirken konnte, wenn ein anderes Land seine Auslieferung beantragte. Dank fünfhundert Dollar Bestechungsgeld war Mengele einige Stunden später wieder frei, aber der Schreck saß ihm noch in den Knochen, deshalb erteilte er seiner Frau eine Vollmacht und unternahm eine Geschäftsreise nach Paraguay.

Er versuchte, den paraguayischen Farmern den Düngerstreuer der Firma Karl Mengele & Söhne zu verkaufen, hatte damit jedoch nur wenig Erfolg. Aber er wohnte weiterhin in der Pension Astra in der Hauptstadt Asunción und sondierte die Möglichkeit, sich für immer in General Stroessners faschistischer Diktatur niederzulassen. Martha und ihr Sohn besuchten ihn oft, obwohl sie vergeblich versuchte, ihn davon zu überzeugen, daß er in Buenos Aires noch immer sicherer war.

Mengele verlängerte sein Neunzig-Tage-Visum mehrere Male, mietete 1959 auf der Alban-Krug-Farm in Neu-Bayern, einer deutschen Kolonie, ein Haus und suchte um die paraguayische Staatsbürgerschaft an. Sowohl Wohnung als Ansuchen gingen durch Oberst Rudels Hände. Dieser machte ihn nicht nur mit den Krugs, sondern auch mit Werner Jung, der während des Krieges Leiter der paraguayischen Nazipartei gewesen war, und mit Alejandro von Eckstein, einem von Stroessners Beratern, bekannt. Jung und von Eckstein waren Mengeles Bürgen und schworen (einen Meineid), daß er seit fünf Jahren ohne Unterbrechung in Paraguay lebe. Rudel ersuchte auch den Innenminister, Mengele die Staatsbürgerschaft möglichst rasch zu erteilen – er bekam sie kurz vor Jahresende 1959.

Die Familie Jung wohnte in einer palastartigen Villa in der Calle General Mac Arthur in Asunción, und Mengele, der ihren Swimmingpool sehr schätzte, war während seiner Aufenthalte in der Hauptstadt ein gerngesehener Gast. »Wir hielten große Stücke auf ihn«, erklärte Frau Jung 1985 Mengeles Biographen Posner und Ware. »Er liebte klassische Musik, las gern gute deutsche Dichter und pries unsere vernünftige, natürliche Lebensweise. Er vertrug sich mit den Kindern sehr gut und half meinem Zweitältesten, die Biologie-Prüfung zu bestehen.«

Ihr Mann sah Martin Bormann, Hitlers verschwundenem Vertrauten, erstaunlich ähnlich. Dieser Zufall hätte zusammen mit einem von Mengeles seltenen Versuchen, sich als Arzt zu betätigen, 1959 beinahe dazu geführt, daß er gefaßt wurde. Jung bekam einmal beim Dinner heftige Magenkrämpfe. Mengele versuchte, ihn zu behandeln, doch als er keinen Erfolg hatte, begab sich eine der eingeladenen Damen auf die Suche nach einem Arzt. Sie kehrte mit Dr.Otto Biss zurück, einem Österreicher, der in Asunción als Arzt zugelassen war. Jung versuchte stockend, mit dem Arzt spanisch zu sprechen, aber Mengele erkannte den Akzent seines Kollegen und sagte zu Jung: »Sie können deutsch sprechen.«

Dr. Biss verschrieb ein Medikament gegen Gastritis und ging. Einige Tage später sah er Fotos von Martin Bormann und behauptete: »Eines steht zweifelsfrei fest: Der Mann, den ich gesehen habe, war älter als der Mann auf den Fotos, aber es handelte sich eindeutig um den gleichen Mann. Er war ganz bestimmt Martin Bormann.« Als Mengele einige Monate später hinter Eichmann an die Spitze der Fahndungsliste vorrückte, hätte Dr. Biss beschworen, daß der anwesende Arzt Mengele gewesen war.

Die meisten übrigen Fachleute einschließlich Simon Wiesenthals waren aufgrund der gerichtsmedizinischen Beweise davon überzeugt, daß ein in der Nähe des Bunkers, in dem Hitler Selbstmord begangen hatte, gefundenes Skelett das von Martin Bormann war.[9] Da leicht zu beweisen war, daß es sich bei dem Kranken in Jungs Haus um den Gastgeber handelte, wurde der gesamte Bericht diskreditiert. Doch in diesem Fall hatte man das Kind mit dem Bad ausgeschüttet, weil man Biss' richtiger Identifikation von Mengele keinen Glauben schenkte.

Daß Mengeles Gesicht in der ganzen Welt bekannt wurde, verdankt man den gemeinsamen Bemühungen zweier Österreicher: Wiesenthal, der damals in Linz lebte, und Hermann Langbein, einem ernsten Wiener Nichtjuden, der im spanischen Bürgerkrieg gegen Franco gekämpft hatte und als Kommunist[10] zuerst nach Dachau und dann nach Auschwitz kam. Dort nützte er seine Tätigkeit im Büro des Oberarztes aus, um Beweise gegen Mengele und andere »Experimentierer« zu sammeln. Nach dem Krieg war Langbein Generalsekretär des Internationalen Auschwitz-Komitees und der Vereinigung ehemaliger Gefangener der Konzentrationslager. Er galt als der gründlichste aller Nazijäger und lieferte in dem Prozeß gegen Dr. Karl Clauberg, dem Leiter der »Sterilisierungsexperimente«, die entscheidenden Beweise. Außerdem erreichte er von Ghana die Auslieferung von Claubergs Kollegen Dr. Horst Schumann, dem Spezialisten für Sterilisationen mittels Röntgenstrahlen, der unter Ghanas Diktator Kwame Nkrumah leitender medizinischer Beamter des Gesundheitsministeriums gewesen war.

Langbein und der um drei Jahre ältere Wiesenthal übten gemeinsam Druck auf die deutschen Staatsanwälte aus, damit sie in der deutschen Universitätsstadt Freiburg Anklage gegen Mengele erhoben, denn dort lebte seine Ex-Ehefrau Irene jetzt. Langbein hatte in Freiburg die Unterlagen über Mengeles 1954 erfolgte Scheidung sowie eine Adresse in der Calle Tacuari in Buenos Aires gefunden. Am 5. Juni 1959 ordnete ein Freiburger Gericht an, daß Mengele »wegen des entschiedenen Verdachts auf Mord und versuchten Mord ... verhaftet werden solle«. Es zählte nur siebzehn Fälle von vorsätzlichem Mord auf, doch der Inhalt genügte, um Maßnahmen gegen ihn zu erzwingen, weil er »zahlreiche Gefangene mit

Phenol, Benzol und/oder Luftinjektionen [und] in den Gaskammern getötet hatte; ein vierzehn Jahre altes Mädchen getötet hatte, indem er ihren Kopf mit seinem Dolch spaltete; in die Augen von Frauen und Kindern Farbe injiziert hatte und sie dadurch tötete; mehrere Zwillinge, deren Eltern Zigeuner waren, entweder mit eigenen Händen getötet oder tödliches Gift in ihre Nahrung gemischt hatte, damit er bei den Autopsien an ihren Leichen pseudomedizinische Studien vornehmen konnte; Gefangene erschießen ließ, weil sie sich weigerten, ihren Familien zu schreiben, daß man sie gut behandle«.

Als Bonn im gleichen Jahr formell von Argentinien Mengeles Auslieferung verlangte, wurde dieses Ansuchen abgelehnt, weil er nicht mehr in der Calle Tacuari wohnte. Der deutsche Botschafter, ein aktiver Nazi und ehemaliger Berater von Hitlers Außenminister Joachim von Ribbentrop[11], hatte keine Lust, sich um Mengeles neue Adresse zu kümmern, deshalb kontaktierte Wiesenthal einen Freund, der am 30. Dezember 1959 Mengeles letzte bekannte Adresse in der Virrey-Vertiz-Straße entdeckte. Der Auslieferungsantrag wurde 1960 neuerlich übermittelt, diesmal bestanden die argentinischen Behörden darauf, daß sie entscheiden mußten, ob die Anschuldigungen gegen Mengele politisch motiviert waren, außerdem wohnte er nicht mehr in der Virrey-Vertiz-Straße. Diese Verschleppungstaktik ließ die Israelis hoffen, daß Eichmanns Ergreifung vielleicht zu Mengele führen würde.

Inzwischen war Mengele jedoch mehrere Male nach Buenos Aires zurückgekehrt, um seine Angelegenheiten zu regeln – er verkaufte seinen Anteil an Fadro Farms an einen Argentinier. Als Argentinien am 30. Juni 1960 endlich Mengeles Auslieferung anordnete, hielt er sich außer Reichweite des Gesetzes in Paraguay versteckt. Dennoch gab es vieles, das ihm Sorgen bereitete. Erst einen Monat zuvor hatten die Israelis Eichmann gefaßt, darauf gewartet, daß ihnen Mengele in die Falle ging, und erklärt, er sei der nächste auf ihrer Liste. Dazu sagt Wiesenthal in seinen Memoiren aus dem Jahr 1988: »An dem Tag, an dem Eichmann gefaßt wurde, haute Mengele über die Grenze ab.« Doch israelische Agenten beschatteten Martha Mengeles gelegentliche Besuche in Paraguay und hatten sogar festgestellt, daß sich ihr Mann auf Alban Krugs Farm aufhielt. Allerdings mußten sie ihn dort noch finden. Einer ihrer Agenten, ein Engländer, versuchte, in die Farm einzudringen, indem er um Krugs Tochter warb – vergeblich. »Wir hatten zu keinem Zeitpunkt die Absicht, Mengele zu töten«, erklärte Isser Harel, der Leiter des israelischen Ge-

heimdienstes später. »Damit hätten wir den ganzen Plan zunichte gemacht. Wir wollten ihn in Israel haben und ihm dort öffentlich den Prozeß machen.«
Im Herbst 1960 entschlüpfte ihnen ihr Hauptköder, Martha Mengele. Sie und ihr Mann waren sich darüber einig, daß es für sie unzumutbar sei, mit einem Flüchtling verheiratet zu sein. Also trennten sie sich, und sie flog zu Weihnachten mit ihrem sechzehnjährigen Sohn für immer nach Günzburg zurück.
Westdeutschland setzte 20 000 DM Belohnung für Mengeles Ergreifung aus und lockte damit in und um Neu-Bayern etliche Opportunisten an, so daß Mengele dazu gezwungen war, wieder zu übersiedeln und sich eine neue Identität zuzulegen. Außerdem lasen sogar seine besten Freunde in Asunción die Horrorgeschichten von Auschwitz; sie glaubten sie noch nicht, doch wenn sich nur ein Prozent davon als richtig erwies, konnte sich ihre Einstellung zu Mengele grundlegend ändern. Dies bereitete inzwischen sogar Diktator Stroessner Sorgen. Als er sich bei Rudel nach Mengele erkundigte, behauptete dieser, daß Mengele nur Labortechniker gewesen sei und keine der Taten verübt habe, über die die Zeitungen berichteten. Stroessner war beruhigt, aber als Mengele Rudel wieder um Hilfe bei einer Übersiedlung bat, tat ihm dieser sehr gern den Gefallen.
Zu Mengeles Rettung setzte Rudel einen ehemaligen österreichischen Hitlerjugend-Führer namens Wolfgang Gerhard ein. Gerhard war bestrebt, das Pech zu kompensieren, daß er zu spät geboren war, um für das Dritte Reich zu kämpfen, also hängte er wenigstens statt des Sterns von Bethlehem ein Hakenkreuz an die Spitze seines Weihnachtsbaums. Seine brasilianische Frau Ruth schenkte einmal ihrer Hausbesitzerin zwei Stück Seife, die man angeblich aus den Leichen von Auschwitz-Häftlingen gewonnen hatte. Die Gerhards hatten ihren Sohn Adolf getauft. Und Wolfgang Gerhard träumte davon, »ein Stahlkabel um Simon Wiesenthals Bein zu binden und seinen Kadaver kilometerweit hinter meinem Wagen mitzuschleppen«.

***

Später stellte sich heraus, daß Simon Wiesenthal weit von seinem Ziel entfernt war, als er 1967 behauptete, daß »ich jetzt in der Lage war, Mengeles Bewegungen genau zu verfolgen«.
Als Wiesenthal 1962 gerade im Begriff war, zum Eichmann-Prozeß nach Israel zu fahren, gab ihm ein vertrauenswürdiger Ex-Nazi den Tip, daß

Mengele auf der Insel Kythnos mit seiner Ex-Ehefrau Martha zusammentraf. Hermann Langbein trieb einen griechischen Wissenschaftler auf, der in Auschwitz unter Mengele gearbeitet hatte, während Wiesenthal eine große deutsche Illustrierte dazu überredete, einen Reporter nach Kythnos zu schicken. Wenn er Mengele fand, sollte er den Wissenschaftler in Athen anrufen, dieser würde nach Kythnos kommen, Mengele aus der Nähe identifizieren und dann die Polizei holen. Als der Reporter achtundvierzig Stunden später auf der Insel eintraf, wo es laut Wiesenthal nur zwei große Gebäude – ein Gasthaus und ein Kloster – gab, ging er zum Gasthaus und erfuhr, daß die einzigen Gäste, »ein Deutscher und seine Frau«, zwölf Stunden zuvor mit einer Jacht abgereist waren. Aus einem Stoß von Fotos, sagt Wiesenthal, identifizierten der Wirt und zwei vorbeikommende Mönche Mengele. »Wir hatten wieder eine Runde verloren«, schloß Wiesenthal.

Einige Monate später erfuhr er, daß Martha Mengele in der Schwimmbadstraße 9 in der Nähe des Züricher Flughafens Kloten ein Haus gemietet hatte, während ihr Sohn Karl-Heinz in Montreux studierte. Wiesenthal schickte einen Schweizer Freund hin, der sich als der Versicherungsagent des Besitzers vorstellte und sagte, er solle das Haus auf eventuell notwendige Reparaturen überprüfen. Martha Mengele führte ihn durch das Gebäude, und er vergewisserte sich, daß sie offensichtlich allein lebte. Dennoch war der nahe, laute Flughafen ein Hinweis auf problemlose Besuche von weither, deshalb ersuchte Wiesenthal die Schweizer Behörden, sie im Auge zu behalten. Die Behörden forderten sie indessen auf, die Schweiz zu verlassen. Die Schweiz war während des Kriegs neutral geblieben und verhielt sich jetzt auch in bezug auf Auslieferungsverfahren wegen Kriegsverbrechen neutral. Martha übersiedelte nach Meran in Südtirol. In seinen Memoiren aus dem Jahr 1988 erwähnt Wiesenthal Martha Mengeles Meraner Adresse.

Im Juli 1964 teilte Wiesenthal dem deutschen Juden und Eichmann-Jäger Dr. Fritz Bauer, der zu diesem Zeitpunkt Generalstaatsanwalt in Frankfurt war, mit, daß Hans Sedlmeier von der Firma Mengele in Günzburg »nach wie vor Kontakt mit Josef Mengele hatte«. Bauer ordnete eine mitternächtliche Hausdurchsuchung bei Sedlmeier an und fand nichts. Sedlmeier wurde vom Generalstaatsanwalt persönlich verhört und leugnete alles. Über zwei Jahrzehnte später stellte sich heraus, daß ein Freund bei der örtlichen Polizei Sedlmeier angerufen und ihm gesagt hatte: »Wir kommen, um dein Haus zu durchsuchen. Sorge dafür, daß wir nichts finden.«

Wiesenthal behauptet, daß an diesem Punkt das Jüdische Dokumentationszentrum den »ersten Fehler beging«, weil wir »fest davon überzeugt waren, daß der Frankfurter Generalstaatsanwalt unsere Information dazu benützen würde, um Sedlmeier als das wahrscheinlichste Bindeglied zu Mengele von der deutschen Polizei beschatten zu lassen«.

Sowohl Wiesenthal als auch Bauer glaubten, daß sich Mengele noch immer in Paraguay befand. Im Sommer 1960 hatte sich eine Stenotypistin der Botschaft bei ihrem Urlaub in Colonia Independencia den Knöchel verstaucht. Als sie wieder in den Dienst hinkte, erzählte sie ihrem Chef, dem Chargé d'affaires Peter Bensch, daß sie ein deutscher Arzt namens Mengele behandelt hatte; sie wunderte sich darüber, daß er nicht in der Ärzteliste der Botschaft stand. Bensch erkannte den Namen und unternahm eine Autofahrt von beinahe fünfhundert Kilometern, um Mengele zu suchen. Er fand ihn nie, obwohl er mit Mengeles Gastgeber Alban Krug sprach, der leugnete, diesen Mann zu kennen. Jedenfalls schien sich Mengele nicht mehr dort zu befinden. Als Bensch wieder in Asunción eintraf, berichtete er Bonn von diesem Hinweis, und da ihn das Deutsche Außenministerium weder er- noch entmutigte, begann er, in den öffentlichen Aufzeichnungen der Diktatur zu suchen. Dabei entdeckte er, daß Josef Mengele 1959 die paraguayische Staatsbürgerschaft erworben hatte. Leider verboten die paraguayischen Gesetze die Auslieferung seiner Bürger. 1963 hatte der damals achtundsiebzig Jahre alte westdeutsche Kanzler Konrad Adenauer dem einundfünfzig Jahre alten Präsidenten Alfredo Stroessner zehn Millionen D-Mark als Unterstützung geboten, wenn er zuließ, daß Deutschland Mengele zu fassen bekam. Stroessner, der damals wußte, daß das Spiel nicht mehr auf seinem Boden stattfand und als Mann von Prinzipien gelten wollte, lehnte ab, ohne Mengeles Anwesenheit zu leugnen.

Am 8. Februar 1964 besuchte der westdeutsche Botschafter Eckhard Briest General Stroessner und schlug vor, Mengele die paraguayische Staatsbürgerschaft abzuerkennen, da er in seinem Antrag gelogen hatte, als er behauptete, bereits seit fünf Jahren in Paraguay zu leben.

Stroessner wurde böse. Er schlug mit der Faust auf den Tisch, erklärte Briest, »Einmal Paraguayer, immer Paraguayer«, und machte den Botschafter darauf aufmerksam, daß er zur *persona non grata* erklärt werden konnte, wenn er darauf beharrte. Der Zwischenfall beendete tatsächlich Briests Tätigkeit in der Botschaft, und Bonn rief ihn bald darauf zurück und ersetzte ihn. Obwohl die paraguayische Polizei die deutsche Botschaft gut bewachte, erschienen auf ihren Mauern halb offizielle Schmierereien: »JÜDISCHE BOTSCHAFT! HÄNDE WEG VON MENGELE! DAS IST EIN BEFEHL!« Am 23. September 1964 gab die paraguayische Regierung eine Erklärung ab, laut der Mengele »Paraguay vor vier Jahren verlassen hatte«.

Der allmählich alt werdende Hitlerjunge Wolfgang Gerhard hatte Mengele Anfang 1961 aus Paraguay nach Brasilien gebracht, ihn auf seiner etwa sechzig Kilometer von São Paulo entfernten Farm bei Itapeceria untergebracht und ihm eine Zeitlang Routinearbeit in einer Textilfabrik in São Paulo verschafft, um zu sehen, ob die Luft rein war. Mengele gefiel jedoch die Stadt nicht, in der Wiesenthal nicht viel später den Konzentrationslagerkommandanten Franz Stangl jagte.

Im Herbst 1961 trat Gerhard an Geza und Gitta Stammer heran, ein ungarisches Paar, das 1948 durch den Eisernen Vorhang geflohen war und eine Farm auf der ungefähr dreihundert Kilometer von São Paulo entfernten trockenen Nova-Europa-Ebene bewirtschaftete. Gerhard sagte den Stammers, daß er einen »Schweizer« namens »Peter Hochbichler« kenne, einen Junggesellen, der das Landleben liebe, als »Viehzüchter« gearbeitet und auch Geld geerbt habe, das er in einen brasilianischen Besitz investieren wolle.

Für die Stammers klang das wunderbar. Sie suchten einen größeren Besitz mit fruchtbarer Erde. Geza, der Ingenieur war, beschaffte Geld, indem er Vermessungsarbeiten durchführte, und brauchte für die Farm einen Verwalter. Ein Zusammentreffen wurde vereinbart, und die Stammers fanden, daß der magere, blasse, saubere, adrette Mann, den Gerhard mitbrachte, »nichts Besonderes« war. Frau Stammer war jedoch von seinen Händen beeindruckt, die »zeigten, daß er gewöhnt war zu arbeiten, denn sie waren voller Schwielen« (wahrscheinlich aus seiner Zeit als Landarbeiter in Bayern). »Er erwies sich im Garten und bei manueller Arbeit als sehr geschickt«, sagte sie, »und wollte als Gegenleistung nur ein Junggesellenquartier, Essen und gewaschene Wäsche.« Einige Wochen darauf zog »Peter« mit zwei Koffern, Kleidung und Büchern bei den Stammers ein, um ihre Farm zu betreuen.

Obwohl »Peter« die Kaffee-Ernte effizient organisierte, die Obstbäume beschnitt und neue Schuppen baute, mochten ihn die Landarbeiter der Stammers, die ihn »Pedro« nannten, nicht. Mengele war selbstherrlich, eigensinnig und intolerant, und für alle, die unter ihm arbeiten mußten, entschieden unerträglich. Die Männer fanden es seltsam, daß ihr neuer Boß bei der Arbeit einen Regenmantel trug, den Hemdkragen zugeknöpft hatte und den Hut hinunterzog, um sein Gesicht zu verbergen, wenn sie sich ihm näherten. Er beherrschte weder Portugiesisch noch seine heftigen Wutausbrüche. »Er erteilte gern Befehle und sagte immer wieder, daß wir mehr und schneller arbeiten sollten«, erinnerte sich einer der Landarbeiter. »Das schlimmste daran war, daß er weder von der Landwirtschaft noch von schwerer Arbeit etwas verstand.«

Sie waren jedoch beeindruckt, als Mengele den Leistenbruch eines Kalbes behandelte. »Er griff nach einigen Instrumenten und schnitt den Bauch des Tieres sehr sachkundig auf«, erzählte Francisco de Souza, der das Kalb festhielt. »Er brachte den Bruch in Ordnung und nähte den Schnitt zu. Dann garantierte er uns, daß das Kalb gesund werden würde, und das stimmte. Er tat alles äußerst geschickt.«

Mengele verstand sich auch mit den Stammers nicht. »Er behauptete, daß wir unseren Kindern gegenüber zu nachgiebig wären«, sagte Frau Stammer. »Er verlangte immerfort, wir sollten diesen oder jenen Arbeiter hinauswerfen, und beanstandete, daß wir ihnen gegenüber zu wenig streng waren. Und er stritt mit meinem Mann.« Da »Peter« jedoch keinen Lohn verlangte und sie bei der Übersiedlung auf eine neue Farm finanziell unterstützen wollte, fanden sie sich so lange mit ihm ab, wie sie es ertragen konnten – nämlich dreizehn Jahre.

Obwohl Frau Stammer es leugnet, wird in zwei neuen Mengele-Biographien deutlich darauf hingewiesen, daß sie ein Verhältnis mit ihm hatte. Posner und Waren sagen geradeheraus, daß »Gittas unerschütterliche Loyalität Mengele gegenüber wahrscheinlich die Folge einer Beziehung zwischen ihnen war«. Die beiden Autoren zitieren einen Landarbeiter, der erzählte, daß »sie und er immer zusammensteckten. Sie gingen gemeinsam überallhin, saßen immer zusammen und unterhielten sich.« Ein anderer berichtete, daß der Hausherr gelegentlich länger ausblieb und daß ihm die Kinder einmal erzählten, »daß Pedro und Gitta sich im Schlafzimmer einschlossen, um allein zu sein, und damit zugaben, daß sie miteinander schliefen.« In *Der letzte Nazi* (1985), hält Gerald Astor es für »nicht unbillig«, daß sie ein Verhältnis mit »Peter« hatte, der nur um zehn Jahre älter war als sie. In Mengeles Tagebuch finden sich Liebesgedichte an die »schöne Gitta«. In einem Interview für den *Stern* waren Herr und Frau Wolfram Bossert, ein österreichisches Ehepaar, das sich Mengeles annahm, als seine Beziehung zu den Stammers in Brüche ging, davon überzeugt, daß Gitta und »Peter« ein Liebespaar gewesen waren, bis »Gitta in die Wechseljahre kam, keinen Orgasmus mehr erreichte und er für sie als Sexualpartner nicht mehr interessant war«; eine etwas zweifelhafte Auslegung der weiblichen Sexualität.

Im Juli 1962 übersiedelten die Stammers und ihr Verwalter auf eine Kaffee- und Viehfarm in Sierra Negra, die etwa hundertfünfzig Kilometer näher bei São Paulo lag. »Peter« hatte die Hälfte des Kaufpreises bezahlt; er beschäftigte sich mit Zimmermannsarbeit und errichtete mit der Hilfe eines örtlichen Maurers einen sechs Meter hohen steinernen Aussichtsturm, von dem aus er die Gegend mit einem Feldstecher absuchte, um zu sehen, ob Besucher aus der nur acht Kilometer entfernten Stadt Lindonia zu der Farm unterwegs waren. Im Juni war Eichmann in Israel gehängt worden, und obwohl sich die Jagd nach Mengele noch immer auf Paraguay und Argentinien konzentrierte, gab es innerhalb eines Jahres sechsmal falschen Alarm, weil man ihn angeblich in Brasilien gesehen hatte. Außerdem hieß es immer wieder gerüchteweise, daß israelische Agenten Mengele bereits entführt und an Bord eines Bananenschiffs gebracht hatten, das nach Haifa unterwegs war. Die auf seine Ergreifung ausgesetzte Belohnung war vervierfacht worden.

1963 las Gitta Stammer in einer Illustrierten einen Artikel über Mengele und sah das Foto eines »jungen, etwa dreißig oder dreiunddreißig Jahre alten Mannes. Sein Gesicht kam mir sehr bekannt vor, vor allem die Lücke zwischen den Zähnen, wenn er lächelte.« An diesem Tag sagte sie zu »Peter«: »Dieser Mann sieht dir sehr ähnlich. Du hast viele Geheimnisse, aber sei bitte ehrlich und sage uns, ob du dieser Mann bist.«

Er wurde blaß und verließ wortlos den Raum. Beim Abendessen war er sehr still, sagte den Stammers jedoch nach der Mahlzeit: »Ihr habt recht. Ich lebe bei euch, und deshalb habt ihr ein Recht darauf zu wissen, daß ich leider diese Person bin.«

Um diese Zeit schrieb Mengele in sein Tagebuch: »Um das Haus pfeift kalter Wind, und auch in meinem Herzen scheint nicht die Sonne.« Die Stammers fuhren nach São Paulo und baten Wolfgang Gerhard, Mengele an einen anderen Ort zu bringen, da sie sonst die Behörden verständigen würden.

Gerhard hatte ihnen zuerst erklären wollen, daß sie stolz darauf sein sollten, einen Platz in der Geschichte einzunehmen, erwiderte jedoch: »Glauben Sie wirklich, daß das besser wäre? Sie sollten sehr vorsichtig sein, denn wenn Sie etwas gegen ihn unternehmen, müssen Sie auch die

Folgen akzeptieren; schließlich lebt er bei Ihnen. Sie sollten an die Zukunft Ihrer Kinder denken.«
Bei dieser Drohung gaben die Stammers klein bei, baten ihn jedoch, etwas zu unternehmen. Gerhard sagte ihnen, sie sollten Geduld haben. Sie warteten weitere elf Jahre.
Statt ihren unerwünschten Gast, der täglich aggressiver und streitsüchtiger wurde, loszuwerden, bekamen die Stammers bald danach einen weiteren Gast: einen adretten, rundlichen Deutschen namens Hans, der Geld mitbrachte. Es war Hans Sedlmeier, den die Familie Mengele als Friedensstifter hinübergeschickt hatte. Mindestens 7 000 Dollar wurden in brasilianische Cruzeiros umgewechselt, doch den größten Teil davon bekam Mengele. Sedlmeier versprach, sich um ein anderes Versteck für ihn zu kümmern, aber nachdem er die Stammers beruhigt hatte, ließ er sich ebenfalls Zeit.
Im Lauf der Jahre versicherte Gerhard den Stammers immer wieder, daß er in Ägypten, Libyen, Marokko oder einem anderen lateinamerikanischen Land wegen Zufluchtsorten für Mengele verhandelte. Inzwischen nahm die Spannung zu, denn Mengele, der sich nie weit vom Haus entfernte, ging nur in Begleitung von fünfzehn streunenden Hunden fort, von denen die meisten bösartig waren. Er hatte das Rudel zum Gehorsam abgerichtet, damit sie auf Befehl töteten. Einmal bemerkte Gitta Stammer spöttisch: »Du bist ein großer Mann, warum versteckst du dich dann? Deine Kollegen hatten wenigstens den Mut, offen zu leben und sich einem Prozeß zu stellen. Klar, einige von ihnen wurden gehängt. Auch unsere Landsleute in Ungarn, die Nicht-Kommunisten, wurden von den Russen getötet. Aber sie waren echte Männer. Sie verkrochen sich nicht.«
Mengele hob die Hand, zwang sich aber, sie nicht zu schlagen, und verließ das Zimmer.
Die Situation wurde dadurch noch schlimmer, daß die beiden Söhne der Stammers erwachsen wurden und sich weigerten, von dem Kostgänger Befehle entgegenzunehmen.
Als 1969 beide Jungen die Schule abgeschlossen hatten, gaben die Stammers die Farm auf und kauften ein Haus mit vier Schlafzimmern auf einem Grundstück in dem dreißig Kilometer von São Paulo entfernten Caieiras, so daß Geza eine Ganztagsbeschäftigung als Ingenieur in der Stadt annehmen konnte, während seine Söhne auf die brasilianische Marineakademie gingen. Mengele bezahlte mit den Einnahmen aus dem Verkauf der Sierra-Negra-Farm die Hälfte des Kaufpreises für das neue Haus.

Als er einzog, ging der häusliche Krieg weiter. Einmal nahm ihn sein österreichischer Freund Bossert – ein ehemaliger Feldwebel der deutschen Wehrmacht, den Wiesenthal als »ehemaligen SS-Angehörigen« bezeichnet – beiseite und erinnerte ihn leise daran, daß er nur Gast im Stammer-Haus sei. »Die Hälfte des Hauses gehört mir«, erwiderte Mengele. »Ich kann tun, was mir gefällt.«

In Deutschland reiste ein fleißiger Untersuchungsrichter namens Horst von Glasenapp durch die halbe Welt (Österreich, Italien, Frankreich, Polen, die Sowjetunion, Israel, die USA und Kanada), um eine möglichst vollständige und solide Anklage gegen Mengele vorzubereiten. Im September 1970 wurde Sedlmeier wieder verhört, diesmal durch von Glasenapp. Und diesmal mußte Sedlmeier zugeben, daß er mehrere Male mit Josef Mengele zusammengetroffen war. Das letzte Zusammentreffen hatte 1961 stattgefunden – eine offenkundige Lüge.
Von Glasenapp verhörte Sedlmeier am 9. Dezember 1971. Dieser gab zwar zu, daß er mit Mengele 1956 anläßlich dessen Besuchs in Günzburg und später in Südamerika zusammengetroffen war, bestand aber darauf, daß »ich den Angeklagten ausschließlich aus geschäftlichen Gründen besuchte. Wenn ich mich richtig erinnere, traf ich ihn vor etwa zehn Jahren. Ich glaube mich zu erinnern, daß es am Flughafen von Buenos Aires war. Ich habe auch gehört, daß der Angeklagte ungefähr zu der Zeit, als Eichmann entführt wurde, nach Paraguay übersiedelte. Seither sind alle Verbindungen zu dem Angeklagten abgebrochen worden, und es kam auch zu keiner weiteren Korrespondenz. Ich bin nicht in der Lage anzugeben, wo sich der Angeklagte jetzt aufhält ...«
Sedlmeier wußte natürlich genau, wo sich Mengele aufhielt, war ständig mit ihm in Verbindung, hatte ihn kürzlich in seinem brasilianischen Versteck besucht und trug dazu bei, die Verfolger zu desinformieren, indem er eine Adresse in Paraguay andeutete. Obwohl von Glasenapp wußte, daß Sedlmeier log, konnte er es ihm nicht beweisen.
Hier, sagt Wiesenthal, »beging von Glasenapp einen schweren Fehler: Er vergaß, Sedlmeier zu vereidigen.« Da in Deutschland die strafbare Unterstützung eines Verbrechers nach fünf Jahren verjährt, konnte man Sedlmeier schwerlich wegen des »zehn Jahre zurückliegenden« Kontakts mit Mengele anklagen. Wäre er vereidigt worden, hätte er wegen Meineides belangt werden können, sobald sich ein Detail seiner Aussage aus dem Jahr 1971 als falsch erwies.

Aufgrund dieser Tatsachen, sagt Wiesenthal, »nahmen wir es als gegeben an, daß der Oberstaatsanwalt gegen Sedlmeier zumindest sporadisch ermitteln würde. Wir dachten, daß er Sedlmeiers Post überwachen und sein Telefon von Zeit zu Zeit anzapfen ließ. Schließlich war der Mann seit 1964 eine Schlüsselfigur.« Aufgrund dieser Annahme, gibt Wiesenthal zu, »beging das Dokumentationszentrum den zweiten Fehler«.

Als von Glasenapp nach Wien fuhr, um Wiesenthal als Zeugen einzuvernehmen, wurde er bitter enttäuscht. Um der Rechtsgültigkeit willen sorgte er dafür, daß ein österreichischer Richter von Glasenapps Fragen an Wiesenthal wiederholte. Als erstes wollte er die Namen und Adressen von Personen erfahren, die vielleicht genaue Informationen über Mengeles derzeitigen Aufenthaltsort besaßen. Laut von Glasenapp

> »war Wiesenthal zornig, weil ich ihm diese Fragen stellte, und weigerte sich, sie zu beantworten. Er sagte, daß er verpflichtet sei, die Mitteilungen seiner Informanten vertraulich zu behandeln, was ich verstand. Er wollte offenbar den Eindruck erwecken, daß er das Feld anführte, daß er der Mann an der Spitze war. Vielleicht verweigerte er die Antwort deshalb, weil er das Gefühl hatte, daß [seine Quellen] doch nicht so zuverlässig waren. Ich blieb etwas skeptisch und sprach nie wieder mit ihm über dieses Thema.«

Von Glasenapp erzählte später Mengeles Biographen Posner und Ware, daß »ich Wiesenthal einige Male traf, aber nie viel aus ihm herausholte. Ich wollte natürlich wissen, ob er etwas wirklich Wertvolles erfahren hatte. Es war schwierig, sich aufgrund der verschiedenen Zeitungsartikel ein Bild zu machen.«

Anfang 1970 besuchte eine Delegation der Rates der jüdischen Gemeinde in Asunción – die Paraguays ungefähr 1 000 Juden vertrat – Wiesenthal in Wien und ersuchte ihn, in Paraguay nichts gegen Mengele zu unternehmen, da sie dann sowohl unter den 30 000 Deutschen des Landes als auch unter seiner Regierung zu leiden hätten. Die Delegation zeigte ihm Briefe, in denen man sie davon warnte, Mengele zu belästigen, was Wiesenthal in seiner Überzeugung bestärkte, daß sich sein Opfer in Paraguay aufhielt.

Benno Weiser Varon war Israels erster Botschafter in Paraguay, wo er von 1968 bis 1972 tätig war. Varon hatte Medizin studiert, mußte jedoch vor Abschluß seines Studiums aus Wien flüchten, als Hitler Österreich annektierte. Während dieser vier Jahre in Paraguay sah er nichts, was auf

Mengeles Anwesenheit deutete, obwohl ihn der Mann ständig beschäftigte und er jeden Hinweis, den er erhielt, verfolgte.
»Irgendwann in den siebziger Jahren«, sagt Varon, der jetzt in den USA lebt, »vertraute mir Wiesenthal in Boston an, daß es gar nicht so leicht war, seine Organisation in Wien in Gang zu halten. Seine Vortragshonorare und die Beiträge von etwa 17 000 holländischen Christen reichten nicht sehr weit.« Varon gelangte zu dem Schluß, daß »Mengele zwar für jeden Nazijäger das große Los wäre ... daß sich aber niemand auf ihn spezialisiert hatte. Simon Wiesenthal erklärt von Zeit zu Zeit, daß er im Begriff sei, ihn zu fangen, vielleicht, weil er das Geld für seine Aktivitäten auftreiben muß und der Name Mengele immer für eine Spende gut ist.« Varon behauptete jedenfalls, daß »Simon Wiesenthal immer ein Nazi-Jäger, aber niemals ein Nazi-Fänger war«.
Wiesenthal gibt zu, daß »wir uns damit begnügen mußten, den Fall Mengele der Öffentlichkeit immer wieder ins Gedächtnis zu rufen«. Doch selbst Simons schärfste Kritiker müssen seine Ehrlichkeit und seinen Einsatz sowie seinen Scharfsinn anerkennen, dank dem er bereits 1964 erfaßt hatte, daß Sedlmeier der Schlüssel zu dem Fall war. Sogar Kritiker wie die Mengele-Biographen Posner und Ware, die behaupten, daß »finanzielle Beschränkungen ... seine Glaubwürdigkeit schließlich aufs Spiel setzten«, fügen hinzu:

> Was niemand Wiesenthal absprechen kann, ist sein missionarischer Eifer, die Tatsache, daß es ihm zu verdanken ist, wenn gewisse Leute und widerstrebende Regierungen Nazis verfolgten, obwohl sie vorgezogen hätten zu vergessen. Wer außer Wiesenthal hätte diese Rolle übernehmen können? Er war das öffentliche Bewußtsein des Holocausts, zwei Spielfilme Hollywoods wurden nur infolge von Wiesenthals Selbstdarstellung als unermüdlicher, hartnäckiger Verfolger gedreht, der es mit Mengeles weitreichenden Beziehungen zum allumfassenden Nazi-Netzwerk aufnahm. Sowohl *Der Marathon-Mann* als auch *Die Jungs aus Brasilien* waren Kassenerfolge. Sie spielten eine wichtige Rolle, indem sie Mengele im Bewußtsein der Öffentlichkeit verankerten – er war ein leicht faßliches Symbol für das gebrochene Versprechen der Alliierten, die Nazis zu verfolgen, ganz gleich, wohin sie flohen. Aber diese Filme ließen die Zuschauer auch verzweifeln: Mengele war einfach zu mächtig, er war zu klug, er war »kybernetisch«, man würde ihn nie fassen. Und doch ... er war hier, er war dort, er war

überall, sagte Wiesenthal. Er war gesehen worden: er konnte wirklich gefunden werden.

Mir gegenüber erklärte Wiesenthal einmal, daß »Mengele während seiner und meiner Lebenszeit als Mensch vor einem Gericht stehen muß und nicht als Legende frei herumstreifen darf«.

XIX. Tod eines »kybernetischen« Engels

In Wirklichkeit hatte der »kybernetische«[12] Mengele seit 1971, dem Jahr, in dem er einen Beschützer verlor, aber eine wertvolle Identitätskarte gewann, gezappelt wie ein Fisch auf dem Trockenen. Die Familie des jetzt sechsundvierzig Jahre alten Wolfgang Gerhard wurde von einer Tragödie heimgesucht: Gerhards Frau Ruth litt an Magenkrebs, sein Sohn Adolf an Knochenkrebs. Das Einkommen aus seiner Textilfabrik und die Honorare aus seinen neonazistischen Zeitungsartikeln reichten nicht für die Arztrechnungen. Gerhard beschloß, nach Österreich zurückzukehren und dort ärztliche Hilfe sowie Geld aufzutreiben. Vor seiner Abreise gab er Mengele seine brasilianische Identitätskarte, für die dieser angeblich 7 000 Dollar bezahlte. Er tauschte nur das Foto aus und ließ alle übrigen Details, einschließlich des Fingerabdrucks, wie sie waren.

1972 begann Mengeles Gesundheit nachzulassen – paradoxerweise infolge des Schnauzers, den er sich hatte wachsen lassen, um sein Gesicht und die Zahnlücke zu verbergen. Wenn er nervös war, pflegte er auf den Enden des Schnurrbarts herumzukauen. Im Lauf der Jahre hatten die abgebissenen Enden eine Haarkugel gebildet, die seinen Darm verstopfte und eine Operation erforderlich machte.

Im Krankenhaus in São Paulo fiel einem Arzt auf, daß »Wolfgang Gerhard« viel älter aussah als siebenundvierzig, wie auf der Identitätskarte angegeben. Wolfram Bossert, der Gerhards Rolle als Beschützer übernommen und Mengele in das Krankenhaus begleitet hatte, erklärte hastig, daß der Behörde bei der Angabe des Geburtsdatums ein Fehler unterlaufen sei und daß sie versprochen hatte, demnächst eine neue Karte auszustellen. Nach seiner Genesung verwendete Mengele die Karte so wenig wie möglich, doch sie war die plausibelste Erlaubnis für seinen Aufenthalt in Brasilien und weniger gefährlich als der paraguayische Paß von José Mengele.

1972 stellte sich auch heraus, daß Mengeles Prostata vergrößert war und daß die Lendenwirbelsäule Abnützungserscheinungen aufwies. Außerdem hatte er finanzielle Schwierigkeiten: Zwar kam Sedlmeier in unregelmäßigen Abständen und brachte Bargeld mit, doch die Familie Mengele in Günzburg stellte dem schwarzen Schaf nur100 bis 150 Dollar monatlich zur Verfügung. Obwohl er sparsam lebte, seine Möbel selbst anfertigte und nie ausging, hätte er seiner Ansicht nach Anspruch auf mehr gehabt. Doch das schlimmste war das Zusammenleben mit den Stammers, das inzwischen für alle Beteiligten unerträglich geworden war. Als die Familie in Deutschland ein Auto für die Stammers kaufte, war Mengele verärgert, weil sie es nicht verdienten, waren die Stammers verärgert, weil es zu klein war, war die Familie verärgert, weil die Stammers plötzlich Geld besaßen, von dem niemand etwas gewußt hatte, und den geschenkten Wagen gegen einen größeren umtauschten.

1974 verließ Geza Stammer das Haus in Caieiras, mietete ein Zimmer in einem Hotel in São Paulos Rotlicht-Bezirk und erklärte, daß er erst zurückkommen würde, wenn Mengele fort war. Da die Gefahr bestand, daß sich die Polizei einmischte, teilte Bossert der Familie in Günzburg über Sedlmeier (der ein Postfach in der Schweiz besaß) mit, daß »die Situation explosiv ist«. Sedlmeier kam sofort geflogen und schwenkte 5 000 Dollar vor den drei Streithähnen, doch niemand stieg darauf ein. Im November verkauften die Stammers das Haus in Caieiras und kauften mit Mengeles Geld, das sie all die Jahre gehamstert hatten, sowie mit ihren eigenen Ersparnissen eine 900 Quadratmeter große Villa am Stadtrand von São Paulo. Sie war für die Eltern und die beiden Söhne samt ihren Familien groß genug, doch als die Stammers dorthin übersiedelten, forderten sie Mengele nicht auf mitzukommen. Der neue Besitzer des Hauses in Caieiras ließ ihn bis Februar 1975 dort wohnen.

Die Stammers verwendeten Mengeles Anteil von 25 000 Dollar an dem Haus, in dem er jetzt lebte, um im Namen ihres jüngeren Sohnes Miklos einen Bungalow in einem schäbigen Vorort von São Paulo zu erwerben und ihn an Mengele zu vermieten. Die Elektrizitätsrechnungen des neuen Mieters waren auf »Peter Stammer« ausgestellt, die Nachbarn kannten ihn als »Don Pedro«, und für die Behörden hieß er »Wolfgang Gerhard«. Sein Überleben als »Gerhard« geriet 1976 in Gefahr, weil Brasilien das Format der Identitätskarten für im Land lebende Ausländer änderte. Um eine Identitätskarte zu erhalten, brauchte man neue Fotos und Fingerabdrücke und mußte persönlich im Ministerium für Öffentliche und Soziale Ordnung erscheinen. Mengele schickte ein SOS nach Günzburg, und Sedlmeier besuchte Gerhard in Österreich. Dessen Frau war ein Jahr zuvor gestorben, sein Sohn Adolf unterzog sich wiederholt Operationen und erhielt teure Behandlungen gegen Knochenkrebs. Karl-Heinz, der Stiefsohn des Flüchtlings, der inzwischen bei Mengele & Söhne Direktor geworden war, übernahm einen Teil der Kosten. Sedlmeier bezahlte Gerhard den Flug nach Brasilien, damit er seine Aufenthaltserlaubnis erneuern konnte. Dieser benützte die Gelegenheit, um das Grab seiner Mutter in Embu zu besuchen, und erklärte dem Friedhofsaufseher, daß er bei seiner Frau in Österreich begraben werden wolle. Aber er ersuchte den Aufseher, den Platz neben seiner Mutter für einen alten Verwandten zu reservieren.

Gerhard ersuchte auch Ernesto Glawe, einen Textilmechaniker deutscher Abstammung, sich von Zeit zu Zeit um seinen alten Verwandten »Peter Gerhard« zu kümmern. Deshalb waren Glawes Sohn und seine Verlobte anwesend, als Mengele plötzlich die Sprache verlor und den linken Arm sowie das linke Bein nicht mehr bewegen konnte. Norberto fuhr ihn ins Krankenhaus, wo man einen Schlaganfall feststellte. Für die von ihm geforderte Akontozahlung legte Mengele eine 100-Dollar-Banknote auf den Tisch.

Norberto bemerkte die Banknote sowie die Identitätskarte, mit der sich »Don Pedro« als Wolfgang Gerhard auswies, und erwähnte all das seinem Vater gegenüber. Als Mengele, der am nächsten Tag seine Gliedmaßen wieder bewegen konnte, nach vierzehn Tagen aus dem Krankenhaus entlassen wurde, zog Norberto für vierzehn Tage als Pfleger zu ihm. Sein Vater kam von Zeit zu Zeit vorbei. Als er einen Katalog für landwirtschaftliche Geräte der Firma Mengele & Söhne entdeckte, zählte er zwei und zwei zusammen, ging aber nicht zur Polizei. Mengele beschwerte sich in einem Brief an Sedlmeier darüber, daß er »Freunde für ihr Schweigen bezahlen mußte«.

»1977«, erzählt Wiesenthal, »erfuhren wir aus verläßlicher Quelle, daß Rolf, der bei einer Investment-Gesellschaft in Berlin angestellt war, im Begriff war, nach Brasilien zu reisen. Wir wollten ihn von zwei Personen beschatten lassen, da wir davon überzeugt waren, daß er irgendwie Kontakt mit seinem Vater aufnehmen würde. Leider verfügte das Dokumentationszentrum nicht über die für dieses Unternehmen erforderlichen Geldmittel ...

Wir wandten uns deshalb an eine holländische Zeitung und schlugen dem Herausgeber vor, unsere Kosten gegen die exklusive Überlassung der Rechte an unserer Menschenjagd-Geschichte zu übernehmen. Doch die Zeitschrift fand, daß der Betrag, um den es ging – 8 000 Dollar – zu hoch und das Risiko zu groß sei. Wir mußten daher das Unternehmen abblasen.«

Es fällt einem schwer, sich vorzustellen, daß Simon Wiesenthal an diesem Punkt seiner Karriere – mit der erfolgreichen Ausforschung von Eichmann, Stangl und über tausend weiteren Nazis und der Nominierung für den Nobelpreis – nicht in der Lage war, 8 000 Dollar aufzutreiben, doch das war kurz bevor das Simon Wiesenthal Holocaust Center in Los Angeles gegründet wurde und dann mit Höchstgeschwindigkeit daran ging, Geldspenden einzusammeln. Vielleicht hatte Wiesenthal auch zu oft Wolf gerufen, wenn es um Mengele ging. Außerdem war Rolf Mengele Anwalt in Freiburg und nicht Banker in Berlin. Eine routinemäßige Überprüfung der Fakten hätte jeden Verleger zu denken gegeben, bevor er in ein solches Abenteuer einstieg. Doch wie bei Sedlmeier stimmte Simons Information über Rolfs ersten Besuch nach einundzwanzig Jahren bei seinem Vater haargenau.

Als der von Sedlmeier instruierte Rolf am 10 Januar 1977 in Rio de Janeiro landete, hatte er 5 000 Dollar in bar und einen Paß bei sich, den er einem Freund namens Wilfried Busse gestohlen hatte. Er übernachtete in Rios luxuriösestem Hotel, dem Othon Palace, flog nach São Paulo weiter und wechselte dort dreimal das Taxi (um sich zu vergewissern, daß ihm niemand folgte), bis er bei Wolfram Bossert in der Rua Missuri 7 anlangte. Bossert fuhr ihn zum Bungalow seines Vaters in der ungepflasterten Estrada de Alvaranga in der Vorstadt El Dorado.

»Der Mann, der vor mir stand«, erinnerte sich Rolf später, »war ein gebrochener Mensch, eine gejagte Kreatur.« Nach einer flüchtigen Umarmung und einigen einleitenden Bemerkungen bat Rolf seinen Vater, ihm von Auschwitz zu erzählen und zu den gegen ihn erhobenen Anklagen Stellung zu nehmen. Das Verhör ging tage- und nächtelang weiter. Rolf hörte sich die Argumente seines Vaters unvoreingenommen an und stellte so wenige Fragen wie möglich. Er stand politisch eher links, war über die Täuschung verbittert, daß »Onkel Fritz« sein Vater war, und nahm ihm übel, daß er Karl-Heinz ihm immer vorgezogen hatte.

Vierzehn Tage lang versicherte Dr. Mengele seinem Sohn, daß er Auschwitz weder erfunden noch gebilligt habe, daß er aber gezwungen worden war, dort zu arbeiten, sonst hätte es ihn das Leben gekostet. Deshalb hatte er die gleiche Wahl getroffen wie ein Chirurg in einem Lazarett: Wenn ein Dutzend Sterbende hereingebracht werden, operiert er zunächst die Handvoll, die eine Chance haben zu überleben, und verurteilt dadurch die übrigen zum sicheren Tod. »Was hätte ich tun sollen, wenn die Menschen halb tot und mit Krankheiten infiziert an der Rampe eintrafen?« fragte er rhetorisch und antwortete darauf, daß seine Arbeit nur darin bestand, die Menschen in »arbeitsfähig« und »nicht arbeitsfähig« einzu-

teilen, und daß er bei dieser Beurteilung so großzügig wie möglich vorgegangen sei. Er rechnete es sich persönlich als Verdienst an, daß er Zwillinge für die Forschung gerettet hatte.
Nachdem Rolfs Vater seine Aussage mit der Erklärung abgeschlossen hatte, daß er sich nicht schuldig fühle und nichts bereue, fragte ihn Rolf, warum er sich nicht gestellt habe.
»Es gibt keine Richter. Es gibt nur Rächer«, erwiderte sein Vater und zollte damit Wiesenthal, Langbein und anderen widerstrebend Anerkennung. Sie hatten ihm zwar nie vor Gericht gegenübergestanden, aber sie hatten seine Verbrechen in der ganzen Welt bekannt und aus ihm einen Einsiedler gemacht.
Rolf Mengele erklärte später den Biographen Posner und Ware: »Mein Vater wollte in bezug auf Auschwitz nicht einmal zugeben, daß dort sogar die einfachsten Regeln der Menschlichkeit mißachtet wurden. Er verstand nicht, daß allein seine Anwesenheit in dem Lager ihn zum Mitschuldigen der Unmenschlichkeit machte. Es hatte keinen Sinn weiterzusprechen.«
Als Vater und Sohn sich am Flugplatz São Paulo trennten, waren Mengeles letzte Worte: »Wir werden versuchen, die ganze Familie möglichst bald zusammenzubringen.« Doch das geschah nie.

1978 starb Wolfgang Gerhard in Österreich unter »deutlich geheimnisvollen Umständen«, wie es die Anhänger des »kybernetischen« Mengele behaupten: Er stand neben dem Auto, fiel um, schlug auf dem Kopf auf, verlor das Bewußtsein und starb an einem Herzanfall. Es stimmt, daß er den Mengeles nicht mehr von Nutzen war, aber nichts weist darauf hin, daß er keinen natürlichen Todes gestorben wäre.
Mengele verfiel sehr rasch. Seit dem Schlaganfall 1976 war seine linke Hand verkrümmt. Zu der Prostatavergrößerung und dem Zustand seines Rückgrats kamen hoher Blutdruck und eine Infektion des Innenohrs, was dazu führte, daß er auf der Straße häufig stolperte und beinahe zusammenbrach. Vielleicht aus Einsamkeit und dem Bedürfnis, betreut zu werden, begann er, um sein etwa dreißig Jahre altes Dienstmädchen Elsa Gulpian zu werben. Er kaufte ihr Geschenke, ging mit ihr in Restaurants, ins Kino, zu Konzerten und unternahm in ihrer Begleitung lange Spaziergänge. Als er sie aufforderte, zu ihm zu ziehen, erklärte sie, daß er sie zuerst heiraten müsse. Das lehnte er ab, ohne ihr den Grund zu nennen. Er war noch immer mit Martha verheiratet, und außerdem war es für ihn zu

gefährlich, auf dem Standesamt seine gefälschte Identitätskarte vorzulegen. Elsa verließ ihn im Oktober 1978 und verlobte sich mit einem dunkelhäutigen Brasilianer.
Wenn bei uns Winter ist, ist südlich vom Äquator Sommer. Während der hochsommerlichen Hitze im Februar 1979 nahm Mengele eine Einladung der Bosserts in ihr Strandhaus in Bertioga an, das etwa fünfzig Kilometer nördlich von São Paulo liegt.
Er traf am Sonntag, den 5. Februar 1979 in Bertioga Beach ein, hielt sich aber abseits, bis er am Dienstag, den 7. mit seinem Gastgeber und dessen Kindern einen langen Strandspaziergang unternahm. Er setzte sich auf einen großen Felsen, blickte auf das Meer hinaus und sagte: »Dort drüben liegt mein Heimatland. Ich würde gern meine letzten Lebenstage in Günzburg verbringen und die Geschichte meiner Stadt schreiben.« Um 16.30 Uhr ging er schwimmen.
In Bertioga Beach sind die Wellen immer friedlich, und der Boden des Atlantik fällt sanft ab. Ein Mann von Mengeles Größe kann einen Kilometer hineingehen und den Kopf noch immer über Wasser haben. Er war ein ausgezeichneter Schwimmer, und es bestand kein Grund zur Besorgnis. Doch er war knapp bis zur Taille im Wasser, als Bosserts Sohn Andreas rief: »Onkel! Komm heraus! Die Strömung ist für dich zu stark.« Mengele schlug im Meer um sich.
Wolfram Bossert lief und schwamm, so schnell er konnte, zu seinem Gast. Doch dieser hatte wieder einen Schlaganfall erlitten und war gelähmt. Er war wahrscheinlich mit dem Kopf unter Wasser geraten und trieb jetzt leblos auf der Oberfläche. »Ich mußte mit einem Arm schwimmen und ihn mit dem anderen festhalten, und das Meer zog uns hinaus«, erzählte Bossert später. Nachdem er sich mit dem Toten an den Strand gekämpft hatte, mußte er wegen Erschöpfung ins Krankenhaus gebracht werden.
Doch kein Krankenhaus konnte Josef Mengele mehr helfen. Auf dem Strand nahm ein Arzt Herzmassage vor und versuchte Mund-zu-Mund-Beatmung. Eine oder zwei Sekunden lang flackerte das Leben noch einmal – auf dann war es vorbei. Der »Todesengel von Auschwitz« war zur Hölle gefahren.
Da immer wieder Zweifel an der Identität von Mengeles Leiche laut wurden, exhumierte man den Leichnam am 21. Juni 1985 und zeigte den Journalisten in der Polizeizentrale von São Paulo die sterblichen Überreste des Toten. Wiesenthal wirkte überzeugt. Der in Brasilien begrabene »Wolfgang Gerhard« hatte genau die Größe von Mengele, hatte seinen

gebrochenen linken Finger, die Lücke zwischen den beiden Vorderzähnen und die Abnützungserscheinungen der Wirbelsäule. Ein Videobild seines Schädels entsprach vollkommen einem authentischen Foto von ihm, dem es überlagert wurde. Die Hüftknochen des Skeletts entsprachen exakt den Meßergebnissen der Ärzte. John Martin von ABC fragte Doktor Lowell Levine, ob noch Zweifel bestünden.

»Überhaupt keine«, erwiderte der New Yorker Zahnarzt.

Zwei US-Konsulatsbeamte in Brasilien entzifferten unklare Angaben in Mengeles Tagebuch als Hinweise auf Besuche beim Zahnarzt und stöberten acht Röntgenaufnahmen aus dem Jahr 1976 auf. Sie zeigten nicht nur die ungewöhnliche Lücke zwischen den oberen Vorderzähnen, sondern alle Einzelheiten stimmten mit den Röntgenaufnahmen des Schädels aus dem Jahr 1985 überein. Dr. Levine erklärte, daß aus »angemessener wissenschaftlicher Gewißheit« »absolute Gewißheit« geworden war.

1992 flog ein Team von englischen Wissenschaftern nach Deutschland, um genetische Tests durchzuführen, bei denen Blut aus der Leiche im Friedhof von Embu mit Rolf Mengeles (der seinen Namen ändern ließ) Blut verglichen wurde. Der Vergleich machte die Wissenschaftler zu »99,97 Prozent sicher«, daß es sich wirklich um Josef Mengeles Leiche handelte. Die deutschen Behörden nahmen dieses Ergebnis sofort zur Kenntnis. »Als öffentliche Ankläger«, erklärten sie, »können wir allen Überlebenden des Holocausts und ihren Familien versichern, daß Mengele tot ist«.

Simon Wiesenthal ist nicht so sicher, aber als ich ihn anrief und ihn fragte, was er zu der Neuigkeit sage, nahm er es persönlich: »Mein Telefon hat den ganzen Tag geklingelt, und die Anrufer behaupteten, sie könnten beweisen, daß Mengele am Leben ist. Das ist seine Rache an mir.«

Vierter Teil

Franz Paul Stangl, Gustav Wagner, Hermine Braunsteiner-Ryan

O, was für ein verworr'nes Netz wir weben
Wenn wir zum ersten Mal Betrug versuchen!

Sir Walter Scott

XX. Stangl, der Weber

Mit wenigen Ausnahmen (wie die Festnahme von Gustav Wagner, die in diesem Abschnitt behandelt wird) endete Simon Wiesenthals Rolle als ernstzunehmender Spürhund und Nazijäger irgendwo zwischen den Auslieferungen von Franz Stangl 1967 und Hermine Braunsteiner-Ryan 1973. Während dieses Intervalls wurde er mehr zum Publizisten und Gewissen als zum Rächer und Forscher. Nirgends konnte man den Einsatz seiner neu erworbenen Macht besser erkennen als bei seinem Kreuzzug für Raoul Wallenberg. Nirgends konnte man das Verschwinden seiner alten Talente besorgter beobachten (und dennoch widerwillige Bewunderung für den Kummer empfinden, den er den Bösewichten verursachte) als an seinem Feldzug zum Aufstöbern von Dr. Josef Mengele. Aber bevor wir uns mit dem neuen Wiesenthal der siebziger und achtziger Jahre befassen, ist es an der Zeit innezuhalten, die Geschicklichkeit, Entschlossenheit und Ausdauer des alten Wiesenthal zu würdigen und drei seiner letzten Siege zu schildern.

Franz Paul Stangl kam am 26. März 1908 im oberösterreichischen Altmünster am Traunsee als Sohn einer jungen Mutter und eines alternden Nachtwächters zur Welt. Sein Vater lebte nur für seine militärische Vergangenheit bei den kaiserlichen Dragonern. »Er war ein Dragoner«, erklärte Stangl jun. der englischen Journalistin Gitta Sereny. »Unser Leben verlief militärisch. Ich hatte eine Heidenangst vor ihm.« Sein brutaler Vater verprügelte ihn einmal so hemmungslos, daß Stangl sich mehr als ein halbes Jahrhundert später nicht nur an den Schmerz, sondern auch an den Ausruf seiner Mutter erinnerte: »Hör auf! Du bespritzt meine sauberen Wände von oben bis unten mit Blut.«

Stangls Vater starb 1916 an Unterernährung. »Er war spindeldürr«, erinnerte sich sein Sohn ohne jegliches Mitleid. »Er sah wie ein Gespenst, wie ein Skelett aus.« Ein Jahr später heiratete Stangls Mutter einen Witwer mit zwei Kindern. Sobald Franz vierzehn war, versuchte sein geplagter Stiefvater, seinen Stiefsohn im gleichen Stahlwerk unterzubringen, in dem er selbst arbeitete. »Ich wollte jedoch in die Textilfabrik«, erklärte Stangl. »Das war immer schon mein Ziel, aber dazu mußte ich fünfzehn sein. Also brachte ich meine Mutter und den Schulleiter dazu, mich noch ein Jahr in der Schule zu lassen.«

Stangl verließ die Schule mit fünfzehn und absolvierte seine Lehrzeit innerhalb von drei Jahren. »Ich legte die Prüfungen ab, als ich achtzehneinhalb war, und wurde der jüngste Webermeister Österreichs. Ich arbeitete in der Fabrik und hatte nur zwei Jahre später fünfzehn Arbeiter unter mir.« Er spielte in einer örtlichen Kapelle Zither, gab am Abend Musikunterricht, baute an den Wochenenden eigenhändig ein Segelboot. Stolz erinnerte er sich an diese Jahre als »meine glücklichste Zeit«.

Doch nach fünf Jahren war das Glück schon fadenscheinig. Als Stangl 1931 dreiundzwanzig wurde, war ihm klar, daß »ich ohne höhere Schulen nicht weiterkommen konnte. Aber sollte ich mein Leben lang das tun, was ich jetzt tat? Rings um mich gab es Männer, die im gleichen Alter wie ich begonnen hatten und mit fünfunddreißig alt waren. Die Arbeit war zu ungesund. Der Staub drang in die Lunge – der Lärm ...«

Er beobachtete oft die jungen Polizisten, die ihre Runde auf den Straßen machten, und beneidete sie, weil sie in der Uniform so schmuck und selbstsicher aussahen. Er schickte ein Aufnahmegesuch an die österreichische Bundespolizei und erhielt nach einer ärztlichen Untersuchung und einem Gespräch den Befehl, sich in der Polizeikaserne in Linz zur Grundausbildung zu melden.

Als er in der Fabrik kündigte, sagte der Besitzer: »Warum haben Sie nicht mit mir gesprochen, statt es heimlich zu tun? Ich wollte Sie zur Schule schicken – in Wien.«

Als Stangl beinahe vierzig Jahre später von diesem Gespräch erzählte, weinte er. Sereny, die ihn interviewte und über siebzig Stunden bei ihm verbrachte, fragte ihn, warum er sein Vorhaben nicht geändert habe, als sein Chef ihm das sagte. Er antwortete unter Tränen: »Er hat mich nicht dazu aufgefordert.«

Stangl zog die Polizeiuniform an und begann beinahe gleichzeitig, Theresa Eidenböck, der Tochter eines Parfumerzeugers, den Hof zu machen. Die beiden jungen Leute hatten einander in Linz kennengelernt, wo Theresa zur Sozialarbeiterin ausgebildet wurde.

Als 1933 über eine halbe Million Österreicher arbeitslos waren und Hitler in Berlin an die Macht kam, wurde in Österreich immer öfter vom Anschluß an die deutschsprechenden Nachbarn geredet. Die einheimische Nazipartei – die bis dahin eine Außenseitergruppe war und keinen einzigen Abgeordneten ins Parlament geschickt hatte – äußerte jetzt laute Drohungen, die durch die Propaganda und die Agitatoren aus Deutschland verstärkt wurden. Der Führer erklärte, daß die Vereinigung von Österreich und Deutschland »eine Aufgabe sei, die mit allen Mitteln gefördert werden müsse«.

Der österreichische Kanzler Engelbert Dollfuß verachtete Hitlers atheistischen Faschismus. Er erkannte schon früh, daß die Nazis zwar von der historischen Einheit zwischen der christlichen und der deutschen Kultur sprachen, daß dies jedoch nur Propaganda war. Deshalb zog er einen hausgemachten, militanten, katholischen Austrofaschismus mit italienischem Einschlag vor, benützte am 4. März 1933 eine zufällige Handlungsunfähigkeit des Nationalrats und erklärte, daß das Parlament »sich selbst aufgelöst« habe. Um Wahlen zu vermeiden, bei denen die Nazis bestimmt einige Sitze gewonnen hätten, berief er sich auf ein veraltetes Gesetz aus dem Jahr 1917, das der Regierung die Möglichkeit gab, ein autoritäres System einzuführen und mit Notverordnungen zu regieren. Zuerst löste Dollfuß die Nationalsozialistische Partei auf, deren Mitglieder in den Untergrund getrieben wurden und sich auf Handgranaten, Subversion und die Infiltrierung von Regierungsstellen verlegten. Die Kommunistische Partei, ein unbedeutender Faktor, wurde ebenfalls verboten.

Bis 1933 war die österreichische Sozialdemokratische Partei für den *Anschluß* gewesen, doch als sich Deutschland in eine Nazi-Diktatur verwandelte, änderte sich ihre Einstellung. Der gegenseitige Haß zwischen Sozialdemokraten und Dollfuß war jedoch so groß, daß keine Seite in Betracht zog, sich mit der anderen gegen Hitler zu verbünden, der schließlich beide vernichtete. Otto Bauer, der brillante jüdische Führer der Sozialdemokraten, verachtete Dollfuß, der die Macht widerrechtlich an sich gerissen hatte. Die Sozialdemokraten hatten nämlich bei den Wahlen 1930 einundvierzig Prozent der Stimmen erhalten, womit sie die stärkste Partei im Nationalrat wurden, bis Dollfuß die parlamentarische Demokratie abschaffte. Außerdem wollten sie nichts mit dem Austro- oder einer anderen Art von Faschismus zu tun haben. Als Dollfuß den Republikanischen Schutzbund – die sozialdemokratische Miliz – verbot und dann eine Ein-Parteien-Regierung bildete, begann es in Österreich zu gären. Als politisches Fundament seiner Regierung schuf Dollfuß die Vaterländische Front.

Am Morgen des 12. Februar 1934 brach der unvermeidliche Konflikt zwischen Roten und Schwarzen in Linz aus, wo der Streifenpolizist Franz Stangl stationiert war. Die Polizei drang gewaltsam in ein Arbeiterlokal in der Landstraße ein, um Waffen des verbotenen Schutzbundes zu beschlagnahmen. Der Schutzbund begrüßte sie mit einem Kugelhagel, was zu einem Generalstreik in den roten Städten Österreichs und einem dreitägigen Bürgerkrieg führte. Als er vorbei war, hatten die siegreichen Streitkräfte der Regierung – Polizei, Heimwehr und Regierungstruppen – 128 Tote und 409 Verwundete zu beklagen. Laut den offiziellen Zahlen gab es beim Schutzbund und den Sozialisten 137 Tote und 399 Verwundete, obwohl die Zahl auf über tausend stieg, wenn man die Toten und Verwundeten in den Gemeindebauten berücksichtigte. Die Sozialdemokratische Partei wurde verboten. Einige ihrer Führer flohen aus dem Land. Viele ihrer Mitglieder wurden verhaftet. Neun wurden hingerichtet.

In Linz dauerten die Kämpfe nur einen Tag, aber dann konnte Stangl prahlen: »Die Sozialdemokraten verschanzten sich im Zentral-Kino, und wir mußten stundenlang kämpfen, um sie herauszuholen. Ich war derjenige, der nachts um elf Uhr die letzten hinaustrieb. Dafür bekam ich die Verdienstmedaille in Silber.«

Er hatte nichts gegen die Sozialdemokraten und tendierte auch nicht zu den Nazis: »Die österreichische Polizei war sehr professionell. Wir mußten den Gesetzen des Landes Geltung verschaffen, indem wir rechte und linke Friedensstörer verhafteten und unsere Arbeit taten, die damals nichts Abscheuliches oder Dramatisches an sich hatte. Es war einfach Arbeit, die man so korrekt – so freundlich, wenn Sie wollen – wie möglich machte.«

Am 1. Mai 1934 – zum ersten Mal ohne Sozialdemokratische Partei – veröffentlichte Dollfuß' Marionettenregierung eine neue Verfassung, die Österreich in einen »Christlichen Ständestaat« verwandelte. Inzwischen hatte Dollfuß für seine Gegner Konzentrationslager geschaffen; eines davon lag vierzig Kilometer südlich von Wien in Wöllersdorf.

Hier endet jedoch jede Ähnlichkeit mit Mussolini oder Hitler. Dollfuß verfügte nie über die Macht oder die Popularität des *Duce* oder des *Führers.* Die Behandlung der politischen Gefangenen in Wöllersdorf entsprach keineswegs den Zuständen in Dachau, dem ersten, 1933 von Hitler in einem Vorort von München errichteten Konzentrationslager. Dollfuß' Faschismus war relativ frei von Imperialismus, Rassismus und Antiklerikalismus, die es in einem oder beiden der Nachbarländer gab. Und statt des Anschlusses predigte Dollfuß, daß die Österreicher die besseren Germanen seien. Sie wären die Verteidiger einer zivilisierten Tradition, die tausend Jahre zu den Babenberger-Herzögen zurückreichte. Er vertrat eine patriotische Doktrin des »Österreichertums«, das germanische Kultur mit österreichischer Toleranz verband: »Dadurch, daß der Österreicher jahrhundertelang mit anderen Nationen zusammenlebte, wurde er nachsichtiger, geduldiger und steht fremden Kulturen verständnisvoll gegenüber, obwohl ihm bewußt war und ist, daß er die Reinheit seiner Kultur und seiner Art bewahren muß.«

Einige Jahre später machten diese Eigenschaften Österreicher wie Stangl zu ausgezeichneten Vernichtern.

Die oft mißverstandene historische Gestalt Dollfuß war genauso zum Untergang verurteilt wie seine Doktrin. Am 25. Juli 1934 fuhren 154 österreichische Nazis in Militär- und Polizeiuniformen bei einem akribisch verpatzten Putsch, den sie als »Operation Sommerfest« bezeichneten, in den Hof des Bundeskanzleramts am Ballhausplatz. Die acht Lastwagen überlisteten den Sicherheitsdienst, indem sie hinter der um 12.50 Uhr erfolgenden Wachablöse herfuhren. Sie ergriffen von dem Gebäude Besitz und erschossen wie vorgesehen Dollfuß. Doch sie konnten weder die Minister verhaften noch eine neue Regierung einsetzen, weil die Kabinettsitzung, die sie überfallen wollten, vierzig Minuten zuvor zu Ende gegangen war. Nur Dollfuß, der Leiter des Sicherheitsdienstes und der Führer der Heimwehr waren noch anwesend. Während die Regierungstruppen das Bundeskanzleramt umstellten und der deutsche Botschafter mit den Invasoren über eine Kapitulation verhandelte, berief der nächste Kanzler, der siebenunddreißig Jahre alte Kurt von Schuschnigg, bis jetzt Justiz- und Erziehungsminister, das Kabinett an einem anderen Ort ein und versprach Kontinuität.

Angeblich war Franz Stangl als Staatsbürger und Polizist über die Ermordung von Dollfuß entsetzt. Einige Tage später entdeckte er im Wald ein Versteck von Nazi-Waffen. Das brachte ihm und vier Kollegen eine weitere Medaille sowie die Aufnahme in die Schule für Kriminalbeamte ein. 1935 wurde er in die oberösterreichische Stadt Wels versetzt, einer Brutstätte des Nationalsozialismus. Er sollte dort Ermittlungen über illegale politische Aktivitäten anstellen.

Da die Nazis genau wie die Sozialdemokraten seine Karriere gefördert hatten, stand ihnen Stangl gelegentlich freundlich gegenüber. Er zahlte in einen Nazi-Wohltätigkeitsfonds zur Unterstützung von Verwandten politischer Gefangener ein. Außerdem taten Stangl und sein kriminalistischer Partner Ludwig Werner für den Nazianwalt Dr. Bruno Wille das, »was man vor 1938 für solche Leute tun konnte: Man riet den unter Verdacht Stehenden, vorsichtig zu sein.«

In Wien regierte der farblose Schuschnigg beinahe vier Jahre lang, während Hitler zusah, wie Österreichs Wirtschaft unter dem deutschen und italienischen Druck – zum Beispiel wirtschaftliche Barrieren für den Tourismus –

zugrunde ging. Dann war er bereit zuzuschlagen. Deutsche Truppen marschierten am Samstag, den 12. März 1938 in Österreich ein. An diesem Tag fuhr Hitler triumphierend durch seinen Geburtsort Braunau nach Linz und wurde überall jubelnd begrüßt. In Wien bekam Schuschnigg inzwischen Hausarrest, auf den sieben Jahre in Hitlers Gefängnissen und Konzentrationslagern folgten.[1] An diesem Wochenende wurden in Wien Tausende Gegner des Nationalsozialismus brutal verhaftet.

Der erste Transport von 151 Österreichern nach Dachau erfolgte am 1. April. Er bestand aus Juden, Intellektuellen und Politikern, darunter zwei Schuschnigg-Anhängern, die nach 1945 konservative Bundeskanzler wurden: Leopold Figl und Alfons Gorbach. Neun Tage später veranstaltete Hitler in Österreich und Deutschland eine Volksabstimmung, um den *Anschluß* zu ratifizieren. Da achtzehn Prozent der Wählerschaft aus politischen oder rassischen Gründen von der Teilnahme ausgeschlossen waren und der Rest unter Druck stand oder mit unterschiedlicher Begeisterung das Unvermeidliche akzeptierte, stimmten 99,75 Prozent der Österreicher und 99,08 Prozent der Deutschen mit Ja.

Bei der blutigen Säuberungsaktion, die auf den unblutigen Einmarsch der deutschen Truppen folgte, verhafteten die Nazis drei der fünf Kriminalbeamten, die 1934 in der Nähe von Linz Waffen beschlagnahmt hatten. »Damit blieben nur mein Freund Ludwig Werner und ich übrig«, bemerkte Stangl dazu. »Inzwischen hatten sie in Linz zwei von unseren Abteilungsleitern erschossen. Menschen, mit denen wir noch vor wenigen Tagen gesprochen hatten. Kein Prozeß, nichts, einfach erschossen. Ein weiterer Freund von mir wurde verhaftet.« Als einer ihrer Kollegen bemerkte, »ihr solltet euren Adler (die Auszeichnung, die sie erhalten hatten) zum Fenster hinausfliegen lassen«, bekamen Stangl und Werner es mit der Angst zu tun. Sie zerrissen alle Karteikarten von Nazis und spülten sie im WC hinunter.

Stangl und Werner mußten Formulare ausfüllen. Sie enthielten unter anderem die Frage, ob sie bereits Parteimitglieder gewesen waren, als die NSDAP illegal war.

Die beiden erinnerten sich – wie später erzählt wurde – an den Gefallen, den sie einmal einem Nazi-Anwalt erwiesen hatten, suchten Dr. Wille auf und baten ihn, sich daran zu »erinnern«, daß sie beide Untergrundnazis gewesen waren. Wille trug ihre Namen in die Listen der Parteimitglieder während der letzten zwei Jahre ein. Damit konnten die beiden Kriminalbeamten die verfängliche Frage mit Ja beantworten.

Als Stangl an diesem Abend nach Hause kam, nahm er an, daß auch seine Frau erleichtert sein würde, doch statt dessen warf sie ihm vor, daß er »mit diesen Schweinen, diesen Gangstern« gemeinsame Sache mache. Stangl begriff schließlich, daß Theresa als Österreicherin, deren Land gerade besetzt worden war, sowie als gläubige Katholikin die Nazis ebenso inbrünstig haßte, wie es viele ihre Mitbürger taten.

Stangl entwickelte sich zu einem Webermeister, der ein Netz aus Tod und Täuschung – und irgendwann auch Selbsttäuschung – wob. Ein Jahr später befahl ihm sein neuer Vorgesetzter, ein Nazi aus München, aus der katholischen Kirche auszutreten. Er erzählte Theresa nie, daß er es getan hatte.

Stangl wurde als Gestapo-Agent in Linz einige Male befördert und dann nach Berlin versetzt. Zu seiner Verblüffung erhielt er eine grüne Uniform, den Leutnantsrang, und wurde zum Polizeichef eines Sonderinstituts der Gemeinnützigen Stiftung für Anstaltspflege in der Tiergartenstraße 4 ernannt. Der großartige Name der Stiftung war nur eine beschönigende Fassade für Begriffe, die bis heute bestehen und sogar anerkannt sind: *Gnadentod, Suizidhilfe, Euthanasie.* Damals bedeuteten sie die Ermordung von Menschen, die geistig, moralisch oder körperlich nicht für wert befunden wurden, im Dritten Reich zu leben. T4, wie die Stiftung nach ihrer Adresse genannt wurde, war der Vorläufer der »Endlösung«.

Das Programm hatte nach Hitlers Machtergreifung 1933 mit dem Gesetz für die Zwangssterilisierung von Menschen begonnen, die an Erbkrankheiten litten. Zwei Jahre später legalisierte das Gesetz für die Sicherung der Erbgesundheit des deutschen Volks die Abtreibung, wenn einer der Elternteile an einer Erbkrankheit litt. Ende Oktober 1939 übertrug Hitler seiner Kanzlei mit einem geheimen Erlaß

> die Veranwortung dafür, namentlich ernannte Ärzte zu ermächtigen, unheilbar kranken Patienten nach bestem menschlichem Ermessen sowie aufgrund einer sorgfältigen Beurteilung ihres Zustands den Gnadentod zu gewähren.

Die ersten Vergasungen von zu unheilbar geisteskrank erklärten Patienten wurden im Dezember 1939 oder im Januar 1940 in einer »psychiatrischen Klinik« im Schloß Grafeneck und in einem ehemaligen Gefängnis in Brandenburg an der Havel durchgeführt. Danach wurden zwei weitere Anlagen in Deutschland und eine in Österreich eröffnet, die für die geistig und körperlich Behinderten, die unheilbar Kranken, die sehr Alten und die Geistesgestörten zuständig waren.

Der neuernannte Offizier Stangl wurde nach Wels zurückgeschickt, um dort auf weitere Befehle zu warten. Nach einem Urlaubstag holte ihn ein Lieferwagen ab, dessen Fahrer Zivilkleidung trug und ihn nach Schloß Hartheim brachte, einem Renaissanceschloß aus dem 16. Jahrhundert in dem zwanzig Kilometer von Linz entfernten Alkoven.

Simon Wiesenthal hörte zum ersten Mal von Hartheim, als er gegen Kriegsende im Konzentrationslager Mauthausen im Todesblock lag. »Die Krematorien machten Überstunden. Wenn ein Ofen versagte, wurde ein ›Sachverständiger aus Hartheim‹ geholt, um die Reparatur durchzuführen. Manchmal wurden Gruppen von Gefangenen nach Hartheim geschickt, die nie mehr zurückkamen. Man sagte uns, daß sie ›auf Dauer verlegt‹ worden waren. Das Wort *Hartheim* bedeutete also offensichtlich *Tod,* aber ich dachte nicht darüber nach. Ich war zu schwach zum Denken.«

Als Wiesenthal Hartheim nach dem Krieg als Ermittler besuchte, beeindruckte ihn das mächtige Gebäude tief. Damals wußte man nur, daß 7 200 Häftlinge aus Mauthausen und 3 600 aus Dachau in den letzten Monaten des Krieges hier vergast worden waren. Über die Aktivitäten in den ersten Monaten des Krieges war kaum etwas bekannt.

Als der nüchterne Stangl Ende 1940 hier eintraf, war auch er beeindruckt. »Es wurde schon seit einiger Zeit nicht mehr von Privatleuten bewohnt; ich glaube, es gab hier früher ein Waisenhaus und später ein Krankenhaus.«[2] Doch jetzt war Hartheim Österreichs »Euthanasiesanatorium« – oder, wie Wiesenthal es in seinen Memoiren nennt, eine »Schule für Massenmord.«

Hartheim sah noch immer aus wie ein Krankenhaus, obwohl die meisten zurückgebliebenen »Patienten« sich wahrscheinlich fragten, warum es keine Abteilungen und keine Nachtstationen gab. Als Stangl wissen wollte, warum man den Geisteskranken bei ihrem Eintreffen die Temperatur maß, erklärte sein Vorgesetzter, Hauptmann Christian Wirth, daß »ihnen nicht klarwerden darf, daß sie sterben werden. Sie müssen sich wohlfühlen. Auf keinen Fall darf man ihnen Angst einjagen.«

Stangl beschreibt Christian Wirth – den »Wilden Christian« – als »dicken, blühend aussehenden Mann. Ich hatte sofort Angst vor ihm. Damals blieb er einige Tage in Hartheim und kam oft wieder. Wenn er anwesend war, hielt er uns täglich beim Mittagessen einen Vortrag.« Als Stangl begann, für den »Wilden Christian« zu arbeiten, war dieser eine Art »Inspekteur« des gesamten Euthanasieimperiums des Reichs, das zwischen 1939 und 1941 etwa 50 000 »Tötungen« durchführte.

Was Stangl an seinem Vorgesetzten störte, war die Art, wie Wirth unumwunden davon sprach, daß »unnütze Münder beseitigt werden müssen« und daß für ihn »das sentimentale Gesabber zum Kotzen ist«. Stangl zog die »menschlichen oder wissenschaftlichen Ausdrücke« vor, die die Euthanasie-Ärzte und -Beamten verwendeten, die scheinheilig von »einer vollkommen schmerzlosen Erlösung von einem unerträglichen Leben« sprachen. Obwohl Stangls Laufbahn bis Kriegsende mit der Wirths zusammenhing, konnte er sich angeblich nie an die direkte Ausdrucksweise seines Chefs gewöhnen.

Franz Stangls Arbeit als Sicherheitsoffizier in Hartheim bestand darin, daß er Totenscheine ausstellte, die nicht die Wahrheit darüber enthielten, wie die »Patienten« gestorben waren. »Zu meinen Aufgaben gehörte es, dafür zu sorgen, daß die Familien der Patienten nachher die persönliche Habe erhielten: Kleidung und all das, Personalpapiere und Bescheinigungen. Ich trug die Verantwortung dafür, daß alles richtig gemacht wurde. Den Familien sagte man, daß der Patient an einem Herzanfall oder etwas Ähnlichem gestorben sei. Und sie erhielten eine kleine Urne mit der Asche.«

Wie nahe Stangl den Morden in Hartheim kam, steht nicht fest, obwohl er bei manchen dabeigewesen sein muß. Als Angeklagter im Hartheim-Prozeß sagte der Fahrer Franz Höldl aus, daß Stangl nichts mit den Tötungen zu tun gehabt habe, sondern nur für die Polizeiarbeit zuständig war. Aber Hartheim war mehr als eine Todesklinik für Behinderte; es war das Versuchsgelände für Massenmörder.

Simon Wiesenthal sagt, daß Hartheim vom technischen Standpunkt aus wie eine medizinische Hochschule organisiert war, in der man die »Studenten« nicht lehrte, das menschliche Leben zu retten, sondern es so effizient wie möglich zu vernichten. Der Tod der Opfer wurde klinisch analysiert, genau fotografiert und perfektioniert. Verschiedene Gasmischungen wurden im Hinblick auf ihre Effizienz ausprobiert. Ärzte mit Stoppuhren beobachteten den Tod durch ein Guckloch in der Zellentür und maßen die Länge des Todeskampfes bis zur Zehntelsekunde. Er wurde in Zeitlupe gefilmt und von Sachverständigen studiert. Die Gehirne der Opfer wurden überwacht, um genau festzuhalten, wann der Tod eingetreten war. »Nichts wurde dem Zufall überlassen«, sagt Wiesenthal.

1961 kam eine Frau, die ein gewisser Bruno Bruckner zwanzig Jahre zuvor verschmäht hatte, zu Wiesenthal, um es Bruckner heimzuzahlen. »Er kann Ihnen von den netten Experimenten erzählen, die er in Hartheim fotografiert hat«, versicherte sie Simon – und das tat Bruckner.

1940 hatten die Nazis Bruckner, einen Amateurfotografen, der nachts in den Viehhöfen arbeitete, gefragt, ob er eine erstklassige Dunkelkammer benützen könne. Nach einem Anstellungsgespräch ließen sie ihn das Gelöbnis unterschreiben, daß er mit niemandem über seine Arbeit sprechen würde, und übergaben ihn Christian Wirth in Hartheim.

Bruckner beschrieb den »wilden Christian« als »netten Kerl nach der Arbeit, aber sehr streng während der Arbeit. Wenn etwas schiefging, hätte er keinen Augenblick gezögert, den Betreffenden zu erschießen.« Wirth befahl ihm, von jedem Patienten drei Bilder zu machen, was Bruckner als Schwerarbeit empfand: »Manche Patienten waren tobsüchtig und mußten von Pflegern festgehalten werden. Ein- oder zweimal riß sich ein Patient los, bevor er die tödliche Injektion bekam, und sprang mich an. Es war hart. Und das schlimmste war, daß ich nichts essen konnte. In der Luft lag der schreckliche Gestank der Verbrennungsöfen. [Hartheim hatte drei.] Nach einigen Tagen ging ich zu Wirth und sagte ihm, daß ich es nicht durchhalten könne. Ich bat um meine Entlassung.«

Wirth bot Bruckner drei Möglichkeiten: »Entweder Sie bleiben hier und halten den Mund, oder Sie werden nach Mauthausen geschickt. Oder Sie werden hier erschossen, wenn Sie das vorziehen.«

Als Bruckner in sein Zimmer ging, um nachzudenken, schickte ihm Wirth eine Flasche Schnaps. Bruckner trank sie aus und machte sich am nächsten Tag wieder an die Arbeit. Später mußte er außerdem den Todeskampf jedes Opfers filmen. »Ich stellte keine Fragen«, gab er 1961 zu. »Es war ein guter Posten. Ich bekam 300 Mark monatlich und verdiente zusätzlich ein wenig, indem ich mit Erlaubnis von Hauptmann Wirth den Stab fotografierte. Das Essen war gut. Es gab immer jede Menge Alkohol. Und nachts gab es viele Partys. Jeder schlief mit jedem.«

Zwanzig Jahre später schlief Bruckner als chemischer Arbeiter noch immer gut. Nur eine Einzelheit störte ihn: Warum brauchte Wirth mindestens achtzig Angestellte, um nur fünfunddreißig Patienten täglich zu töten?

Einige Wochen später hatte Wiesenthal die Antwort. Obwohl die österreichischen Behörden Bruckners Enthüllungen nicht weiter verfolgten,[3] fand Wiesenthal die Antwort auf ein pädagogisches Rätsel, das Historiker und Kriminologen, Psychologen und Philosophen noch immer beschäftigt. »Wie wurden Menschen dazu ausgewählt und ausgebildet, den

Mord von Millionen Menschen durchzuführen, und wieso bewahrten sie ihre Geheimnisse so gut, daß man sie erst Jahre nach dem Krieg kennenlernte?

Offensichtlich mußten Männer, die den Gaskammern zugeteilt waren und Tag um Tag, Woche um Woche zusahen, wie zehntausend Menschen täglich starben, technisch und psychologisch ausgebildet werden, sonst wären sie vielleicht unter dem ständigen Streß zusammengebrochen ... Maschinen gingen kaputt, aber die Menschen, die sie bedienten, hielten durch. Wie kam es, daß Menschen, die Gaskammern und Verbrennungsöfen betrieben, verläßlicher waren als Maschinen?«

Diese Fragen hatten Wiesenthal jahrelang verfolgt, denn »alle Fakten wiesen darauf hin, daß irgendwo spezielle Kader technisch erfahrener und emotionell verhärteter Henker ausgebildet wurden«. Dadurch, daß Wirth Bruckners Willen brach, wurde Wiesenthal zum ersten Mal klar, daß die Überbesetzung in Hartheim und den anderen Euthanasiezentren der Schlüssel zu dem Rätsel war.

Die sorgfältig ausgewählten Belegschaften wußten nicht, daß sie in Wirklichkeit unter Beobachtung stehende Schüler waren; diejenigen, die sich qualifizierten, kamen zu den Gaskammern und Krematorien der Todeslager. Zuerst sahen sie bei den »Experimenten« zu; später, als sie mit keiner Wimper mehr zuckten, führten sie sie selbst durch. Die Sicherheitsmaßnahmen waren streng, denn, sagt Wiesenthal, »den Nazis war klar, daß keine Panne passieren durfte. Deutsche und Österreicher wurden getötet, und es konnte Schwierigkeiten geben.«

Es gab sie. Am 19. März 1940 schrieb Theophil Wurm, der protestantische Bischof von Württemberg, einen wütenden Protestbrief an den Innenminister. Am 27. November 1940 gab der Vatikan unter Papst Pius XII. eine schüchterne Bekanntmachung heraus, daß »die Auslöschung von unwürdigem Leben durch öffentlichen Auftrag mit dem natürlichen und göttlichen Gesetz inkompatibel« sei. Da sich jedoch Benito Mussolini nebenan in Rom befand, wurden die schwachen Worte des Papstes nur auf lateinisch verbreitet und in Deutschland erst am 9. März 1941 gehört, als der mutige Bischof von Berlin, Konrad von Preysing, sie von der Kanzel der Hedwigskathedrale verlas. Er schickte der Erklärung des Papstes seine eigenen Worte voraus: »Es kann keine Rechtfertigung und keine Entschuldigung dafür geben, daß man den Schwachen oder Kranken aus irgendeinem wirtschaftlichen oder eugenischen Grund das Leben nimmt. Mit der gleichen Hingabe an die Prinzipien, mit der

die Kirche die Institution der Ehe – des moralischen Mittelpunkts des Volkes – beschützt, beschützt sie auch das Recht des Individuums auf sein Leben.«
Am Sonntag, den 3. August 1941, erhob sich Graf Clemens August von Galen, der mächtige Erzbischof von Münster, in der St.-Lamberti-Kirche und griff die Ermordung von Unschuldigen und die Mißachtung der Heiligkeit des Lebens an. Er bezeichnete Hitlers Euthanasieprogramm als »glatten Mord«, erwähnte Einzelheiten von Patiententransporten, zweifelhafte Totenscheine und die Verhöhnung des Katholizismus durch Einäscherungen. Er sagte seiner Gemeinde, daß er die für diese Verbrechen Verantwortlichen aufgrund des Paragraphen 211 des Strafgesetzes belangen würde. Kopien von Galens Predigt wurden im Dritten Reich verteilt und an die Front geschmuggelt, wo die schwerverwundeten Soldaten und ihre Waffengefährten die Besorgnis des Bischofs teilten, denn sie erkannten, daß sie von der eigenen Seite getötet werden konnten, wenn sie die »Fähigkeit zur Fortpflanzung« verloren.
In diesem Sommer wurde auch Adolf Hitler in Hof, in der Nähe von Nürnberg, von der Menge verhöhnt, als sein Sonderzug und der örtliche Verkehr durch einen Transport von geisteskranken Patienten aufgehalten wurden, die man aus einem Güterzug auf Lastwagen verlud.
In den deutschen Städten Sonnenstein und Grafeneck wurde so viel darüber geredet, daß zwei der »Sanatorien« geschlossen werden mußten. Die Kinder von Hadamar riefen den verdunkelten Autobussen, die zum »Institut« unterwegs waren, nach: »Da kommen noch welche zum Vergasen!« Nur in Hartheim funktionierte die Geheimhaltung, und das war das Verdienst von Sicherheitschef Stangl.
Nach der Empörung in Hof und nach Bischof von Galens Predigt – der wirksamste religiöse Einzelprotest in der gesamten Hitler-Ära – lehnte der Führer es ab, den Rat von Martin Bormann zu befolgen und von Galen zu hängen, und genauso reagierte er auf Himmlers Rat, den »Löwen von Münster«, wie der mutige Erzbischof jetzt genannt wurde, einzusperren. Statt dessen hörte Hitler auf seinen Propagandaminister Goebbels, der ihn darauf aufmerksam machte, daß eine Bestrafung von Galens die Nazis nicht nur in Münster, sondern im gesamten deutschen Reichsgebiet die lebenswichtige Unterstützung durch alle Katholiken kosten könne.[4] Am 24. August 1941 beschloß Hitler überraschend, das Euthanasieprogramm einzuschränken. Doch das war nur ein taktischer Rückzug.
Mit der Eroberung Polens hatte Hitler eine riesige Arena gefunden, in der

er die Endlösung in einem Umfang durchführen wollte, den sich keine seiner Hartheim-Marionetten – vielleicht mit Ausnahme des »wilden Christians« – vorstellen konnte.

XXI. Der Mann im weißen Jackett

In den Vernichtungslagern Chelmno, Belzec, Sobibor und Treblinka blieben nur der Stab und ein paar ausgewählte Sklaven über Nacht. Auschwitz verfügte zwar über eine Gaskammer, doch der ausgedehnte Komplex war in erster Linie ein Konzentrationslager für Arbeitssklaven, die bei der Ankunft (und bei späteren Aussonderungen) in dem nahen Birkenau die »Selektionen« überlebt hatten. In Birkenau waren die vielen Öfen, Gruben, Schornsteine und Gaskammern rund um die Uhr in Betrieb. Praktisch alle Vernichtungslager waren im eroberten Osten errichtet worden, wo Proteste durch sofortiges Erschießen bestraft wurden. Erst gegen Kriegsende – als das Bestreben, die »Endlösung« zu Ende zu führen, die Todesmaschinerie überforderte – erweiterten Konzentrationslager wie Buchenwald (das Wiesenthal überlebte) und Bergen-Belsen (wo Anne Frank starb) ihr Programm von Hungertod, Krankheiten, Erhängen und Erschießungskommandos auch um Massenvernichtungen.

Belzec (wo Wiesenthals Mutter starb), Sobibor und Treblinka – die drei Lager, die Christian Wirth 1942 in Polen errichtet hatte – wurden ehemaligen Schülern des Euthanansieprogramms anvertraut. Dank seines Erfolgs in Belzec im Jahr 1942 wurde der »wilde Christian« zum Oberinspektor der drei Vernichtungslager ernannt, die alle Diesel-Auspuffgase verwendeten: die von Wirth bevorzugte Vernichtungsmethode.

Obwohl keines dieser Lager länger als ein Jahr in Betrieb war, starben in ihnen zwei Millionen Juden. Sie wurden erst stillgelegt, als die Ausrottung des osteuropäischen Judentums beinahe beendet war; außerdem war an die Stelle von Kohlenmonoxid Zyklon B getreten. Dieses Gas wurde auch in den neuen Gaskammern eingesetzt, die in dem Konzentrationslager Majdanek in der Nähe von Lublin ab Ende 1942 verwendet wurden, also ungefähr um die Zeit, als eine gewisse Hermine Braunsteiner als Aufseherin eintraf.

Auf Wirths Empfehlung wurde Franz Stangl Anfang 1942 beauftragt, in Ostpolen Sobibor zu errichten und dann den Befehl zu übernehmen. Stangl behauptete, man habe ihm gesagt, daß Sobibor ein Nachschublager für die deutsche Wehrmacht sein würde; er hätte jedoch Verdacht schöpfen müssen, als ihm mehrere Euthanasieschüler unterstellt wurden; zu ihnen gehörte Hermann Michel, der in Hartheim Oberpfleger gewesen war. Als sich die polnischen Arbeiter als »lustlos« erwiesen, forderte

Stangl ein eifrigeres »Arbeitskommando« von fünfundzwanzig jüdischen Gefangenen plus einigen ukrainischen Wächtern an. Zunächst schliefen Juden, Ukrainer und Deutsche in der gleichen Hütte – die Deutschen auf dem Küchenfußboden, die anderen auf dem Dachboden –, bis weitere Hütten gebaut wurden.

Eines Tages unternahm Michel einen Waldspaziergang, kam aber sehr bald zu Stangl zurückgerannt. »Hier ist etwas faul«, sagte er. »Komm mit und sag mir, woran es dich erinnert.«

Nach einem Marsch von etwa zehn oder fünfzehn Minuten zeigte er Stangl ein neues Gebäude aus Ziegeln, das drei mal vier Meter groß war und drei Räume enthielt. Sobald Stangl es sah, wußte er, was Michel meinte: »Es sieht genau so aus wie die Gaskammer in Schloß Hartheim.«

Wie konnte er als Kommandant von dem Vorhandensein des Gebäudes erst erfahren haben, als Michel daüber stolperte? Stangl behauptete, daß die »lustlosen« Polen es wahrscheinlich gebaut hatten, bevor er sie hinauswarf, obwohl »sie nicht wissen konnten, was es werden sollte«. Das Gebäude schien zwar auf Stangls Blaupausen auf, doch man konnte ihnen nicht entnehmen, wozu es diente.

Stangl wurde angeblich nach Belzec beordert, um von Wirth eingewiesen zu werden. Wenn man ihm glauben kann, war der Besuch in Belzec sein erstes Zusammentreffen mit der Vernichtung, obwohl sie von dem Augenblick an, als er zwei Jahre zuvor zum Euthanasieprogramm stieß, sein Arbeitsgebiet gewesen war. Seine Schilderung von Belzec ist sehr anschaulich:

»Man gelangte zuerst zum Bahnhof, der auf der linken Straßenseite liegt. Das Lager befand sich auf der gleichen Seite, aber auf einem Hügel. Das Quartier des Kommandanten lag in 200 Metern Entfernung auf der andern Seite der Straße. Es war ein ebenerdiges Gebäude. Der Geruch – o Gott, der Geruch! – er war überall[5].«

»Wirth befand sich nicht in seinem Büro. Man sagte mir, er sei oben im Lager. Ich fragte, ob ich hinaufgehen solle. ›Das würde ich an Ihrer Stelle nicht tun‹, riet man mir. ›Er ist vor Wut außer sich. Es ist ungesund, ihm in die Nähe zu kommen.‹ Ich fragte, was los war. Der Mann, mit dem ich sprach, erklärte mir, daß eine Grube übergelaufen sei. Sie hatten zu viele Leichen hineingeworfen und die Verwesung war zu rasch fortgeschritten, so daß die austretende Flüssigkeit die Leichen in die Höhe und über den Rand geschoben hatte, worauf die Körper den Hügel hinuntergerollt waren. ›Ich habe einige gesehen – es war entsetzlich!«

Stangl wandte dann Wirth gegenüber ein, daß er so einer Aufgabe nicht gewachsen sei. Wirth ließ sich auf keine Diskussion ein, sondern sagte, daß er Stangls Antwort an eine höhere Stelle in Lublin weiterleiten würde. Inzwischen solle er nach Sobibor zurückkehren und weiterarbeiten.
Laut Stangl sprachen Michel und er in dieser Nacht lange mitinander. »Wir waren uns darüber einig, daß das, was wir taten, ein Verbrechen war. Wir überlegten uns, ob wir desertieren sollten. Aber wie? Wohin konnten wir fliehen? Was würde mit unseren Familien geschehen?«
Als dem pedantischen Stangl schließlich die beschönigenden Ausdrücke ausgingen, flüchtete er sich in verbale Abstraktionen: Das alles taten sie, nicht er. Michel erinnerte ihn an einen von Wirths Lieblingswitzen: »Wenn es einem von euch hier nicht gefällt, kann er gerne fortgehen – aber unter der Erde.«
Am nächsten Tag traf Wirth in Sobibor ein, um die Installierung der Gaskammern zu beaufsichtigen, und kümmerte sich nicht um Stangl, der sich mit anderen Dingen beschäftigte.
Als die Maschinen am dritten oder vierten Nachmittag betriebsbereit waren und die gesamte Gruppe der jüdischen Gefangenen letzte Hand anlegte, wandte sich Wirth Michel zu und sagte: »Also gut, wir probieren es jetzt mit Ihren Arbeitsjuden aus.« Die fünfundzwanzig Sklaven wurden hineingeschoben und vergast.
Das waren die ersten Vergasungen in Sobibor. Als sich herausstellte, daß die Türen verkehrt eingebaut waren, verfluchte Wirth die toten jüdischen Arbeiter und schlug mit der Peitsche nach den ukrainischen Wächtern. Stangl wurde zu dem Schauplatz des Blutbads gerufen und erhielt Befehl, die Türen richtig einsetzen zu lassen, bevor die Leichen begraben wurden. Wirth verließ das Lager so wütend, daß Stangl sprachlos war. Er erklärte jedoch später, daß er sich einfach darauf konzentrierte, das Lager fertigzustellen; angeblich hatte Wirth die Durchführung der Vergasungen Michel übertragen. Bald danach trafen die ersten Güterzüge mit Juden zur »Verarbeitung« ein.
Michel, der Stabsfeldwebel war und die einschmeichelnde Stimme eines predigenden Priesters besaß, machte seine Arbeit so gut, daß seine »Arbeitsjuden« ihn »der Prediger« nannten. Er empfing jeden Judentransport und erklärte den Ankömmlingen:
»Willkommen in Sobibor. Sie wurden in ein Arbeitslager geschickt. Die Familien werden zusammenbleiben. Diejenigen, die schwer arbeiten, werden dafür belohnt werden. Es gibt hier nichts, wovor Sie sich fürchten

müssen. Wir machen uns jedoch wegen Krankheiten und Epidemien Sorgen. Deshalb fordern wir Sie auf zu duschen. Männer nach rechts. Frauen und Kinder unter sechs nach links.«

Manchmal fügte er hinzu, daß Sobibor »nur ein Transitlager zur Gruppeneinteilung und Desinfektion ist. Von hier werden Sie alle in die Ukraine gebracht, sobald das Dritte Reich dort einen unabhängigen jüdischen Staat errichten kann.« Da seine Opfer ihm glauben wollten, jubelten sie manchmal oder applaudierten ihm. Dann »begleitete er die Leute persönlich auf die Straße ... zu den Barbierhütten und von dort zu den Gaskammern«, erzählt einer seiner ehemaligen »Arbeitsjuden«, Moshe Shklarek. »Durch seine Tricks und glattzüngigen Reden war er gefährlicher als seine verbrecherischen Kameraden.«[6]

Während Michel den Empfang, die Begrüßung und das Vergasen besorgte, blieb Stangl laut eigener Aussage im Hintergrund: ein leitender Aufsichtsbeamter, der die Bautätigkeit überwachte und die Verfahrensweise anordnete, während er sich intellektuell und körperlich von den Folgen seiner Befehle distanzierte. Während der knapp sechs Monate währenden Amtsdauer von Stangl war es den Arbeitern der Todestrupps verboten, Worte wie *Körper, Leichen* oder *Opfer* zu gebrauchen. Statt dessen mußten sie von *Figuren* oder *Schmattes* (Fetzen) sprechen: Ein weiterer riesiger Schritt in das Reich der Abstraktionen, in dem sich Stangl vor der Realität seiner Arbeit abschirmte.

Obwohl Sobibor erst im Mai 1942 funktionsfähig war, übertraf es allein in diesem Monat Auschwitz, Belzec oder Chelmno, indem es über 36 000 Juden aus neunzehn polnischen Gemeinden vergaste. Eine sechste Gaskammer wurde hinzugefügt – man verwendete den 200 PS starken Achtzylindermotor eines erbeuteten russischen Panzers, um eine Mischung aus Kohlenmonoxid und Kohlendioxid hineinzupumpen –, und die Deutschen bauten einen starken Generator, der genügend Licht erzeugte, um nächtliche Vergasungen zu ermöglichen. Schmalspurgeleise führten von der Entladerampe in das Innere des Lagers, auf Loren wurden Kleidung, Koffer, Wertgegenstände und die Leichen der unterwegs Gestorbenen transportiert, während das Gold aus den Zähnen der Vergasten in die »zahnärztliche Werkstatt« gebracht wurde, einem Schuppen in der Nähe der »Duschen«. Bis zum Juli hatten Stangl und Michel Sobibor in eine so effiziente Stätte der Vernichtung verwandelt, daß Heinrich Himmler aus Berlin kam, um es sich selbst anzusehen. Arbeitende Gefangene – Schneider, Schuster, Goldschmiede und Maurer – wurden von ihren üblichen Pflichten abgezogen, um das Lager auf Hochglanz zu bringen. Obwohl Himmler zum Mittagessen nach Lublin fuhr, waren Köche und Bäcker damit beschäftigt, Appetithappen zu seiner Erfrischung vorzubereiten.

Doch Himmler interessierte sich nur für die Vernichtung. Als die Luxuswagen aus Berlin auf dem Parkplatz vor dem Haupttor anhielten, begrüßte Stangl die Neun-Mann-Delegation (drei in Zivil und sechs, einschließlich Himmlers, in Uniform) und hieß sie willkommen. Dann veranstalteten der »Prediger« Michel und Stangls Stellvertreter Gustav Wagner eine Führung durch die Gaskammern, wo sie und ihre Gäste zusahen, wie einige hundert Juden starben. Es kam zu keiner der Pannen, die Gersteins und Professor Pfannenstiels Besuch in Belzec einen Monat später störten.

Als sie zum Haupttor zurückkehrten, erwartete sie Stangl, um ihre Fragen zu beantworten. Himmler erkundigte sich nach vielen Einzelheiten, aber der Eindruck, den die gesamte Gruppe erhalten hatte, war äußerst günstig, und Stangl wurden zusätzliche Einrichtungen versprochen. Da Himmler Cognac und Appetithäppchen ablehnte, verzehrten Stangl und sein Stab die Köstlichkeiten, aber Wagner – der sich darüber ärgerte, daß ihre kulinarischen Anstrengungen von Himmler weder beachtet noch verkostet worden waren –, schickte jene, die den Imbiß vorbereitet hatten, in die Gaskammer.

Gustav Wagner war Österreicher, einen Meter neunzig groß, und sein sanftes, hübsches Gesicht sah aus, als wäre es aus Seife geschnitzt. Er ging leicht schlingernd und behauptete, daß er an der Olympiade 1936 in Berlin als Speerwerfer teilgenommen habe. Wiesenthal sagt jedoch, daß »wir nicht imstande waren, seinen Namen in einem Sportbericht oder im olympischen Register zu finden«. Wagners Straftaten begannen 1931, als er der illegalen Nationalsozialistischen Partei beitrat. Als man ihn drei Jahre später dabei erwischte, als er Hakenkreuze malte und Hitlerplakate an die Wände klebte, flüchtete er nach Deutschland und trat in die SA ein, die ihn vor einem ihrer Lager Wache stehen ließ.

Wagners Laufbahn als Massenmörder verlief parallel zu der Stangls, jedoch immer auf etwas niedrigerem Niveau. In Hartheim hatte er die Leichen des Euthanasieprogramms eingeäschert. Als Hauptfeldwebel in Sobibor hatte er die Aufgabe, »Unterkünfte« zuzuweisen (den »Arbeitsjuden«, da die »Gäste« praktisch nie über Nacht blieben), und war später Michel als Chef der Gaskammern gefolgt. Bei dem Besuch von Sobibor verlieh Himmler persönlich Wagner das Eiserne Kreuz für seine Leistungen beim Massenmord.

Wagner, den seine Opfer als »menschliche Bestie« bezeichneten, war ein unersättlicher Sadist, ein brutaler Schläger, der andere anspornte, Gefangene zu hängen, zu schlagen und zu töten (aus Robert Wistrichs *Who's who in Nazideutschland*). Ein »in jeder Hinsicht besonders scheußliches Exemplar der Menschheit« (aus Gitta Serenys *Into that Darkness*). »Wenn er nicht täglich töten konnte – mit einer Axt, einer Schaufel oder sogar mit den bloßen Händen –, aß er nicht zu Mittag. Er brauchte Blut«, erzählt ein Überlebender. »Er war ein Todesengel. Foltern und Töten bereiteten ihm Vergnügen. Wenn er tötete, lächelte er«, berichtete ein anderer Gefangener.

»Wagner war kein Schreibtischmörder«, meint Simon Wiesenthal. »Er war ein Mörder, wie man ihn sich vorstellt: breite Schultern, riesige Hände, ein SS-Mann aus dem Bilderbuch. Juden, die aus der Reihe traten – auch auf dem Weg in die Gaskammern –, tötete er eigenhändig. Er war kräftig genug, um einen unterernährten, ausgemergelten Gefangenen zu töten, indem er ihn hart in den Magen boxte oder ihn zu Boden schleuderte. Er besaß die Kraft eines Schlägers, nicht die eines Sportlers.«

Als Stangl im Juli 1942 für Heinrich Himmler den Gastgeber spielte, wußte er noch nicht, daß dies sein letzter Monat in Sobibor war. Wirth behauptete, daß er nie eine Reaktion seiner Vorgesetzten auf Stangls Versetzungswunsch erhalten habe, also war dieser bei seiner Arbeit geblieben.

Mehr als ein Drittel der Opfer, die in Sobibor starben, gingen während Stangls kurzer Amtszeit in den Tod – und das Lager war während seiner Herrschaft nicht einmal drei Monate lang »voll funktionsfähig«. Für etliche der wenigen Zeugen, die Sobibor überlebten und dann gegen Stangl aussagten, bestand eine eindeutige Verbindung zwischen ihm und dem gewaltsamen Tod, der sie erwartete, obwohl er sich deutlich von diesem Aspekt seiner Stellung distanzierte.

Die Überlebenden erinnern sich daran, daß er im Tumult der Ausladeplattform stand – wo man ihnen ihre Kleidung, ihr Gepäck und ihren Besitz wegnahm –, weiße Reitkleidung trug und wie ein Reiter mit der Peitsche knallte. Der Journalist Richard Rashke, der für sein Buch *Escape from Sobibor* (1982) achtzehn Überlebende interviewte, zitiert den Eindruck, den ein Mann von Stangl hatte:

Ein Nazi in ... einem weißen Jackett schoß von einer Plattform aus in die Luft, während er das organisierte Chaos überwachte. Er wirkte seltsam fehl am Platz, beinahe als habe er sein Abendessen unterbrochen, um die Juden zu begrüßen, und könne es nicht erwarten, zu der Mahlzeit zurückzukehren, bevor sie kalt wurde.

XXII. Stangls Inferno

Franz Stangl erzählte Gitta Sereny, daß er im August 1942 nach Treblinka gekommen sei und daß es »das Schrecklichste war, das ich im Dritten Reich je gesehen hatte. Es war Dantes Inferno. Es war das Wirklichkeit gewordene Inferno.«
Als sie wissen wollte, was ihm nach mehreren Monaten Sobibor noch Entsetzen einjagen konnte, erwiderte er: »Wenn jemand nicht im Wald arbeiten mußte, konnte er in Sobibor leben, ohne etwas vom KZ zu sehen; die meisten sahen niemals jemanden sterben und sahen auch keinen Toten. Aber Treblinka ...«
Stangl, den ein SS-Mann im Auto nach Treblinka fuhr, roch – wie er später aussagte – bereits in einer Entfernung von etlichen Kilometern, was sie erwartete. Fünfzehn oder zwanzig Minuten, bevor sie ihr Ziel erreichten, fingen entlang des Eisenbahngeleises die Leichen an; zuerst eine oder zwei, dann zwei oder drei, und schließlich waren es im Rangierbahnhof von Treblinka Hunderte, die seit Tagen dortlagen und in der Hitze verfaulten. In der Station stand ein Zug voller Juden: manche waren tot, manche lebten noch, doch der Tod würde sehr bald alle vereinen.
Als Stangl im Lager anlangte und auf dem Sortierplatz ausstieg, »stand ich bis zu den Knien in Geld. Ich wußte nicht, wohin ich mich wenden, wohin ich gehen sollte. Ich watete in Geldscheinen, Zahlungsmitteln, Edelsteinen, Schmuck, Kleidung. Sie waren über den ganzen Platz verstreut. Der Gestank war unbeschreiblich; überall Hunderte, nein Tausende Leichen, die sich zersetzten, verfaulten. Jenseits des Platzes gab es im Wald in einer Entfernung von einigen hundert Metern Zelte und Feuerstellen im Freien, an denen Gruppen von ukrainischen Wächtern und Mädchen – ich fand später heraus, daß es Huren aus der ganzen Gegend waren –, herumschwankten, tanzten, sangen, Musik machten ...«
Dr. Eberl, der abgelöste Kommandant, führte seinen Nachfolger durch das Lager. Stangl erkundigte sich scharf, warum die herumliegenden Wertsachen nicht in das Hauptquartier geschickt wurden. Eberl erwiderte ohne das Gesicht zu verziehen, daß die Transporte irgendwo unterwegs geplündert worden waren.
Stangl fuhr laut eigener Aussage nach einigen Stunden nach Warschau weiter und berichtete dem Höheren SS- und Polizeiführer des Distrikts Lublin, Odilo Globocnik, einem österreichischen Landsmann, der 1904 als Sohn kroatischer Eltern zur Welt gekommen war, von den Zuständen

in Treblinka. Globocnik, ein Schützling von Heinrich Himmler, war 1939 als Nazi-Gauleiter von Wien abgesetzt worden, weil er Geld unterschlagen hatte. Doch Himmler hatte ihm verziehen und ihn nach Polen geschickt, damit er dort »Juden, Aristokraten, die Intelligentsia und klerikale Elemente liquidiere«. Als Reinhard Heydrich 1942 in Prag ermordet wurde, gab Globocnik der darauffolgenden Massenmordaktion den Namen »Operation Reinhard«. Globocnik war Himmler direkt unterstellt; sein Herrschaftsbereich umfaßte Belzec, Majdanek, Sobibor und Treblinka. Er verdreifachte seine Quote, konfiszierte etwa fünfundvierzig Millionen Dollar in Bargeld, Edelsteinen und verkehrsfähigen Wertpapieren und steckte wahrscheinlich fünf Millionen davon in die eigene Tasche, bevor er den Rest an die Gestapo ablieferte. Er war Alkoholiker, konsumierte täglich zwei Liter Wodka und prahlte oft damit, daß er das Geld brauche, um sich über Wasser zu halten.

Als Stangl versuchte, Globocnik klarzumachen, daß es ihm unmöglich war, seine Aufgabe in Treblinka zu erfüllen, interessierte sich dieser mehr für die Wertgegenstände, die dort herumlagen. Christian Wirth – unter dessen Zuständigkeit Sobibor und Treblinka fielen – wurde aus Belzec herbeizitiert, um Ordnung zu schaffen, damit Stangl mit seiner Arbeit beginnen konnte. Wirth traf am nächsten Morgen ein, führte ein langes Gespräch mit Globocnik und begleitete Stangl nach Treblinka.

Während einer Beratung mit Wirth und Eberl ging Stangl in die Offiziersmesse, um Kaffee zu trinken. Dabei plauderte er mit einigen Offizieren des Lagers, die ihm erklärten, daß Treblinka »sehr amüsant sei; Schießen war ein ›Zeitvertreib‹; es gab hier mehr Geld und Pretiosen als man sich träumen ließ; sie warteten darauf, daß man sie einsteckte, man mußte sich nur bedienen. ›Am Abend‹ – sagten sie – ›ließ Eberl nackte Jüdinnen auf den Tischen tanzen.‹«

Wie reagierte Stangl darauf? »Widerlich – das Ganze war widerlich.«

Franz Suchomel, der SS-Mann, der die Aufgabe hatte, das Gold und die Wertgegenstände der Juden einzusammeln und weiterzuleiten, erinnert sich an den ersten Vorschlag, den Stangl machte: Man solle Eimer in den »Schlauch« stellen – dem vier Meter breiten und hundertfünfzehn Meter langen Weg, der zwischen zwei jeweils drei Meter hohen Stacheldrahtzäunen direkt von der Entkleidungskammer zur Gaskammer führte. Stangl erzählte Wirth, daß vor allem die Frauen unterwegs den Darm entleerten, daß aber in Sobibor die Eimer dazu beitrugen, den Anstand zu wahren.

»Es ist mir absolut schnuppe, was ihr in Sobibor mit der Scheiße gemacht habt«, erklärte Wirth grob. »Von mir aus sollen sich alle anscheißen. Sie können es nachher reinigen lassen.« Später wurden zwei Juden damit betraut, den »Schlauch« zwischen den Transporten zu säubern.

Nach dem Abendessen gab Wirth bekannt, daß er eine Zeitlang hierbleiben würde. Eberl und vier seiner Offiziere verließen am nächsten Tag das Lager[7]. Wirth rief Warschau an und bestellte alle Transporte ab, bis Treblinka gesäubert war. Er und Stangl brauchten zwei Wochen, bis sie Scharführer Hackenholt aus Belzec kommen lassen konnten, damit er die vorhandenen Gaskammern durch ein neues Gebäude mit zehn Gaskammern – »Baderäumen« – ersetzte.

Zu Beginn der Säuberung standen Wirth und Stangl einmal am Rand der mit schwarzblauen Kadavern gefüllten Leichengruben. »Es hatte nichts mit Menschen zu tun – das war unmöglich«, erklärte Stangl später. »Es war nur eine Masse Fleisch.« Damals fragte ihn Wirth: »Was sollen wir mit diesem Mist anfangen?« Stangl behauptete immer, daß ihn diese Wortwahl unbewußt dazu gebracht hatte, »die Toten als Ware zu sehen«. Die Interviewerin Sereny hakte nach: »Es waren doch so viele Kinder darunter! Haben Sie dabei nicht an *Ihre* Kinder denken müssen und daran, was Sie empfinden würden, wenn Sie in der Lage der Eltern gewesen wären?«

»Nein«, erwiderte Stangl. »Solche Gedanken sind mir nie gekommen. Ich habe sie kaum als Einzelpersonen gesehen; für mich waren sie eine riesige Masse.« Insassen von Treblinka haben geschildert, wie Stangl auf dem Erdwall stand, der das »Todeslager« und das »Wohnlager« voneinander trennte. (Letzteres umfaßte den Appellplatz, Unterkünfte für die »Arbeitsjuden«, Ställe, das Textilienlager, die Bäckerei und den Kohlenhaufen.) Er trug ein weißes Jackett, Reithose und Reitstiefel, »wie Napoleon, der sein Herrschaftsgebiet überblickt«. Auf Serenys Fragen gab Stangl zu, daß er die Juden nicht mehr als lebende Wesen gesehen hatte, sobald sie nackt im Schlamm standen: »Mein innerstes Wesen zwang mich dazu, sie zu meiden. Ich konnte mich ihnen nicht stellen. Ich konnte sie nicht belügen. Ich vermied es um jeden Preis, mit jenen zu sprechen, die in den Tod gingen. Ich ertrug es nicht.« Aber er war nicht so zimperlich, daß er es vermied, auf dem Erdwall zu stehen und »sie im ›Schlauch‹ zu beobachten ... sie liefen nackt, dicht gedrängt, wurden mit Peitschen weitergetrieben ...«

»Hätten Sie das verhindern können?« fragte Sereny. »Hätten Sie nicht in

Ihrer Position die Nacktheit, die Peitschen, das Entsetzen des ›Schlauchs‹ abstellen können?«
»Nein, nein, nein«, erwiderte Stangl. »Das war das System. Wirth hat es erfunden. Es funktionierte. Und weil es funktionierte, war es nicht umkehrbar.«

Ein Teil traf in verschlossenen Güterwaggons ein; die darin transportierten Menschen litten Hunger und Durst und mußten ihre Notdurft dort verrichten, wo sie eingezwängt waren. Polnische und russische Juden reisten in Viehwaggons; Tschechen und westliche Juden in Personenwagen oder – wie in einer Zugladung von reichen bulgarischen Juden – in Schlafwagen mit zusätzlichem Gepäckwagen für ihre Wertgegenstände. Doch kaum waren sie ausgestiegen und hatten sich entkleidet, waren sie nur noch Vieh, das geschlachtet und dann zu Asche verbrannt wurde – und das alles binnen 120 Minuten organisierter Gewalttätigkeit und Irreführung, die ihnen keine Zeit ließen zu denken – oder Widerstand zu leisten. »Schneller! Schneller!« befahl man ihnen, während es Knüppel- und Peitschenhiebe auf sie regnete; Revolverschüsse versetzten sie in noch größere Angst. Männer, die zurückblieben, um einen letzten Blick auf ihre Lieben zu werfen, wurden einem Hund namens Barry überantwortet. Er war ein nicht reinrassiger Bernhardiner, den Stangls Vertreter, der ehemalige Boxer Kurt Franz – genannt »der Kerl« –, seinem Vorgesetzten geschenkt hatte; zu diesem Zeitpunkt war Barry bereits darauf dressiert, auf Befehl Menschen anzufallen. Bei dem Prozeß gegen »den Kerl«, der 1964 bis 1965 in Düsseldorf stattfand, wurden mindestens drei Angriffe des Hundes innerhalb und außerhalb des »Schlauchs« dokumentiert. »Der Kerl« wurde zu lebenslänglich verurteilt. Sein Album mit Fotos aus Treblinka war eines der Beweisstücke.
»Schneller!« und »Schneller!« kletterten die Opfer von Treblinka übereinander, um aus dem Regen in die Traufe zu kommen, von den Schrecken des »Schlauchs« zur Vernichtung in den Gaskammern. In diesen Gaskammern beförderten die Mörder an einem typischen Tag 12 000 Juden ins Jenseits, doch sie konnten – und taten es gelegentlich – 30 000 täglich töten, indem die Anlagen rund um die Uhr in Betrieb waren. Zu der perfekten Technologie von Herbert Floss gesellte sich der Einblick des Boxers Kurt Franz in primitive körperliche Vorgänge: Wenn man einen Mann bis zur Gaskammer rennen läßt, ist er nicht nur früher dort, sondern stirbt auch schneller, weil er keuchend um Luft ringt.

Doch die meisten Henker von Treblinka waren keine Deutschen, sondern Ukrainer, denn Stangls Mannschaft bestand – abgesehen von den Arbeitssklaven – aus dreißig bis vierzig SS-Männern und 200 bis 300 ukrainischen Wächtern, wobei das ideale Verhältnis fünf Ukrainer auf einen Deutschen war. Die Ukrainer, die während der beinahe 2 000 Jahre, in denen sie mit den Juden zusammenlebten, die meiste Zeit gegen sie Krieg geführt hatten, widmeten sich ihrer Aufgabe mit unübertreffbarem Eifer. (Die Juden wanderten erst im 15. und 16. Jahrhundert massiver nach Polen aus; zuerst aufgrund der in Spanien einsetzenden Verfolgung, dann infolge der immer härter werdenden Judengesetze in Deutschland). Ein Ukrainer namens Fjodor Fedorenko[8] – der später in Waterbury, Connecticut lebte – peitschte nicht nur die Juden, während er sie in die Gaskammern trieb, sondern erschoß auch alle, die ihn kniefällig um Erbarmen anflehten.

Über dem Eingang zur Haupt-Gaskammer stand in vergoldeten, geschnitzten hebräischen Buchstaben: »DIES IST DAS TOR, DURCH DAS DIE GERECHTEN EINGEHEN WERDEN.« Doch hinter dem Tor befand sich nicht der christliche heilige Petrus, sondern dort warteten Iwan und Nikolai, zwei Ukrainer, die in die SS eingetreten waren und jetzt die Todesmaschinerie betreuten. Iwan war der größere der beiden. Er hatte kurzgeschnittene blonde Haare und graue Augen, die freundlich und sanft wirkten, bis man seinen Blick erwiderte – denn dann zertrümmerte er dem Betreffenden den Schädel mit einem sechzig Zentimeter langen Gasrohr, das er als Keule verwendete. Nikolai, der nur ein blasser Abklatsch von Iwan war, schwang einen Säbel; doch er war nur ein Rohling, während Iwan ein Sadist war, der in den Annalen von Treblinka als »Iwan der Schreckliche« aufscheint.

Noch vor Kriegsende schilderte 1944 ein Flüchtling namens Yankel Wiernik in seinen Memoiren *Ein Jahr in Treblinka*, »wie Iwan es genoß, seine Opfer zu foltern. Er stürzte sich oft auf uns, während wir arbeiteten, nagelte unsere Ohren an die Wand oder zwang uns dazu, uns auf den Boden zu legen, und peitschte uns brutal. Dabei strahlte sein Gesicht vor sadistischer Befriedigung, und er lachte und riß Witze. Je nach Laune tötete er seine Opfer oder ließ sie laufen.«

Franz Stangl stand distanziert über all dem: über den »Dentisten« und den »Arbeitsjuden«, den Opfern und ihren Leichen, den Getriebenen und ihren Vernichtern, der SS und den Ukrainern. Er versuchte, den Prozeß der Vernichtung zu vervollkommnen, indem die Täuschungen perfektioniert wurden. Er ließ die Opfer ermahnen, »Seife und Handtuch in das Badehaus mitzunehmen ... nach dem ›Duschen‹ die Ausgabescheine für die Kleidung zu verlangen ...« Wenn der Verkehr verlangsamt werden mußte, wurde am »Weg zum Himmel« eine Bude aufgemacht, in der ein Ukrainer noch schnell eine Reihe »amtlicher Fragen« stellte; sollte der Verkehr beschleunigt werden, saß dort ein Deutscher und ermunterte sie, »sich zu beeilen, bevor das Wasser kalt wird«.

Wie Simon Wiesenthal bewunderte auch der tschechische »Arbeitsjude« Richard Glazar, wie gut die Todesmaschinerie funktionierte, auch wenn sie technisch unvollkommen war – die Menschen, die sie bedienten, machten selten Fehler. Glazar überlebte Treblinka und lebte zwanzig Jahre in der Tschechoslowakei, bis er 1968 während Alexander Dubceks kurzem Prager Frühling in die Schweiz floh. Er behauptet, daß »nur der Mangel an Transportmitteln, die die Deutschen für den Krieg brauchten, sie daran gehindert hatte, viel höhere Zahlen zu erreichen; Treblinka wäre mit den sechs Millionen Juden allein fertiggeworden«. Sobald entsprechende Transportmittel zur Verfügung standen, hätten die deutschen Vernichtungslager in Polen genügt, um alle Polen, Russen und übrigen osteuropäischen »Untermenschen« zu liquidieren, die die Nazis töten wollten – nachdem sie den Krieg gewonnen hatten.

Das schwache Glied, das Transportwesen, war für Adolf Eichmann zur Last und zur Aufgabe geworden. Er besuchte 1942 Treblinka und war angenehm überrascht, als er »einen Bahnhof mit dem Schild TREBLINKA erblickte, der genau so aussah wie ein deutscher Bahnhof mit allem Drum und Dran«. Als Schreibtischmörder, der angab, gewalttätige Tötungen nicht zu ertragen, erzählte er, daß »ich mich soweit wie möglich zurücklehnte. Ich wollte nichts aus der Nähe sehen. Ich sah einen von Stacheldraht umschlossenen Steg, und über diesen Steg wurde eine Reihe nackter Juden in ein Haus getrieben, ein großes ... nein, kein Haus, ein großes Gebäude mit einem Raum, in dem sie vergast werden sollten.«

Eichmanns Besuch hatte den Kommandanten Stangl veranlaßt, in Treblinka für besondere Ordnung zu sorgen. Er hatte Oberfeldwebel Suchomel (der 1965 wegen seiner Tätigkeit unter Stangl zu sieben Jahren verurteilt wurde) befohlen, »alles in Ordnung zu bringen, zuerst in der Schneiderei und dann ... kümmern Sie sich auch um das Geschäft der ›Goldjuden‹. Versehen Sie alle Koffer und Kisten mit einer Beschreibung und sehr präzisen Angaben über den Inhalt. Er wird wollen, daß alles genau richtig aussieht. Sobald Sie hier sind, kommen Sie zu uns und erstatten uns in bestem militärischem Stil Bericht.«

Die verquere Logik, die es weniger guten Denkern wie Stangl und Eichmann ermöglichte, im Zweiten Weltkrieg mit sich zu leben, ist nie deutlicher zum Ausdruck gekommen als 1971 in Stangls Dialogen mit Gitta Sereny während der letzten Monate seines Lebens.

»Es ging ums Überleben, immer ums Überleben«, erklärte er Sereny. »Was ich tun mußte, war ... ich mußte meine Handlungen auf das beschränken, was ich guten Gewissens vertreten konnte. In der Polizeischule sagte man uns ... daß die Definition eines Verbrechens vier Forderungen entsprechen muß: Ein Anlaß, ein Objekt, eine Tat und der Vorsatz müssen vorhanden sein. Wenn eines dieser vier Elemente fehlt, dann haben wir es nicht mit einem strafbaren Vergehen zu tun.«

»Ich begreife nicht, wie Sie diese Auffassung auf diese Situation anwenden können«, widersprach Sereny.

»Ich versuche ja, es Ihnen zu erklären. Ich konnte nur leben, indem ich meine Gedanken in einzelnen Schubladen unterbrachte. Dann konnte ich diese Auffassung auf meine Situation anwenden. Wenn die Regierung der Anlaß war, die Juden das Objekt waren, und die Tat das Vergasen war, dann konnte ich mir sagen, daß das vierte Element, der Vorsatz, fehlte.«

Ein andermal fragte Sereny Stangl: »Was war Ihrer Meinung nach der Grund für die Vernichtungen?«

»Sie wollten das Geld der Juden.«

»Das ist nicht Ihr Ernst!«

»Aber natürlich. Haben Sie eine Ahnung, um welche phantastischen Beträge es dabei ging? Damit wurde Stahl aus Schweden gekauft.«

»Aber es waren doch nicht alle reich«, wandte Sereny ein. »Es gab Hunderttausende aus den Ghettos im Osten, die nichts hatten ...«

»Niemand hatte nichts«, widersprach Stangl. »Jeder hatte etwas.«

Als wolle Wiesenthal Stangls Behauptung bestätigen, zitiert er ein von Stangl unterzeichnetes Dokument: eine Aufstellung der Lieferungen, die seine Treblinka-Verwaltung vom 1. Oktober 1942 bis zum 2. August 1943 an die SS-Zentrale in Berlin schickte:

25 Güterwagen mit Frauenhaaren
248 Güterwagen mit Kleidung
100 Güterwagen mit Schuhen
22 Güterwagen mit Trockennahrung

26 Güterwagen mit Medikamenten
254 Güterwagen mit Teppichen und Bettzeug
400 Güterwagen mit verschiedenen gebrauchten Gegenständen
2 800 000 amerikanische Dollar
400 000 englische Pfund
12 Millionen sowjetische Rubel
140 Millionen polnische Zloty
400 000 Golduhren
145 000 Kilogramm goldene Trauringe
4 000 Karat Diamanten über 2 Karat
120 Millionen Zloty in verschiedenen Goldmünzen
Mehrere tausend Perlenketten

Als Stangl darauf beharrte, daß die »Sache mit der Rasse einfach nebensächlich war«, wollte Sereny wissen, warum die Nazis, wenn sie ohnehin vorhatten, die Juden zu töten, diese so grausam demütigten und warum ihre Propaganda so haßerfüllt war.
»Um jene zu konditionieren, die diese Politik ausführen mußten«, antwortete er. »Damit es ihnen möglich war, das zu tun, was sie taten.«
»Dazu gehörten auch Sie«, stellte Sereny fest. »*Haßten* Sie?«
»Nie! Ich hätte mir nie diktieren lassen, wen ich hassen müsse.«
»Worin besteht für Sie der Unterschied zwischen Haß und einer Verachtung, die dazu führt, daß man die Menschen als ›Frachtgut‹ betrachtet?«
»Das hat nichts mit Haß zu tun. Sie waren so schwach. Sie ließen zu, daß alles geschah – daß ihnen alles geschah. Sie waren Menschen, mit denen es keine gemeinsame Grundlage, keine Möglichkeit zu einer Kommunikation gab – so kommt es zur Verachtung. Ich habe nie verstanden, warum sie einfach nachgaben. Ich habe erst kürzlich ein Buch über Lemminge gelesen, die alle fünf oder sechs Jahre ins Meer wandern und sterben; das hat mich an Treblinka erinnert.«
Simon Wiesenthal sagt, daß er 1948 zum ersten Mal auf den Namen Franz Stangl stieß, als »man mir eine geheime Liste der Auszeichnungen zeigte, die hohe SS-Offiziere erhalten hatten. Die meisten erhielten das Eiserne Kreuz für »über die Pflichterfüllung hinausgehende Tapferkeit«, »Hilfe für unter Beschuß liegende Kameraden« oder »Entkommen unter besonders gefährlichen Umständen«. Doch nach gewissen Namen ist nur mit Bleistift »Geheime Reichssache« und »für psychologisches Unbehagen« vermerkt. Die verschlüsselte Nazi-Terminologie bedeutete »für be-

sondere Verdienste bei der Technik der Massenvernichtung«. Auf Franz Stangls Namen folgte sowohl der Vermerk als auch die besondere Bemerkung.

Am 2. August 1943 kam es in Treblinka zu einem Aufstand. Zweihundert militante junge Juden hatten aus dem Waffenlager der SS Gewehre, Revolver und Handgranaten gestohlen, alle Leitungen durchgeschnitten, das Lager in Brand gesteckt, und hatten versucht, mit weiteren vierhundert »Arbeitsjuden« in den Wald zu fliehen. Die meisten der Flüchtlinge wurden zur Strecke gebracht und von den Deutschen, Ukrainern, polnischen Bauern und sogar polnischen Partisanen ermordet. Nur fünfzig überlebten den Krieg.

Nach der Revolte kamen noch vierzehn Tage lang Transporte nach Treblinka, deren Insassen in den wenigen noch in Betrieb befindlichen Einrichtungen liquidiert wurden. Stangl entwarf Pläne, wie das Lager effizienter denn je wiederaufgebaut werden konnte, aber er erhielt via Globocnik aus Berlin den Befehl, Treblinka dem Erdboden gleichzumachen. Der Maschinerie der »Endlösung« gingen die Juden aus, und in Auschwitz und Majdanek war das Zyklon B leistungsfähiger als Treblinkas minderwertiges Kohlenmonoxid. Für Treblinka bestimmte Transporte wurden nach Sobibor umgeleitet, aber nicht lange: Am 14. Oktober 1943 brach in Sobibor eine Revolte aus. Ein Dutzend SS-Männer und über ein Dutzend Ukrainer kamen ums Leben, aber auch zweihundert Juden, die beim Fluchtversuch erschossen wurden oder auf Minen traten. Von den vierhundert Insassen von Sobibor, die entkamen, wurden hundert später gefangen und getötet. Andere schlossen sich Partisaneneinheiten an; die meisten von ihnen fielen im Kampf. Andere starben an Typhus oder wurden von den Polen getötet. Nur dreißig überlebten den Krieg, darunter der Anführer der Revolte, Alexander Pechersky, ein jüdischer Soldat der Roten Armee, der beinahe vier Jahrzehnte später bei Simon Wiesenthal gegen seinen Peiniger Gustav Wagner aussagte.

Der letzte Transport von *204 PJ* (polnische Juden) traf am 19. August 1943 in Treblinka ein, und seine Passagiere wurden am gleichen Tag liquidiert. Dann wurden die noch vorhandenen Gebäude zerstört. Auf dem Areal wurden Fichten gepflanzt, die erstaunlich rasch wuchsen. Mit den Ziegeln der abgerissenen »Badehäuser« wurde für einen Ukrainer namens Strebel ein Bauernhaus gebaut, in das er mit seiner Familie einzog und behauptete, daß er seit 1939 dort lebte. Doch keine Lüge konnte

die Gebeine von über einer Million Männern, Frauen und Kindern lange verbergen. Ihre nicht gänzlich verbrannten Leichen verflüssigten sich, und die Erde verschob sich. Die durch Fäulnis freigesetzten Gase bliesen die dünne Erdschicht von den Massengräbern. Die Strebels flüchteten, als die Rote Armee Ende 1944 näherkam.
Doch Ende August 1943 hatte Franz Stangl seiner Frau endlich mitteilen können, daß ihr Wunsch in Erfüllung gegangen war: Er hatte die Todeslager Polens hinter sich und war nach Triest versetzt worden, das seiner Heimat wesentlich näher lag. Dort würde er in den Kämpfen gegen die Partisanen eingesetzt werden.

XXIII. Die Geheimnisträger

Wenn Macht korrumpiert und absolute Macht absolut korrumpiert, dann macht sie aus mittelmäßigen Individuen wie Mengele, Eichmann und Stangl Ungeheuer. Wenn Hitler wie wenige andere das Böse in der Geschichte verkörperte, dann beruhte dies auf seiner Einstellung zur Macht und auf der Fähigkeit, sie zu manipulieren. Die Frage ist, ob er es war, der für Individuen und ganze Gesellschaften (Juden, Zigeuner, Freimaurer) die größere körperliche Gefahr darstellte – oder ob es seine ergebenen Diener waren, die so eifrig bestrebt waren, jedes seiner phantastischen Hirngespinste in eine unvorstellbare Wirklichkeit für Millionen umzusetzen? Um Shakespeare frei wiederzugeben: Manche sind für die Macht geboren, manche erlangen Macht, und anderen wird die Macht aufgedrängt. Für den Mann auf der Straße und den Juden im Ghetto des Dritten Reichs waren diese *anderen* diejenigen, die man beobachten – und vor denen man sich hüten mußte.

Mengele war »ein Mensch, der nur an die Macht glaubte, der elementare Zyniker«, sagte seine widerspenstige arische Untergebene Dr. Ella Lingens-Reiter, die an der Wiener Universität in Jura und Medizin promoviert hatte. »Die Schwierigkeit mit Eichmann«, schreibt Hannah Arendt, »bestand genau darin, daß so viele so waren wie er und daß diese vielen weder pervers noch sadistisch, sondern entsetzlich und erschreckend normal waren und heute noch sind.« Und Stangl, sagt Gitta Sereny, besaß eine unendliche Fähigkeit, seine moralischen Skrupel zu manipulieren und zu unterdrücken – denn sie beharrt darauf, daß diese Skrupel zweifellos vorhanden waren.

Daß Wiesenthal während seiner KZ-Odyssee zwar den Namen Mengele kannte, jedoch nicht die Namen von Eichmann und Stangl, kommt daher, daß Eichmann hauptsächlich hinter den Kulissen mit anderen Nazis und christlichen Kollaborateuren zusammenarbeitete, aber auch mit den Judenräten, die er schuf und später liquidierte. Doch hinsichtlich der Anonymität konnte sich niemand mit Franz Stangl messen, dessen Name den eineinviertel Millionen, die durch Treblinka kamen, und auch fast allen, die sein Inferno überlebten, unbekannt war.

Ende 1943 war auch er für Hitlers Oberkommando eine Un-Person. Stangl war mit seinen Vorgesetzten Odilo Globocnik und Christian Wirth sowie weiteren hundertzwanzig Mann im September 1943 mit einem Konvoi von Polen nach Triest aufgebrochen. »Wie den meisten von uns war mir klar, daß wir für die Goldfasane peinlich waren«, erzählte er später Gitta Sereny. »Sie suchten Wege und Möglichkeiten, uns ›zu verheizen‹, daher übertrugen sie uns die gefährlichsten Aufgaben. Alles, was in diesem Teil der Welt mit Anti-Partisanen-Einsätzen zu tun hatte, war äußerst gefährlich.«

Jugoslawische Partisanen machten keine Gefangenen. Simon Wiesenthal bestätigt, daß im Jargon des Berliner Hauptquartiers »Verheizen« bedeutete, daß sie die eigenen Männer eliminierten, indem sie sie an eine Front schickten, bei der zu erwarten war, daß sie nicht zurückkehrten. So sah die zynische Nazi-Lösung der Probleme aus, vor die diese Techniker der Massenvernichtung ihre Vorgesetzten stellten. Letztere bezeichneten die Techniker als »Geheimnisträger erster Klasse«, was bedeutete, daß sie mehr wußten, als für die Partei gut war. Nachdem sie die Lager gesprengt hatten, bauten sie an ihre Stelle Bauernhöfe und pflanzten zur Tarnung Bäume. Nun mußten nur noch so viele sachkundige Zeugen wie möglich beseitigt werden.

Bei Wirth funktionierte es. Der »wilde« Christian wurde am 26. Mai 1944 bei einem Straßenkampf in Istrien getötet. »Es hieß, daß die Partisanen ihn getötet hatten, aber wir nahmen an, daß das seine eigenen Leute besorgt hatten.« Eine dritte Theorie, die der britische Historiker Robert Wistrich in seinem unschätzbaren *Who is who in Nazi Germany* (1982) aufstellte, besagt, daß »er vielleicht das Opfer einer jüdischen Racheeinheit wurde, die die Nazi-Massenmörder zur Strecke bringen sollte«.

Globocnik überlebte die gefährliche Zeit; schließlich war er in Triest geboren und kannte das tückische Gebiet. Aber gegen den Chefliquidator des polnischen Judentums sprachen drei Punkte: Er war Alkoholiker, Plünderer und vor allem ein beinahe vierzig Jahre alter Junggeselle. Da es nicht als »natürlich« galt, daß jemand in der SS so hoch stieg, ohne sich zu paaren und sich für die Zukunft der »Herrenrasse« fortzupflanzen, bekam Globocnik Urlaub, um sich eine Braut zu suchen.

Er ging in seiner Heimatprovinz Kärnten auf Brautschau und fand eine stämmige Frau namens Hannelore. Laut Stangl war sie eine große Blondine, die in einem Krankenhaus in Klagenfurt arbeitete; Globocnik heiratete sie im Oktober 1944 standesamtlich. Als der Krieg zu Ende war, wanderte er durch das Gebirge zu seiner Hannelore, wurde aber am 31. Mai 1945 am Ufer des Weißensees, eines einsamen Bergsees in Kärnten, von einer britischen Patrouille aufgehalten. Laut den meisten Berichten beging Globocnik wenige Minuten nach seiner Festnahme Selbstmord, indem er eine Zyankalikapsel schluckte. Wistrich fügt allerdings hinzu, daß »nach anderen Versionen Globocnik im Juni 1945 entweder von Partisanen oder von einer jüdischen Racheeinheit aufgespürt und getötet wurde«.

Während der ersten drei Monate in Triest wurde Franz Stangl der Transportsicherung zugeteilt – er mußte die sehr gut bewachten Züge sichern, die Ende 1943 mit Passagieren, Beute und gelegentlichen Gefangenen nach Norden unterwegs waren. Am Ende dieses Pensums kam er gerade noch mit heiler Haut davon. Er hatte Weihnachtsurlaub bekommen und seine Arbeit Franz Reichleitner übertragen, dem »Geheimnisträger«, der in Sobibor sein Nachfolger gewesen war. In dieser Nacht wurde Reichleitner bei einer routinemäßigen Sicherheitspatouille, die sonst Stangl gemacht hätte, von Partisanen überfallen und getötet. Stangl wurde in Udine abgefangen, sein Urlaub wurde gestrichen, und er sollte Reichleitners Mörder jagen.

In Triest versammelte Stangl fünfundzwanzig Mann »und wir durchkämmten die ganze Nacht das Tal. Es war vollkommen sinnlos. Es schüttete. Es war stockfinster. Hinter jedem Baum hätte ein Partisane stehen können, ohne daß wir es wußten oder merkten. Am nächsten Morgen erfuhren wir, daß während unserer Abwesenheit Partisanen singend durch ein Dorf marschiert waren. Jeder versteckte sie. Zu Hause waren sie in Sicherheit.«

Nachdem Stangl kurze Zeit entweder in Fiume (jetzt der kroatische Hafen Rijeka) Partisanen gejagt oder laut Wiesenthal in Fiume und Abbazia (jetzt Opatija) Juden zur Deportation in das Vernichtungslager in Risiera di San Sabba zusammengetrieben hatte, bekam er Ende Februar 1944 zwei Wochen Urlaub, um nach Hause zu fahren und seine neugeborene dritte Tochter zu sehen. Seine Frau war nach einer schwierigen Schwangerschaft und einem kalten Winter noch immer bettlägerig. Als Stangl mit Decken, Daunensteppdecken und Bettwäsche auftauchte – er erzählte ihr, daß es Geschenke des familienfreundlichen Globocnik seien –, kam es Theresa Stangl wie »Weihnachten im März« vor. Stangl blieb eine Woche zu Hause. Er äußerte sich nicht genau über seine Arbeit, beschwerte sich aber darüber, daß man ihm befohlen hatte, nach Juden Ausschau zu halten. »Wofür halten sie mich«? fragte er rhetorisch. »Für einen Kopfjäger? Das können sie vergessen.«

Bei seiner Rückkehr nach Triest wurde er mit seiner längsten und größten Aufgabe betraut: Als Sonder-Beschaffungsoffizier für ein strategisches Konstruktionsprojekt, an dem eine Armee von italienischen Arbeitern unter deutscher Aufsicht die allerletzten Befestigungen baute. Sein Einsatzort befand sich nicht nur in dem unter Globocniks Befehl stehenden, am wenigsten gefährdeten Teil Italiens, sondern von hier aus konnte Stangl auch sein Nest am besten für eine Flucht nach dem Krieg auspolstern. »Ich war dafür verantwortlich, daß ich alles herbeischaffte: Schuhe, Kleidung, Essen«, prahlte Stangl Gitta Sereny gegenüber. »Ich war der einzige, der Zivil trug. Alle, Wehrmacht und SS, mußten mir helfen. Ich trug ein vom General unterschriebenes Papier bei mir, in dem es hieß, daß ›Obersturmbannführer Stangl berechtigt ist, Uniform oder Zivilkleidung zu tragen; alle Dienststellen werden ersucht, ihm bei der Erfüllung seines Auftrags jede mögliche Unterstützung zu gewähren‹ ... Ich hatte einen Mann bei mir, der nur dazu da war, Koffer mit Bargeld in Millionenhöhe herumzutragen.«

»Kaufen Sie, was Sie brauchen«, hatte Globocnik Stangl gesagt. »Geld spielt keine Rolle.« Er durfte auf dem Schwarzmarkt einkaufen, der praktisch die einzige Quelle für Benzin, Reifen und Ersatzteile war. Er hatte in Norditalien viele Kontakte – Geschäftsleute, die mit allem möglichen handelten, Schmuggler, Gangster und Adel, der etwas zu verkaufen hatte; manche von ihnen haben ihm nach dem Krieg vielleicht auf dem Weg nach Südamerika weitergeholfen.

Als der Krieg zu Ende war, schlug sich Stangl zum oberösterreichischen Attersee durch und wohnte dort bei einem Polizisten, den er kannte. Doch einer der Kollegen seines Gastgebers teilte der US-Besatzung mit, daß sich ein SS-Offizier in dem Ort befand. Die Amerikaner schickten einen Wagen hin und brachten ihn nach Bad Ischl, wo ihn die Spionageabwehr verhörte. Er nannte seinen richtigen Namen.

Die Beamten, die ihn verhörten, konzentrierten sich auf seine Anti-Partisanen-Tätigkeit in Jugoslawien und Italien, und er erwähnte nie seine polnische Vergangenheit. Dann schickten sie ihn zur weiteren Überprüfung in das Lager Marcus W. Orr in Glasenbach in der Nähe von Salzburg. Dort blieb er über zwei Jahre.

In dem nicht einmal hundertfünfzig Kilometer von Linz entfernten Glasenbach verbrachte Franz Stangl, dessen Name erst 1948 in Wiesenthals Kartei gelangte, sechsundzwanzig Monate in einer relativ friedlichen Haft bei der amerikanischen Spionageabwehr. »Er wurde routinemäßig verhört«, sagt Wiesenthal.

»Niemand wußte, daß er der ehemalige Kommandant von Treblinka war.

Er wurde verhört und antwortete routinemäßig auf Fragen nach seinem Kriegsdienst. Dann ging er zu seiner Pritsche zurück, legte sich hin, rauchte eine amerikanische Zigarette und besprach mit den übrigen SS-Offizieren die Fluchtmöglichkeiten.

Für einen Insassen von Mauthausen wie Wiesenthal – der Glasenbach mehrmals im Auftrag der Kommission für Kriegsverbrechen, des OSS und des CIC besuchte – war es praktisch ein Kuraufenthalt. »Die Internierten waren gut genährt und sonnengebräunt und führten ein angenehmes Leben. In einem anderen Teil des Lagers, wo die Frauen von hochrangigen Nazis und einige ehemalige KZ-Wächterinnen interniert waren ... fanden sie nette Gesellschaft ... Zumindest die von den Amerikanern Internierten lebten wie Gäste. Sie wurden ärztlich versorgt und erhielten Zigaretten. In vielen Fällen ging es diesen ›Gefangenen‹ besser als der Zivilbevölkerung außerhalb des Lagers.«

Nach über zwei Jahren Glasenbach mit sehr seltenen und lässigen Überprüfungen hatte man Stangls Vergangenheit noch nicht über Italien und Jugoslawien hinaus bis nach Polen verfolgt. Es gab so wenige Überlebende von Sobibor und Treblinka, und er hatte sich von den schmutzigen Einzelheiten so bewußt ferngehalten, daß noch keine Zeugen aufgetaucht waren, die seinen Namen kannten. Man hätte ihn sogar 1947 freigelassen, wenn aus seiner Akte nicht hervorgegangen wäre, daß er zu Beginn des Krieges in Hartheim gearbeitet hatte, dem Euthanasieschloß, das gerade erst die österreichischen Behörden zu interessieren begann. Sie ersuchten darum, daß Stangl ihnen übergeben wurde, damit sie ihm den Prozeß machen konnten, und gegen Ende des Sommers wurde er in ein Untersuchungsgefängnis in Linz überstellt.

Stangl war jetzt nicht nur seinem Zuhause in Wels näher, sondern hatte bald einen Einzelraum, in dem seine Frau ihm eheliche Besuche abstatten konnte. Theresa Stangl, die noch immer nicht alles über seine Rolle in Sobibor und Treblinka wußte, legte ihrem Mann Zeitungsausschnitte über die ersten kleinen Fische aus Hartheim vor, die bereits vor Gericht standen. Er hatte ihr erzählt, »wie krank die Patienten waren; daß jemand nur aufgrund von vier ärztlichen Zeugnissen getötet werden konnte ...«, sagte sie, »und da muß ich ehrlich sagen, daß ich wegen Hartheim kein schlechtes Gefühl hatte«. Dennoch nahm sie sich in der Brennerei, in der sie in Wels arbeitete, einen Tag Urlaub, um dem Hartheim-Prozeß beizuwohnen. Es war zufällig der Tag, an dem der Chauffeur von Hartheim, Franz Höldl, vom Staatsanwalt wegen Stangl verhört wurde und erklärte, daß dieser überhaupt nichts mit den Tötungen in dem Schloß zu tun gehabt hatte. »Ich war so glücklich«, erinnerte sie sich. »Ich kann Ihnen nicht sagen, wie erleichtert ich war.«

Doch als Theresa las, daß Höldl zu vier Jahren Gefängnis verurteilt worden war, drängte sie ihren Mann, aus der unangenehmen Situation auszubrechen. »Wenn dieser Fahrer vier Jahre bekommt«, sagte sie, »was bekommst dann du dafür, daß du Polizeichef in dem Schloß warst?« Als sie ihm ihre Ersparnisse (etwa dreihundert Schilling) und ihren Schmuck (einen Ring und eine Halskette) gab, um seine Reise zu finanzieren, war ihm klar, daß er seinen Marschbefehl erhalten hatte.

»Die Gefangenen wurden oft hinausgeschickt, um Schutt wegzuschaffen und beim Wiederaufbau nach Bombenschäden zu helfen«, sagt Simon Wiesenthal, der damals in Linz lebte. »Ich erfuhr später, daß Stangl einer Gruppe von Gelegenheitsdieben zugeteilt war, die beim Wiederaufbau der VOEST-Stahlwerke in Linz beschäftigt waren. Die Gefangenen wurden nicht streng bewacht. Wohin sollten sie schon fliehen? Im Gefängnis bekamen sie mehr zu essen als die Menschen in der Stadt. Einige Kilometer weiter östlich bewachten russische Soldaten bei der Ennsbrücke die Grenze der sowjetischen Zone Österreichs. Welcher Gefangene würde so dumm sein, *dorthin* zu flüchten?« Dennoch kehrten am Sonntagabend, den 30. Mai 1948 Franz Stangl und ein weiterer Gefangener namens Hans Steiner nicht mehr mit der Gruppe zurück, mit der sie am Morgen hinausmarschiert waren.

Stangl und Steiner hatten sich mit einem Rucksack voll Lebensmittelkonserven zu Fuß nach Süden auf den Weg gemacht. Am nächsten Tag suchte ein österreichischer Polizist Theresa Stangl auf und fragte sie, ob ihr Mann zu Hause sei. Dadurch erfuhr sie, daß er ihren Rat befolgt hatte. Sie forderte den Besucher auf, ihr Haus zu durchsuchen, aber er lehnte höflich ab: »Nein, nein, das ist bestimmt nicht notwendig«, und ging.

»Niemand hatte gesehen, wie Stangl flüchtete«, sagte Wiesenthal, »und niemand regte sich darüber auf. Zu seiner Akte kam ein Vermerk, und das Konvolut wurde auf einen großen Stoß anderer Akten gelegt. Weder die amerikanischen Behörden noch die österreichische Presse wurden informiert.«

Stangl behauptete, daß er und Steiner die zweihundert Kilometer von Linz nach Graz zu Fuß zurückgelegt hatten. In der Innenstadt von Graz verkaufte er den Schmuck seiner Frau für einen geringfügigen Betrag. Als er nachher an einem Haus vorüberging, das abgerissen wurde, er-

kannte ihn jemand – ein Arbeiter, der hinausrannte, »Herr Hauptsturmführer« rief und ihn umarmte. Es war Gustav Wagner, der mit ihm in Hartheim, Triest und Sobibor »gedient« hatte. Er war für die Gaskammer zuständig und stellvertretender Kommandant gewesen und daher allgemein bekannt.
Wagner bat Stangl und Steiner, mitkommen zu dürfen. Als sie ja sagten, verließ er seinen Arbeitsplatz und begleitete sie nach Italien.
Simon Wiesenthal bezweifelt die Version des Ehepaares Stangl über diese Reise. Es ist unwahrscheinlich, daß Stangl und Steiner zu Fuß von Linz nach Graz gingen, vor allem, ohne im nahen Wels Station zu machen. Und obwohl die Wahrheit oft seltsamer ist als die Erfindung, scheint es mehr als ein »reiner Zufall« gewesen zu sein, daß zwei so eng verbundene Euthanasie- und Vernichtungskameraden wie Stangl und Wagner einander auf der Straße trafen. »Ich befürchte, daß sie uns an der Nase herumgeführt hat«, sagte Wiesenthal einem Besucher, der gerade Frau Stangl interviewt hatte.
Als die Stangls behaupteten, daß die drei Flüchtlinge Österreich einfach nachts über einen Paß verlassen hatten, rief Wiesenthal: »Was für ein Unsinn! Wie hätten sie es geschafft? Was ist mit der Grenze? Das sind lauter Lügen. Sie hatten offensichtlich von ODESSA Papiere bekommen.« Frau Stangl beharrte darauf, daß ihr Mann »ein sehr guter Bergsteiger war und die Tiroler Berge aus seiner Jugendzeit sehr gut kannte. Für die beiden anderen war es sehr schwierig gewesen, aber er schaffte es, sie hinüberzubringen.« Wiesenthal glaubt, daß sie die »Klosterroute« zwischen Österreich und Italien wählten. Römisch-katholische Priester, vor allem Franziskanermönche, reichten die Flüchtlinge über eine lange Kette ›sicherer‹ kirchlicher Häuser weiter.«
Während des Krieges hatten viele dieser Mönche sowie andere gute Christen flüchtende Juden aufgenommen, um ihr Leben zu retten. Von Roms 8 000 Juden überlebte mindestens die Hälfte, weil sie in Klöstern, Ordenshäusern und sogar im Vatikan versteckt wurden. (Andere wurden von italienischen Nachbarn und Freunden versteckt, doch 2 000 von ihnen, hauptsächlich Frauen und Kinder, starben in Auschwitz oder auf der Flucht.) 1945 hatten etliche dieser guten Samariter so lange »Flüchtlingsarbeit« geleistet, daß sie keinen Unterschied mehr zwischen ihren Gästen machten, sondern einfach jedem Pilger weiterhalfen.
Laut einem Bericht des Außenministeriums, den ein amerikanischer Beamter im Außendienst namens Vincent la Vista 1947 verfaßte, war der

Vatikan zu dieser Zeit bereits »die größte Einzelorganisation, die mit dem illegalen Transport von Emigranten«, einschließlich Nazis, befaßt war. Das Dokument galt bis 1984 als »streng geheim« und wurde später auf den Druck Simon Wiesenthals in Wien und des Zentrums in Los Angeles dem Historiker Charles R. Allen jun. zur Verfügung gestellt.

»In Ländern, in denen die Kirche ein kontrollierender oder dominierender Faktor ist«, heißt es in dem Bericht, »hat der Vatikan Druck ausgeübt, der dazu führte, daß die ausländischen Vertretungen dieser lateinamerikanischen Länder die Einwanderung ehemaliger Nazis, ehemaliger Faschisten und anderer politischer Gruppen in ihr Land beinahe fördern, vorausgesetzt, sie sind antikommunistisch.« La Vista fügte hinzu, »daß sich der Vatikan für seine Beteiligung an diesen illegalen Vorgängen einfach damit rechtfertigt, daß es um die Verbreitung des Glaubens geht«.

Ob Stangl und seine Gefährten Rom mit Hilfe der Kirche erreichten (Stangls und Wagners Kontakte mit Laien während ihrer dienstlichen Aufenthalte in Italien können eine Hilfe gewesen sein) oder nicht – er suchte diese Hilfe jedenfalls sehr früh. »Ich hatte von einem Bischof *Hulda* im Vatikan gehört, der katholischen SS-Offizieren half, also gingen wir dorthin«, erzählte er Gitta Sereny. Das war aber nicht so einfach, denn er hatte sich den Namen nicht richtig gemerkt und hatte »keine Ahnung, wie man einen Bischof im Vatikan« – oder überhaupt den Vatikan – »findet«. Die drei »Pilger« besprachen, wann und wo sie einander wieder treffen würden, und trennten sich. Dann »ging ich über eine Brücke über den Tiber«, erinnerte sich Stangl, und stand plötzlich einem ehemaligen Kameraden gegenüber: mitten in Rom, wo Millionen Menschen unterwegs waren! Der Kamerad hatte in Frankreich bei der Sicherheitspolizei gedient, und sie wollten ihn dort vor Gericht stellen. Frankreich hatte von Glasenbach seine Auslieferung erwirkt, und er war während der Fahrt nach Frankreich in Tirol geflüchtet.«

»Bist du zu *Hudal* unterwegs?« fragte der Kamerad.

»Ach so, *Hudal!*« rief Stangl. »Ja, aber ich weiß nicht, wo ich ihn finden kann.«

Sein Freund erklärte ihm, wie er zu Bischof Alois Hudal gelangte, der Pfarrer von Santa Maria dell'Anima und Beichtvater der deutschen Gemeinde in der Ewigen Stadt war. Als Stangl Hudals Büro erreichte und seinen Namen nannte, kam der österreichische Bischof in das Wartezimmer, streckte beide Hände aus und begrüßte ihn mit: »Sie müssen Franz Stangl sein. Ich habe Sie erwartet.«

Der Name, den sich Stangl – wenn auch falsch – gemerkt hatte, das »zufällige« Zusammentreffen auf dem Tiber und Hudals Begrüßung sind für Wiesenthal Hinweise auf ODESSA. Aber vielleicht ist es erbaulicher, wenn wir über die Menschenliebe von Bischof Hudal nachdenken, der sich bei Adolf Hitler, einem weiteren Österreicher, eingeschmeichelt hatte, als er Eugenio Kardinal Pacelli 1933 dabei unterstützte, ein Konkordat des Vatikans mit den Nazis zu erreichen. In den dreißiger Jahren arbeitete er auf eine pangermanische Föderation von Österreich und Deutschland hin, und als Hitler dieses Ziel über Nacht erreichte, trat er für eine engere Zusammenarbeit zwischen dem Vatikan und den Nazis ein. In allen diesen Fällen hörte der germanophile Kardinal Pacelli auf ihn. Er hatte von 1917 bis 1929 in Bayern und Berlin als päpstlicher Nuntius gedient und war 1939 als Pius XII. zum Papst gewählt worden.

Hudals Nachkriegs-»Flüchtlingsarbeit« mit Tausenden SS-Männern – von denen etwa achtzig Prozent von Gerichten zum Tod verurteilt worden wären – trug ihm den inoffiziellen Titel »oberster Robin Hood von Rom« ein.

Simon Wiesenthal sieht rot, wenn er darüber spricht, wie Hudal nicht nur Stangl, Eichmann und möglicherweise Mengele half, sondern auch Walter Rauff, der die in Riga und Chelmno verwendeten Gaswagen erfunden hatte und 1984 in Chile starb; vor allem aber geht es ihm um einen Wiener namens Otto Wächter, der nicht nur 1934 einer der Mörder des österreichischen Kanzlers Dollfuß gewesen war, sondern auch 1942 Simons Mutter ermordete.

Wächter wurde für sein erstes Verbrechen damit belohnt, daß er nach der Annexion Österreichs durch Hitler zum Polizeichef von Wien ernannt wurde. 1939 schickte man ihn bei Kriegsausbruch nach Polen: zuerst als Gouverneur des Bezirks Krakau und dann als Gouverneur von Galizien. »Ich sah ihn Anfang 1942 im Ghetto von Lwów«, erinnert sich Wiesenthal und sagt dann stockend, daß Wächter sieben Monate später »persönlich die Aufsicht über den Transport« hatte, der Simons Mutter in den Tod schickte.

»Wächter hat insgesamt 800 000 Menschen getötet«, fügt Wiesenthal sachlich hinzu. Nach dem Krieg flüchtete Wächter mit seinem gesamten Archiv aus Bayern nach Italien, nannte sich jedoch »Otto Reinhardt«. 1949 lag er unter einem falschen Namen in einem religiösen College, das ihm Zuflucht gewährt hatte, im Sterben. Dort gestand er, wer er wirklich war, und ließ seine Frau sowie Bischof Hudal kommen.

Hudal versah den Sterbenden mit der Letzten Ölung und übernahm seine Akten. Nach Wächters Tod bat Wiesenthal Bischof Hudal um die Akten, die der Mörder seiner Mutter bei sich gehabt hatte. Hudal weigerte sich mit der Begründung, daß Wächters Aufzeichnungen Teil seiner Beichte und deshalb geheim und unantastbar seien. Hudals letzte Worte in dieser Angelegeneheit – »Ich bin Priester, kein Polizist« – veranlaßten Wiesenthal, den Namen Hudal für immer mit *chutzpah* (jüdisch für *Frechheit*) gleichzusetzen.

Simon ist davon überzeugt, daß der Kirchenmann, der 1963 in Rom starb, für alle Ewigkeit in der heißesten Tiefe der Hölle verdammt ist. Als Beweismaterial gegen Hudal zitiert er einen Auszug aus dessen 1985 veröffentlichtem Nachkriegs-Tagebuch:

> Im Grunde hatte der Krieg der Alliierten gegen Deutschland nichts mit Idealen zu tun. Es handelte sich um keinen Kreuzzug, sondern um den Konkurrenzkampf zwischen wirtschaftlichen Komplexen ... bei dem man Schlagworte wie Demokratie, Rasse, Religionsfreiheit und Christentum als Köder für die Massen verwendete. Deshalb fühlte ich mich nach 1945 verpflichtet, meine karitative Arbeit in erster Linie ehemaligen Nationalsozialisten und Faschisten zu widmen, vor allem den sogenannten »Kriegsverbrechern«, die sowohl von den Kommunisten als auch von den Christdemokraten verfolgt worden waren.
>
> Aus diesem Grund galt ich bald in der römischen Kurie[9] als »faschistischer Nazi-Bischof«, der »*troppo tedesco*« (zu deutsch) und daher mit der Politik des Vatikans inkompatibel war. Aber ich danke Gott dafür, daß Er mir die Augen öffnete und mir die unverdiente Fähigkeit verlieh, viele Opfer der Nachkriegszeit in den Gefängnissen und Konzentrationslagern zu besuchen und zu trösten, und daß ich auch einige vor ihnen von ihren Peinigern retten konnte, indem ich ihnen half, mit falschen Papieren in ihnen günstig gesinnte Länder zu entkommen.

Von Hudals Hilfe erzählt Stangl folgendes:

»Zuerst verschaffte er mir in Rom ein Quartier, in dem ich bleiben sollte, bis meine Papiere eintrafen. Er gab mir auch ein wenig Geld; ich hatte kaum noch welches.« Stangl »schlief gemeinsam mit vielen, vielen deutschen Zivilisten« auf Matten in einem riesigen Franziskanerkonvent in der Via Sicilia, in nächster Nähe von Roms elegantestem Boulevard, der

Via Veneto. Sie wurden im Morgengrauen geweckt, mußten das Kloster nach dem Frühstück verlassen und durften erst am Abend wiederkommen. Doch sie bekamen Essensgutscheine für das Mittagessen bei einer Ausspeisung, die Nonnen eingerichtet hatten. Da Deutsche und Österreicher ohne italienische Papiere von den Carabinieri verhaftet wurden, wanderte Stangl so unauffällig wie möglich durch die Straßen und ruhte sich auf Bänken im Pincio und dem Park der Villa Borghese aus. Hier bestand die große Gefahr darin, daß man einnickte und eine Polizeipatrouille vorüberkam. Um nicht in Schwierigkeiten zu geraten, erklärte er sich bereit, für die Nonnen Wartungsarbeiten durchzuführen. Touristen, die Mitte 1948 den Vatikan besuchten, fiel der ehemalige Kommandant von Sobibor und Treblinka bestimmt nicht auf, wenn er mit einem Eimer in der Hand gemeinsam mit einer Nonne über den Petersplatz ging. Für dieses gute Werk erhielt er zusätzliche Rationen und die Erlaubnis, der Morgenmesse im Petersdom beizuwohnen.

Gustav Wagner verschwand allmählich aus Stangls Gesichtsfeld, obwohl sein Weg parallel zu dem seines ehemaligen Chefs verlief. Hans Steiner bekam Heimweh und kehrte nach Österreich zurück, wo er sich den Amerikanern stellte.

Nach einigen Wochen überreichte Bischof Hudal Stangl ein weißes Büchlein mit einem roten Kreuz darauf. Es war ein internationaler Paß des Roten Kreuzes, der auf Stangls Namen lautete und dem Bischof übergeben wurde, weil dieser sich für die Identität Stangls verbürgte. Das Rote Kreuz verteilte täglich bis zu 500 solcher Dokumente; es wurde von den Italienern unter Druck gesetzt, damit die unerwünschten Ausländer das Land rascher verließen. Beinahe vierzig Jahre später stellte sich das Rote Kreuz auf folgenden Standpunkt: »Wie konnten wir uns weigern, dem Wort eines Priesters zu glauben?«

Stangl störte an seinem neuen Ausweis etwas. »Ihnen ist ein Fehler unterlaufen«, erklärte er Bischof Hudal. »Der Name stimmt nicht. Hier steht Paul Franz Stangl, aber ich heiße Franz Paul Stangl.«

Hudal klopfte ihm auf die Schulter und meinte: »Lassen wir die Finger davon. Vergessen Sie's.«

Der Bischof gab Stangl auch eine Schiffskarte für einen Dampfer ab Genua (in vielen Fällen zahlte die Caritas die Fahrtkosten) sowie ein Einreisevisum für Syrien, wo in einer Weberei ein Arbeitsplatz auf »Paul F. Stangl, Weber« wartete. Ägypten, Jordanien, Syrien, der Libanon und der Irak hatten Israel im Mai 1948 nur Stunden, nachdem der neue Staat verkündet worden war und die Engländer abgezogen waren, den Krieg erklärt und waren in das Land eingedrungen. Stangl befand sich daher außer Reichweite der israelischen und westlichen Geheimdienste – und der Nazijäger wie Wiesenthal.

Da Israels arabische Nachbarn es nicht geschafft hatten, die Geburt des neuen Staates zu verhindern, versuchten sie, dort weiterzumachen, wo Hitler aufgehört hatte. Genozid war eine Idee, die Ägypten und Syrien (nicht zum ersten Mal) eingefallen war, denn sie importierten ihre Techniker und Technokraten aus den Ruinen des Dritten Reichs.
Der berüchtigste von ihnen war Alois Brunner, ein 1912 geborener Österreicher. Brunner war 1938–1939 Eichmanns rechte Hand und sein Nachfolger in Wien gewesen, wo er laut Wiesenthal die Idee hatte, eine jüdische Polizei zu bilden, die anstelle der SS die Juden identifizieren, registrieren und deportieren mußte. Brunner erfand laut Simon auch die Postkarten, die die Deportierten während der Fahrt oder beim Eintreffen im Vernichtungslager nach Hause schreiben mußten (*ich bin gesund und fühle mich wohl*); wenn die Karten ihr Ziel erreichten, waren praktisch alle Absender bereits tot. »Unter den noch lebenden Verbrechern des Dritten Reichs ist Alois Brunner zweifellos der schlimmste«, sagt Simon Wiesenthal. »Für mich ist er der schlimmste, den es je gab« – sogar schlimmer als Eichmann, der »nur« die Pläne entwarf, die Brunner so eifrig in Wien, Bratislava, Paris und Griechenland in die Tat umsetzte. In Griechenland überwachte Brunner die Deportationen, die Leutnant Kurt Waldheim »nie sah«. An die 50 000 Juden wurden in sechzehn Güterzügen von Saloniki nach Auschwitz transportiert. Brunner tauchte nach dem Krieg als »Dr. Georg Fischer« auf, wurde zum Berater des syrischen Sicherheitsdienstes ernannt, wurde mit über achtzig Jahren gelegentlich in bezug auf Probleme des Libanon zu Rate gezogen und gab bis zu seinem – angeblichen – Tod deutschen Journalisten fanatische Interviews.
Der erste bedeutende Kriegsverbrecher, der nach westdeutschen Gesetzen vor ein deutsches Gericht gestellt und von diesem verurteilt wurde, war Franz Rademacher, der ehemalige Leiter einer jüdischen Abteilung des deutschen Außenamtes und Eichmanns Kontaktmann in dieser Abteilung. Rademacher erhob gegen das milde Urteil von drei Jahren und fünf Monaten wegen Beteiligung an der Ermordung von 1 500 jugoslawischen Juden Einspruch, verzichtete auf die Kaution und floh nach Syrien. (Auf

seiner Spesenabrechnung für eine Reise nach Belgrad hatte er unter »Zweck der Reise« »Liquidierung von Juden« eingetragen.)
Israels Feinde waren so gierig auf deutsche Fachkenntnis, daß laut Wiesenthal »die syrische Botschaft in Rom ein Rekrutierungsbüro eröffnete, das genauso funktionierte wie die Fremdenlegion: Es wurden keine Fragen gestellt – aber in diesem Fall galt das nur, wenn man Deutscher war. Als es für die französische Fremdenlegion peinlich wurde, daß sie Naziverbrecher in ihrer Mitte hatte, verkauften gewisse französische Beamte diese Peinlichkeit um 350 Dollar pro Mann an die Araber. Diese Männer wurden den Arabern in einem italienischen Hafen übergeben und mit dem nächsten Schiff abtransportiert.«
Als Walter Rauff die Syrer in Rom kontaktierte, benötigte er dank seiner Referenzen keine Empfehlungen oder Unterhandlungen. In einem dreiundvierzig Seiten starken Untersuchungsbericht über »SS-Oberst Walter Rauff: Die Kirchen-Connection 1943–1947«, die das Simon Wiesenthal Center in Los Angeles 1984 herausgab, steht, daß der Erfinder der mobilen Gaskammern später (in Chile) aussagte: »Ich hatte einen Vertrag mit der syrischen Regierung unterschrieben und reiste als technischer Berater der Geheimpolizei und der Leibwächter des Staatsoberhaupts nach Damaskus.«

Als Stangl im Sommer 1948 in Syrien eintraf, waren seine Referenzen als Massenmörder nicht so bekannt wie die Rauffs, deshalb lebte er sehr frugal und sparte jedes Pfund, das er erübrigte, um die Überfahrt seiner Familie in den Nahen Osten zu bezahlen. Als Wiesenthal zwei Jahre später in Erfahrung brachte, wie wichtig Stangl war, und seine Heimatadresse in Wels ausfindig machte, waren auch Theresa Stangl und ihre drei Töchter verschwunden. Die Nachbarn erzählten, daß die Stangls am 6. Mai 1949 abgereist waren. Kurz vorher waren drei Männer einer Wiener Spedition aufgetaucht und hatten das Eigentum von Frau Stangl, das sie auf den Rasen vor dem Haus gestellt hatte – Betten und Bettzeug, Nähmaschine, Porzellan, Stühle, sogar das Klavier –, in zwei große Kisten gepackt. Frau Stangls Abreise vollzog sich keineswegs verstohlen. Nachdem die Männer die Kisten zugenagelt hatten, malte sie den Empfänger mit großen, kräftigen Buchstaben darauf: FRANZ PAUL STANGL, HELUANIE 14, DAMASKUS. Dann schafften die Packer die Kisten fort. Als Frau Stangl um einen Paß ansuchte, um zu emigrieren, und die Polizei sie fragte, warum sie das tun wolle, erwiderte sie offen: »Ich reise zu meinem Mann, der entkommen ist.«

Theresa, Brigitte, Renate und Isolde Stangl stachen Mitte Mai 1949 von Genua aus in See. Nach der Wiedervereinigung mit dem Herrn des Hauses wohnten sie zuerst in einer Pension in der Rue George Haddat 22: Eine Adresse, die durch *Flucht aus Nürnberg* und andere Fluchtliteratur als ODESSAS Empfangszentrum bekannt ist. Obwohl die ersten gemeinsamen Monate schwierig waren, weil Stangls Arbeitgeber starb und seine Textilfirma zugrunde ging, fanden sie in der Rue de Bagdad eine Wohnung, in der sie sechs Monate blieben, bis ihre Möbel aus Österreich eintrafen. Anfang Dezember 1949 fand Stangl einen gut bezahlten Posten als Techniker bei der Imperial Knitting Company, und die Stangls übersiedelten in ein größeres Quartier in der Rue de Youssouff im Alten Damaskus. »Es war ein wunderbares Haus, und mit unseren Möbeln verwandelten wir die Wohnung in ein echtes Zuhause«, erinnerte sich Theresa Stangl später. »Wir waren die erste deutsche Familie, die ein eigenes Haus hatte, und alle Deutschen besuchten uns.«
Der einzige Schönheitsfehler der Wohnung zeigte sich bald. Der Polizeichef von Damaskus bewohnte den vorderen Teil des Hauses – mit seinem Harem. Die mittlere Tochter der Stangls, Renate, war zwölf, als sie in Syrien eintrafen – und nach ein bis zwei Jahren fiel sie dem lüsternen Nachbarn auf. »Sie war sehr blond und sehr hübsch, und er hatte tatsächlich ein Auge auf sie geworfen«, erzählte Frau Stangl Gitta Sereny. »Renate durfte tun, was sie wollte. Soweit es ihn betraf, konnte sie nichts Unrechtes tun. Wir gerieten ihretwegen in Panik. Was konnten wir als Ausländer in Syrien unternehmen, wenn er sich in den Kopf setzte, sie zu bekommen?« Sich bei der Polizei beschweren?

Die besorgten Eltern beschlossen, Syrien zu verlassen. Es gab in Damaskus keine südamerikanischen Konsulate, doch sie sahen sich in Beirut um, wo der brasilianische Konsul erklärte, seinem Land seien Techniker willkommen, und ihnen ein Visum gab. 1951 reisten die Stangls via Genua von Beirut nach Brasilien. An ihrem ersten Tag in São Paulo gab die für gewöhnlich kluge Frau Stangl ihr gesamtes Bargeld (etwa vierzig Dollar) einer Deutschen, damit diese es auf dem schwarzen Markt wechselte. »Und dann kam sie zurück und behauptete, sie habe es einem Mann gegeben, der versprochen hatte, Cruzeiros zu einem guten Kurs zu beschaffen, und der damit verschwunden war. Ich konnte nicht *beweisen*, daß sie log« – und auch hier konnte man nicht die Polizei holen.
Als sie ihrem Mann gestand, daß ihr Geld fort war, »wurde er nicht zor-

nig. Er war weder mit mir noch mit den Kindern jemals zornig ... Er sprach nie lauter und verlor nie die Beherrschung – erst viel, viel später – und schlug oder verprügelte die Kinder nie, niemals.« Nein, der freundliche, sanfte Paul Franz Stangl sagte einfach, er müsse schnell Arbeit finden – und eine Woche darauf war er bei der Textilfirma Sutema als Weber angestellt.

XXIV. Stangls Auslieferung

Für Simon Wiesenthal war Franz Stangl das klassische Beispiel dafür, warum Strafe immer besser ist als Rache.

»Sobald ich feststellte, wo sich Stangl aufhielt«, sagt Simon, »hätte ich ihn um 500 Dollar töten lassen können, bevor er je ausgeliefert wurde. Das ist in Südamerika nur eine Geldfrage. So viele Menschen verschwinden. Sogar eine der wichtigen Personen, die ich belästigte, deutete mir an, daß man mit Hilfe eines Schecks Stangls Ohren sehr rasch bekommen würde. Aber darauf ging ich nicht ein. Stangl stand schließlich sechs Monate lang vor Gericht, die Zeitungen berichteten jeden Tag darüber und Millionen Menschen lasen es. Hätte ich ihn töten lassen, so wäre Stangl nur eine Leiche mehr gewesen, die ein paar Zeilen in der Presse bekam, und dann war Schluß damit.

Doch bei Stangl ging es immer um Geld.«

Der erste Durchbruch kam am Freitag, dem 21. Februar 1964, als Simon, der der Presse Stangls Sünden in die Ohren trompetet hatte, den Besuch einer tränenüberströmten Dame empfing. »Ich hatte keine Ahnung, Mr. Wiesenthal«, fing sie an, »daß meine Cousine Theresa mit einem so schrecklichen Mann verheiratet ist.«

»Was für ein schrecklicher Mann?« fragte er.

»Franz Stangl.«

Ohne zu zeigen, wie aufgeregt er war, fragte Wiesenthal beinahe nebenbei: »Und wo befindet sich Theresa jetzt?«

»In Brasilien natürlich«, erwiderte die Frau. Dann preßte sie die Lippen zusammen und trat einen Schritt zurück; ihr wurde klar, daß sie zuviel gesagt hatte.

Wiesenthal hatte der Presse mitgeteilt, daß Stangl mit unbekanntem Ziel verreist sei, und versuchte jetzt, »etwas aus der Frau herauszubekommen, aber sie sagte kein Wort, ganz gleich, wie sehr ich mich bemühte. Ich konnte nicht gegen meine eigene Vorschrift handeln und sie nach ihrem Namen fragen. In Wien war bereits allgemein bekannt, daß ich nie den Namen oder die Adresse einer Person verlange, die freiwillig mit Informationen zu mir kommt. Deshalb mußte ich sie anonym gehen lassen.«

Bis heute weiß niemand, wer diese Cousine war. Theresa Stangls jüngere Schwester Helene lebte bereits in Wien: Sie war Restaurantköchin und die zweite Frau eines jüdischen Wiener Bauingenieurs, der 1939 nach Schanghai geflohen und nach dem Krieg wiedergekommen war. Sie hat-

ten einander 1959 an einem Swimmingpool kennengelernt, und sie besuchten seine Tochter und seine Enkel alljährlich in deren Kibbuz in Israel, bis er 1969 starb. Helene unternahm diese Reise noch immer, als Stangls Biographin Gitta Sereny sie 1972 unangemeldet in ihrem Haus aufsuchte. Weder Helene Eidenböck noch ihr Mann hatten eine Ahnung von der Vergangenheit ihres Schwagers gehabt, bis sie 1964 in den Zeitungen lasen, daß Wiesenthal ihn suchte. Ihr Mann »sprach eine Woche lang kaum ein Wort«, erzählte sie Sereny. »Er war deutlich zutiefst erschüttert. Wahrscheinlich war es schlimmer – sogar noch schlimmer – für ihn als für mich, weil er bei mir war und mich liebte, und dieser Mann, der dieser schrecklichen Dinge beschuldigt wurde, war mein Schwager ... Er pflegte die Zeitung zu lesen, dann saß er einfach da und schüttelte den Kopf. ›Man kann es nicht wirklich verstehen‹, erklärte er mir. ›Stell dir vor, stell es dir nur vor, daß es dein Kind, dein Baby war, das sie mitnahmen und es dann gegen eine Wand schlugen, so daß sein Kopf zerbrach. Dein Kind vor deinen Augen ...‹ Vielleicht verstand ich es nicht so wie er, aber ich fühlte es. Ich fühlte das Entsetzen im ganzen Körper.«
Wer immer die Frau war, die Wiesenthal besucht hatte – einige Tage später folgte ihr ein magerer Mann mit unruhigen Augen, der sich immer das Kinn rieb, wenn er sprach. »Ich war nicht überrascht, als er zugab, daß er für die Gestapo gearbeitet hatte«, sagt Wiesenthal, »aber es fiel mir schwer, ihm zu glauben, als er mir erzählte, er habe ›nichts Böses getan. Sie nahmen mich in ihren Kreis auf. Was sollte ich tun? Ich bin nur ein kleiner Niemand.‹ Ich antwortete nicht. Es war die übliche Einleitung.«
Wiesenthals Besucher kam zur Sache. »Ich habe Ihre Geschichte in den Zeitungen gelesen. Über Stangl. Die großen Schweine wie Eichmann und Stangl haben es für uns kleine so schwer gemacht ... Hören Sie, ich weiß, wo Stangl steckt. Aber es wird Sie Geld kosten.«
»Wieviel?«
»Fünfundzwanzigtausend Dollar.«
»Genausogut können Sie zwei Millionen verlangen«, antwortete Wiesenthal. »Soviel Geld habe ich nicht.«
Der Informant zuckte die Achseln. »Also gut ... Ich mache Ihnen einen Spezialpreis. Wie viele Juden hat Stangl getötet?«
Wiesenthal nahm an, daß in Treblinka während der Zeit, als Stangl dort Kommandant war, etwa 700 000 gestorben waren.
»Ich will einen Penny für jeden von ihnen«, erklärte der Mann. »Das sind siebentausend Dollar. Beinahe geschenkt.«

Wiesenthal, der bereits soviel gesehen und gehört hatte, daß ihn nichts mehr erschüttern konnte, mußte sich an den Schreibtisch klammern, damit er den Mann nicht ins Gesicht schlug. »Seine Mathematik war zuviel für mich.« Aber er beherrschte seine Wut, beschloß, den Mann hinauszuwerfen – und setzte sich wieder. Es war vielleicht seine einzige Chance, Stangl zu finden.

»Also?« fragte der Mann.

»Ich werde Ihnen jetzt keinen einzigen Cent geben«, erklärte Wiesenthal. »Aber wenn Stangl aufgrund Ihrer Information verhaftet wird, bekommen Sie das Geld.«

»Wer garantiert mir, daß Sie Wort halten?«

»Niemand. Wenn es Ihnen nicht gefällt, dann hauen Sie ab.«

»In Ordnung ... Stangl arbeitet als Mechaniker in der Volkswagenfabrik in São Paulo in Brasilien.«

Rückblickend wäre es nicht schwer gewesen, ihn zu finden. Er war 1951 unter seinem eigenen Namen mit seiner Familie von Syrien über Italien nach Brasilien gereist. Er gab seinen Namen immer als Paul Franz Stangl an, um den Papieren zu entsprechen, die er vom Roten Kreuz erhalten hatte. 1954 meldete seine Frau die gesamte Familie beim österreichischen Konsulat in São Paulo. Wenn die Eltern oder die Töchter »nach Hause« nach Österreich schrieben, gaben sie auf den Briefumschlägen ihren Namen und ihre Adresse als Absender an. Mitte der sechziger Jahre bemerkte Stangl zu seiner Frau: »Wenn dieser kluge Wiesenthal mich sucht, muß er sich nur bei der Polizei oder beim österreichischen Konsulat nach mir erkundigen. Er würde mich sofort finden. Ich rühre mich nicht vom Fleck.«

Während der ersten beiden Jahre, die Stangl in Südamerika verbrachte, erkannte man bei der Textilfirma Sutema bald seine organisatorischen Fähigkeiten, und er stieg vom Weber zum Hauptplaner auf: es arbeitete praktisch als Ingenieur. Da er dabei oft innerhalb von Brasilien Reisen unternehmen mußte, war es ein weiterer Pluspunkt für ihn, daß er rasch und leicht Portugiesisch gelernt hatte.

Auf einer seiner Reisen (gestand er Gitta Sereny 1971) »hielt mein Zug neben einem Schlachthof. Die Rinder in den Gehegen hörten den Lärm, trotteten zum Zaun und starrten den Zug an. Damals dachte ich: ›Sieh dir das an; es erinnert mich an Polen. Genauso vertrauensvoll blickten die Menschen, bevor sie in die Dosen kamen ...‹«

»Sie sagten ›Dosen‹«, unterbrach ihn Sereny. »Was meinen Sie damit?« Aber Stangl hörte ihr nicht zu, sondern fuhr fort:

»Ich konnte nachher kein Dosenfleisch mehr essen. Diese großen Augen ... sie sahen mich an ... sie wußten nicht, daß sie binnen kurzem tot sein würden.« Auch seine Frau erinnerte sich daran, »daß er einmal plötzlich aufhörte, Fleisch zu essen«.

Trotz dieser »Gewissensbisse« kam Stangl vorwärts – er verdreifachte beinahe sein Gehalt, als er nach zwei Jahren bei Sutema zu einer anderen Firma wechselte. Er und seine Familie begannen einige Wochen nach ihrer Ankunft in Südamerika, in der Umgebung von São Bernardo do Campo selbst ein weitläufiges Mittelklasse-Chalet zu bauen, das nach neun Jahren fertiggestellt war. Stangl hatte alle Installateurarbeiten selbst gemacht, und seine Töchter hatten sich als Zimmermaler betätigt. »Wir bauten ein Zimmer nach dem anderen, kampierten zuerst im Freien und zogen dann nach und nach in die Zimmer ein, während das Haus wuchs«, erzählte Theresa Stangl. São Bernardo do Campo war dreißig Kilometer von São Paulo entfernt und galt als das Detroit von Brasilien: Es beherbergte eine Rolls-Royce-Ersatzteilfabrik, ein Mercedes-Benz-Werk und die größte Volkswagenmontage außerhalb von Deutschland.

Ende 1955 kam es zu einer ernsten Unterbrechung, weil Franz Stangl krank wurde. Obwohl er unter Rheumatismus litt und so schwach war, daß er nur kurze Strecken gehen und nur wenige Minuten stillstehen konnte, handelte es sich um ein Vorspiel zu einem schweren Herzanfall, den er 1966 erlitt. Während dieser Zeit errichteten seine Frau und seine Töchter auf einer Seite des Hofs eine Werkstatt, und als er sich ein wenig erholt hatte, aber noch keiner geregelten Arbeit nachgehen konnte, kaufte er gebrauchte Maschinenteile, baute einige Webmaschinen und erzeugte bald elastische Binden für Krankenhäuser. Seine Töchter übernahmen den Verkauf, während Frau Stangl bei Mercedes Benz einen Posten als Sekretärin annahm und sich 1962 zur Chefbuchhalterin hinaufgearbeitet hatte. »Ich hatte siebzig Mädchen unter mir.«

Renate, die mittlere Tochter, die dem Polizeichef von Damaskus so gut gefallen hatte, heiratete 1957 einen Österreicher, und ihre ältere Schwester machte es ihr ein Jahr später nach. 1959 hatte sich Franz Stangls Gesundheit so weit gebessert, daß er wieder zum Gehaltsempfänger wurde und bei Volkswagen als Mechaniker arbeiten konnte. Wie üblich fielen seinen Vorgesetzten sein Fleiß und seine Tüchtigkeit auf, und er wurde schnell befördert. Sein Gehalt war dreimal so hoch wie sein Einkommen zu dem Zeitpunkt, als er erkrankte.

Auch zwei seiner Töchter arbeiteten als Sekretärinnen im Volkswagenwerk, und es ging den Stangls so gut, daß sie mit finanzieller Unterstützung von Mercedes Benz in der Frei Gaspar in Brooklin, einem der besten Wohnbezirke von São Paulo, Baugrund kauften und sich diesmal von Profis ein Haus bauen ließen: mehr dänisch-modern als österreichisch-ländlich, mit Panoramafenstern und einer Garage für zwei Wagen. Als sie 1965 einzogen, kaufte Stangl einen Wagen und wurde zum Pendler.

Die beiden Jahre in Brooklin waren »unsere glücklichsten in Brasilien«, sagte Frau Stangl trotz des Herzanfalls ihres Mannes im Jahre 1966, von dem er sich recht schnell erholte. Doch in Österreich schlug ein anderes Herz schneller, denn Simon Wiesenthal arbeitete sich an seinen »Klienten« heran.

Wiesenthal hatte 1964 erfahren, wo sich Stangl befand, und ersuchte einen brasilianischen Kontaktmann, eine Kreditauskunft über ihn einzuholen. Dadurch erfuhr er Stangls Adresse und war über seine Lebensumstände im Bild, ohne daß er Aufmerksamkeit erregt hätte. Doch danach wartete er beinahe drei Jahre, bevor er seinen nächsten Zug machte. Das erklärt er wie folgt:

»1964 wurde Stangl von Österreich nicht nur wegen des Hartheim-Prozesses und wegen seiner Flucht aus dem Gefängnis gesucht, sondern auch wegen seiner Tätigkeit in Sobibor und Treblinka. Wenn ich mich an das österreichische Justizministerium gewendet hätte, so hätten es ein Dutzend Leute im Justiz- und im Außenministerium gewußt. In Brasilien hätten es doppelt so viele Leute in der österreichischen Botschaft und in den brasilianischen Ministerien erfahren, und die brasilianische Polizei wäre im voraus darüber unterrichtet worden, daß Stangl verhaftet werden sollte. Man muß nicht einmal an ODESSA glauben, um sicher zu sein, daß Stangl gewarnt worden wäre und daß selbst Leute, die ihn nicht persönlich kannten, ihm geholfen hätten zu verschwinden. Und dann hätte es Menschen gegeben – und es gab sie! –, die dafür gesorgt hätten, daß er verschwand, und die mir nur seine Ohren gebracht hätten. Aber ich wollte ihn lebend.

Ich wußte, daß ich zu jemand äußerst Verläßlichem im Justizministerium gehen mußte, um Stangl zu fassen. Doch zuerst mußte ich in Brasilien Grundlagen schaffen. Ich erzählte meinen Freunden in Rio de Janeiro, daß ich jemand Einflußreichen, der unserer Sache positiv gegenüberstand, suchte, ohne jedoch zu erwähnen, daß es um Stangl ging. Erst im Dezember 1966 teilten sie mir mit, daß eine sehr wichtige Persönlichkeit Europa bereiste und mich in Zürich empfangen konnte. Ich flog zu ihm.«

Wiesenthal beschrieb den Brasilianer, der ihn in seiner Schweizer Hotelsuite begrüßte, als »in den besten Jahren, gut aussehend, nachdenkliche Augen«; er war ein guter Zuhörer und offensichtlich gut unterrichtet. Noch bevor Simon ihm erzählte, wo Stangl arbeitete, meinte der Fremde: »Er hat bestimmt einen Posten bei einer deutschen Firma. Das gilt für alle.« Der Politiker versicherte ihm, »er würde mir bei diesem Fall helfen. Die Hauptschwierigkeit bestand darin, daß wir einen Weg finden mußten, der das Verfahren bei einem Auslieferungsbegehren Österreichs an Brasilien abkürzte. Unter normalen Umständen ging der Antrag in Brasilien an das Außenministerium, das Justizministerium, das Gouverneursbüro, das Polizei-Hauptquartier, die örtliche Polizei und schließlich an den obersten Gerichtshof. Das bedeutete, daß etwa vierzig Personen darüber Bescheid wissen würden – und daß Stangl sehr wahrscheinlich der einundvierzigste sein würde.
Wir waren uns darüber einig, daß wir nur Erfolg haben konnten, wenn wir die Zahl der Leute, die von dem Geheimnis erfuhren, verringerten. Mit Hilfe des Politikers reduzierten wir die Mitwisser auf sechs.« Da der Politiker wußte, wie viele Augen und Ohren offen sein würden, verabschiedete er sich von Simon mit den Worten: »Schreiben Sie mir kurz, sobald ich in Rio bin, aber schicken Sie keine Beweise mit der Post.«
Wiesenthal fand eine bessere Lösung. Anfang 1967 ging er direkt zu dem damaligen österreichischen Justizminister Dr. Hans Klecatsky. Mit einer Handvoll loyaler Mitarbeiter stellten sie Exzerpte aus Stangls Tausend-Seiten-Akte sowie eine Auflistung der gegen ihn erlassenen Steckbriefe zusammen. Als sie beinahe fertig waren und Wiesenthal auf weitere Unterlagen aus Düsseldorf wartete, wo 1964 – 1965[10] die »Treblinka-Prozesse« gegen zwölf Stangl-Untergebene stattgefunden hatten, schickte er seinen eigenen Kurier – eine junge, in Brasilien geborene Frau, die in Wien lebte und halbtags für ihn arbeitete – mit der Akte des Jüdischen Dokumentationszentrums über Stangl nach Rio.
Zunächst konnte sie nicht in die Nähe der politischen Persönlichkeit gelangen, die sie kontaktieren sollte. In Rio war Karneval, und kein Mensch arbeitete. Irgendwann gelang es ihr, Verbindung mit dem Mann aufzunehmen und ihm die Akte persönlich zu überreichen. Als sie Mitte Februar zurückflog, wurde Stangl bereits inoffiziell von einem mit der einflußreichen Persönlichkeit befreundeten Polizisten beschattet. Doch der Brasilianer trug ihr auf, Wiesenthal darauf aufmerksam zu machen, daß er am 1. März wieder nach Europa reisen würde, so daß Stangl zu diesem

Zeitpunkt bereits in Gewahrsam sein mußte, da sonst alles mögliche geschehen konnte.
Wiesenthal mußte schnell handeln. Vom Februar waren nur noch zwei Wochen übrig. Er rief Klecatsky an und erklärte ihm, wie dringend der Fall war, worauf ihn dieser am 22. Februar in sein Büro bestellte. Die gekürzte Anklage gegen Stangl war soeben ins Portugiesische übersetzt worden. Sie wurde am nächsten Tag dem österreichischen Außenministerium übergeben, das sie durch einen vertrauenswürdigen Beamten der brasilianischen Botschaft überprüfen und die Übersetzung beglaubigen ließ. Jetzt konnte sie den Ozean überqueren. Aber wie?
Wiesenthal machte sich erbötig, das Flugticket für einen diplomatischen Kurier zu bezahlen, doch das Außenministerium hatte keinen Kurier für Südamerika. Es gab auch keine direkte Funk- oder Telexverbindung mit den dortigen Botschaften. Jede mehr als drei Tage dauernde offizielle Reise eines Angehörigen des Außenministeriums mußte vorher vom Ministerrat genehmigt werden, der immer am Dienstag zusammentrat; das bedeutete, daß weitere zwölf Personen eingeweiht wurden. Nein, danke, sagte Wiesenthal. Alle einigten sich darauf, daß es am einfachsten war, den Steckbrief, das Auslieferungsansuchen und die übersetzten Akten-Exzerpte mittels Expreß-Luftpost in einem Extrakuvert zu schicken, das nur vom Botschafter geöffnet werden durfte.
Am Freitag, dem 24. Februar 1967 abends, rief Wiesenthal den Politiker in Brasilien an und ersuchte ihn, den österreichischen Botschafter am Montagmorgen anzurufen und ihm vertraulich mitzuteilen, was er in der Post finden würde. Als der Politiker am Montag, dem 27., anrief, hatte der Botschafter gerade das Paket erhalten. Es wurde am gleichen Tag dem brasilianischen Außenministerium übergeben. Einige Stunden später besuchte der Leiter der Bundespolizei den österreichischen Botschafter, studierte weitere Dokumente (auch die Wiesenthals) und flog zu einem Treffen mit Abreu Sodre, dem Gouverneur von São Paulo.
Am nächsten Abend, Dienstag, den 28. Februar, hielt Paul Franz Stangl auf der Heimfahrt von der Volkswagenfabrik mit seiner jüngsten, dreiundzwanzig Jahre alten, Isi genannten Tochter Isolde vor einer Bar, um ein Bier zu trinken. Dann fuhren sie nach Hause.
Frau Stangl hatte an diesem Tag von ihrem Haus aus bemerkt, daß es auf der Straße keine Parkplätze gab, sich aber nichts dabei gedacht. »Ich hörte draußen Tumult und ging ans Fenster«, erinnert sie sich. »Polizeiautos standen quer über die Straße und blockierten sie an beiden Seiten. Unser

Wagen war von einer Menge Polizisten eingekreist. Paul wurde aus dem Wagen gezogen – mit Handschellen. Isi fiel hin und schrie nach uns – das hatte ich gehört, als ich zum Fenster lief –, aber das Polizeiauto, in dem er saß und dem eine Reihe weiterer Autos folgten, war fort, bevor ich zur Tür draußen war. Isi stand unter einem solchen Schock, daß sie beinahe nicht zusammenhängend sprechen konnte. Sie sagte, daß das Gesicht ihres Vaters gelb geworden war, als es geschah.«

Im Gegensatz zu den Eichmanns liefen die Stangls sofort von einer Polizeistation zu anderen, aber niemand wußte etwas, bis sie die Abteilung für öffentliche Sicherheit von São Paulo aufsuchten, wo man bestätigte, daß Stangl verhaftet worden war, und ihnen sagte, daß sie nicht mit ihm sprechen konnten. »Und sie sagten, wir sollten froh sein, daß sie ihn verhaftet hatten«, erzählte Frau Stangl. »Sonst hätten ihn nämlich die Israelis geholt.« Wiesenthal bestätigt, daß seine Quellen ihm berichtet hatten, Stangl sei entsetzt gewesen. Er war davon überzeugt, daß ihn jüdische Kommandos entführt hatten, die sich als brasilianische Polizisten ausgaben, und war sichtlich erleichtert, als man ihn in ein Polizeigefängnis brachte. Er erinnerte sich daran, was mit Eichmann geschehen war, und fand, daß er Glück gehabt hatte.

Am nächsten Morgen, dem 1. März, flog Simons brasilianischer Kontaktmann wie vorgesehen nach Europa, rief ihn aber vorher an und versicherte ihm, daß Stangl sicher hinter Schloß und Riegel sitze. Er würde nach Brasilia, der tief im Landesinneren liegenden Hauptstadt des Landes, verlegt werden, um jeden Rettungs- oder Fluchtversuch zu unterbinden. An diesem Abend gab der Gouverneur von São Paulo offiziell Stangls Verhaftung bekannt. Die BRD und Polen verlangten sofort seine Auslieferung.

Anwälte der ganzen Welt begannen, über Verjährungsgesetze zu diskutieren – vor allem über das brasilianische, das bei Mord eine Zwanzig-Jahre-Frist vorsieht. Doch Brasilien hatte die Internationale Konvention gegen Genozid[11] unterzeichnet, die für dieses scheußlichste aller Verbrechen keine Verjährung akzeptiert. Außerdem war der deutsche Haftbefehl 1960 ausgestellt worden, so daß Stangl gemäß dieser Begriffsbestimmung bis 1980 schuldig war. Österreich argumentierte, daß Stangls Flucht aus dem Linzer Gefängnis die Verjährungsfrist unterbrach. Wesentlich war, daß Wiesenthal, der nach New York unterwegs war, als er von der Verhaftung erfuhr, eine Zusammenkunft mit Senator Robert F. Kennedy vereinbarte. Dieser übte in Wiesenthals Anwesenheit Druck aus und trug seinen Teil zur Lösung bei, indem er den brasilianischen Botschafter in Washington anrief und feststellte, daß er – er galt als Präsidentschaftskandidat bei der im nächsten Jahr stattfindenden Wahl – auf eine Umgehung der Auslieferung mit Mißfallen reagieren würde. »Die Gerechtigkeit für ungeheure Verbrechen steht auf dem Spiel«, sagte er. »Brasilien hat jetzt Gelegenheit, Millionen Freunde zu gewinnen.«

Als Stangls Familie in der Zeitung las, daß er sich in einem Militärgefängnis in Brasilia befand, fuhren sie hin, wobei sie sich am Lenkrad abwechselten. Als er mit seiner Frau allein war, weinte er, und als sie ihn nach Treblinka fragte, weil sie inzwischen so vieles gelesen hatte, das er ihr nicht erzählt hatte, antwortete er: »Ich weiß nicht, was du für Fotos gesehen hast. Vielleicht hast du Fotos von anderen Lagern gesehen.«

Seinen Töchtern gegenüber war er laut seiner Frau »wunderbar, ließ sich nie gehen, weinte nicht, lächelte sie an, begleitete sie zum Tor und winkte ihnen nach. Doch für sie wurde seine Verhaftung zum ersten Mal zur Wirklichkeit. Daß sie ihn im Gefängnis sahen, war für sie ein traumatisches Erlebnis.«

Am 8. Juni 1967 entschied der Oberste Gerichtshof Brasiliens einstimmig, daß Franz Stangl an die Bundesrepublik ausgeliefert werden solle. Zwei Wochen später wurde er im Flugzeug nach Frankfurt gebracht und bis zum Prozeß in ein Duisburger Gefängnis gesteckt. Seine Familie übersiedelte nach São Bernardo do Campo und vermietete das Haus in Brooklin an Diplomatenfamilien, um Stangls Verteidigung und die dreijährige Anwesenheit seiner Frau bei dem Prozeß in Düsseldorf zu finanzieren. Sie flog hin, suchte jedoch das Gericht nur dreimal auf: Um auszusagen, daß er ihr nie erzählt hatte, was in Hartheim geschah – an dem Tag, an dem Stanislaw Szmajzner, ein Goldschmied aus Sobibor, gegen ihren Mann aussagte – und am Dienstag, dem 22. Dezember 1970, als ihr Mann zu lebenslänglich verurteilt wurde, weil er »die Ermordung von mindestens 900 000 Männern, Frauen und Kindern beaufsichtigt hatte«.

An diesem Tag befand sich auch Simon Wiesenthal im Gerichtssaal. Als er hinausging, entnahm er seiner Brieftasche ein Foto des Mannes, den er zwanzig Jahre lang verfolgt hatte, und zerriß es. Als Erinnerung an Stangls unschuldige Opfer hatte es zwischen Schnappschüssen von Wiesenthals Frau und seiner Tochter gesteckt. Simon Wiesenthal vertritt folgenden Standpunkt: Dadurch, daß er Franz Stangl – dem 1 200 000 Morde zur Last gelegt wurden und der wegen mehr als drei Viertel von ihnen verurteilt wurde – fand und über zwei Jahrzehnte nach dem Ende des

Zweiten Weltkriegs von Brasilien seine Auslieferung an Westdeutschland erreichte, hatte er Deutschland »seinen wesentlichsten Kriminalfall des Jahrhunderts« geschenkt.

XXV. Wagner wird zermürbt

Während der nach Westdeutschland deportierte Franz Stangl auf seinen Prozeß wartete, besuchte in Brasilien Gustav Wagner Stangls Frau Theresa. Er hatte sich in etwa fünfzig Kilometern Entfernung von den Stangls niedergelassen und die Gewohnheit, unangemeldet zu Besuch zu kommen. Stangl hatte ihn immer gern gesehen, doch seine Frau fand ihn »vulgär« und aufdringlich.

Nachdem Wagner kurz sein Mitgefühl für Stangls mißliche Lage ausgedrückt hatte, erzählte er seiner unfreiwilligen Gastgeberin, daß seine Frau vor kurzem gestorben sei, und bat sie, ihm Geld für das Begräbnis zu leihen. Zuerst weigerte sich Theresa, doch als er ihr erzählte, er sei vollkommen fertig, weil er befürchtete, daß Wiesenthal ihn als nächsten aufs Korn nehmen würde, gab sie nach – obwohl jeder Pfennig, den die Stangls ersparen konnten, für die Verteidigung ihres Mannes zurückgelegt wurde.

Wagner steckte das Geld ein, musterte sie anerkennend und sagte: »Wir beide könnten uns doch zusammentun, oder? Ich habe niemanden mehr, und was Franz betrifft – sie werden ihn drüben bestimmt einlochen und Sie werden auch allein sein.«

Sie warf ihn hinaus.

Er zahlte das Geld nie zurück, aber laut Wiesenthal machte er Theresa Stangl einen Kondolenzbesuch, nachdem ihr Mann 1971 im Gefängnis gestorben war. Diesmal schlug er ihr vor, ihn zu heiraten. Sie warf ihn wieder hinaus.

»Mein Mann war ein anständiger, ordentlicher Mensch, der seine Pflicht erfüllte«, erzählte sie Freunden voll lobenswerter Offenheit. »Er hat den Insassen nie etwas getan; schlimmstenfalls mußte er sie anschreien. Aber dieser Wagner war ein bekannter Sadist. Und jetzt hat er die Frechheit, mich zu besuchen und mir einen Heiratsantrag zu machen!« Sie erzählte Gitta Sereny, daß Wagner bei ihrem letzten Zusammentreffen »wie ein Bettler mit zerrissener Kleidung und kaputten Schuhen ausgesehen hatte und vorgehabt habe, sein Glück in Uruguay zu versuchen«.

Als Simon Wiesenthal in den sechziger Jahren Stangl jagte, war er auf Wagners Fährte gestoßen. Er verfolgte Wagners Fluchtroute und entdeckte, daß die beiden Flüchtlinge sich in Rom getrennt hatten und daß Wagner nach Beirut und dann nach Brasilien gereist war. Als Stangl 1967 ausgeliefert wurde, besaß Wiesenthal Kopien von Wagners Rot-Kreuz-

Paß und seiner ersten brasilianischen Identitätskarte (»so daß wir ungefähr wußten, wie er aussah«) und kannte seine frühere brasilianische Adresse. Über Stangls Gefangennahme begeisterte Freunde Wiesenthals brachten ihn mit einem jüdischen Millionär zusammen, der auch ein KZ-Überlebender war. Nachdem Simon erklärt hatte, daß eine diskrete Suche, die Wagner nicht veranlassen würde, aus Brasilien zu fliehen, teuer sein würde, drückte ihm der Mann fünfzig Dollar in die Hand.

Wiesenthal war empört. »Wenn ich Gustav Wagner um fünfzig Dollar verhaften könnte, müßte ich nicht zu Ihnen kommen«, stellte er fest und verließ das Zimmer.

Der Mann lief ihm nach und erklärte ihm eine Viertelstunde lang, was für finanzielle Rückschläge er erlitten hatte. »Wenn Sie so arm sind«, meinte Wiesenthal zornig, »kann ich Ihnen hundert Dollar geben.« Auf dem Heimweg dachte er, daß »Gustav Wagner keine Freunde braucht, wenn er viele Feinde wie diesen Überlebenden hat«.

Zehn Jahre lang, sagt Wiesenthal, »wartete ich auf eine Gelegenheit und erwähnte nie, wenn ich den Medien Material übergab, daß Wagners Name in unseren »Gesucht«-Listen stand. Wir versuchten mehrere Male, ihn mit Hilfe von Freunden in verschiedenen brasilianischen Städten aufzuspüren, aber ohne Erfolg.«

Dann blätterte Wiesenthal im Frühjahr 1978 auf dem Flug von New York nach Amsterdam in der New Yorker *Daily News*, als er zu einem Bericht über ein Treffen von alten Nazis kam, die am 20. April Hitlers neunundachtzigsten Geburtstag gefeiert hatten. Unter dem Motto »WIR SIND NICHT DIE LETZTEN VON GESTERN, SONDERN DIE ERSTEN VON MORGEN« hatte die Feier des Vierten Reichs im Hotel Tyll in Italiata in der brasilianischen Provinz São Paulo drei Tage gedauert.

Aus Amsterdam, wo seine Tochter Pauline und ihre Familie damals lebten, kontaktierte Wiesenthal Mario Chimanovich, den brasilianischen Auslandskorrespondenten des *Jornal do Brasil*, der größten Tageszeitung des Landes, und bat um Bilder von der Feier. Einige Tage nach Simons Rückkehr nach Wien rief Chimanovich an und meldete, daß er nicht nur ein riesiges Foto von allen versammelten Gästen, sondern auch eine Einladungsliste hatte. Da er vermutete, daß Simon auf einer heißen Spur war, erklärte er sich bereit, nach Wien zu fliegen und die Unterlagen persönlich abzuliefern.

Wiesenthal vermutete, daß Wagner bei dem Ereignis dabei gewesen war.

Er war enttäuscht, als er weder Wagners Namen noch sein erkennbares Gesicht in dem neuen Material fand, und beschloß, seinen vertrauensvollen Freund Chimanovich zu täuschen, indem er behauptete, daß ein Nazi mit großen Ohren auf dem Foto sein »Klient« sei. »Es war zwar nicht ganz koscher, aber ich war es einer Viertelmillion Juden schuldig, die in Sobibor gestorben waren«, sagte er sich. Chimanovich erklärte er: »Sehen Sie den da. Er ist Gustav Wagner, und er zeigt sich bei Hitlers Geburtstagsfeier in Brasilien öffentlich, ohne daß es jemandem auffällt. Ich würde annehmen, daß Ihre Polizei weiß, wo sie ihn finden kann.«

Aufgrund von Wiesenthals Akten und Unterlagen über Wagner schrieb Chimanovich eine Story, die am 27. Mai 1978 auf der Titelseite des *Jornal do Brasil* erschien. Die Öffentlichkeit reagierte empört darauf, daß der stellvertretende Kommandant von Sobibor als freier Mann unter Millionen Brasilianern lebte. Der langohrige Nazi, der nicht Wagner war, stellte sich selbst der Polizei, beteuerte seine Unschuld und bat um Schutz. Das tat auch der wirkliche Gustav Wagner, der infolge der Fotos des Roten Kreuzes und der brasilianischen Polizei unverkennbar war. Er behauptete bei der Polizei, daß in Sobibor niemand gestorben sei.

Wagner befand sich jetzt in Haft, hatte Anwälte engagiert, um freizukommen, und Wiesenthal hatte achtundvierzig Stunden Zeit, um Beweise vorzulegen, die begründeten, warum der Verdächtige festgehalten werden mußte, und um eine Regierung dazu zu überreden, daß sie seine Auslieferung verlangte. Israel reagierte zuerst, dann folgte zögernd Österreich und dann Deutschland und Polen. Eine Akte mit Aussagen ging als Luftfracht nach Brasilien, während sich Wiesenthal wegen der Anschlußflüge und der Verzögerungen beim Zoll die Daumen hielt.

Simon hätte sich die Sorgen ersparen können. In der fast neunhundert Kilometer von São Paulo entfernten Stadt Gojana atmete Stanislaw Szmajzner, ein junger jüdischer Goldschmied, der in Sobibor Zahnfüllungen geschmolzen und Schmuck daraus gemacht und später gegen Stangl ausgesagt hatte, erleichtert auf. Als ihm Gitta Sereny einige Jahre zuvor erzählt hatte, daß Wagner noch am Leben und wahrscheinlich in Brasilien sei, war »Schlomo« Szmajzner blaß geworden und hatte sich auf einen Stuhl fallen lassen. »Was Sie mir sagen, ist ein entsetzlicher Schock für mich«, keuchte er. »Dieser Mann! Hier in Brasilien? Wenn ich daran denke, daß ich die gleiche Luft atme wie er, wird mir schrecklich, schrecklich übel ... Mir fehlen die Worte, um Ihnen zu schildern, was für ein entsetzlicher – wirklich entsetzlicher Mensch er ist. Im Vergleich zu ihm ist

Stangl gut – sehr gut. Aber Wagner sollte tot sein.« Laut Sereny wiederholte er immerzu: »Ich muß was tun.«
Jetzt hatte Szmajzner, der erst fünfzig war, die ersehnte Gelegenheit, eilte nach São Paulo und konfrontierte Wagner in einer Polizeistation.
»Wie geht es dir, Gustl?« begrüßte er Wagner. Dieser sah ihn verständnislos an, dann erkannte er ihn. »Ja, ja, ich erinnere mich gut an Sie. Ich habe Sie doch aus dem Transport geholt und Ihnen das Leben gerettet.«
»Das stimmt«, antwortete Szmajzner, »aber du hast nicht meiner Schwester, meinen Brüdern, meiner Mutter und meinem Vater das Leben gerettet. Und wenn du sagst, daß du mir das Leben gerettet hast, dann sagst du auch, daß du die Macht hattest, die anderen zu töten.«
Es war nicht sicher, daß die Behörden diese Logik akzeptierten, doch sie akzeptierten jetzt nicht mehr Wagners umfassende Behauptung, daß er mit den Todesfällen in Sobibor, wo ohnehin »niemand starb«, nichts zu tun gehabt hatte. Jetzt stellte sich die Frage, wohin man ihn ausliefern sollte.
Deutschland stand an erster Stelle, denn durch den Fall Stangl besaß es die besten Beweisstücke und hatte einen massiven Anspruch darauf, Wagner den Prozeß zu machen. Er wurde in eine Zelle in der Hauptstadt Brasilia verlegt, wo er einen Selbstmordversuch unternahm, indem er die Gläser seiner Brille aß, die er mit einem Schuh zerdrückt hatte. Ein Wächter kam Sekunden, nachdem er angefangen hatte, das Glas zu kauen, dazu und verhinderte, daß er weiter aß. Er wurde im Gefängniskrankenhaus behandelt, dann in einer psychiatrischen Anstalt untersucht und ins Gefängnis zurückgeschickt, wo er eine Reihe Herzanfälle erlitt, von denen Simon sagt, daß sie »koscher« waren, und unternahm wieder einen Selbstmordversuch. Er erzählte den brasilianischen Behörden immer wieder, daß »ich wußte, was dort (in Sobibor) geschah, daß ich aber nie dabei war. Ich gehorchte nur den Befehlen.« Später gab Wagner bei einem Fernsehinterview zu, was er getan hatte, behauptete jedoch: »Ich hatte keine Gefühle ... Es wurde einfach zu meiner Arbeit. Am Abend sprachen wir nie darüber, sondern tranken nur und spielten Karten.«
Im Juni 1979 lehnte der Oberste Gerichtshof Brasiliens den deutschen Auslieferungsantrag ab, weil die portugiesische Übersetzung einen Tippfehler enthielt, laut dem Wagner seit 1974 (statt richtig 1947) auf der Suchliste gestanden hatte. Brasiliens Verjährungsgesetz besagt, daß die Anklage innerhalb von zwanzig Jahren nach der Verübung eines Verbrechens erhoben werden muß. Wagner wurde freigelassen.

Aber er war kein freier Mann. Aufgrund der gräßlichen Enthüllungen in der Presse waren ihm in Brasilien sogar die Türen der Nazis verschlossen. Er versuchte noch zweimal, in São Paulo Selbstmord zu begehen: Einmal stach er sich ein Messer in den Leib, und einmal warf er sich vor ein Auto. Als Westdeutschland dann dem brasilianischen Gerichtshof eine ordentlich getippte Übersetzung der Anklage gegen Wagner vorlegte, verschwand er – aber er kam nicht weit. Auf einer einsamen, achtzig Kilometer von São Paulo entfernten Farm gelang es ihm am 4. Oktober 1980 endlich, Selbstmord zu begehen, indem er sich erhängte. Er war neunundsechzig Jahre alt.

»Für mich ist Wagners Selbstmord ein Geständnis«, sagt Simon Wiesenthal. »Aber ich hätte gern gewußt, ob er es aus Schuldbewußtsein getan hat – oder ob er einfach müde war.«

XXVI. Die »Stute von Majdanek« in Deutschland

Das 1979 geschaffene Amt für Sonderermittlungen (OSI) des US-Justizministeriums hat in den achtziger Jahren mehrere hundert Nazis und ihre Kollaborateure, die in den USA lebten, festgenommen und ausgewiesen. Doch sein Ursprung ist jener Tag des Jahres 1964, an dem Simon Wiesenthal anklagend auf Mrs. Russell Ryan, die Frau eines Bauarbeiters in Queens, zeigte. Neun Jahre später war Hermine Braunsteiner-Ryan die erste Kriegsverbrecherin, die aus den USA in das Land gebracht wurde, in dem sie einen Teil ihrer Verbrechen verübt hatte. »Ich habe neun Jahre darum gekämpft«, sagte Wiesenthal, »daß sie an Deutschland ausgeliefert wird. Ihr Fall allein war diesen Kampf wert, aber er hat außerdem Dutzenden weiteren Ausweisungen die Tür geöffnet.«

Wiesenthal unternahm im April 1964 den ersten Schritt, um diese Auslieferung in die Wege zu leiten. In Tel Aviv erkannte ihn eine Frau im Kaffeehaus und erzählte ihm: »Ich war im Konzentrationslager Majdanek in Polen. Dort gab es eine Aufseherin, die einen bösartigen Hund und eine bleibeschwerte Peitsche besaß, die sie bei weiblichen Gefangenen benützte. Es machte ihr Spaß, uns auszupeitschen, es machte ihr Spaß, wenn wir schrien, und noch mehr Spaß, wenn wir das Bewußtsein verloren. Sie war ausschließlich sadistisch. Wenn Mütter mit Kindern in das Lager gebracht wurden, riß sie ihnen die Kinder weg. Sie haßte Kinder. Ich habe in Majdanek grausame Männer und grausame Frauen erlebt. Die Frauen waren schlimmer – und Hermine Braunsteiner war die bösartigste von allen. Ich weiß nicht, was aus ihr geworden ist, aber sie muß Rechenschaft für ihre Verbrechen ablegen. Bitte versuchen Sie, sie zu finden.«

Simon hatte nie von Hermine Braunsteiner gehört, aber sein Interesse war erwacht, und er suchte nach seiner Rückkehr nach Wien den Namen. Sie war 1919 in Wien geboren und hatte dort als Dienstmädchen gearbeitet. Als Österreich 1938 zu einem Teil Deutschlands wurde, übersiedelte sie nach Berlin. 1939 trat sie in die SS ein und wurde dem Frauen-Konzentrationslager Ravensbrück nördlich von Berlin zugeteilt. Dort wurde sie rasch zur Wächterin befördert und war mit zwanzig Leiterin der Bekleidungsabteilung. Im Oktober 1942 wurde sie nach Majdanek versetzt, einem neuen Vernichtungslager am Stadtrand von Lublin. Als sie Anfang 1944 wieder versetzt wurde, war sie Aufseherin. Sie wurde neuerlich Ravensbrück zugeteilt und arbeitete als Leiterin eines Arbeitslagers im nahen Genthin, bis die alliierten Armeen 1945 näherkamen und sie nach Hause nach Österreich floh.

Am 6. Mai 1946 wurde sie von den österreichischen Behörden wegen Mordes, Totschlags, Kindesmordes, Folter und »Verletzung und Mißachtung der Menschenwürde der Insassen« verhaftet – aber nur in bezug auf Ravensbrück. Sie wurde am 18. April 1947 aus dem Gefängnis entlassen und 1948 in Graz vor Gericht gestellt, wo sie zu drei Jahren Haft verurteilt wurde. Da man ihr die Untersuchungshaft anrechnete, wurde sie am 22. November 1949 entlassen und erhielt in Österreich einen allgemeinen Straferlaß. Laut Wiesenthal »wußte man nur wenig über ihre Aktivitäten in Majdanek. Man kannte nur den Brief einer Polin, der beim Prozeß in Graz nicht vorgelegt wurde. Der Name Majdanek wurde nicht erwähnt.« Sie erzählte einer Wiener Nachbarin, daß »es in der Stadt zu wenig zu essen gibt. Ich werde zu meinen Verwandten aufs Land ziehen.« Damit verschwand Hermine Braunsteiner vor fünfzehn Jahren sofort nach ihrer Entlassung aus dem Gesichtskreis ihrer Nachbarn. Von der Nachbarin erfuhr Wiesenthal den Namen ihrer Verwandten in Kärnten und auch das Dorf, in dem sie lebten. Da ein großstädtischer, im Ausland geborener Jude wie Wiesenthal in jeder ländlichen Gemeinde auffallen mußte, schickte Simon einen seiner zahlreichen Freiwilligen aus: den schuldbewußten, vierundzwanzig Jahre alten Sohn einer unbußfertigen Nazifamilie. Der junge Mann machte in dem Gebirgsdorf Urlaub, klopfte am dritten Tag an die Tür der Verwandten und erzählte ihnen, daß er im Land Salzburg Verwandte habe, die den gleichen Namen trugen wie sie. Sie stellten nie eine Verbindung zu den Salzburgern her, aber er schmeichelte sich bei ihnen ein und wurde mehrmals zum Essen eingeladen. Dabei erwähnte er eines Tages »einen armen Onkel«, der »nichts Böses getan hatte«, aber eine Gefängnisstrafe von fünfzehn Jahren bekommen habe.

»Das gleiche ist einer meiner Verwandten zugestoßen«, bemerkte seine Gastgeberin. »Sie war Gefängniswärterin und bekam drei Jahre, weil sie zwei Zigeunerinnen Ohrfeigen verpaßt hatte ... Aber die Zeiten ändern sich, und sie hatte Glück. Sie fuhr nach Kanada und heiratete einen Amerikaner.« Bevor Wiesenthals Agent abreiste, sagte er seinen Gastgebern, daß er vorhatte, nach Kanada zu reisen und gern ihre Verwandte besuchen würde. Seine Gastgeber waren sicher, daß sie Ryan hieß und glaubten, sie lebe in Halifax, Nova Scotia. Auf Grund dieser Angaben brauchte ein Kontaktmann von Wiesenthal in Toronto nur drei Wochen, um Hermine Braunsteiner-Ryan aus Kanada zu ihrer Adresse in den USA zu folgen.

Hermine Braunsteiner hatte in den fünfziger Jahren den in Brooklyn geborenen Russell Ryan kennengelernt. Er diente damals in der in Deutschland stationierten US Air Force und machte in Österreich Urlaub. 1959 fuhr sie nach Kanada, um ihn zu heiraten, und er übersiedelte mit ihr nach New York. Dort fand sie in einer Bekleidungsfabrik Arbeit. Am 15. Januar 1963 war sie bei einer Einbürgerungszeremonie in Brooklyns Gerichtsgebäude als US-Bürgerin vereidigt worden.

Alle Einwanderer mußten eine eidesstattliche Erklärung unterschreiben, laut der sie nie an der Unterdrückung einer Minderheit aus rassischen oder Glaubensgründen oder wegen ihrer nationalen Abstammung teilgenommen hatten. Außerdem mußten sie schwören, daß sie nie wegen eines Verbrechens verurteilt worden waren, oder angeben, ob es sich um politische Verbrechen handelte und ob es dabei besondere Umstände gegeben hatte. Simon hatte den Verdacht, daß Mrs. Ryan bei beiden Antworten gelogen hatte.

Wiesenthal schrieb an die US-Regierung, um sie über Mrs. Ryans Vergangenheit zu informieren. Als er nicht sofort eine Antwort bekam, kontaktierte er die *New York Times* mit einer Reihe von Einzelheiten. Am Montag, dem 13. Juli 1964, klopfte der Reporter Joseph Lelyveld an die Tür eines ebenerdigen Bungalows in Maspeth, einem vorwiegend irischen und deutschen Bezirk in Queens County.

Lelyveld wurde von einer grobknochigen Frau in sehr ausländisch klingendem Englisch begrüßt. Sie war etwa einssiebzig groß, schmallippig, hatte blaue Augen und blonde Haare, die allmählich grau wurden. Sie trug gestreifte Shorts und eine dazu passende ärmellose Bluse und hatte gerade das Haus ausgemalt, das sie und ihr Mann kürzlich erworben hatten.

»Ja, das bin ich«, bestätigte sie. »Ich habe nur das getan, was Wächter heutzutage in Lagern tun. Ich bin schwer genug bestraft worden. Ich war drei Jahre im Gefängnis. Drei Jahre, können Sie sich das vorstellen? Und jetzt will man wieder etwas von mir?«

Lelyveld wies darauf hin, daß sie wegen ihrer Verbrechen in Ravensbrück verurteilt worden war, während man sie jetzt wegen Verbrechen in Majdanek anklagte. War sie jemals in Majdanek gewesen?

Ja, aber nur ein Jahr – von dem sie angeblich wegen einer schweren Krankheit acht Monate im Lagerlazarett verbracht hatte. »Im Radio sprechen sie immer nur von Frieden und Freiheit«, beschwerte sie sich. »In Ordnung. Warum belästigen sie dann Leute fünfzehn oder sechzehn Jahre später?«

Als Lelyveld ihr erzählte, daß die neuen Beweise gegen sie von Simon Wiesenthal kamen, wurde sie blaß und brach in Tränen aus. Sie ging ins Wohnzimmer, um ihren Mann an seinem Arbeitsplatz anzurufen, und erklärte: »Das ist das Ende. Das ist für mich das Ende von allem.«

Wiesenthal hatte richtig geraten. Mrs. Ryan hatte den US-Behörden nichts von ihrer Vergangenheit erzählt. Genauso wenig wie ihrem Mann. Doch Russell Ryan hielt zu ihr. »Meine Frau könnte keiner Fliege etwas zuleide tun, Sir«, erklärte er der *New York Times* telefonisch. »Es gibt auf der Welt keinen anständigeren Menschen als sie. Sie erzählte mir, daß dies eine Pflicht war, der sie nachkommen mußte. Sie war zwangsweise verpflichtet worden. Sie hatte keine leitende Stellung inne. Ganz bestimmt nicht, so wahr Gott mein und Ihr Richter ist.«

»Gut«, erklärte Simon in Wien. »Dann soll ein Richter entscheiden.«

Russell Ryan ging auf die Nazi-Jäger los. »Diese Leute schlagen blindwütig mit Äxten um sich. Haben sie nie den Satz gehört: ›Laßt die Toten ruhen‹?«

Und Simon sagte als Stellvertreter für die Toten: »Eine Viertelmillion Menschen, die in Majdanek umgekommen sind, werden besser ruhen, wenn diese Frau vor Gericht steht.«

Das von der *Times* unter Druck gesetzte Einwanderungsamt der USA (INS) erklärte, daß Mrs. Ryans Meineid zu einer neuerlichen Überprüfung ihrer Einwanderungs- und Einbürgerungspapiere führen »könne«, wies aber darauf hin, daß solche Überprüfungen selten die Entziehung der Staatsbürgerschaft zur Folge hatten. Wiesenthal ließ dem INS keine Ruhe, und dieses ersuchte schließlich die österreichische Regierung um eine beglaubigte Abschrift des 1948 in Graz gegen Hermine Braunsteiner verhängten Urteils. Es dauerte beinahe ein Jahr, bis dieses Dokument eintraf, aber im Juni 1965 schickte das INS Mrs. Ryans Akte an das US-Justizministerium und ersuchte es, einen Prozeß zur Widerrufung ihrer Staatsbürgerschaft einzuleiten.

Das Justizministerium prüfte die Akte ein halbes Jahr lang und schickte sie dann mit dem Ersuchen an das INS zurück, weitere Informationen über Mrs. Ryans SS-Aktivitäten einzuholen. Das INS kontaktierte Wiesenthal – was er als bemerkenswerten Sieg betrachtete, denn es war das erste Mal, daß die US-Regierung auf seine Fachkenntnisse zurückgriff –, und er nannte dem INS zwei Überlebende von Majdanek, die Hermine Braunsteiner als Lageraufseherin identifizierten. Im Oktober 1966 legte INS die Akte wieder dem Justizministerium vor.

Zwei Monate später kam sie zurück. Die Frage des Justizministeriums: *Waren in Österreich noch weitere Anklagen gegen Hermine Braunsteiner* (Ryan) *anhängig?*

Sieben Monate später traf im Juli 1967 die Antwort des INS ein. Sie lautete »nein«.

Das Justizministerium brütete ein weiteres Jahr über der Akte. Dann schickte Washington im Juli 1968 – vier Jahre, nachdem Wiesenthal und die *Times* Mrs. Ryan demaskiert hatten – die Akte dem US-Generalstaatsanwalt in Brooklyn, der vor dem Bundesgericht Anklage gegen Mrs. Ryan erhob, weil sie die USA illegal betreten hatte, indem sie ihre österreichische Gefängnisstrafe verschwieg. Er forderte den Widerruf ihrer Staatsbürgerschaft.

In Maspeth versammelten sich ihre Nachbarn um sie und erklärten der Presse, sie sei »eine ruhige Person, die nie jemanden störte«, eine fleißige Hausfrau, die Hunde und Kinder liebte. Sie konnten und wollten nicht glauben, daß sie die »grausame, brutale, sadistische Frau war, die hilflose Gefangene grundlos schlug und folterte«, wie das Justizministerium behauptete. In einer eidesstattlichen Erklärung fügte es hinzu, daß sie auch »aktiv an einem der entsetzlichsten und unmenschlichsten Projekte in der Geschichte teilgenommen hatte: die systematische Einkerkerung, Folterung und Ermordung von Millionen Menschen, die vielen Nationen, Rassen und Religionen angehörten und deren Leben das Naziregime für entbehrlich hielt«.

Simon Wiesenthal weist darauf hin, daß es sich hier um ein sehr verbreitetes Paradoxon handelt: »Von Eichmann und Stangl abwärts waren neunzig Prozent meiner ›Klienten‹ – manchmal vor dem Krieg und sicherlich nach dem Krieg – solide Ehemänner und Ehefrauen, die sich ihren Kindern widmeten, loyal zu ihren Verwandten waren, hart arbeiteten, Steuern zahlten, gute Staatsbürger und gute Nachbarn waren, die ihre Pflicht taten, ihre Gärten pflegten und selten irgendwem Schwierigkeiten bereiteten. Aber wenn sie die Uniform anzogen, wurden sie zu etwas anderem: Ungeheuer, Sadisten, Folterknechte, Mörder, Schreibtischmörder. In dem Augenblick jedoch, in dem sie die Uniform ablegten, wurden sie wieder zu Muster-Staatsbürgern. Ich arbeite nur aufgrund von Taten und Augenzeugen, nicht aufgrund von Charakterzeugnissen oder Psychoanalysen. Dennoch denke ich oft darüber nach. Und ich glaube, daß der Schlüssel der Satz *Ich tat nur meine Pflicht* ist.«

Wenn die Journalisten anklopften, kam bei dem Ryans niemand zur Eingangstür. Reporter, die am Gehsteig warteten, wurden von den Nachbarn vertrieben.

Während sich das Bundesgericht allmählich zu einem Prozeß durchrang, verschwand der Fall für drei Jahre in der Versenkung. Doch als der Prozeß offensichtlich bevorstand, durchkreuzte Hermine Braunsteiner Ryan die Pläne ihrer Verfolger, indem sie sich schriftlich bereit erklärte, ohne gerichtliches Urteil auf ihre Staatsbürgerschaft zu verzichten. Damit wurde der Fall vorläufig Staatsanwalt Robert Morse, einem entschlossenen Ankläger, aus den Händen genommen. »Wenn dieser Fall vor Gericht gekommen wäre«, erklärte Morse, »hätten wir Zeugen vorladen können, deren Aussagen die Darstellung der Tatsachen in diesem Fall bestätigt hätten.« Doch jetzt befand sich der Ball wieder bei der Einwanderungsbehörde.

Einigen Quellen zufolge war es zwischen dem INS und der Angeklagten zu einer inoffiziellen Abmachung gekommen, laut der die Einwanderungsbehörde als Gegenleistung für Hermine Braunsteiners Verzicht auf die US-Staatsbürgerschaft nicht versuchen würde, sie als unerwünschte oder illegale Ausländerin auszuweisen. Kurz nachdem Hermine Braunsteiner-Ryan 1971 die Verzichtserklärung unterschrieben hatte, schrieb Carl Burrows, der stellvertretende Ermittlungsbeauftragte der Einwanderungsbehörde, in einer Aktennotiz:

> Aller Wahrscheinlichkeit nach gibt es nicht genügend klare, eindeutige, überzeugende Beweise, aufgrund derer wir das Ausweisungsverfahren einleiten könnten ...

Die *New York Times* berichtet, das laut dem 1977 erschienen Buch des Howard Blum *(GESUCHT! Fahndung nach Nazis in Amerika)* Burrows den Prozeßanwalt der Einwanderungsbehörde Vincent Schiano gefragt hatte: »Warum sollen wir sie zweimal bestrafen?« Schiano hatte verärgert und abweisend »Gehen Sie Steine klopfen« geantwortet.

Sobald Schiano sich beruhigt hatte, schickte er Burrows ein Memo, in dem er anführte, daß »wir die Vorstellung von ›weiterer Bestrafung‹ durch Ausweisung ablehnen müssen. Wenn Ausländer bestimmte verbrecherische Handlungen begehen, sind sie auszuweisen.« Anfang 1972 drängte Schiano in einem weiteren Memo darauf, daß »für diesen Fall ein

Ermittler eingesetzt wird, der unter meiner Leitung arbeiten, die entsprechenden Anträge an die verschiedenen Regierungsstellen richten und die überseeischen Anhaltspunkte und Hinweise überprüfen soll«. Anthony DeVito, der zum Ermittler bestellt wurde, war seit zwanzig Jahren bei der Einwanderungsbehörde; er hatte 1945 als GI das Konzentrationslager Dachau einige Stunden nach dessen Befreiung betreten und hatte miterlebt, wie die Insassen einen Kollaborateur steinigten.

DeVito war ein Bewunderer Wiesenthals und kontaktierte nicht nur seinen Helden in Wien, sondern auch jede andere Quelle, die er im Zusammenhang mit Majdanek und Ravensbrück ausfindig machte. Als die amerikanischen jüdischen Organisationen Wiesenthal unterstützten, indem sie lautstark Taten verlangten, wurde ein neo-nazistisches Komitee gegründet, das Hermine-Ryan-Verteidigungs-Fonds hieß und Geldmittel beschaffen wollte, mit denen man weitere Verzögerungen erreichen konnte.

Bis zum Mai 1972 hatte die unter Mordanklage stehende Hermine Braunsteiner Ryan in Amerika einen Schutzengel gehabt. Sie war noch nicht verhaftet worden und dabei blieb es noch monatelang. Sie hatte zwar die Verzichtserklärung unterzeichnet, aber keineswegs zugegeben, daß sie schuldig war. Niemand hatte öffentlich gegen sie ausgesagt. Doch dank Wiesenthals, DeVitos und Schianos Hartnäckigkeit änderte sich all das sehr bald. Am 1. Mai wurde die Eröffnungsverhandlung nach wenigen Minuten vertagt, weil John J. Barry, der Anwalt von Mrs. Ryan, zu seinem Kummer entdeckt hatte, daß der vom Gerichtshof bestellte Übersetzer von in deutscher Sprache verfaßten Dokumenten Jude war.

Die Vorgangsweise bei einem Ausweisungsverfahren unterscheidet sich deutlich von einer Gerichtsverhandlung. Diese Verhandlungen können in großen Abständen im nächstliegenden Büro der Einwanderungsbehörde stattfinden: in diesem Fall am West Broadway in Lower Manhattan. »Sie ... kommen für einen oder zwei Tage zusammen, um Aussagen oder einen Augenzeugen zu hören, vertagen sich dann auf einige Wochen oder einen Monat oder noch länger, bis der nächste Zeuge bereit ist«, schreibt der ehemalige Staatsanwalt Allan A. Ryan Jr. – kein Verwandter von Hermine. Doch die Abteilung für Sonderermittlungen des Justizministeriums, deren Leiter er von 1980 bis 1983 war, erwuchs aus diesem Fall.

Die Beschuldigte sagte als erste aus. Sie behauptete, daß ihr nach ihrer

Entlassung aus einem österreichischen Gefängnis ein Wiener Gericht erklärt habe, sie müsse niemanden gegenüber ihre Verhaftung oder ihre Verurteilung erwähnen. Deshalb habe sie jedes Mal, wenn die Frage – in Europa oder Nordamerika – zur Sprache kam, »nein gesagt«. Das hielt sie für eine »wahrheitsgemäße Antwort«.

Staatsanwalt Schiano fing sanft an und fragte sie, ob sie während der Zeit, in der sie in Ravensbrück und Majdanek gearbeitet hatte, etwas getan hatte, dessen sie sich schämte. Ihre Antwort war ein entschiedenes »Nein«.

Sie gab nur zu, daß sie gelegentlich eine Gefangene geschlagen habe, aber immer nur »mit der flachen Hand«, nie mit der Faust oder einer Peitsche. Sie behauptete, nicht gewußt zu haben, was mit den Gefangenen in Ravensbrück geschah. Es war ein Lager für Arbeitssklavinnen, in dem die Ärzte an den Frauen medizinische Experimente durchführten. Sie habe jedoch gewußt, daß es sich bei Majdanek um ein »Vernichtungslager« handelte. Sie war darüber »entsetzt und empört gewesen«, behauptete sie, aber »ich hatte nicht die Macht, etwas dagegen zu unternehmen, ich war zu unbedeutend«.

Einen Monat später nahm ihre Tätigkeit wesentlich umfangreichere Dimensionen an, als die ebenfalls in Queens lebende Eva Konikowski beschwor, die reine Wahrheit zu sagen. Sie war Polin, katholisch, kam aus der Stadt Lwów in Polen und war 1941 verhaftet worden, weil sie Juden vor den deutschen Rollkommandos versteckt hatte. 1943 sah sie als Gefangene in Majdanek, wie Hermine Braunsteiner und eine weitere Aufseherin Kinder auf Lastwagen verluden, die zu den Gaskammern fuhren. »Sie gaben den Kleinen Süßigkeiten«, erinnerte sich Mrs. Konikowski, »aber die Kinder ließen sich nicht täuschen. Sie weinten und schrien ›Mama!‹« Auch Eva Konikowski hatte geschrien – so laut, daß später ihre Halsdrüsen operiert werden mußten. Sie gab auch an, daß sie »wegen dem, was ich in Majdanek mitgemacht hatte«, in psychiatrischer Behandlung gewesen war.

Barry hatte das Kreuzverhör eines weiteren Zeugen noch nicht beendet, als die Verhandlung auf vierzehn Tage (statt der vorgesehenen einen Woche) vertagt wurde, um die Konfrontation mit einer Kundgebung zu vermeiden, die vor dem Gebäude der Einwanderungsbehörde gegen Mrs. Ryan stattfinden sollte. Veranstalter war eine Gruppe namens Warschauer-Ghetto-Widerstand-Organisation.

Andere Zeugen berichteten über seltsame, bedrohliche Ereignisse, nachdem sie ausgesagt hatten. Eva Konikowski erhielt säuberlich getippte Postkarten, auf denen man ihr mitteilte, daß »dreckige jüdische Zeuginnen getötet werden«. Am Tag nach der Aussage von Nona Wiesbicka, einer weiteren Zeugin, klopfte es an ihre Wohnungstür. Als sie durch den Spion hinausschaute, erblickte sie einen Mann, der eine Maske trug und »Zeugin ... Zeugin ... Zeugin« zischte. Mary Finkelstein erkannte anhand eines alten Fotos Mrs. Ryan als Hermine Braunsteiner und sagte aus, daß sie gesehen habe, wie diese eine Insassin von Majdanek zu Boden schlug und kreischte: »Du Schwein! Du gottverdammte Jüdin! Steh sofort auf!« Laut Mrs. Finkelstein stand die Frau nie wieder auf. Als Mrs.Finkelstein in ihre Wohnung in Brooklyn zurückkehrte, läutete das Telefon. Eine Männerstimme teilte ihr mit, daß »eines Tages alle Juden getötet werden«.

Dank der Ryan-Verhandlung brachte die internationale Presse am 17. September, dem Majdanek-Tag, an dem alljährlich polnische und andere europäische Überlebende das Lager aufsuchen, zum ersten Mal Berichte über dieses Treffen. Hanna Mierzejewska – eine Überlebende von Auschwitz, Ravensbrück und Majdanek, die an der amerikanischen Schule in Warschau tätig war – führte Reporter an dem düsteren stalinistischen Kriegerdenkmal vorbei zu der »wirklichen Gedenkstätte für Majdanek«: Ein Erdhügel, der die Asche und die Knochen von über 18 000 Juden enthielt, die am Sonntag, dem 3. November 1943, hier ermordet worden waren. Damals war Hermine Braunsteiner noch in Majdanek[12] stationiert.

Die Opfer, sagte Mrs. Mierzejewska, waren »unsere Juden und die aus zwei weiteren Lagern in der Nähe von Lublin ...« Sie zeigte auf ein grasbewachsenes Areal, das bis zum Stadtrand von Lublin reichte, und fuhr fort: »Man befahl ihnen, den Hang hinunterzulaufen. Als sie bei den Gräben anlangten, wurden sie mit Maschinenpistolen erschossen. Wir übrigen sollten es nicht hören, deshalb wurden die Lautsprecher eingeschaltet, aus denen den ganzen Tag Musik kam.«

Als Mrs. Mierzejewska – die »Pani Hanka« genannt wurde – im Januar 1943 in Majdanek eintraf, wurde sie zur Blockführerin gewählt, weil sie Deutsch sprach. In dieser Eigenschaft setzte sie beinahe täglich ihren Verstand gegen den von Hermine Braunsteiner ein: Sie versteckte Kinder und kranke alte Frauen, wofür sie oft auf Stacheldraht ausgepeitscht wurde. Wegen der Menschenleben, die sie rettete, und des Beispiels, das sie gab, erhielt sie die höchste zivile Auszeichnung ihres Landes – die Medaille »Wiedergeborenes Polen«.

James Feron, der im Auftrag der *New York Times* bei dem Treffen anwesend war, berichtete, daß die Erinnerungen nur zögernd einsetzten, wenn der Name Braunsteiner genannt wurde, denn die Überlebenden kamen zu dieser alljährlichen Zusammenkunft, »um miteinander zu sprechen, aber nicht, um sich die Schrecken dieses Ortes wieder ins Gedächtnis zu rufen«.

Die einundfünfzigjährige Warschauer Dentistin Dr. Danuta Czaykowska-Medryk sagte, daß sie sich ihre Erinnerungen für die darauffolgende Woche in New York aufhob. Sie flog dorthin, um gegen Mrs. Ryan auszusagen. Der Prozeß trat in eine neue Phase ein. Dank Wiesenthals Intervention lieferte ein Land hinter dem Eisernen Vorhang nicht nur Beweismaterial, sondern gestattete seinen Einwohnern sogar, in den Westen zu reisen.

Dr. Czaykowska-Medryk und Dr. Susanne Weinstein Lambolez, eine Pariser Ärztin, trafen am 19. September 1972 in New York ein. Die Einbürgerungsbehörde hatte die Flugtickets besorgt und ihnen siebenunddreißig Dollar täglich für ihre Ausgaben zugesagt – knapp der Preis für ein schäbiges Hotelzimmer in New York. Doch als die beiden Frauen landeten, war der Bundesbeitrag für ihren Aufenthalt noch nicht eingezahlt worden. Infolge des stockenden Ablaufs der Verhandlungen war die Einbürgerungsbehörde erst Anfang November mit ihrer Einvernahme fertig. Um die beiden Zeuginnen finanziell über Wasser zu halten, hatte der Ermittler DeVito im vierzehnten Stock des Gebäudes, in dem er arbeitete, eine Sammlung veranstaltet und 604 Dollar zusammengebracht. Das von der Regierung für die Aufenthaltskosten der beiden Damen zur Verfügung gestellte Geld traf am 9. November, einen Tag vor ihrer Abreise, ein. DeVito war davon überzeugt, daß die Nazis die Bundesbürokratie und sogar die Einwanderungsbehörde infiltriert hatten, um den Zeuginnen Prügel vor die Füße zu werfen. Er erwähnte den Anruf, den seine Frau Frieda während der Verhandlungen erhalten hatte. Der Anrufer fragte mit ruhiger, salbungsvoller Stimme auf deutsch, warum sie zuließ, daß ihr Mann Nazi jagte. Wußte sie denn nicht, daß das gefährlich sein konnte? Schließlich war sie in Deutschland zur Welt gekommen und hatte während des Krieges dort gelebt. Die DeVitos hatten eine Geheimnummer, und er war davon überzeugt, daß »nur jemand bei der Behörde« wissen konnte, daß seine Frau Deutsche war.

Jedenfalls erwies sich die Reise der beiden Frauen als wertvoll. Die schlanke, hübsche, blonde Dr. Czaykowska-Medryk war keine Jüdin, sondern Katholikin und hatte ein Buch über ihren Widerstand gegen die

Nazis und ihr Leben in den Konzentrationslagern geschrieben. Einen Monat nachdem sie nach Majdanek gekommen war, gehörte sie im Februar 1943 zu einem Frauentrupp, dem man befohlen hatte, Sand und Ziegel zu tragen. »Aufseherin Braunsteiner«, sagte sie aus, »kam mit einem Hund zu uns und brachte uns mit der Peitsche zum Laufen. Sie schlug uns mit der Peitsche ... Sie trug einen Umhang über der Uniform und hatte einen Hund. Ich erinnere mich genau daran, weil sie die erste Frau im Lager war, die einen Hund hatte. Es war ein Polizeihund, der keinen Maulkorb trug, aber an der Leine gehalten wurde ... Auf ihren Befehl sprang der Hund die Gefangenen an.«

Sie fügte hinzu, daß Braunsteiner weder Peitsche noch Hund oder Schlagstock brauchte, um ein Scheusal zu sein. Sie trat die Insassinnen so oft so heftig mit ihren mit Stahlnägeln besetzten Stiefeln, daß sie den Spitznamen »Die Stute von Majdanek« erhielt.

»Haben Sie jemals gesehen, daß eine Frau von dem Hund gebissen wurde?« fragte Anwalt Barry sanft. Nein, das hatte sie nicht.

Hatte sie jemals gesehen, wie Mrs. Ryan jemanden getötet hatte? Die Antwort auf diese Frage war wieder ein Nein. Aber Dr. Czaykowsky-Medryk hatte im August 1943 gesehen, daß sie sich an der Auswahl von jüdischen Frauen für die Gaskammern beteiligte. »An diesem Tag zogen einige polnische Frauen jüdische Frauen fort und versuchten, sie zu verstecken. Braunsteiner rannte zu einer dieser Polinnen und schlug sie.«

Die Zeugin sagte auf polnisch aus, aber dem Vernehmungsbeamten der Einwanderungsbehörde, Francis J. Lyons, fiel es schwer, das Englisch des Dolmetschers zu verstehen, deshalb ließ er einen anderen Dolmetsch kommen und vertagte die Verhandlung auf den Nachmittag. Die Verzögerung, der Wechsel der Dolmetscher und die unheilvolle Anwesenheit der ehemaligen Peinigerin zermürbten die polnische Zahnärztin.

Am Nachmittag wurde sie gefragt, ob sie Braunsteiner identifizieren konnte. Sie zeigte auf Mrs. Ryan und sagte: »In dem Augenblick, in dem ich hereinkam, erkannte ich sie.«

»Leicht zu sagen«, bemerkte Mrs. Ryan zu ihrem Mann.

Als die Zeugin diese Stimme zum ersten Mal nach fast dreißig Jahren wieder hörte, wurde sie blaß; eine Krankenschwester untersuchte sie, und sie wurde für diesen Tag nach Hause geschickt. Als die Verhandlung drei Tage später fortgesetzt wurde, nahm Anwalt Barry sie ins Kreuzverhör. Er wollte wissen, ob sie jemals Besorgnis um die polnischen Frauen in einem anderen Teil von Majdanek geäußert hatte.

»Ich habe nie gefragt«, erwiderte sie. »Eine Frage hätte genügt, sie dem Tod näherzubringen. Ich machte mir wegen der wenigen Jüdinnen Sorgen, die ich kannte. Wir alle standen dem Tod gegenüber.«
»Haßten sie die jüdischen Frauen in dem Lager?« ließ Barry nicht locker.
»Sie versuchen, aus *mir* eine Antisemitin zu machen!« erwiderte sie empört. Das einzige, was Barry »gegen« sie vorbringen konnte, war, daß die US-Botschaft in Warschau sie gefragt hatte, ob sie aussagen wolle, und daß sie ja gesagt hatte, ohne vorher mit ihrem Mann darüber zu sprechen. Die Verteidigung wies immer wieder darauf hin, daß Russell Ryan bei jeder Verhandlung neben seiner Frau saß. Das Äußerste, das Barry »für« seine Klientin herausholte, war die Erklärung der Zeugin, daß Braunsteiner die »zweitgrausamste Aufseherin« im Lager war. Spitzenreiterin war eine Frau namens Lotte gewesen.
In dieser Nacht brach bei Barry ein Magengeschwür auf, und die Verhandlung wurde auf unbestimmte Zeit vertagt.
»Vom Oktober 1972 bis zum März 1973 wurde kein einziger Zeuge gehört, an keinem einzigen Tag verhandelt«, erinnerte sich der ehemalige Staatsanwalt Allan Ryan. »Der Prozeß gegen die Stute von Majdanek steckte im Sumpf fest.«
Doch in Europa trieb Wiesenthal die polnischen und deutschen Behörden mit seinen eigenen Beweisen, den Beweisen im Prozeß und mit Hunderten Zeugennamen an. Am 19. März 1973 verlangte Polen die Auslieferung von Mrs. Ryan, weil man ihr wegen ihrer Beteiligung an den Gaskammer-Selektionen von Frauen und Kindern in Majdanek den Prozeß machen wollte. Barrys Anwaltsbüro behauptete, daß es sich um politische Verfolgung durch ein kommunistisches Regime handelte, das seiner Klientin keinen fairen Prozeß garantieren konnte und es auch nicht vorhatte. Westdeutschland übertrumpfte Polen zwei Tage später, indem es formell die Auslieferung von Mrs. Ryan als des Mordes beschuldigter Flüchtling beantragte.
Damit verließ der Fall den Verhandlungssaal bei der Einwanderungsbehörde und landete wieder beim Bundesgericht in Brooklyn. Mrs. Ryan wurde verhaftet und verbrachte ihre erste Nacht im Gefängnis auf Rikers Island im East River. Als sie vor Gericht erschien, weil sie einen Antrag auf Freilassung gegen Kaution gestellt hatte, beschwerte sie sich darüber, daß sie »zwischen Prostituierten geschlafen habe«. Die Kaution wurde abgelehnt, aber sie wurde in das weniger entwürdigende Nassau County Jail auf Long Island verlegt.

Jetzt folgten die Ereignisse rasch und dramatisch aufeinander. Der westdeutsche Antrag führte neun Fälle an, bei denen »Hermine Ryan, geborene Braunsteiner« in Majdanek bei Folterung und Mord eine Rolle gespielt hatte, und warf ihr vor, daran beteiligt gewesen zu sein, wenn Gruppen von je tausend Juden an die Gaskammern ausgeliefert wurden. Dem Antrag folgte ein Dreihundert-Seiten-Dokument mit Aussagen, in denen ihre Verbrechen detailliert geschildert wurden. Die ersten zweiundneunzig Seiten hatte der Staatsanwalt Robert Morse am 9. April in der englischen Übersetzung veröffentlicht.

Maria Kaufmann-Krasowski sagte unter Eid aus, daß im September 1943 ein jüdisches Mädchen versucht hatte, der Gaskammer zu entgehen, indem es behauptete, Christin zu sein. Braunsteiner durchschaute sie – und um für die übrigen Gefangenen ein Exempel zu statuieren, ließ sie sie antreten und stellte einen dreibeinigen Schemel unter einen improvisierten Galgen. Dann führte ein SS-Mann namens Enders das Mädchen zu dem Galgen.

»Auf dem Weg zum Galgen«, hatte die Zeugin ausgesagt, »mußte ich Enders'‹ Fragen übersetzen ... ob ihr bewußt war, daß sie gehängt werden würde. Sie sagte, es sei ihr bewußt. Als man ihr die Schlinge um den Hals legte, wandte sie sich der Menge zu, die zusehen mußte, und sagte auf polnisch: ›Vergeßt mich nicht.‹

Es herrschte tiefe Stille. Dann stieß Enders den Schemel weg und hängte das Mädchen. Braunsteiner stand dicht daneben. Dann gingen die Deutschen fort. Jemand warf einige Blumen auf die Leiche, und sie wurde weggebracht ... Alle gingen still in die Baracken, und in meiner Baracke beteten die Menschen.«

Russell Ryan war anwesend. Jedes Mal, wenn seine Frau hereingebracht oder hinausgeführt wurde, umarmte er sie. »Man spricht über Verbrechen gegen die Menschlichkeit und die Menschenwürde«, erklärte er. »Ich halte diesen Fall für ein entsetzliches Verbrechen.« Er gelobte, »bis zum Ende« zu ihr zu halten und ihr notfalls auch nach Deutschland zu folgen.

Anscheinend hatte er die Schrift an der Wand gelesen. Am 1. Mai 1973 ordnete Bundesrichter Jacob Mishler die Deportation von Mrs. Hermine Braunsteiner-Ryan nach Deutschland an. In der zehn Seiten langen Entscheidung führte er aus, daß es »genügend zulässige Beweise für die Annahme gibt, daß Mrs. Ryan jede der im [deutschen] Auslieferungsantrag angeführten Handlungen beging«.

Nachdem Lewis F. Powell Jr., Richter am US-Berufungsgericht und am Obersten Gerichtshof, sich geweigert hatte, den Auslieferungsbefehl zu blockieren, unterschrieb ihn Außenminister William P. Rogers Ende Juli. Am Montag, dem 6. August 1973, wurde Mrs. Ryan mit Handschellen aus ihrer Zelle im Nassau County Jail in das Bundesgericht in Brooklyn gebracht – nicht für einen weiteren Einspruch, sondern für einen letzten Anruf bei Anwalt Barry. Am Nachmittag wurde sie zum Kennedy Airport gebracht, wo Barry, Russell Ryan, sechs US-Bundesvollzugsbeamte (darunter eine Frau), der Rechtsberater der Deutschen Botschaft, ein Düsseldorfer Polizist und eine Düsseldorfer Polizistin, beide in Zivil, sie erwarteten. Während man ihrem Mann nicht gestattete, sie in den Abflugbereich zu begleiten, verbrachten die übrigen die nächsten neunzig Minuten mit ihr in einem kleinen, abgelegenen Raum. Mrs. Ryan war vollkommen gelassen, nahm ein Coca-Cola entgegen, ergänzte ihr Make-up und plauderte kurz auf deutsch mit ihren Düsseldorfer Begleitern. Dann bemerkte sie zu einem der anderen Anwesenden, daß ihre Muttersprache ihr jetzt komisch vorkomme, weil sie sie jahrelang nicht mehr gesprochen hatte. Alle waren taktvoll genug, ihr nicht zu sagen, was sie ohnehin wußte – daß sie für den Rest ihres Lebens deutsch sprechen würde.
Als ein US-Zollbeamter hereinschaute und sie ersuchte, ihr Gepäck zu öffnen – nicht die übliche Prozedur für abreisende Passagiere –, sagte Mrs. Ryan, deren Haare man für die Überstellung kurz geschnitten hatte: »Okay, bringen wir es hinter uns.«
Ihr Handgepäck bestand aus einer Pappschachtel mit ihrer Strickerei. Als sie das Lufthansa-Flugzeug nach Köln bestieg, nahmen ihr die US-Bundesvollzugsbeamten die Handschellen ab, um die übrigen Passagiere nicht zu beunruhigen. Dann wurde die von dem deutschen Paar in Zivil flankierte »Stute von Majdanek« wesentlich sanfter, als sie mit ihren Opfern umgegangen war, aus den USA befördert.
Bei der Landung in Köln am nächsten Morgen wurde Hermine Braunsteiner Ryan – die erste angeklagte Kriegsverbrecherin, die aus den USA ausgewiesen wurde, damit ihr in Deutschland der Prozeß gemacht werden konnte – ein Haftbefehl übergeben, der einundzwanzig Seiten mit Anklagepunkten wegen Mordes in Ravensbrück und Majdanek enthielt, und dann wurde sie direkt in das Düsseldorfer Gefängnis gebracht.
Eineinhalb Jahre später wurde sie gemeinsam mit weiteren neun Nazis formell angeklagt, in Majdanek eine Viertelmillion Menschen getötet zu haben. Als der Majdanek-Prozeß, wie er später genannt wurde, im Jahr

1976 begann, wurde sie gegen Kaution entlassen – denn sie war die einzige der zehn Angeklagten, die sich in Gewahrsam befand. Ihre Kaution im DM-Gegenwert von 17 000 Dollar hatte Russell Ryan bezahlt, der nach Deutschland übersiedelt war, um seiner Frau zur Seite zu stehen.
Ryan trieb das Geld für den vergeblichen Versuch auf, seiner Frau die österreichische Staatsbürgerschaft zu erhalten, obwohl sie schon vor langer Zeit auf die US-Staatsbürgerschaft verzichtet hatte. Die Verteidigung bestritt die Zuständigkeit des deutschen Gerichts, weil die Straftaten in Polen begangen worden waren und sie Österreicherin war. Allerdings waren beide Länder zur Tatzeit ein Teil von Nazideutschland gewesen, und die Österreicher waren 1938 über Nacht deutsche Staatsbürger geworden. Außerdem, entschied das Gericht, war sie in Berlin in die SS eingetreten.
Als ein Professor für internationales Recht an der Universität Köln für Mrs. Ryan aussagte, teilte Wiesenthal dem Gericht mit, daß das Konsulentenhonorar des Sachverständigen in der Höhe von 2 000 Dollar von der »White Power«-Bewegung in den USA bezahlt worden war. Als ein Wissenschaftler, der über die Brutalität der SS geschrieben hatte, für die Anklage aussagte, wies die Verteidigung darauf hin, daß er seine Doktorarbeit in Berlin bei einem jüdischen Professor geschrieben habe.
Der Majdanek-Prozeß dauerte fünf Jahre; in dieser Zeit starb einer der Angeklagten eines natürlichen Todes. Jeden Dienstag, Mittwoch und Donnerstag kam Mrs.Ryan aus der im Ruhrgebiet liegenden nahen Stadt Bochum, in der ihr Mann und sie eine kleine Wohnung gemietet hatten, ins Gerichtsgebäude. »Sie hat keine einzige Verhandlung versäumt und ist immer pünktlich zur Stelle«, stellte ein Gerichtsbeamter bewundernd fest. Die Angeklagten saßen da, schrieb ein Reporter, »wie eine Reihe älterer, bescheiden gekleideter Fahrgäste in der Straßenbahn in einer deutschen Großstadt«.
Wie in Amerika verfolgte die Verteidigung auch hier zwei Ziele: eine Entscheidung zu verzögern (in der Hoffnung, daß man die Presse, das Publikum und den Richter zu Tode langweilen würde) und nicht nur die Zeugen, sondern auch die Toten und sogar die Ungeborenen in Verruf zu bringen. Einer der Verteidiger zog tatsächlilch eine Parallele zwischen den heutigen Abtreibungen und der Vergasung von Kindern in Majdanek. Ein anderer beschwerte sich im Namen von Mrs. Ryan darüber, daß die Unbarmherzigkeit der Zeugenaussagen über sie eine neue Form der Folter darstellte.

Simon Wiesenthal war bei dem Prozeß anwesend und bezeichnete ihn als »Zirkus. Ein Anwalt muß seine Klienten verteidigen, aber nicht die Menschen beleidigen. Die Anwälte sprechen mit den Zeugen, als wären sie Verbrecher. Nachdem eine polnische Anwältin dem Gericht erzählt hatte, wie die Angeklagten ihr befohlen hatten, den Gasbehälter mit Zyklon B in die Gaskammer zu bringen, forderten die Verteidiger den Richter auf, sie als Komplizin anzuklagen.«

Doch sogar in einem Gerichtssaalzirkus setzt sich die Wahrheit durch – und vielleicht war jener Augenblick für die Verteidigung am vernichtendsten, als einer ihrer Zeugen, ein SS-Offizier, gefragt wurde, was für Gedanken ihm am Freitag, dem 3. November 1943, durch den Kopf gegangen waren. An diesem Tag wurden etwa 18 000 Juden in Majdanek ermordet, während er dort Dienst machte. »Ich dachte an meinen Urlaub«, erwiderte er.

Am Dienstag, dem 30. Juni 1981, verlas Richter Günter Bogen die Urteile. Ein Angeklagter wurde aus Mangel an Beweisen freigesprochen. Sieben weitere – einschließlich des stellvertretenden Lagerkommandanten und einer Frau, die der direkten Beteiligung bei der Ermordung von 1 196 Gefangenen angeklagt waren, wurden zu drei bis zwölf Jahren Gefängnis verurteilt. Hermine Braunsteiner erhielt lebenslänglich.

Sie wirkte unbeteiligt. Das galt jedoch nicht für ihren Mann. »Die amerikanischen Juden verlangen diese Prozesse«, erklärte Russell Ryan, »und das kommt dabei heraus.«

Er erwähnte nicht den galizischen Juden aus Wien, der das Ganze ausgelöst hatte. Doch seine Frau hatte bestimmt nicht den beinahe siebzehn Jahre zurückliegenden Augenblick der Wahrheit und der Erkenntnis vergessen, als sie zum ersten Mal erfuhr, daß Simon Wiesenthal sich mit dem Fall befaßte: »Das ist für mich das Ende von allem.«

Fünfter Teil

Bruno Kreisky, Kurt Waldheim

Ein schlechtes Gedächtnis ist die Folge eines schlechten Gewissens.
Erich Kästner

Das Gedächtnis, das sich erinnert: »Das habe ich getan«,
weicht irgendwann dem Stolz, der dann behauptet:
»Das kann ich nicht getan haben.«
Friedrich Nietzsche

XXVII. Der jüdische Kanzler

Als Anfang der siebziger Jahre zwei Wiener Zeitschriften Bruno Kreisky »zitierten«, der gesagt hatte, daß er kein Jude mehr sei, machte sich Simon Wiesenthal den ersten jüdischen Bundeskanzler Österreichs für immer zum Feind, indem er in der Öffentlichkeit spöttelte: »Kreisky ist der einzige Österreicher, der glaubt, daß Kreisky kein Jude ist.« Der Stachel saß – und während es bei späteren Klagen und Anprangerungen, bei Anschuldigungen wie »Jüdischer Faschismus« und »Nazi-Kollaboration«, bei der Beschmutzung der Vergangenheit und der Gegenwart des jeweils anderen um andere Streitpunkte ging, begann die Feindschaft hier. Obwohl Kreisky auf dem Höhepunkt seiner Macht Wiesenthal als den »Feind« bezeichnete, bestand Simon bis zu Kreiskys Tod darauf, daß »ich nicht sein Feind bin, weil ich nicht hassen kann, während er mich haßt wie die Pest«.

Als ich Kreisky Anfang 1974 aufsuchte, sagte er mir: »Es gibt in diesem Land niemanden, der nicht weiß, daß ich jüdischer Abstammung bin. Und ich bin glücklich. Wir waren eine sehr glückliche Familie ... Ich sagte nie: ›Ich bin kein Jude mehr.‹ Sowohl der *Kurier* als auch *profil* druckten und verbreiteten es in der Weltpresse, doch als der österreichische Presserat von ihnen verlangte, sie sollten den Beweis dafür erbringen, konnten sie nur zwei Tonbänder vorweisen, aus denen nicht hervorging, daß ich das gesagt hatte. Sie wurden daher vom Presserat gerügt, weil sie ›gegen die ethischen Verpflichtungen der Presse‹ verstoßen hatten.«

Da das Urteil des Presserates nicht verbindlich ist, hat keine der beiden Zeitungen das falsche Zitat zurückgenommen oder gar die Rüge erwähnt. Ich fragte Kreisky, was er gesagt hatte.

»Ich sagte: ›Ich bin ein Österreicher jüdischer Abstammung. Ich bin kein Zionist.‹ Und ich würde Ihnen heute sagen: ›Ich bin jüdischer Abstammung und werde das nie leugnen. Aber ich bin kein Zionist und bin es nie gewesen.‹ Ich lehne die These ab, daß ein Jude Zionist sein muß. Das ist nicht wahr.«

Zu Beginn gab es Abstand, Distanzierung und Ablenkung – man verlagert das Märtyrertum genauso auf die GIs, wie andere den Holocaust abschwächen wollen, indem sie erwähnen, daß auch Christen, Zigeuner und gute Deutsche ums Leben kamen. All das war für einen Mann ungewöhnlich, der die Familie seines Onkels mütterlicherseits durch die Gaskammern, einen weiteren Onkel durch Selbstmord nach dem Anschluß und viele ande-

re Verwandte in den Nazilagern verloren hat. Schließlich kamen die Verleugnung (er leugnete nie, daß er Jude war, gab aber nie zu, daß die Tatsache, Jude zu sein, ihn gefährdete) und die Täuschung (nicht einfach Selbsttäuschung). Als ich Wiesenthal 1987 mein Gespräch mit Kreisky aus dem Jahr 1974 vorlas, schnaubte Simon: »Kreisky ist ein Träumer. Die Juden wurden von dem Tag an, als Hitler nach Österreich kam, als Juden verhaftet. Er konnte fort, weil er Freunde hatte, die Nazis waren.«

Hier bezog sich Wiesenthal auf Kreiskys ersten Gefängnisaufenthalt (1935–1936) als Sozialdemokrat durch den von Dollfuß und seinem Nachfolger Schuschnigg erfundenen »Ständestaat«. Von 1933 bis 1938 galten unter dem Austrofaschismus Sozialisten, Kommunisten und Nazis als Staatsfeinde. Daher teilte Kreisky eine Zelle mit einem Nazi namens Sepp Weninger und einem Kommunisten namens Auerhahn. Sie stritten nicht über Politik. Sie sprachen einander als »Freund«, nicht als »Genosse« oder als sonst etwas an. Sie teilten die von ihren Familien gebrachten Essenspakete. Sie jammerten über die gleichen Unannehmlichkeiten, und wenn sie über die langen Gefängnisstrafen sprachen, die ihnen bevorstanden, sagte Weninger, daß er frei sein würde, sobald Hitler kam. Auerhahn behauptete, daß Hitlers Fehler sicherlich Stalin den Weg bereiten würden. Kreisky schwieg und tröstete sich mit der Hoffnung, daß seine Sozialdemokraten in der Nähe sein würden, um die Scherben einzusammeln.

Hitler stellte die größte Gefahr dar, erklärte mir Kreisky 1974 in unserem Interview. »Nicht nur, weil er damit prahlte, daß die Juden vernichtet werden mußten. Das war nur ein Symptom einer allgemeinen politischen Ideologie, und wir Sozialisten sagten immer: ›Der Faschismus fängt einen Bürgerkrieg an, der als Weltkrieg enden wird.‹ 1934 beunruhigte es Kreisky im Gefängnis am meisten, daß viele Menschen, die er kennenlernte – Nazis, Kommunisten, Aufseher – die Juden für ihre Probleme verantwortlich machten. Sogar einige der eingesperrten Sozialisten taten es.

Weninger wurde strenger überwacht als seine drei Zellengenossen, denn der »illegale Nazi« war nicht nur politisch verdächtig, sondern man vermutete auch, daß er die treibende Kraft bei einem Bombenattentat gewesen war. Er durfte weder Besuche empfangen noch mit der Außenwelt in Kontakt treten. Als Kreisky einmal Besuch bekam, bat ihn Weninger, eine Botschaft an seinen Anwalt hinauszuschmuggeln, in der er angab, wo sich belastendes Material befand, das vernichtet werden mußte. Die Information war auf Zigarettenpapier geschrieben. Als Kreisky die

Besucheranlage betrat, sah er, daß die Wächter genaue Leibesvisitationen machten, also schluckte er das Zigarettenpapier – und rettete damit Weninger vor einer Zusatzstrafe.
Als Kreisky 1938 von der Gestapo fünfeinhalb Monate lang eingesperrt wurde, waren einige der vor zwei Jahren mit ihm einsitzenden Nazis jetzt seine Aufseher – und Kreisky gibt in seinen Memoiren zu, daß sie ihm 1938 das Leben im Gefängnis erleichterten und vielleicht sogar eine Rolle bei seiner Freilassung spielten. Als die Transporte nach Dachau begannen, befand sich Kreisky mehrere Male auf den Transportlisten, aber Sepp Weninger strich ihn auf jeder Namensliste aus, bis er unter der Bedingung, das Land zu verlassen, freigelassen wurde.
Weninger wurde in der Ostmark ein prominenter Nazi. Gegen Ende des Krieges war er Mitglied eines Kriegsgerichts, das fünf Volkssturmmänner, die sich geweigert hatten, für eine bereits verlorene Sache zu sterben, erschießen ließ. Weninger wurde als Kriegsverbrecher zum Tode verurteilt. Kreisky, der damals als österreichischer Diplomat in Schweden tätig war, sandte ein Gnadengesuch für Weninger nach Hause, weil ihm dieser Freund das Leben gerettet hatte. »Meine Entlastung half ihm nicht«, stellte Kreisky lakonisch fest. Weninger wurde 1948 hingerichtet.

Simon Wiesenthal reagierte noch immer auf Kreiskys Behauptung, er sei nie als Jude verfolgt worden, als er fortfuhr: »Und was soll die Geschichte, daß Hitler auch amerikanische Soldaten verfolgt hat? Die Nazis hatten nicht Befehl, jeden Kriegsgefangenen zu töten – vielleicht mit Ausnahme der russischen Kriegsgefangenen –, aber sie hatten Befehl, jeden Juden zu töten. Mir fehlen die Worte für diese Denkweise.« Doch da Simon Simon und Kreisky Kreisky war, fand Wiesenthal die Worte, mit denen er Kreisky als einen Fall jüdischen Selbsthasses diagnostizierte. »Meiner Meinung nach ist Kreisky eine tragische jüdische Gestalt, die es bei uns in jeder Generation gibt. Er haßt sich, weil er Jude ist. Er ist Jude und Anti-Jude in einer Person.«

Von dem Tag an, an dem Kreisky im April 1970 sein Amt antrat, nachdem er eine sozialistische Minderheitsregierung gebildet hatte, befanden sich die beiden bekanntesten lebenden Juden Österreichs auf Kollisionskurs. In seiner Einführungsrede erklärte Kreisky unumwunden, daß jeder Staatsbürger das Recht haben mußte, seine politischen Ansichten – auch die aus der Nazizeit – im Licht »nachträglicher Erfahrungen und Erkenntnisse neu zu bewerten«.

Dennoch waren viele überrascht, als Simon Wiesenthal einige Tage später dem deutschen Magazin *Der Spiegel* und dem österreichischen katholischen Wochenblatt *Die Furche* enthüllte, daß vier von Kreiskys elf Kabinettsmitgliedern – der Verteidigungsminister, der Innenminister, der Landwirtschaftsminister und der Minister für Bauwesen – Mitglieder der Nazipartei gewesen waren und daß die Vergangenheit von zwei von ihnen, dem Landwirtschaftsminister Hans Öllinger und dem Innenminister Otto Rösch, noch dunkler war. Öllinger war bei der Waffen-SS gewesen; Rösch war nicht nur ein ehemaliger SA-Mann, sondern hatte sich verdächtig gemacht, weil er einer der Gründerväter einer Nachkriegs-Neonaziorganisation war, die in erster Linie flüchtende Nazi-Kriegsverbrecher mit gefälschten Papieren versah, um ihnen das Entkommen zu erleichtern. Am 8. Dezember 1948 war der damals dreißig Jahre alte Rösch mit einem Koffer voll leerer Formulare und gefälschter Stempel gefaßt worden, doch er verteidigte sich damit, daß er keine Ahnung gehabt hatte, was sich im Koffer befand. 1949 wurde er mangels an Beweisen freigesprochen.
Öllingers Vergangenheit (jedoch offenbar nicht die Röschs) überraschte Kreisky. Er blieb aber bei seiner Wahl und argumentierte, daß ihm seine eigene Vergangenheit ermögliche, ehemalige Nazis zu beurteilen, da er nicht nur ihr politischer Gefangener gewesen war, sondern auch einundzwanzig Familienmitglieder durch sie verloren hatte. Über Wiesenthal, der durch Hitler neunundachtzig Verwandte verloren hatte, bemerkte Kreisky sarkastisch, daß »ich jetzt darauf warte, daß Herr Wiesenthal behauptet, ich wäre auch bei der SS gewesen«.
Untersuchungen ergaben, daß Öllinger die Waffen-SS 1940 verlassen hatte und in die reguläre deutsche Wehrmacht eingetreten war. Nach dem Krieg war er rasch entnazifiziert worden. Er erhielt die Unbedenklichkeitsbescheinigung, blieb jedoch nur neunundzwanzig Tage lang Landwirtschaftsminister, weil er einen Herzanfall erlitt und aus Gesundheitsgründen zurücktrat. Sein Nachfolger als Minister, Oskar Weihs, war bereits 1932 in die NSDAP eingetreten.
Weihs, Öllinger, Rösch und die übrigen beiden Ex-Nazi-Minister waren alle ergebene Apparatschiks der Sozialistischen Partei Österreichs. Röschs Mitgliedschaft stammte aus dem Jahr 1927, ein Jahrzehnt, bevor er in die (damals illegale) SA eingetreten war. Er war ein umgänglicher Tennisspieler und Skiläufer, kam 1970 mit Kreisky ins Kabinett, blieb bis 1977 Innenminister, wurde dann Verteidigungsminister und schied 1983

mit Kreisky aus der Regierung aus. Als ich Wiesenthal 1974 fragte, ob Minister Rösch gut mit ihm kooperiert habe, erwiderte er: »In letzter Zeit muß ich ja sagen.« Obwohl sogar Röschs Feinde zugeben, daß er gut und ehrenhaft gearbeitet hatte, muß hier erwähnt werden, daß während seiner sieben Jahre als Innenminister die Suche nach und Gefangennahme von Nazi-Kriegsverbrechern praktisch zum Stillstand kam.

1970 waren in Österreich außer Wiesenthal nur wenige Stimmen gegen Kreisky laut geworden. Allerdings hatte Dr. Erich Thanner, ein angesehener Verleger, Anwalt, Aristokrat und Veteran von vier Jahren in Nazi-Gefängnissen mit einem Artikel reagiert, dessen Schlagzeile »WER MIT HUNDEN SCHLÄFT, WACHT MIT FLÖHEN AUF: *Der außergewöhnliche Antisemitismus des Dr. Kreisky*« lautete. Doch die Schwarzen und die Blauen (die traditionell katholisch orientierte Volkspartei und die Freiheitliche Partei) freuten sich darüber, daß Kreisky durch die Verteidigung »seiner« Nazis auf den Vorteil verzichtet hatte, die ihren zu verurteilen. Es ist für das Nachkriegs-Österreich symptomatisch, daß der Aufruhr 1970 nicht als »Die Affäre Kreisky« oder »Die Affäre Öllinger« oder »Der Streitfall Rösch«, sondern als »Der Fall Wiesenthal« bekannt wurde.

Den sozialistischen Gegenangriff auf Simon Wiesenthal unternahm der Parteisekretär und neu ernannte Unterrichts- und Kulturminister Leopold Gratz. Er war Jahrgang 1929 und ein Zögling der NAPOLA – die Elite-Mittelschule der Nazipartei für künftige Führer (in der Otto Rösch kurzzeitig als Lehrer tätig gewesen war). Obwohl Gratz nie ein Nazi, ja nicht einmal Hitlerjunge gewesen war, war er in dieser Ära geschult worden und sprach ihre Sprache, als er sich am 11. Juni 1970 in der Stadthalle an den Sozialistischen Parteikongreß wandte. Er bezeichnete Wiesenthals Jüdisches Dokumentationszentrum als Spionageapparat, der gegen die Unschuldigen intrigiere, und warnte drohend: »Es wird sich bald herausstellen, ob dieses Land noch immer die Privatinquisition von Ingenieur Wiesenthal braucht ... Wie lange wollen wir noch sein Privattribunal dulden?« Die Menge jubelte, Kanzler Kreisky erklärte, daß er »voll« mit Gratz übereinstimme, und fügte hinzu, daß »in Österreich ein Mitglied der Nazipartei oder ein SS-Mann jedes politische Amt bekleiden kann, vorausgesetzt, es liegen gegen ihn keine Beweise für kriminelle Taten vor.«

Wiesenthal reagierte darauf wie folgt: »Ich verstehe vollkommen, daß man eine halbe Million Menschen nicht vom öffentlichen Leben ausschließen kann. Also bringe ich es auf folgende Formel: *Die Nazis können leben, die Nazis können sterben, aber die Nazis sollten uns nicht regieren.* Doch in allen öffentlichen Ämtern sitzen Nazis – auch unter Kreisky –; und wenn er sie sogar zu Ministern macht, gibt er zu, daß er Blanko-Freisprüche von moralischer Schuld ausstellt. Ich bin gegen die Theorie der Kollektivschuld, aber ich bin auch gegen die Theorie der Kollektivunschuld. Nicht einmal die Juden verfügen über eine kollektive Unschuld.«

»Bei allen meinen Auseinandersetzungen mit Wiesenthal«, sagte mir Kreisky Anfang 1986, »hatte ich das Gefühl, daß er vor allem von mir wollte, ich solle meine Loyalität Israel gegenüber höher stellen als meine Loyalität Österreich gegenüber. Und das würde ich nie tun.«

Zuvor hatte mir Kreisky mitgeteilt: »Wiesenthal ist für mich weniger als eine Null ... Er lebt davon, daß er der Welt erzählt, Österreich sei antisemitisch. Was kann er sonst tun?«

Die Antipathie zwischen den beiden Männern war nicht zu übersehen. Der Kanzler war ein assimilierter Ex-Verbannter, der versuchte, die politische Gestalt der Versöhnung zwischen dem modernen Österreich und seiner braunen Vergangenheit zu sein. Der wütende Nazijäger war ein Überlebender der Konzentrationslager, der sich langsam von einem Symbol der Vergeltung zu einem Symbol der Rechtschaffenheit entwickelte und sich genügend »jüdisch fühlte«, um im Vorstand der Österreichischen Vereinigung Jüdischer Gemeinden zu sitzen. In dieser Zeit brach Kreisky mit der Tradition, daß der Kanzler die hohen Feiertage mit einer jüdischen Neujahrsbotschaft an die Vereinigung ehren müsse. Andererseits war Kreisky ein in Wien geborener Jude, der sich wie Freud und Mahler und viele vor ihm ein wenig der ungebildeten Juden schämte, die ihre Stadt vom Osten aus überfluteten: trotz seiner Erziehung und seiner Leistungen war Wiesenthal ein aus Galizien verpflanzter Jude. »Den Ostjuden«, hatte Kreisky einmal erklärt, »sind normale Denkweisen fremd.« Ob man das »jüdischen Selbsthaß« nennt, wie Wiesenthal es tut, oder ob man sich darüber lustig macht, wie es Arthur Schnitzler tat (»Der Antisemitismus wurde in Wien erst beliebt, als ihn die Juden übernahmen«) – es gibt die gleichen Spannungen zwischen Berliner Juden und den anderen deutschen und österreichischen Juden und in Israel zwischen orientalischen und europäischen Juden. Oder, wie es Dr. Wilfried Daim, ein Wiener Analytiker, der *Tiefenpsychologie und Rettung* geschrieben hat, mir gegenüber unumwunden ausdrückte: »Für einen deutsch sprechenden Juden wie Kreisky ist ein polnisch und jiddisch sprechender Jude wie Wiesenthal, der aus dem Osten kommt, um ihn zu quälen, genauso ein Vorwurf, als hätte er einen ›Schwarzen‹ aus den Südstaaten zum Vetter.«

»Für mich«, sagte Kreisky 1986, »ist der ganze ›Wiesenthalkomplex‹ ... kein weiteres Wort wert. Ich mag den Mann zufällig nicht, und das ist mein Recht. Daß wir die gleiche Religion teilen, ist noch lange kein Grund, einander zu lieben. Tun es denn alle Katholiken?«

Kreisky schaffte es leicht, Wiesenthal in Wut zu bringen, dessen einziges Kind – eine Tochter – bei ihrer Familie in Israel lebt und dessen Enkeltöchter und Enkelsöhne alle in der israelischen Armee gedient haben. Kreisky mußte nur Israels rechtsstehenden Premierminister Menachem Begin verächtlich als »dieser polnische Anwalt« und »Sohn eines kleinen polnischen Schneiders« bezeichnen. Oder sich darüber beklagen, daß »ort Israel von russischen und polnischen Juden regiert wird«. Oder erklären: »Ich habe keine jüdischen Mitbürger; ich kenne nur österreichische Landsleute.«

Dazu meinte Wiesenthal: »Eines von Kreiskys Lieblingsthemen besagte, daß die Juden kein Volk seien. Er behauptete, daß dies eine wissenschaftliche Wahrheit sei, und wollte ein Buch darüber schreiben. Er quälte die Journalisten mit endlosen Vorträgen über dieses Thema, und die meisten von ihnen waren zu höflich, um ihn zu unterbrechen oder ihm zu widersprechen.«

Doch ein israelischer Journalist tat es. Menachem Oberbaum fragte Kreisky 1975, wie er als Staatsmann Israel, das jüdische Volk, Begin und Wiesenthal so heftig kritisieren könne.

Kreiskys Antwort war alles andere als sanft: »Sagen Sie mir ein für allemal, kommen Sie zu mir, weil Sie Informationen vom Bundeskanzler der Republik haben möchten, oder sind Sie da, um mich zu verhören? Wenn Sie mit mir ein Verhör anstellen wollen, mache ich alles [auf dem Zeitplan] rückgängig. Die Juden veröffentlichen so viel Schreckliches über mich, daß ich das nicht zulassen werde. Hätten Sie den Nerv, den französischen Premierminister auf diese Art zu befragen? Es ist eine solche Unverschämtheit, daß ich Sie gern hinauswerfen würde. Warum soll ich mich wirklich Ihren Fragen und Antworten stellen? ... Jetzt reicht es mir. Ich bin nicht hier, um wie ein Angeklagter den Juden – den israelischen Medien Rede und Antwort zu stehen.« Er beendete diese Tirade mit einer seiner denkwürdigen Äußerungen: »Die Juden sind kein Volk, und wenn sie es sind, dann sind sie ein mieses Volk.«

Nachdem Kreisky sich ein wenig beruhigt hatte, beantwortete er den Rest

von Oberbaums Fragen recht offen: »Wenn ich die Namen Begin oder Wiesenthal höre, verliere ich einfach die Beherrschung.«
Wiesenthal war es vollkommen klar, daß er und Begin »für Kreisky die gleichen ›Juden aus dem Osten‹ sind wie für viele Wiener und daß er nichts mit uns zu tun haben will«.

Als Bruno Kreisky im Herbst 1975 zur Wiederwahl antrat, schloß er mit Friedrich Peter, dem Leiter der kleinen rechtsorientierten Freiheitlichen Partei, ein Abkommen: Falls Kreiskys Sozialisten keine Mehrheit im Parlament erreichten, würden seine Roten eine Regierungskoalition mit Peters Blauen eingehen. Peter würde Vizekanzler werden und seine Partei würde auch das Außenministerium bekommen. Da die Freiheitliche Partei vor Ex-Nazis strotzte, waren viele Menschen beunruhigt – aber nicht Simon Wiesenthal. »Wartet nur«, beruhigte er seine Freunde. »Zuerst kommt die Wahl, und dann werden wir die Ergebnisse sehen – aber ich kann garantieren, daß es keine solche Koalition geben wird.«
Simon konnte dies zusichern, weil er bei der Rückkehr von seinem Sommerurlaub Anfang September auf dem Durcheinander auf seinem Schreibtisch eine Neuerwerbung vorgefunden hatte. Es war ein Namenverzeichnis der Ersten SS-Infanteriebrigade aus dem Jahr 1942; Wiesenthal bezeichnete diese Brigade als »eine der berüchtigtsten Vernichtungseinheiten des Krieges«. Bei »Sondereinsätzen« gegen Zivilisten in der Ukraine hatte sie 1941–1942 13 497 Männer, Frauen und Kinder niedergemetzelt und deren Leichen als »Juden, Zigeuner, Partisanen, Banditen und vermutliche Feinde« bezeichnet. Mitten in der Liste sprang ihm ein Name in die Augen: Friedrich Peter, ein am 13. Juli 1921 geborener Österreicher. Da dieses Datum zu Peters Biographien für den Wahlkampf paßte, stellte Simon weitere Nachforschungen an und erhielt bald die Bestätigung, daß es der gleiche Friedrich Peter war, der seine SS-Vergangenheit nie geleugnet, aber immer darauf hingewisen hatte, daß er in der *Waffen-SS* »nur ein Leutnant« gewesen sei. Wiesenthal brauchte nicht lange, um festzustellen, daß Peter am 4. September 1941 in der Fünften Kompanie der Brigade gewesen war, die laut einem Regiments-Dienstbuch (das paradoxerweise ein sozialistischer Wiener Verlag als Warnung gegen den wieder auflebenden Nazismus herausgegeben hatte) an diesem Tag

> ... das Dorf Leltschitky dank starker Aufklärungstätigkeit erreicht und ohne Verluste eingenommen hat. Beschlagnahmt: sechzig Gewehre, elf

> Maschinengewehre, fünfzehn Handgranaten, 22 115 Patronen; außerdem wurden achtunddreißig Gefangene hingerichtet und 1 098 Juden erschossen.

»Das Massaker«, sagt Wiesenthal, »fand außerhalb des Orts statt. Die Juden mußten tiefe Gräben ausheben und dann hineinklettern, so daß sie in ihrem Grab erschossen und effizient begraben werden konnten.« Doch nicht alle Opfer waren tot, und die Übriggebliebenen wurden lebendig begraben, als die nächste Gruppe von Opfern das Grab mit Sand zudecken mußte, bevor sie ihr eigenes Grab grub.

Peter erhielt für seinen Einsatz im »Winterfeldzug 1941–1942« seiner Brigade das Eiserne Kreuz und das Offizierspatent. Über drei Jahrzehnte später erkannte Simon Wiesenthal, daß »ich eine Dynamitstange in der Hand hielt. Wenn ich während des Wahlkampfs damit an die Öffentlichkeit ging, würden mich Kreisky, Peter und überhaupt alle beschuldigen, mich in die Politik einzumischen.« Da Wiesenthal vorhersah, daß der unbeständige österreichische Wähler möglicherweise als Reaktion auf den lästigen Juden für Peter und Kreisky stimmen würde, beschloß er, bis nach der Wahl zu schweigen. Um seinen guten Willen zu beweisen, wollte er noch vor der Wahl Peters Akte dem über der Tagespolitik stehenden Bundespräsidenten von Österreich übergeben: Dr. Rudolf Kirchschläger (dem Vorgänger von Kurt Waldheim).

Kirchschläger, ein magerer, hochgewachsener, frommer Mann, war erschüttert, als Wiesenthal ihm am 29. September 1975, eine Woche vor der Wahl, die Unterlagen über Peter überreichte. »Der Bundespräsident las einige Seiten, erschauerte und brach dann in Tränen aus«, erzählte Wiesenthal. »Dann dankte er mir dafür, daß ich damit nicht vor der Wahl an die Öffentlichkeit gegangen war, so daß das Volk jetzt aufgrund der anstehenden Probleme und nicht aufgrund der Vergangenheit eines einzelnen Mannes wählen würde. Er gab mir das Gefühl, daß ich ein Patriot bin.« Simon Wiesenthal sagte, daß er nach der Wahl Peters Vergangenheit an die Öffentlichkeit bringen würde, um zu verhindern, daß dieser jetzt oder später ein hohes Amt bekleidete. Kirchschläger schickte Peter und Kreisky Fotokopien der Akte. Er deutete Wiesenthal gegenüber auch an, daß er eine Ernennung von Peter zum Vizekanzler ablehnen würde: Wahlen anzusetzen und Regierungen zu ernennen gehört zu den wenigen echten Befugnissen der größtenteils repräsentativen Pflichten des österreichischen Bundespräsidenten.

In der kritischen Woche vor der Wahl war Peter laut Wiesenthal sehr unruhig und bot an, aus der Abmachung auszusteigen, aber Kreisky erklärte ihm, daß sie keine von Wiesenthals Äußerungen beachten müßten. Die Abmachung galt noch.
Die Wahl vom 5. Oktober machte alle Abmachungen ungültig. Die Roten gewannen 93 von den 183 Sitzen des Parlaments; die Schwarzen 80 und Peters Blaue 10. Kreisky konnte mit einer klaren Mehrheit und ohne Partner regieren.
Am 9. Oktober hielt Wiesenthal im Hotel de France an der Wiener Ringstraße eine Pressekonferenz ab und übergab den Journalisten seine Dokumentation über Peters Kriegsvergangenheit. Peter erklärte in seiner Parteizentrale den Reportern, daß er sich nicht an der Schmutzarbeit seiner Einheit beteiligt habe, daß er nichts von Greueltaten gewußt habe, daß er durch seine Waffengefährten nichts davon erfahren habe und daß er wahrscheinlich auf Urlaub gewesen war, als es zum Leltschitky-Massaker kam.
Wiesenthal entgegnete sofort, daß in der Ersten SS-Infanterie-Division keine Urlaube gewährt wurden, solange sie sich während der »Sondereinsätze« 1941–1942 im »Kampf« gegen Zivilisten befand, und daß Peters Fünfte Kompanie während dieser Zeit im Mittelpunkt von praktisch jeder der täglichen Vernichtungsaktionen gestanden hatte. An diesem Abend erklärte Peter im österreichischen Fernsehen: »Ich habe nie an solchen Operationen teilgenommen, sondern nur meine Pflicht als Soldat getan.«
Peters Einwand der *Pflichterfüllung* hatte bei Bundespräsident Kirchschläger vielleicht ein mitfühlenderes Ohr gefunden, als Wiesenthal annahm. Denn Kirchschläger hatte als Hauptmann in der deutschen Armee 1945 widerspruchslos seine Pflicht getan, indem er Hunderte Jugendliche einige Tage vor der Kapitulation Wiens vor den Toren der Stadt in den sicheren Tod durch die sowjetischen Panzer geführt hatte. Von den schlecht ausgerüsteten Jugendlichen, die über zu wenig Waffen verfügten, fielen etwa 200; die meisten von ihnen sowie Hauptmann Kirchschläger wurden verwundet. Dieser »Angriff der leicht bewaffneten Brigade« wurde in Kirchschlägers offizieller Biographie nie erwähnt.
Nach Wiesenthals Enthüllung und Peters Dementi im Jahr 1975 war die Erklärung von Bundeskanzler Kreisky bei einer Pressekonferenz mit ausländischen Journalisten eine deutliche Überreaktion.
»Um dieses lange Kapitel abzuschließen, muß ich sagen, daß das Ganze für mich eine bizarre Angelegenheit ist, zu der es nur dank Herrn Wie-

senthals Anstrengungen kam. Ich kenne den Herrn nur aus Geheimberichten, und die sind sehr negativ, eindeutig übel.«

Als Kreisky gefragt wurde, wovon er sprach, redete er weiter drauflos: »Ich kann Ihnen versichern, daß Herr Wiesenthal eine andere Beziehung zu der Gestapo hatte als ich – das ist beweisbar! Ich kann jetzt nicht mehr sagen, aber ich werde den Rest vor Gericht vorbringen ... Hoffentlich wird es ein großer Prozeß, denn ich kann Ihnen sagen, daß ein Mann wie er nach all dem nicht das Recht hat, die Rolle einer moralischen Autorität zu spielen. Außerdem erkläre ich, daß er nicht das Recht hat, seinen Lebensunterhalt damit zu verdienen, daß er andere menschliche Wesen verfolgt ... Er hat nicht das Recht, sich in die österreichische Politik einzumischen. Der Mann muß gehen!«

Als Kreisky weitersprach und Wiesenthal als Spion und *mafioso* bezeichnete, der darauf aus war, jeden vor Gericht zu bringen, unterbrach ihn ein Reporter von United Press International und fragte ungläubig: »Wollen Sie damit sagen, daß Wiesenthal ein Gestapo-Agent war?«

»Ich behaupte«, erwiderte Kreisky, »daß Herr Wiesenthal zu dieser Zeit in einem unter dem Einfluß der Nazis stehenden Bereich lebte, ohne verfolgt zu werden.«

Das war so etwas wie Rufmord. Ende 1975 und bis Mitte 1976 hatte ich den Eindruck, daß viele Österreicher meinten, »der Jude, Simon Wiesenthal, muß fort!«

Das alles wird dadurch noch erschreckender, sagt Wiesenthal, daß »Österreich zu Kreiskys Zeiten keine Demokratie war, weil er es zu sehr dominierte. Sogar einige der hier lebenden Juden waren auf mich wütend, weil ich Unruhe stiftete, und die meisten befürchteten, daß das Ganze zu heftigem Antisemitismus führen würde.«

Obwohl Simon Wiesenthal empört war, überraschte ihn die Art des Angriffs auf ihn weniger als andere Leute. Als er fünf Jahre zuvor Kreisky kritisiert hatte, weil er vier Nazis in sein Kabinett aufnahm, und Kreisky ihn einen »jüdischen Faschisten« nannte, hatte er gehört, daß internationale sozialistische Kreise sich fieberhaft nach Hinweisen erkundigten, die ihn mit einer jüdisch-faschistischen Vorkriegs-Jugendgruppe in Polen in Verbindung bringen konnten. Diese Suche förderte eine polnische Jugendgruppe namens *betar* zutage, deren Mitglieder graubraune Hemden und blaue Hosen trugen. »Unglücklicherweise gehörte Wiesenthal nicht dazu«, besagte ein Schweizer Bericht. »Außerdem war sie überhaupt nicht faschistisch.«[1]

Doch nicht einmal das hatte Wiesenthal auf die Welle öffentlicher Beleidigungen durch Kreisky vorbereitet, der ihn als »Simon Wiesenthal, sogenannter Ingenieur« verächtlich machte und der noch immer Wiesenthals Recht auf die österreichische Staatsbürgerschaft in Frage stellte. »Man muß endlich die Tür zu diesen Dingen schließen. Eines Tages muß es ein Ende haben – wie kommt es denn, daß man Wiesenthal überhaupt gestattet, hier zu leben?« Am verwerflichsten waren für Simon die Beschuldigungen, Andeutungen und Verunglimpfungen, für die es keinerlei dokumentarische Beweise gab: die Antithese zu seiner Arbeitsweise.
Im österreichischen Fernsehen erzählte der Kanzler Millionen, daß Wiesenthals Methoden »bedauerlich« seien und daß der Angriff auf Peter sich in Wirklichkeit gegen Kreisky gerichtet habe. Er kannte Peter seit Jahren. Er glaubte der Versicherung dieses beherzten Demokraten, daß er nichts mit Verbrechen zu tun gehabt hatte – und ihm genügte Peters Wort. Wiesenthal offenbar nicht. »Die Tatsache, daß Friedrich Peter bis jetzt nie zugegeben hatte, daß er in der Ersten SS-Infanteriebrigade gedient hatte«, erklärte Simon, »störte den Kanzler offenbar überhaupt nicht.«
Wiesenthal erzählt, daß die darauffolgenden sechs Wochen »die schlimmste Zeit waren, die ich seit dem Krieg erlebt hatte. Ich war in meiner neuen Heimat ein Aussätziger, und nur die Gewißheit, daß ich Hitler nicht nur dazu überlebt hatte, um aus Österreich zu flüchten, hinderte mich daran auszuwandern. Ich nahm es mit Kreisky auf dem Höhepunkt seiner Popularität auf; er übte einen hypnotischen, fast magischen Einfluß auf die Menschen aus. Sie sahen ihn als Vater, als Kaiser, als Gott, alles in einem. Selbstkritische österreichische Intellektuelle hingen bei jedem seiner Worte an seinen Lippen; sie nannten ihn den ›Sonnenkönig‹. Die Journalisten des Landes fraßen ihm mit wenigen Ausnahmen aus der Hand. Und wenn jemand mich angriff, spornte er ihn an. Die Öffentlichkeit sah mich als unersättlichen Rächer, der jeden Morgen ein armes, unschuldiges, kleines Nazi-Parteimitglied zum Frühstück aß.« (Als er rundheraus gefragt wurde, ob er tatsächlich täglich einen Neonazi verschlang, erwiderte Simon einmal: »Nein, ich esse kein Schweinefleisch.«)
Um diese Zeit veröffentlichte ein Meinungsforschungsinstitut in Linz die Ergebnisse seiner Umfrage über die Reaktion der Öffentlichkeit auf den Streit Kreisky gegen Wiesenthal: Neunundfünfzig Prozent waren für Kreisky; neunundzwanzig Prozent waren neutral; dreizehn Prozent hat-

ten keine Meinung; nur drei Prozent standen auf Wiesenthals Seite. Unter den jüngeren Befragten (zwischen sechzehn und neunundzwanzig Jahren) waren sechs Prozent für Wiesenthal, aber bei den über Fünfzigjährigen war die Zahl seiner Anhänger so geringfügig, daß der Computer nicht einmal ein Prozent registrieren konnte.

»WIESENTHAL BRINGT ÖSTERREICH IM AUSLAND IN VERRUF«, heulte die meistgekaufte Tageszeitung der Nation, die kleinformatige *Kronen Zeitung* in einer Schlagzeile auf der Titelseite. Eine Wochenzeitung der Freiheitlichen Partei »enthüllte«, daß das Kriegstagebuch des Regiments eine von der tschechischen Geheimpolizei unterschobene »Fälschung« sei. Einer der wenigen Herausgeber, der sich zu Wort meldete – Peter Michael Lingens vom *profil*, der Simons Sekretär gewesen war und der schrieb, daß Kreiskys Verunglimpfungen »unwürdig und unmoralisch« sowie »ungeheuerlich« seien – wurde von Kreisky geklagt, der in allen Instanzen der österreichischen Gerichte gewann. Als Lingens zu einem Betrag verurteilt wurde, der ungefähr 4 000 Dollar entsprach, brachte er den Fall – mit einem Schachzug, der nicht vielen österreichischen Anwälten eingefallen wäre – vor eine von Kreiskys Lieblingsinstitutionen: den Europäischen Gerichtshof für Menschenrechte in Straßburg. 1986, über zehn Jahre, nachdem der Fall eingeleitet worden war, gewann Lingens in Straßburg. Nachdem der Gerichtshof die Aussagen beider Seiten studiert hatte, erklärte er, Lingens habe das Recht der freien Meinungsäußerung, wenn er Kreiskys Verunglimpfungen als »ungeheuerlich, unmoralisch und würdelos« bezeichnete. Die österreichische Regierung wurde aufgefordert, die Strafe aufzuheben und Lingens' Gerichtskosten von etwa 23 000 Dollar zu bezahlen.

»Wissen Sie, wie Kreisky es ›rechtfertigte‹, daß er mich einen *mafioso* nannte?« fragte mich Simon Anfang 1989 rhetorisch. »In Lingens' Fall erklärte er, daß die Entführung von Adolf Eichmann wie eine Mafia-Operation durchgeführt wurde. Dann stellt er wenig später fest: ›Wiesenthal hatte nichts mit Eichmanns Entführung zu tun.‹ Daß er mich einen *mafioso* nannte, störte mich nicht so sehr wie andere Leute. Wenn drei Kellner streiken, nennen es ihre Kunden eine Mafia. Aber wenn ein Jude einen anderen Juden als Kollaborateur bezeichnet, nennt er ihn einen Mörder.«

Friedrich Peter verklagte Wiesenthal sowie das *profil* und die Tageszeitung *Kurier* wegen Verleumdung. Bei den beiden Gerichtssitzungen während der nächsten sieben Jahre legte Wiesenthal Dokumente vor, aus

denen hervorging, daß Peters SS-Brigade während der zwanzig Monate, in denen er dort diente, beinahe 400 000 Menschen getötet hatte, und daß weitere 167 Angehörige der Einheit in Österreich lebten. 1976 nahm Kreisky den ehemaligen SS-Mann Peter zu einem Staatsbesuch in die Tschechoslowakei mit, der einen Aufenthalt im Konzentrationslager Theresienstadt beinhaltete, in dem viele Verwandte des jüdischen Kanzlers ums Leben gekommen waren oder sich auf dem Weg zur Vernichtung aufgehalten hatten. Peter wohnte der kurzen Zeremonie mit steinernem Gesicht bei. 1977 zeichnete Bundespräsident Kirchschläger Peter für seine Verdienste mit Österreichs höchstem Orden aus. Ein Jahr danach legte Peter sein Amt als Leiter der Freiheitlichen Partei zurück, obwohl er weiterhin Parlamentsmitglied und Parteisprecher blieb. Im Wahlkampf 1983 erklärte Kreisky, daß er mit einer Koalition nicht regieren wolle, und als es den Sozialisten nicht gelang, die absolute Mehrheit zu erringen, trat er nach dreizehn Jahren als Kanzler zurück. Sein Vizekanzler Fred Sinowatz bildete mit dem achtbareren neuen Leiter der Freiheitlichen Partei Norbert Steger (geboren 1944) als Vizekanzler die Regierung. Als seine Partei Anteil an der Macht hatte (was bis 1986 der Fall war), ließ Peter seinen Anwalt an Wiesenthals Anwalt schreiben, daß die Klage fallengelassen wurde, weil Peter das Interesse daran verloren hatte.
Simon Wiesenthal versuchte, Bruno Kreisky zu klagen, aber die parlamentarische Immunität des Kanzlers schützte ihn, ganz gleich, wo und was er sprach. In Österreich ist die parlamentarische Immunität sogar stärker als die diplomatische Immunität. Obwohl Kreisky behauptete, daß er gern für den »großen Prozeß« gegen Wiesenthal auf seine Immunität verzichten würde, tat er es nie, und es kam nie dazu. Inzwischen erklärte Kreisky, daß er einer parlamentarischen Kommission den Auftrag erteilen würde, nicht Peter, sondern Wiesenthal unter die Lupe zu nehmen. Später wurde bekannt, daß die österreichische Bundespolizei Wiesenthal drei Tage nach seinen Enthüllungen beschattete und im Transitraum des Flugplatzes Schwechat belauschte, wo er zwei Freunde begrüßte, mit denen er zusammentraf, während er auf seinen Flug nach Frankfurt wartete:

> WIESENTHAL erzählte den beiden Passagieren ziemlich laut, daß er nicht dulden würde, daß PETER weiterhin als Politiker tätig war, weil er während des Krieges zu einer Mordeinheit gehört hatte. Außerdem, erklärte WIESENTHAL, würde er KREISKYS Benehmen ihm gegenüber nicht mehr dulden. Daher würde er Genossen von KREISKY ge-

nauer überprüfen. Diese Überprüfungen würden einige Monate in Anspruch nehmen, aber wenn es dazu kam, würde KREISKY die Folgen tragen müssen.[2]

Die unwahrscheinliche Friedensstifterin in diesem unzivilisierten Krieg zwischen Österreichs bekanntesten Juden war Simons kränkelnde Frau Cyla. Nachdem sie zwei Monate lang keine Zeitung gelesen, das Fernsehen nicht eingeschaltet, das Haus nur selten verlassen hatte, weil sie beim Einkaufen angefeindet wurde, und sich geweigert hatte, mit ihren Freundinnen zusammenzukommen, weil sie wußte, was sie dachten, erklärte sie Simon, daß sie das normale Leben einer Frau führen wollte, die bald siebzig sein würde: Sie wollte in einem Kaffeehaus sitzen, im Park spazierengehen, ins Theater gehen. Sie bat ihn, den Fall zu beenden. Simon wandte ein, daß sie Janowskà und Mauthausen nicht überlebt hatten, um vor Kreisky zu kapitulieren.

»Aber damals waren wir jung«, wandte Cyla ein. »Und es spielt keine Rolle, was die Leute denken, solange wir im Alter ein wenig Frieden genießen können.«

Der Präsident von B'nai B'rith[3] in Wien, der mit beiden Männern befreundet war, erreichte einen unsicheren Frieden zwischen ihnen. Wiesenthal stellte seine Bemühungen, Kreisky vor Gericht zu bringen, ein, während der Kanzler die Idee einer Untersuchungskommission fallenließ und dem Parlament mürrisch mitteilte: »Ich möchte übrigens klarstellen, daß ich Wiesenthal nie als Nazi-Kollaborateur betrachtet habe.«

Als Israel 1982 in den Süd-Libanon eindrang, erklärte Kreisky in einem Interview: »Isreals Einstellung läßt jegliche Ethik vermissen. Seine Führerschaft hat ihr wahres Gesicht gezeigt. Der Krieg im Libanon hat Israel die Unterstützung gekostet, die es sich in den letzten Jahrzehnten gesichert und erhalten hat. Der Wahnsinn seiner Regierenden, die sich auf ihre Waffen verlassen, ruft in der ganzen Welt Angst hervor. Mit diesem Israel will ich nichts zu tun haben. Nie wieder!«

1986 erklärte mir Exkanzler Kreisky präzise, warum »dieses Israel nicht mein Israel ist: Meiner Ansicht nach hat es eine halb faschistische Ideologie, verfolgt eine Politik der Macht, hat ein Regime der Apartheid und benützt die Unterstützung der Massen für seine Zwecke. Für nichts davon habe ich etwas übrig.«

Durch diesen Standpunkt wurde Kreisky Wiesenthal natürlich nicht sympathischer, doch er wurde den Österreichern symphatischer, die, wie man allzuoft hörte, sagten: »Wir würden nichts gegen die Juden haben, wenn sie alle so wären wie Kreisky.« Oder, wie Simon Wiesenthal es präzise auf den Punkt brachte: »Jeder Antisemit muß einen Juden haben, den er mag.«

Der Wiener Tiefenpsychologe Dr. Daim hat untersucht, warum viele österreichische Nazis Kreisky besonders ins Herz geschlossen hatten: »Für sie war es eine Art Wiedergutmachung, wenn sie einen Juden wählten. Und aus ebendiesem Grund hatten die Nazis bereits Glück gehabt, weil sie Kreisky hatten, denn er allein war in der Lage, sie wieder gesellschaftlich akzeptabel zu machen. Ein jüdischer Kanzler konnte einer Vergangenheit ein Ende setzen, mit der sie nichts mehr zu tun haben wollten« – wenn Wiesenthal nicht gegen Kreiskys Geschenk der Absolution protestiert hätte. Noch schlimmer wurde es dadurch, fügte Daim hinzu, »daß Kreisky durch seinen Angriff auf die Art, wie Israel in den Libanon eingedrungen war, es diesen Menschen ermöglichte, die Juden als Kriegsverbrecher zu betrachten«.

Daim, der in Österreich wegen seiner umstrittenen »Psychogramme« von Kreisky berüchtigt war, »interviewte« sein Objekt am Höhepunkt der Wut darüber, daß Wiesenthal 1975 Peter bloßgestellt hatte. »Es war kaum ein Interview zu nennen«, erinnerte sich Daim. »Mein Thema war seine Einstellung zu den Nazis, und er sprach über eine Stunde, ohne daß ich jemals Gelegenheit hatte, ihn zu unterbrechen oder eine Frage zu stellen. Doch als die Zeit für unser Gespräch beinahe zu Ende war, gelang es mir, ihm dafür zu danken, daß er über die Nazis gesprochen hatte und ihn zu fragen: ›Und wie steht es um Ihre Beziehung zu den Juden, Herr Bundeskanzler?‹ Er erwiderte scharf: ›Das hat nichts damit zu tun.‹ Doch ich sagte beinahe genauso scharf: ›Es besteht ein direkter Zusammenhang, Herr Bundeskanzler. Man kann nicht über die Nazis sprechen, ohne auch über die Juden zu sprechen.‹ Daraufhin erging er sich in Allgemeinplätzen über diese ›höchst intelligenten Menschen‹ und so weiter.«

»Kreisky ist ein moderner König Midas«, sagte ein Politiker der Volkspartei. »Wenn er einen Nazi in die Hand nimmt, ist dieser plötzlich kein Nazi mehr.«

Kreisky wiederholte gelegentlich die eine oder andere seiner Behauptungen und Andeutungen gegen Wiesenthal, und jedes Mal, wenn Simon davon erfuhr, versuchte er, ihn zu verklagen. Im November 1986 konnte er mir sagen: »Ich habe ihn fünf Mal verklagt, aber jedes Mal weigerte sich das Parlament, seine Immunität aufzuheben.« Um zu vermeiden, daß er es zum sechsten Mal tat, erwähnte ich nicht, daß ich Kreisky am 24. Januar in seinem Haus besucht hatte: zwei Tage nach dem fünfundsiebzigsten Geburtstag des Ex-Kanzlers.

Die gemietete Villa in dem vornehmen Bezirk Döbling mit einem diskreten modernen Swimmingpool an der Rückseite war bereits für die Überwinterung verpackt. Ihr Mieter würde bald nach Mallorca fliegen, wo er ein Haus besaß.

Die Wiener Villa hatte sich nicht sehr verändert, doch Kreisky hatte es getan. Nachdem er den Ballhausplatz verlassen hatte, hatte er den Rest seiner rötlichen, ergrauenden Haare wachsen lassen, so daß sie bis zum fuchsroten Bart reichten. Diesen hatte er sich zugelegt, während er wegen einer Nierentransplantation im Krankenhaus lag.

Als wir über Wiesenthal sprachen, vertraute mir Kreisky an, daß »meine Informationen über ihn sehr, sehr schlecht sind, aber ich will keinen Prozeß mit ehemaligen Nazis als Zeugen haben, die er beschuldigen wird, denn die Leute, die alles über ihn wissen, sind *solche* Nazis. Es gibt in Deutschland einen, der ein Lager befehligt hat. Er weiß eine Menge über Wiesenthal, aber er schweigt, denn er weiß auch, was Wiesenthal gegen ihn verwenden wird, wenn es vor ein Gericht kommt.«

In einem Interview mit *profil* im gleichen Jahr wiederholte Kreisky seine Anschuldigungen, und Wiesenthal ging wieder einmal zu Gericht. Der Fall war im Herbst 1988 noch immer anhängig, als Kreisky vorbrachte, daß er nicht in Wien vor Gericht erscheinen könne, weil er den zweiten Band seiner Memoiren auf der Frankfurter Buchmesse präsentierte. Zufällig präsentierte auch Wiesenthal den zweiten Band *seiner* Memoiren in Frankfurt.

»Ich war ebenfalls in Frankfurt«, wendete Wiesenthal ein, »aber ich konnte zum Prozeß in Wien sein.« Doch der Fall war auf den Januar 1989 verschoben worden. »Er war zweimal ohne Entschuldigung nicht zum Prozeß gekommen. Der Richter erklärte den Anwälten, daß er zu meinen Gunsten entscheiden würde, wenn Kreisky nicht erschien. Darauf brachte sein Anwalt eine Bestätigung von Kreiskys Arzt, daß er krank sei und nicht aus Mallorca kommen könne. Aber zwei Tage später ist er in Wien und präsentiert sein Buch. Als er ins Gericht kommt, schlägt der Richter vor, daß er sich bei mir entschuldigen solle, um es hinter sich zu bringen. Und was erklärt er dem Richter: ›Ich werde mich nicht kurz vor meinem Tod dafür entschuldigen.‹«

Bei der nächsten Verhandlung, am 19. Oktober 1989, ging der Prozeß zu Ende. Der Anwalt Kreiskys, Dr. Günter Blecha, bat um ein mildes Urteil. Simon erklärte dem Richter, was für ihn als Juden die unwahre Beschuldigung der Kollaboration mit den Nazis bedeutete. Der Richter fällte das Urteil: 270 000 Schilling Geldstrafe mit Bewährung auf drei Jahre.

Bruno Kreisky starb am 29. Juli 1990 im Alter von 79 Jahren.

XXVIII. Waldheim und das Gewissen

Kurt Waldheim war als Diplomat und Politiker während des größten Teils seines Lebens und als Generalsekretär der Vereinten Nationen während eines Jahrzehnts für alle Menschen alles mögliche. Nach den Verflechtungen und Wendungen, die ihm 1986 sowohl das Amt des österreichischen Bundespräsidenten als auch erbitterte Schmähungen brachten, gab es laut Simon Wiesenthal zwei Dinge, die Waldheim nie war: ein Nazi oder ein Kriegsverbrecher.

In der Waldheim-Eintragung in der Ausgabe 1972 des *Who is Who in Austria* wurde zumindest ein wichtiger Punkt ausgelassen:
Waldheim, Kurt, geb. 21. Dezember 1918, St. Andrä-Wördern, Österreich; S. von Walter W., Beamter, und Josefine W. geb. Petrasch; h.1944 Elisabeth Ritschel; Bildungsg.: Mittelsch., Abschl. Dipl. Akademie 1939, Dr. jur. 1944; Karriere: trat 1945 in Außenmin. ein; 1948-51 Erster Sekretär öst. Botschaft Paris; 1951-55 Leiter Personalabt., Außenmin.; 1955-56 Ständiger Beobachter bei Vereinten Nationen; 1956-58 Gesandter in Kanada; 1958-60 Botsch. in Kanada; 1960-62 Leiter Politischer Abteilung West, Außenmin.; 1962-64 Leiter Politisches Referat, Außenamt; Juni 1964 – Januar 1968 Botschafter bei Vereinten Nationen; 1968-70 Bundesmin. f. Äußeres; 1970-71 Botschafter bei Vereinten Nationen; 1971 Generalsekretär der Vereinten Nationen ...
Dieser beeindruckenden Karriere folgten sechzehn Zeilen mit Auszeichnungen. Der Militärdienst im Zweiten Weltkrieg wurde nicht erwähnt. Ich hatte gehört, daß Waldheim in der deutschen Wehrmacht gedient hatte, aber kein Nazi war. Da ein Freund in New York geschrieben hatte, daß es »bizarr ist, heutzutage der UNO anzugehören, deren Vorsitzender Englisch mit dem gleichen Akzent wie Paul Henreid spricht«, merkte ich mir vor, die Lücke über die Kriegszeit auszufüllen, wenn ich Waldheim im Sommer 1972 in seinem Landhaus am Attersee im österreichischen Salzkammergut interviewte.
Diese Auslassung war keineswegs auffällig. *Who is Who in Austria* hatte auch nicht erwähnt, daß Waldheim 1971 als Kandidat der Volkspartei für das Amt des Bundespräsidenten kandidiert hatte; sein Gegenkandidat war der beliebte sozialistische Amtsinhaber Franz Jonas gewesen. Obwohl ich gerade erst in Österreich eingetroffen war, spürte ich, daß Waldheim verlieren würde. »Er ist ein guter Mann – zu gut, um österreichi-

scher Präsident zu sein«, hörte ich immer wieder. Manchmal folgte ein »Er ist zu steif« oder »Er verbringt zuviel Zeit außerhalb von Österreich«. Als Waldheim verlor, war die einzige Überraschung, daß das Ergebnis so knapp war – Waldheim hatte 47,2 Prozent der Stimmen erhalten.

Daß Waldheim diese Wahl verlor, war das Beste, was ihm geschehen konnte, denn dadurch stand er im Herbst zur Verfügung, als die UN einen Nachfolger für U Thant suchte. Als Kompromißkandidat, dessen bekannteste Qualifikation seine Friedfertigkeit den fünf ständigen Mitgliedern des Sicherheitsrats – Großbritannien, Frankreich, die Vereinigten Staaten, die Sowjetunion und die neu hinzugekommene Volksrepublik China – gegenüber war, erwartete man von Waldheim, daß er genauso passiv sein würde wie sein Vorgänger. Es dauerte vier Jahrzehnte, bis die Lücken in Waldheims Biographie – und den Autobiographien – gefüllt waren.

Für Kurt Waldheim begann der Krieg eigentlich dort, wo er seiner Darstellung nach für ihn zu Ende war: 1941 bei dem Feldzug gegen die Sowjetunion, als Hitler den Nichtangriffspakt, den die beiden Diktaturen im August 1939 abgeschlossen hatten, in ein wertloses Stück Papier verwandelte. Am 22. Juni 1941 um 3 Uhr früh sprangen Leutnant Waldheim und seine Kavallerieeinheit in den Bug – der die Trennlinie zwischen der deutschen und der sowjetischen Zone des besetzten Polens gebildet hatte – und kämpften sich durch das Wasser in die Stadt Brest-Litowsk. Nachdem sie diese Stadt vier Tage lang »gesäubert« hatten, indem sie Heckenschützen in ihren Straßen, Scharfschützen in ihrer Zitadelle und eine Schwadron der Roten Armee, die sich im Bahnhofskeller verschanzt hatte, liquidierten, zog Waldheims berittene Aufklärungseinheit AA 45 nach Osten.

Als im Oktober der erste Schnee fiel und die AA 45 durch viele Ausfälle dezimiert war, hatte Waldheim bereits zwei Medaillen erhalten und die Erste Berittene Schwadron seiner Division übernommen: 244 Pferde und 242 Soldaten. Im November sank die Temperatur unter null Grad – und blieb dort. Wie Napoleon 1812 feststellte und wie Hitler erst lernen mußte, wirkt sich der russische Winter nicht zum Vorteil der Eindringlinge aus. Als Waldheims Division Anfang Dezember das Gebiet südwestlich von Orel erreichte, wurde sie von der Roten Armee eingekreist.

Am Mittwoch, dem 10. Dezember 1941 – drei Tage nach dem japanischen Angriff auf Pearl Harbor und einen Tag vor der Kriegserklärung Deutschlands und Italiens an die USA, explodierte eine russische Granate in Waldheims Nähe, und ein Splitter verwundete ihn am rechten Bein. Er wurde mittels eines Schlittens evakuiert, wobei ein Sanitätsunteroffizier versuchte, seine Wunde mit Schnee zu waschen, und ihn drängte, das Bein trotz der Schmerzen zu bewegen, damit er es nicht durch Erfrieren verlor. Er und neunzig weitere Verwundete erreichten erst nach acht Tagen ein deutsches Feldlazarett, nachdem die deutschen Truppen ein Loch in die Einkesselung geschlagen hatten. Da war die Wunde bereits infiziert. Obwohl Waldheim bewußtlos war, wachte er auf, als der erste Arzt, der ihn untersuchte, sagte: »Ich werde das Bein wahrscheinlich amputieren müssen. Wenn ich echte Wolle hätte, um es einzuwickeln, könnte es der Chirurg vielleicht retten.«

»Ich habe echte Wolle«, sagte Waldheim, griff in seinen Tornister und zog einen ihm teuren Wollschal heraus, den eine holländische Klassenkameradin an der Diplomatischen Akademie, Susanne Kempers, für ihn besorgt hatte.

Als er für die Operation anästhesiert wurde, war es noch immer fraglich, ob er nachher beide Beine haben würde. Doch als er erwachte, sagte ein Wiener Chirurg: »Noch ein Tag, mein Junge, und dein Bein wäre weg gewesen.«

Die Russen rückten zum Feldlazarett vor, und der erfolgreich operierte Leutnant Waldheim sollte mit dem letzten Lazarettzug evakuiert werden. 1988 erinnerte er sich bei einem Interview mit mir sehr deutlich daran: »Ich lag auf dem Boden auf Stroh, aber als die Sanitäter kamen, um mich aufzuheben und zum Zug zu tragen, sagte der Arzt: ›Hören Sie, der Mann hinter Ihnen hat das Bein verloren. Ihre Wunde ist nicht so schlimm. Wären Sie einverstanden, wenn wir ihn statt Ihnen nehmen?‹ Der Mann schrie vor Schmerzen, also konnte ich nicht nein sagen. Ich legte mich zurück und wartete darauf, daß ich gefangengenommen wurde. Doch Stunden später, um vier Uhr morgens, kam plötzlich jemand daher und sagte: ›Es gibt noch einen Zug. Es ist kein Lazarettzug, sondern ein Viehzug, und wir werden versuchen, die Verwundeten mit ihm rauszuschaffen, wenn es Ihnen recht ist.‹« Natürlich reiste Waldheim lieber in der Viehklasse nach Westen statt als Kriegsgefangener der Russen nach Osten. Man legte ihn auf eine Tragbahre, »und so wurde auch ich gerettet, aber das konnte ich vorher nicht wissen. Das war etwas, das mich beeindruckte, mich erschreckte und mich direkt betraf: Würde ich überleben oder nicht? Die Erinnerung daran ist so frisch, als wäre es gestern geschehen.«

Diese entscheidende Episode kommt in keiner seiner Memoiren vor. In seinem 1985 erschienenen Buch *Im Glaspalast der Weltpolitik* erzählt Waldheim, daß er nach Hause gebracht wurde, sein Bein jedoch erst nach mehreren Monaten in einem Sanatorium wirklich verheilte. Er hinkte stark und wurde ... vom weiteren Dienst an der Front befreit. Darauf ersuchte er um die Erlaubnis, sein Jurastudium wiederaufzunehmen ... was ihm gewährt wurde. In dieser Zeit kam ihm sein Sold als Leutnant sehr gelegen.
In einem 1977 erschienenen Buch bemerkte er, daß der Dienst in der deutschen Wehrmacht für ihn schwer zu ertragen war. Die Kämpfe an der Ostfront brachten ihm die Rettung aus dieser Situation, weil er am Bein verwundet und in die Heimat transportiert wurde.
»Es war unmöglich, Österreich zu verlassen«, stellte Kurt Waldheim in seinen Erinnerungen *Im Glaspalast der Weltpolitik* fest und erzählte von den Schwierigkeiten, die ihm das Studium erschwerten. Die Grenzen waren geschlossen worden und wurden ständig überwacht. Die Universitätsbibliothek war infolge der Bombenangriffe auf mehrere, oft weit voneinander entfernte Ausweichquartiere verlegt worden. Er mußte die Informationen für seine Dissertation stückchenweise ausgraben. Diese körperliche Anstrengung erschöpfte ihn mehr als das Studium an sich. Er promovierte 1944.

Auf eine Anfrage des demokratischen Mitglieds des Repräsentantenhauses Stephen J. Solarz aus New York erwiderte Waldheim unbekümmert: »Ich wurde an der Ostfront verwundet, und da ich nicht mehr für den Frontdienst tauglich war, nahm ich mein Jurastudium an der Wiener Universität wieder auf, wo ich 1944 promovierte.«
Was Waldheim beide Male (und auch bei zahlreichen anderen Gelegenheiten) nicht erwähnte, war die Tatsache, daß er zwischen Anfang 1942 und dem 14. April 1944, als er den Doktortitel erhielt, von diesen siebenundzwanzigeinhalb Monaten nicht mehr als acht als Student verbracht hatte. Wo hatte er sich während der restlichen Zeit befunden, und was tat er dort?
Mitte März 1942 ging die Rekonvaleszenz von Leutnant Waldheim zu Ende, und er kehrte in den aktiven Dienst zurück – nach Jugoslawien, das elf Monate zuvor von Deutschland und seinen drei freiwillig oder unfreiwillig mit ihm verbündeten Staaten Italien, Ungarn und Bulgarien überrannt worden war. Leutnant Waldheim wurde als für den Kampfein-

satz ungeeignet, aber für den Dienst im Stab geeignet eingestuft und in die bosnische Stadt Pljevlja geschickt. Dort arbeitete seine neue Einheit, die Kampfgruppe Bader, mit Italiens alpiner Division, der Pusteria-Gebirgsinfanterie, zusammen, um dem Partisanen-Widerstand und seiner zivilen Unterstützung im Gebiet Dubrovnik-Sarajevo ein Ende zu setzen. Da Italienisch die stärkste von Waldheims drei Fremdsprachen war (die beiden anderen waren Französisch und Englisch), wurde er als Dolmetsch ohne Befehlsgewalt in einem Funkwagen, der mit einem Technikerteam besetzt war, über Land geschickt. Über die beiden dort verbrachten Monate behauptete er: »Ich habe während der ganzen Zeit kein Verbrechen begangen. Ich saß dort, das deutsche Kommando erteilte den italienischen Einheiten die Befehle, und die Italiener richteten Botschaften an uns, also brauchten sie jemanden, der übersetzte ...«
Die Kampfgruppe Bader, die nach Paul Bader, dem befehlshabenden General der deutschen Streitkräfte in Kroatien, benannt war, war wegen ihrer harten Behandlung von Zivilisten und Partisanen berüchtigt. Doch es gibt keinen Beweis dafür, daß Leutnant Waldheim und sein Fernmeldeteam jemals bei Deportationen oder »Befriedungsoperationen« anwesend waren. Im Gegenteil, das Wenige, das bekannt ist, zeigt einen relativ friedlichen und manchmal im Gespräch kühnen Dreiundzwanzigjährigen, der das Beste aus einem leicht bedrohlichen Einsatz im Hinterland machte. Von italienischen Zeugen wissen wir, daß er in Pljevlja beliebt war, von jugoslawischen Zeugen, daß er seine Schokolade großzügig mit den Einheimischen teilte, und von verschiedenen Augenzeugen, daß er bei Kerzenlicht mit General Giovanni Esposito, dem Oberkommandierenden der Division Pusteria, Karten spielte und plauderte. Beachtenswert ist, daß Giacomo Scoti in einer 1987 erschienenen Militärgeschichte von Italiens Aktionen zwischen 1941 und 1943 in diesem Gebiet schreibt:

> Viele unserer Offiziere, die zur Alpinen Division Pusteria gehörten, erinnern sich wegen seiner überraschenden antinazistischen Einstellung gern an Lt. Kurt Waldheim. Hauptmann Giuseppe Trabattoni, [jetzt] Notar in Mailand, erinnert sich daran, daß die Behauptungen und das Verhalten des jungen deutschen Verbindungsoffiziers seine Gesprächspartner oft in Verlegenheit brachten und sie beunruhigten, weil sie nicht gewohnt waren, in der Öffentlichkeit über Politik zu diskutieren. Auch unsere Alpinisten mochten Kurt Waldheim wegen seines herzli-

chen, ungezwungenen Benehmens, wie auch im Tagebuch von Korporal Pompeo De Poli aus Belluno berichtet wird.

De Polis Tagebuch erzählt, wie Waldheims mobile Einheit für einige Tage Station in einer italienischen Basis in Cajnica machte. Sobald die vier Deutschen ausgestiegen waren, wurde Leutnant Waldheim in die Offiziersmesse eingeladen, bestand jedoch darauf, mit seinen Männern in der Kantine zu essen. De Poli deutet an, daß seine Vorgesetzten sich daran ein Beispiel hätten nehmen können. Wie dem auch sei, da Leutnant Waldheim mit seinen Vorgesetzten kameradschaftlich verkehrte, den Funkverkehr übersetzte und selbst funkte, mußte er – obwohl er unentwegt das Gegenteil behauptet – bemerkt haben, was die Kampfgruppe Bader und die Infanteriedivision Pusteria den Zivilisten in Jugoslawien antaten.
Dies bestätigte 1988 Zola Genazzini, ein ehemaliger italienischen Leutnant in der Alpinartillerie der Division, nicht nur, weil Waldheim »der erste deutsche Offizier war, den ich je sah«, sondern auch, weil er ein Freund war, der ihn bei einem Osterbankett fragte, ob es stimme, daß einige der Anwesenden Zivilisten getötet hatten. Waldheim wollte vor allem von Genazzini wissen, ob ein Major Ricci gefangene, entwaffnete Partisanen nach einem Gefecht kaltblütig getötet habe. Die Antwort lautete ja, und Waldheim bemerkte, dies bedeute, daß General Esposito »diesen Offizieren gegenüber nicht die erforderlichen disziplinären Maßnahmen ergriffen hatte«. Laut Genazzini wollte Waldheim mit General Esposito darüber sprechen.
Wie so vieles, das den heutigen Kurt Waldheim betrifft, ist diese Episode ein zweischneidiges Schwert: Wenn es zu seinen Gunsten verwendet wird, weist es auf Gewissen, Abscheu und den Wunsch, einem unmoralischen System die traditionellen Regeln des Kriegs aufzuzwingen, hin. Wenn man es gegen ihn verwendet, weist es auf Kenntnis und Bewußtsein hin. In diesem Fall überwog die positive Seite des Schwertes die negative so sehr, daß ich 1989 – als Präsident Waldheim zum ersten Mal von mir hörte, woran sich Ex-Leutnant Genazzini erinnerte – überrascht feststellte, daß er sich weder an Genazzini noch an ihr Gespräch über die Erschießung und auch nicht an ein Osteressen erinnern konnte, obwohl der Name von Major Ricci ein vages Echo auslöste.
»Die italienischen Offiziere erinnern sich viel besser an mich als ich an sie«, erklärte mir Waldheim, »weil sie so viele waren und ich dort der einzige deutsche Offizier war. Ein deutscher Oberst sollte als Verbindungsof-

fizier zu uns geschickt werden, aber er meldete sich krank und tauchte nie auf, so daß ich für die Italiener ihre Verbindung zu den Deutschen war, obwohl man mich nur als Dolmetsch hingeschickt hatte. Ich will Genazzinis Bemerkung nicht bestreiten, weil ich so reagieren würde, aber ich würde lügen, wenn ich Ihnen sagte, daß ich mich an ein solches Gespräch erinnere.«

»Haben Sie jemals das Gespräch mit General Esposito geführt?« fragte ich.

»Ich habe mehrere Male mit General Esposito gesprochen«, erwiderte er. »Er war immer sehr freundlich zu mir, und ich bemühte mich zu erreichen, daß es in Zukunft keine Vergeltungsmaßnahmen geben würde.« Aber Waldheim erinnerte sich nicht daran, daß er jemals mit dem General über Major Riccis Handlungsweise gesprochen hätte, und stimmte darin mit mir überein, daß jeder Leutnant sich sicherlich daran erinnern würde, daß er einem General eine Standpauke gehalten hatte.

Anderseits weist der jugoslawische Journalist Bozidar Dikic – dem gegenüber Waldheim 1986 zum ersten Mal zugab, daß er 1942 in Pljevlja gewesen war – darauf hin, daß dieser innerhalb des Lagers der Division Pusteria arbeitete, wo eine große Zahl von Zivilisten als Geiseln gegen Angriffe der Partisanen festgehalten wurde. Anfang 1942 hatte der italienischen Gouverneur von Montenegro, General Alessandro Pircio Biroli verfügt, daß für jeden getöteten oder verwundeten italienischen Soldaten fünf Jugoslawen sterben mußten. Die Kampfgruppe Bader drängte ihre italienischen Verbündeten, sich einer Offensive im Norden und Osten gegen die Partisanen des kommunistischen Führers Josip Broz – der gerade den Decknamen *Tito* angenommen hatte – anzuschließen. »Um zu kaschieren, daß sie nicht kämpfen wollten«, sagte Dikic, »verursachte die Division Pusteria ein Blutbad. Am 4. Mai 1941 erschoß sie zweiunddreißig Geiseln.« Dikic befragte die überlebenden Geiseln, die behaupteten, daß sie von den Gefängnisfenstern aus Waldheim gesehen hatten. »Er wußte bestimmt, daß im italienischen Gefängnis in Pljevlja Zivilisten festgehalten wurden«, beharrt Dikic, »und daß es zu Massenerschießungen von Geiseln kam.«

Nachdem die Kampfgruppe Bader ihren Auftrag erfolgreich ausgeführt hatte, wurde sie Mitte Mai 1942 aufgelöst. Waldheim wurde Ende Mai zum Kommandostab der Westbosnischen Kampfgruppe versetzt, der im 200 Kilometer nordwestlich von Pljevlja gelegenen Ort Banja Luka stationiert war. Auch hier lautete der Auftrag, den Partisanen-Widerstand

und die ihn unterstützenden Zivilisten zu liquidieren – diesmal in der Kozara-Bergkette, wo Tito seine Kampfkraft aufbaute.
Waldheims neue Einheit gehörte zur 714. Infanteriedivision, die unter dem Befehl von General Friedrich Stahl stand. Er feierte am Sonntag, dem 14. Juni 1942 sowohl seinen dreiundfünfzigsten Geburtstag als auch den bevorstehenden Beginn der »Operation Kozara« mit einem Bankett in Banja Luka. Unter den neunzig Gästen, die Händels »Wassermusik« zu hören bekamen, befanden sich fünfundzwanzig deutsche Offiziere; Leutnant Kurt Waldheim war der rangniedrigste Offizier. Der Zeremonienmeister des Abends, Oberleutnant Heye Deepen, erinnerte sich an ihn. »Er war schüchtern, weil er leicht hinkte«, aber »ein aufrechter, ungewöhnlich höflicher junger Offizier mit österreichischem Charme, jedoch sehr zurückhaltend.« Auch ein kroatischer, bei der Ustascha für »Flüchtlinge« zuständiger Minister namens Oskar Turina war anwesend. Die Ustascha war eine faschistisch beeinflußte separatistische und terroristische Organisation, die 1941 zur Marionettenregierung eines unabhängigen Staates Kroatien avanciert war. Im Vokabular der Ustascha bedeutete Turinas »Flüchtlingsarbeit« Deportationsdienst.
Was war die »Operation Kozara«? Eine gemeinsame deutsch-kroatische Säuberungsaktion im Sommer 1942, die später als das Kozara-Massaker bekannt wurde. Während Ende Juni und in der ersten Julihälfte Tausende Partisanen im Kampf getötet wurden, erschoß man bei Vergeltungsaktionen mindestens genauso viele unbewaffnete Zivilisten. Die Kämpfe wurden am 18. Juli eingestellt, doch die Säuberung, die den ganzen August anhielt, erwies sich als noch tödlicher. Laut dem Partisanenkommandanten Mlado Stanic »vernichteten die Ustascha und die Deutschen alles Leben, das sie fanden – Hühner, Katzen, Hunde, Kinder, Frauen, alte Leute – jeden! Jeder, der die erste Säuberung überlebte, wurde von der nächsten Welle erfaßt.«
Etwa 68 000 Menschen – *hauptsächlich Frauen und Kinder* – wurden in Konzentrationslager deportiert, die der Ustascha-Innenminister Andrija Artukovic erbauen ließ. (Artukovic wurde vierzig Jahre nach dem Krieg von Kalifornien ausgeliefert, wobei Simon und das Wiesenthal-Zentrum Hilfestellung leisteten.) Eintreffende Gefangene wurden bei lebendigem Leib in den Öfen eines umgerüsteten Ziegelwerks in Jasenovac verbrannt, und wenn es trotzdem zu einer Überfüllung kam, befahl Artukovic' Ministerium, das Essen der Kinder zu vergiften.
Über die Hälfte der Deportierten erreichten die provisorischen kroati-

schen Konzentrationslager nie, sondern starben an Hunger, Erschöpfung und Brutalität während der langen Märsche ins Verderben. All dies geschah mit Zustimmung der Deutschen. Erbeutete deutsche Dokumente in den US National Archives in Washington loben die »endgültige Liquidierung« von »Untermenschen«, die ohne Mitleid und Erbarmen durchgeführt wurde, weil »nur Härte dem Land den Frieden wiedergeben kann und weil nur ein kaltes Herz befehlen kann, was befohlen werden muß, damit dieser fruchtbare, göttliche Garten Bosnien wieder für jeden blüht«.

Wo befand sich Waldheim, als dies alles mit nicht geringer Unterstützung durch seine Kampfgruppe geschah? Vierundzwanzig Jahre lang hatte er in der Öffentlichkeit nie erwähnt, daß er sich in dem Gebiet aufgehalten hatte. Dann wurde er Anfang März 1986 von der Presse wieder in die Enge getrieben und sagte zuerst, daß er eine geringfügige Rolle gespielt habe und nichts von Kriegsverbrechen oder Grausamkeiten wußte, die man seinen Einheiten anlastete. »Alles, was ich tat, war, zwischen italienischen und deutschen Befehlshabern zu dolmetschen«, erklärte er Reuter und dem Columbia Broadcasting System (CBS).

Beinahe drei Wochen später, als man seine Unterschrift auf Dokumenten fand, die die Gefallenen der Westbosnischen Kampfgruppe bei der »Säuberungs«-Aktion erwähnten (während der gesamten Operation Kozara wurden nur fünfunddreißig Deutsche getötet und fünfundachtzig verwundet), erklärte er, daß es für einen Stabsoffizier eine Routinearbeit war, über »Ereignisse zu berichten ... Das war eine absolut normale Tätigkeit und hatte nichts mit Greueltaten oder verbrecherischen Handlungen zu tun. Es handelte sich dabei um eine vollkommen korrekte und ehrenhafte Tätigkeit ... Mir war die Härte der Kämpfe genau bewußt, aber ... ich habe nie einen Partisanen gesehen und kam nie mit einem von ihnen in körperlichen Kontakt.«

Waldheim hielt sich nach wie vor an seine Rolle, laut der er ausschließlich Dolmetscher gewesen war. Er trat im österreichischen Fernsehen auf, um die Gerüchte zu dementieren, daß er als Nachrichtenoffizier Gefangene verhört hatte, und fragte arglistig: »Ich spreche kein Wort Serbokroatisch, in welcher Sprache hätte ich also serbokroatische Partisanen verhören können? Ich war Dolmetscher für Italienisch, und ich glaube nicht, daß es italienische Gefangene gab, ganz zu schweigen von deutschen, also ist das Ganze an den Haaren herbeigezogen.« Doch als er sich nach dem Krieg wegen eines Postens an das österreichische Außenministerium wendete, hatte er bei den Sprachen, die er beherrschte, Serbokroatisch angeführt.

Waldheim behauptet, daß er in Banja Luka als »vorübergehend zugewiesener untergeordneter Nachschuboffizier« bei der Westbosnischen Kampfgruppe eingesetzt war. Das wurde von Ernst Wiesinger, einem pensionierten westdeutschen Beamten, bestätigt, der 1986 aussagte, daß er 1942 als Soldat bei der Westbosnischen Kampfgruppe als Proviantmeister eingesetzt war. Sein Büro befand sich in einem Regierungsgebäude neben der kroatischen Staatsbank in Banja Luka. Im Nachbarraum saßen der Quartiermeister, ein Hauptmann der Reserve namens Hermann Plume, und sein Adjutant, Leutnant Kurt Waldheim. Der ehemalige Hauptmann Plume, der einundneunzig Jahre alt war, als man ihn Anfang 1988 in Ostdeutschland aufspürte, bestätigte, daß Waldheim Banja Luka nicht verlassen habe, solange er dort stationiert war.

Am Mittwoch, den 22. Juli 1942 war Leutnant Kurt Waldheim einer von drei Angehörigen der Westbosnischen Kampfgruppe, denen das Ustascha-Regime die Silbermedaille des Ordens der Krone von König Zwonimir von Kroatien mit einem Eichenblatt verlieh, die »mutige Haltung in der Schlacht« symbolisierte. Daß die anderen beiden Empfänger der Zahlmeister und der medizinische Hilfsoffizier waren, bestätigte Waldheims Behauptung, daß König-Zwonimir-Medaillen »wie Schokolade an zahlreiche Generalstabsoffiziere« verteilt worden waren. Waldheims Glaubwürdigkeit litt allerdings darunter, daß er einen Monat zuvor gesagt hatte: »Ich erinnere mich nicht daran, daß mir irgendwer eine solche Medaille gab, daß ich sie jemals in Händen hielt, und ich habe sie ganz sicher nie getragen.«

Ein andermal hatte Waldheim protestiert: »Sie bedecken mich mit Abfall und beschweren sich dann darüber, daß ich stinke.« Im Februar 1988 druckte die deutsche Wochenzeitschrift *Der Spiegel* ein »bisher unbekanntes« Foto ab, das einige Tage nach der Überreichung der König-Zwonimir-Medaille gemacht worden war. Es zeigte einen Gratulationsbesuch des Ustascha-Diktators von Kroatien, Ante Pavelic, im Hauptquartier von General Stahl in Banja Luka, wobei Leutnant Waldheim wie ein Dolmetsch zwischen Pavelic und Stahl stand. Doch Präsident Waldheim sagte, daß der Mann in der Mitte ein anderer Offizier war, denn er sei nicht dort gewesen.

Am 27. und 28. Juli 1942 wurden in Banja Luka 300 einheimische Juden zusammengetrieben, die die Ustascha aus ihren Häusern holte und durch die Straßen jagte. Waldheim sagt, daß er in seinem Viertel von Banja Luka nichts davon erfuhr, obwohl es sich um eine kompakte Gemeinde mit weniger als 40 000 Einwohnern handelte. Am Freitag, dem 31. Juli, wurden alle Juden von Banja Luka mit Lastwagen in das Konzentrationslager Jasenovac gebracht, wo die Tatsache, daß man Jude war, sofort zur Vernichtung führte. Waldheim erinnert sich daran, wo er an diesem Tag war: unterwegs nach Kostajnica, einer etwa 80 Kilometer entfernten Stadt, auf einer Inspektionsreise.

Am 14. August wurde Leutnant Waldheim mit einem ähnlichen Auftrag auf einen anderen Außenposten seiner Einheit in Noskwa geschickt. Das war sein letzter Sonderauftrag bei der Westbosnischen Kampfgruppe, die Ende August aufgelöst wurde, weil sie ihren grausamen Auftrag erfüllt hatte.

Während der fünf Monate des Jahres 1942, die Leutnant Waldheim bei der Kampfgruppe Bader und der Westbosnischen Kampfgruppe in Jugoslawien vorübergehend eingesetzt war, gehörte er ständig dem Stab des Hauptquartiers der 12. Deutschen Armee an. Ende September war es in Arsakli in Nordostgriechenland stationiert, und er mußte dorthin reisen. Sein erster Aufenthalt in diesem Ort war kurz, aber angenehm. Die Gartenvorstadt Arsakli liegt auf einem hohen Hügel oberhalb von Saloniki mit Ausblick auf eine Bucht der Ägäis und wird von der Gebirgsbrise gekühlt.

Am 13. November 1942 erhielt Waldheim einen viermonatigen »Studienurlaub«, um seine Dissertation zu beenden. Sechs Tage später war er nach Österreich unterwegs und kam gerade zurecht, um ein halb inoffizielles Seminar zu belegen, das sein Lieblingsprofessor Dr. Alfred Verdross-Drossberg an der Universität Wien hielt. Verdross war nach dem Anschluß von der Diplomatischen Akademie verbannt, aber von der Universität gerade noch behalten worden. Die Nazibehörden gestatteten ihm, über Internationales Öffentliches Recht zu lesen; ihm war jedoch verboten, seine beliebte Vorlesung über Rechtsphilosophie zu halten, daher hielt er sie als privaten Tutorenkurs für eine Handvoll Studenten, denen er vertrauen konnte. Unter ihnen befanden sich im Wintersemester 1942–43 Norbert Bischoff, später Österreichs erster Nachkriegsbotschafter in Moskau; Franz König, später Kardinal und Erzbischof von Wien, und Kurt Waldheim, der zum Oberleutnant der deutschen Wehrmacht ernannt wurde, während er bei dem austrofaschistischen, aber oft antinazistischen Professor Verdross studierte.

Gegen Weihnachten 1942 reiste Kurt Waldheim in das besetzte Holland, um Susanne Kempers, seine Klassenkameradin von der Diplomatischen Akademie, zu besuchen. Er trug Zivilkleidung: »Einen sagenhaft eleganten Anzug«, erinnerte sie sich, und fügte hinzu, daß er ihn in Paris hatte anfertigen lassen, als er 1940 in Frankreich stationiert war. Während Waldheims Kleidung sie nicht besonders beeindruckte, bemerkte sie, daß ihr *»kleinbürgerlicher provinzieller«* Bewunderer seit ihrem letzten Zusammensein »ein sehr kosmopolitischer Mann von Welt« geworden war. Obwohl er ihr dafür dankte, daß sie den Schal gestrickt hatte, der sein Bein vor der Amputation rettete, sagten ihr sein Hinken und seine Augen mehr als Worte über seine Erlebnisse in der Zwischenzeit. Susanne zeigte Kurt per Rad und zu Fuß die Verheerungen, die die Deutschen in Amsterdam angerichtet hatten. Und sie erzählte ihm von den Deportationen von Juden, die gerade begonnen hatten.

»Es ist so schrecklich, so schrecklich«, wiederholte er immer wieder. Am nächsten Morgen sagte er beim Frühstück zu Susanne und ihrer Mutter: »Wenn dieser Krieg zu Ende ist und ich ihn überlebt habe, werde ich den Rest meines Lebens für den Frieden arbeiten.« Susanne Kempers ist heute noch davon überzeugt, daß ihr alter Freund sein Versprechen gehalten hat.

Als Waldheim Anfang 1943 nach Wien zurückkehrte, ersuchte er Professor Verdross, ihm ein Thema für seine Dissertation zu geben. Verdross machte ihn mit den Schriften eines preußischen politischen Theoretikers namens Konstantin Frantz (1817–1891) bekannt.

In seinen beiden Memoiren erwähnte Kurt Waldheim sehr wohl, daß er seine Dissertation »über die föderalistischen Prinzipien von Konstantin Frantz« geschrieben hatte. Im April 1986 gab das Wiesenthal Center in Los Angeles während Waldheims Wahlkampagne bekannt, daß es seine vierundneunzig Seiten umfassende Dissertation im Archiv der Oesterreichischen Nationalbank ausgegraben habe, und bezeichnete sie als »Billigung« der Nazi-Ideologie.

Obwohl Waldheims Dissertation bis 1944 weder abgegeben noch angenommen wurde, schrieb er den größten Teil Anfang 1943 während seines »Studienurlaubs« von der Balkanfront. Das war auch die Zeit, in der er sich in die Jurastudentin Elisabeth Charlotte Valerie Ritschel verliebte. Sie war hochgewachsen, hübsch und sah mit den im Alter von einundzwanzig Jahren noch vorhandenen Zöpfen keck aus; sie wurde »Liselotte« oder »Lilo« und später »Sissy« genannt. Waldheim schreibt in seinen Memoiren: »Die Männer ihrer Familie waren Berufsoffiziere im österreichisch-ungarischen Reich gewesen, und ihr Vater war während des Ersten Weltkriegs schwer verwundet worden. Als sein Regiment endgültig aufgelöst wurde, war er bereits ein halbwegs erfolgreicher Geschäftsmann.« Waldheim vergißt hinzuzufügen, daß Herr Ritschel seit 1934 Mitglied der illegalen NSDAP war.

Während sich Leutnant Waldheim auf seinem sehr lohnenden Studienurlaub fern von Arsakli befand, war seine ständige Einheit, die 12. Deutsche Armee, zur von General Alexander Löhr befehligten Armeegruppe E umbenannt worden. Er war Österreicher und wurde 1947 wegen seiner Rolle bei der Bombardierung von Belgrad (1941) in Jugoslawien als Kriegsverbrecher hingerichtet. Am 15. Januar 1943 war ein Mitarbeiter Eichmanns nach Saloniki gekommen, um ein Team zusammenzustellen. Alois Brunner, sein Stellvertreter in Griechenland, Dieter Wisliceny, sein neu ernannter Vertreter in Saloniki, Max Merten, ein Generalstabsoffizier, und General Löhr erhielten den Befehl, die Juden aus Saloniki zu deportieren. Der von Merten unterschriebene Befehl MV 1237 besagte, daß alle über fünf Jahre alten Juden gelbe Sterne tragen und in Ghettos leben mußten. Der Holocaust-Historiker Gerald Reitlinger, Autor des Buchs *Die Endlösung,* stellte 1986 fest, daß General Löhr; »mit Deportationen von Juden vielleicht mehr zu tun gehabt hatte als jeder andere deutsche Armeekommandant«.

Die Deportation der Juden von Saloniki begann Mitte März 1943: dem Monat, in dem Waldheims Urlaub zu Ende ging. Von Mitte März bis Mitte Mai arbeitete das unter dem Befehl von General Löhr stehende Heerespersonal Hand in Hand mit der SS und schickte etwa 40 000 griechische Juden – ein Viertel der Stadtbevölkerung – in die Gaskammern Polens. Beinahe jeden Tag wurden 2 000 Männer, Frauen und Kinder in Wehrmachts-Güterzüge gepfercht und in den Tod transportiert. Jeder Deportierte mußte die Fahrt in die Todeslager selbst bezahlen; halber Preis für Kinder unter zehn Jahren; Kinder unter vier Jahren bezahlten nichts, und es gab wesentliche Ermäßigungen für Rückfahrkarten, die jeder verlangte und die niemand verwendete. Eichmann hatte komplizierte Vereinbarungen mit dem deutschen Transportministerium getroffen, damit eine offizielle Agentur, das Mitteleuropäische Reisebüro, der Gestapo Rechnungen ausstellte; es bot auch arischen Urlaub auf den griechischen Inseln und anderen Zielen an; Gruppen reisten zum halben Preis. Der »Wiederansiedlungsbetrag«, den die Gestapo bezahlte, betrug vier Pfennige pro Bahnkilometer für Erwachsene. Die Deportation der Juden Salonikis kostete beinahe zwei Millionen Mark, die die Opfer bezahlten – zuerst mit ihrem Besitz und dann mit ihrem Leben.

Als Waldheim im März 1986 zum ersten Mal zugab, daß er jahrelang auf dem Balkan im Einsatz gestanden hatte, behauptete er, daß er am 31. März 1943 nach Saloniki geflogen war, um den Dienst wieder anzutreten. Doch er bestand darauf, daß ihm ein Reporter der *New York Times,* der ihn dreiundvierzig Jahre später interviewte, zum ersten Mal von den Massendeportationen der Juden von Saloniki erzählt habe, obwohl sich der Sammelplatz für die Transporte gegenüber vom Hauptbahnhof befand. »Ich hielt mich oben in den Bergen von Arsakli auf«, erklärte er dem Wiener Wochenmagazin *profil.* »Ich schwöre Ihnen, daß ich nichts mit den Deportationen zu tun hatte. Ich schwöre Ihnen, daß ich es eben erst durch die Presse erfahren habe.« Als ihn die deutsche Wochenzeitschrift *Der Spiegel* fragte, ob er nicht wenigstens Menschen mit dem gelben Stern gesehen habe, erwiderte Waldheim: »Keinen einzigen.«

Als Oberst Roman Loos, der ehemalige Chef der deutschen Geheimen Feldpolizei im Gebiet von Saloniki, 1986 davon hörte, rief er ungläubig: »Was?! Das wußte er nicht?! Das wußte jeder!« Abraham Foxman von der Anti-Verleumdungsliga B'nai B'rith meinte: »Wenn er nicht wußte, was dort geschah ... war er wahrscheinlich der unfähigste Bürokrat der Welt. Wenn er es wußte, ist er ein Lügner.«

»Ja, er lügt«, bestätigte Simon Wiesenthal, »wenn er sagt, daß er nie von der Deportation der Juden von Saloniki erfuhr, obwohl er zum Teil während dieser Zeit dort war. Wie kann ein Fünftel der Bevölkerung einer Stadt verschwinden, ohne daß es jemand bemerkt? Er beantwortet alles, was die Leute über ihn sagen, automatisch mit ›nein‹, deshalb muß er manchmal seine Erklärungen berichtigen. Durch diese Lügen verliert er seine Glaubwürdigkeit gänzlich. Aber dadurch wird er nicht zum Kriegsverbrecher, denn ein Kriegsverbrecher ist auch ein Mörder.«

Im April 1986 hatte die Kontroverse Waldheims Erinnerung aufgefrischt, und er änderte seine persönliche militärische Chronologie so, daß es nun hieß: »... kehrte Anfang Juli 1943 über Tirana zurück.« Er behauptete jetzt, daß er als Dolmetscher direkt in die von den Italienern besetzte albanische Hauptstadt geschickt wurde. Anschließend legte er einen Brief seines dortigen Kommandanten sowie die eidesstattliche Erklärung eines Kollegen vor, der bestätigte, daß sich Waldheim ungefähr zu der von ihm angegebenen Zeit in Tirana aufgehalten habe. Aus Waldheims Soldbuch geht hervor, daß er sich am 2. April 1943 in Belgrad aufgehalten hatte, wo er vom Feldbüro 187 1 275 jugoslawische Dinar als Sold und für Spesen für durchreisende Stabsangehörige erhielt. Man könnte, so wie seine Kritiker, Haarspalterei betreiben und behaupten, daß er genug Zeit gehabt habe, um einen oder mehrere Tage in Saloniki zu verbringen. Aber ein Blick auf die Landkarte zeigt, daß man Leutnant Waldheim logischerweise befehlen würde, von Wien via Belgrad nach Tirana zu reisen, während ihn die Route über Saloniki nach Tirana nicht einmal in die Nähe von Belgrad gebracht hätte. Außerdem, was hätte er schon in Saloniki innerhalb von einigen Stunden sehen können? Es fällt einem nicht schwer zu glauben, daß er keinen Deportationen begegnet ist – vor allem, wenn es sie gar nicht gab. Es fällt einem jedoch schwerer zu glauben, daß er sich vorerst daran »erinnerte«, von seinem Heimaturlaub an einen Ort geflogen zu sein, aber – wie er später sagte – nie dort war.

XXIX. Der Mann, der nicht da war

Ein Foto von seinem vergessenen-und-dann-erinnerten albanischen Auftrag 1943 hat Kurt Waldheim mehr geschadet als die Tausenden Worte, die über seine Tätigkeit während des Krieges geschrieben wurden. Am Samstag, dem 22. Mai, reiste Leutnant Waldheim mit seinem Chef Oberst Joachim Macholz von Tirana nach dem nicht einmal hundertfünfzig Kilometer entfernten Podgorica (später Titograd in Jugoslawien). Dort sollte er eine Zusammenkunft zwischen einem italienischen General und zwei deutschen Generälen koordinieren. Das berühmte Bild zeigt vier Offiziere, die neben einem Flugzeugflügel stehen (manchmal ist der Flügel weggeschnitten) und sich gerade von dem deutschen General Rudolf Lüters verabschiedet haben. Dieser war anstelle Baders zum deutschen Befehlshaber in Kroatien ernannt worden und war im Begriff, zu seinem Hauptquartier zu fliegen. Von den vier Männer auf dem Flugplatz ist einer der italienische General Ercole Roncaglia; ihm gegenüber steht der General der *Waffen-SS* Artur Phleps, der eine Aktentasche trägt. Zwischen ihnen stehen Oberst Macholz und Leutnant Waldheim. Kurt Waldheim ist die größte, zentralste und scheinbar beherrschende Gestalt auf dem Foto.

Waldheims offizielle Verteidigung, »Das Weißbuch«[4], gerät in einen Taumel gerechter Empörung über den Schaden, den ein Bild angerichtet hat, das ein Amateurfotograf 1985 in Innsbruck ausgrub:

> Zunächst versuchten Dr. Waldheims Kritiker, dieses Foto als Beweis für eine gemeinsame militärische Mission für ihn und einen SS-General hinzustellen. Die Kritiker gingen sogar so weit, die Stiefel zu beschreiben, die er trug, weil sie Teil der SS-Uniform waren. Diese absurde Annahme übersah die Tatsache, daß die meisten deutschen Offiziere Stiefel trugen. Außerdem besaß Dr. Waldheim ein Patent als Kavallerieoffizier, und hohe Reitstiefel gehörten traditionell zur Uniform eines Kavallerieoffiziers.

Das »Weißbuch« zitiert Macholz' Aussage, daß Waldheim ausschließlich als Dolmetscher anwesend war, und fügt hinzu, daß »seine Kritiker, die ihn als Hauptperson sehen, weil er auf dem Foto im Vordergrund steht, wieder einmal das Naheliegende nicht wissen: Dolmetscher erscheinen auf Fotos ausnahmslos mit den Hauptpersonen, denen sie dienen, und stehen für gewöhnlich zwischen ihnen.«

Als das berühmte Foto Anfang März auftauchte, konfrontierte ihn ein Korrespondent der *New York Times* damit, was die Sache noch schlimmer machte. Waldheim erwiderte zunächst: »Das ist nur ein Teil einer bewußten Haßkampagne.« Später erinnert er sich nur daran, daß er beim Dolmetschen Phleps' harte Ausdrücke milderte und die Italiener ermahnte, für die Kriegsanforderungen mehr Menschenpotential und Energie aufzubringen, worauf der SS-General – ein Volksdeutscher – sich ihm zuwandte und murmelte: »Ihnen ist nicht klar, daß ich Italienisch kann. Bitte übersetzen Sie, was ich sage.«

Wie viele Dolmetscher, die als Übertragungsmittel für ein schnell wechselndes Gespräch dienen, erinnert sich Waldheim nicht daran, was er an diesem Tag übersetzte – und daran hätte sich auch nichts geändert, wenn er in der darauffolgenden Nacht versucht hätte, es sich ins Gedächtnis zu rufen. Aber es steht zweifelsfrei fest, daß in der Diskussion von Podgorica am 22. Mai 1943 das *Unternehmen Schwarz* ein Thema gewesen war; es war eine Woche zuvor gestartet worden, um den Widerstand der Partisanen in den jugoslawischen Ländern Montenegro und Kroatien endgültig aus der Welt zu schaffen. Der Befehl des deutschen Oberkommandos in Kroatien vom 6. Mai hatte ausdrücklich vorgesehen, daß »die Truppen rücksichtslos und mit brutaler Härte gegen die feindliche Bevölkerung vorgehen sollen«. Am 23. Mai startete General Phleps als Befehlshaber der *Waffen-SS*-Division *Prinz Eugen* einen Tag, nachdem Waldheim mit ihm fotografiert worden war, eine Säuberung der Region Podgorica. 1986 erwähnte der Jüdische Weltkongreß, daß Waldheims Chef, Oberst Macholz, dort geblieben war, um die italienische Beteiligung an der Operation Schwarz zu koordinieren. Wo steckte also Waldheim? Seine Antwort: »Ich erinnere mich an überhaupt nichts.«

Als die *Operation Schwarz* im Juni endete, waren über 16 000 »Feinde« Deutschlands tot, von denen 12 000 als Kommunisten bezeichnet wurden. Nur 1 500 »Feinde« wurden gefangengenommen.

Nachdem sich Oberleutnant Waldheim Anfang Juli 1943 in Arsakli zurückgemeldet hatte, wurde er als einer der drei Offiziere im deutschen Generalstab, die in der griechischen Hauptstadt mit der 11. Italienischen Armee zusammenarbeiteten, nach Athen geschickt. Vom 19. Juli bis zum 21. August gehörte es zu seinen Pflichten, das Kriegstagebuch des Stabs zu schreiben. Am 8. August verwendete Waldheim die anerkannte Terminologie seiner Einheit, Partisanen als *Banditen* zu bezeichnen, und schrieb:

> In bezug auf die Behandlung der Banditen werden entsprechende Anweisungen an die Erste Gebirgsdivision geschickt. Gemäß einem neuen Befehl des Führers müssen im Kampf gefangene Banditen erschossen werden. Des Banditentums Verdächtige müssen gefangengenommen und zum Einsatz in Arbeitstrupps nach Deutschland geschickt werden.

Arbeitssklaven wurden gebraucht, um Deutschlands versagende Kriegsmaschinerie in Gang zu halten. Zwei Tage später gab General Löhr einen Befehl heraus, durch den das Netz über die Kader von vermutlichen Partisanen hinaus erweitert wurde:

> Es kann sich auch als notwendig erweisen, die gesamte männliche Bevölkerung – soweit sie nicht erschossen oder gehängt werden muß, weil sie zu den Banditen gehört oder sie unterstützt, und soweit sie nicht arbeitsfähig ist – festzunehmen und sie zu den Gefangenensammelplätzen zum Weitertransport in das Reich zu bringen.

Die erste Gebirgsdivision der deutschen Armee – die in der Pinduskette in Nordwestgriechenland operierte – hatte seit Wochen um die Bewilligung angesucht, die gesamte männliche Zivilbevölkerung aus den Gebieten zu deportieren, in denen sie Säuberungsaktionen gegen die Partisanen unternahm. Hitlers Befehl und dessen Erweiterung durch Löhr (sie dienten bei den Nürnberger Prozessen als Beweise für Kriegsgreuel) deuteten an, daß die Zeit gekommen war. Am 15. August funkte die Gebirgsdivision folgende Nachricht an Athen:

> Aus Berichten und italienischen Informationen verstärkter Eindruck von starken Banditenkonzentrationen im Gebiet südöstlich von Arta. Die Bildung von Brückenköpfen durch Gruppen scheint besonders vielversprechend, deshalb werden geplante Säuberungsaktionen für notwendig gehalten. Hoffnung auf Erfolg nur dann, wenn alle männlichen Zivilisten gefaßt und deportiert werden ...
> Zivilisten verharren abwartend. Kein Zweifel betreffend totalen Einsatz des Feindes. Ioannina und das dort operierende Jüdische Komitee müssen als Vorbereitungszentrum für eine Widerstandsbewegung gesehen werden ...

Die Mitteilung wurde empfangen, von Leutnant Waldheim als »richtig« bestätigt und von ihm an den Leiter des deutschen Generalstabs in

Athen, General Heinz von Gyldenfeldt, geschickt. In seiner Antwort teilte Gyldenfeldt der Ersten Gebirgsdivision mit: »In bezug auf das Zusammentreiben der männlichen Bevölkerung sollte General Löhrs Befehl Klarheit geschaffen haben.« Mit anderen Worten: *»Na los doch, tu es, aber schieb nicht mir die Schuld zu.«*

Waldheims »Weißbuch« argumentiert sachlich begründet und ziemlich scharf wie folgt:

> Dr. Waldheims Kritiker behaupten, daß diese Eintragungen ihn für die Aktionen der Truppen verantwortlich machten, die ihrem Auftrag gemäß diesen Befehl ausführten. Tatsache ist, daß diese Eintragungen kein Hinweis auf den Beginn oder die Ausführung eines Befehls oder einer Aktion sind, sondern sie zeigen nur, daß der deutsche Verbindungsstab die Befehle aufzeichnet, die eine höhere Stelle erläßt. Weil Dr.Waldheim keine Rolle bei der Formulierung oder Ausgabe dieser Befehle gespielt hat, war er nicht in der Lage, ihre Direktiven zu verändern oder ihre Durchführung zu verhindern.

Oder, wie es Simon Wiesenthal ausdrückt: »Der Krieg hätte nicht aufgehört, wenn Waldheim protestiert hätte. Sein Stuhl hätte vielleicht zehn Minuten lang leer gestanden, dann hätte jemand anderer in ihm gesessen.«

Die deutsche Armee in Griechenland ließ in diesem Sommer ihre störrischen italienischen Partner nicht aus den Augen, als die Alliierten am 10. Juli 1943 in Sizilien landeten. Mussolini wurde abgesetzt und zwei Wochen später gefangengenommen. Sein Nachfolger, Marschall Pietro Badoglio, löste die faschistische Partei auf und unterzeichnete am 3. September in Algier einen Waffenstillstand mit den Alliierten. Fünf Tage später wurde bekannt, daß Italien bedingungslos kapituliert hatte. Mussolini wurde durch die Deutschen befreit und stellte in Norditalien eine faschistische Marionettenregierung auf. Inzwischen erklärte Badoglio, der sich den Alliierten als »Mitkämpfer« angeschlossen hatte, Deutschland den Krieg.

Über Nacht wurden unzuverlässige Partner in Griechenland zu Kriegsgefangenen – und Waldheim war dank seiner Kenntnis der italienischen Sprache der Vermittler, als sein direkter Vorgesetzter, Oberstleutnant Bruno Willers, mit seinem italienischen Gegenspieler zusammenkam, um die Kapitulation der 11. Italienischen Armee auszuhandeln. Nachdem die italienischen Truppen die Waffen friedlich niedergelegt hatten, warteten sie eher naiv darauf, daß die Deutschen sie nach Hause brachten – »durch Deutschland«, wie man ihnen sagte. Doch dort wurden Zehntausende italienische Offiziere und Soldaten in Zwangsarbeiterlagern interniert.

Vom Juli an, als Waldheims Verbindungsteam in Arsakli von Löhr und Gyldenfeldt Anweisungen für den Fall erhielt, daß Italien plötzlich das Bündnis mit Deutschland aufkündigte, bis Ende September, als der letzte Rest der 11. Armee aus Griechenland nach Norden verlegt wurde, wußte Leutnant Waldheim in Arsakli besser über die Lage Bescheid als beinahe jeder andere. Dr. Hagen Fleischer, ein Geschichtsprofessor an der Universität Kreta, der von dem Tag an, an dem Waldheim 1971 zum Generalsekretär der UNO ernannt wurde, dessen Vergangenheit recherchierte, sagte, daß er folgendes ermittelt habe: Nachdem Waldheim an den Kapitulationsverhandlungen der 11. Armee teilgenommen hatte, »verhörte er persönlich italienische Gefangene, denn die Deutschen befürchteten, daß die Italiener zu ... der Untergrund-Widerstandsbewegung desertieren würden, und begannen mit Strafoperationen«. Doch Oberstleutnant Willers besteht bis heute darauf, daß Waldheim nicht nur keiner Fliege etwas getan hätte, sondern auch nicht die Befugnis dazu hatte.

Bei seiner Rückkehr in das Hauptquartier in Arsakli wurde Waldheim zum Ordonnanzoffizieer beim Nachrichtenoffizier in General Löhrs Stab ernannt. Laut einer Analyse des US-Justizministeriums aus dem Jahr 1986 war dies »für einen jungen Leutnant eine ansehnliche Leistung«. Auf einem Posten, den für gewöhnlich Hauptleute, Majore oder sogar Oberstleutnants innehatten, arbeiteten zwei ihm unterstellte Oberleutnants für Waldheim.

Von Ende 1943 bis zum Kriegsende bekam Waldheim einen weiteren Erfolgstyp als Chef. Er war dreißig Jahre alt, in Schlesien geboren, Oberstleutnant, hieß Herbert Warnstorff und war zwanzig Jahre jünger als sein Stellvertreter, Major Wilhelm Hammer, ein preußischer Reserveoffizier und Leiter eines Heilbads, der wegen einer Verwundung aus dem Ersten Weltkrieg am Stock ging.

Oberst Warnstorff, der nach dem Krieg ein erfolgreicher Stofferzeuger wurde, bestätigte 1986 Waldheims Behauptung, daß dieser während ihrer gemeinsamen Militärmonate ausschließlich ein Schreibtischoffizier gewesen war. Die meiste Zeit, sagte Warnstorff, überließ er es Waldheim, die täglichen geheimen Informationen an General Löhr weiterzugeben, der sich mit seinem österreichischen Mitbürger besser vertrug als mit Waldheims preußischen und schlesischen Vorgesetzten. Allen Anwesenden war bald klar, daß der hochgewachsene Leutnant der Liebling des Generals war. Wenn Warnstorff oder Hammer berichteten, war Löhrs erste Frage: »Wo ist Waldheim?« Wenn man ihn daran erinnerte, daß dieser Ende 1943 auf einen Fünf-Wochen-Studienurlaub gegangen war, bemerkte Löhr voll zärtlicher Bewunderung: »Das stimmt. Er studiert immer.«

Waldheim überarbeitete tatsächlich seine Dissertation, verlobte sich aber auch mit Lieselotte Ritschel. Trotz der politischen Differenzen erwärmten sich die klerikal-faschistische Familie Waldheim und die Nazi-Familie Ritschel füreinander, und man einigte sich darauf, daß Kurt und Sissy irgendwann Mitte 1944 heiraten würden, vorausgesetzt, der Krieg verhinderte es nicht. Sofort nach dem Weihnachtsessen 1943 bei den Waldheims in Baden kehrte der Bräutigam zum aktiven Dienst in Arsakli zurück.

Dort mußte er nicht nur General Löhr sowie wichtige Besucher über die Situation unterrichten, sondern auch Informationen über feindliche Bewegungen sammeln und zusammenfassen. Auf diesem Posten war Waldheim laut Professor Fleischer (dessen Spezialgebiet die deutsche Besetzung Griechenlands ist) »einer der bestinformierten Männer in den deutschen Streitkräften«, der »alle Aspekte der Besetzung des Balkans« kannte. Doch Fleischer geht zu weit, wenn er hinzufügt, daß Waldheim vermutlich bei Hinrichtungen in Jugoslawien anwesend war. Da Waldheim über mehr Informationen verfügte, war er auch einer der ersten, der erkannte, daß der Krieg verloren war.

Geschichtsprofessor Herzstein von der Universität von South Carolina (der auch als Ermittler für den Jüdischen Weltkongreß tätig ist), war ebenfalls der Meinung, daß Waldheim Ende 1943 »in einer Armeegruppe von 300 000 Soldaten zum wichtigen Geheimdienstmann geworden war«. Dr.Herzstein meinte weiter: »Ich habe siebzehn Jahre Ermittlungsarbeit in den deutschen bürokratischen Aufzeichnungen aus dieser Ära hinter mir, bin aber selten auf so viel Verantwortung in den Händen eines so jungen Offiziers gestoßen.« Anfang 1944 erhielt Leutnant Waldheim eine weitere Medaille: das deutsche Kriegsverdienstkreuz zweiter Klasse mit Schwertern, »das für besondere Verdienste in einer Zone mit feindlichen Aktivitäten oder für außergewöhnliche Verdienste zur Förderung der kämpferischen Leistung« verliehen wurde.

Auf einem mit 1. Dezember 1943 datierten Dienstplan sind die übrigen Aufgaben des Oberleutnants Waldheim angeführt:

Die täglichen Morgen- und Abendberichte der Nachrichtenabteilung unterschreiben – sie manchmal auch skizzieren –, um an Hand von Informationen, die er vom Feld und von seinen Adjutanten erhielt, ihre Richtigkeit zu bestätigen ...

Personalangelegenheiten – einschließlich der Fähigkeit, die »politische Verläßlichkeit« von Offizieren, Unteroffizieren und Mannschaften zu beurteilen.

Verhöre von Gefangenen.

Und »Sondereinsätze«, eine Sammelbezeichnung, die im Dritten Reich eine unvorstellbare Vielfalt von Sünden deckte.

Waldheim bestreitet, daß er jemals einen Gefangenen verhört hat – er beharrt darauf, daß es, falls jemand dafür zuständig war, die Aufgabe von Major Hammer von der Gegenspionageabteilung gewesen wäre. Einer seiner Adjutanten sowie Ex-Oberst Warnstorff bestätigen diese Auffassung.

An diesem Punkt sollte festgestellt werden, daß weder dieses noch eines der anderen Bücher über die Affäre Waldheim mehr als Indizien gegen Waldheim vorgelegt haben. Es ist auch nicht wahrscheinlich, daß künftige Untersuchungen eine »rauchende Pistole« zutage fördern werden, wie sie Michael Graff – der ehemalige Generalsekretär der Österreichischen Volkspartei, deren Präsidentschaftskandidat Waldheim 1971 und 1986 war – so treffend beschrieben hat: »Solange nicht bewiesen ist, daß er mit eigenen Händen sechs Juden erwürgt hat, gibt es kein Problem.« Graff mußte zurücktreten, weil Simon Wiesenthal diese Äußerung als »Beleidigung für den Wert jedes Juden« betrachtete, doch seine zynische Vorstellung von dem, was Waldheims Freunde befürchteten und seine Feinde zu finden hofften, war vernichtend genau.

Ein Überlebender der 1944 erfolgten Deportation der 2 000 Juden aus Joannina, einer Stadt im Nordwesten von Griechenland, kam 1986 Graffs Rezept für harte Beweise gegen seinen Helden am nächsten. Er schwor, daß er gesehen habe, wie ein deutscher Offizier, den er jetzt als Kurt Waldheim identifizierte, seinen Bruder am 24. März geschlagen habe. Daraufhin sagten drei weitere Deportierte aus Joannina aus, daß Leutnant Waldheim sie einen Tag später in Larissa, wo sie von den Lastwagen in einen für Auschwitz bestimmten Zug umgeladen wurden, mit einem Stock geschlagen habe. Aber Waldheims militärische Unterlagen zeigen, daß er am 23. Februar 1944 infolge einer im Januar festgestellten Schilddrüsenerkrankung Krankenurlaub sowie die Erlaubnis bekam, nach

Österreich zu fahren. Er traf am 1. März im Militärischen Behandlungszentrum am Semmering ein, einem achtzig Kilometer vom Haus seiner Familie in Baden entfernten Luftkurort. Er wurde erst am 29. März entlassen.

Auf dem Semmering legte Waldheims Verlobte letzte Hand an seine Dissertation, indem sie diese in ihrem Zimmer im nahen Hotel Panhans auf einer tragbaren Schreibmaschine tippte; sie nützte jede sich bietenden Gelegenheit aus, um ihren Jura-Vorlesungen zu entkommen und ihren Verlobten zu besuchen. Waldheim reichte seine vierundneunzig Seiten lange Arbeit über Konstantin Frantz während seines Krankenaufenthalts ein und erhielt beinahe sofort ein Telegramm von seinem Professor: »DISSERTATION ANGENOMMEN. GLÜCKWUNSCH. VERDROSS.« Das führte zur Verlängerung von Waldheims Urlaub – er wurde am Freitag, den 14. April 1944 in der Wiener Universität zum Doktor juris promoviert; seine Unterschrift beweist, daß er die Urkunde persönlich übernahm. Am gleichen Tag trat seine Verlobte wieder in die katholische Kirche ein. Zwei Tage später kehrte Dr. Kurt Waldheim nach Arsakli zurück.

Seine nun folgenden Aktivitäten wurden genau geprüft, denn die schwersten gegen ihn erhobenen Beschuldigungen werfen ihm »Mord« und die »Ermordung von Geiseln« zwischen April 1944 und Mai 1945 vor. Erstaunlicherweise waren diese Anschuldigungen in der Akte Nummer 79/724 der Kommission für Kriegsverbrechen der Vereinten Nationen enthalten, ein siebenseitiges Dokument, das von 1948 bis 1986 in dem Archiv der UNO-Zentrale begraben war, also auch während des Jahrzehnts, in dem Waldheim Generalsekretär der Vereinten Nationen war.

Am 21. April 1944, also sofort nach Waldheims Rückkehr nach Arsakli, gab Major Hammer eine Nachricht durch, in der er die Zahl der Juden und Ausländer auf der griechischen Insel Korfu schätzte und der Korpsgruppe von Ioannina befahl, sie zu registrieren. Am 28. April sandte die Nachrichtenabteilung der Korpsgruppe der Kommandobehörde in Arsakli einen Brief, in dem sie darum ersuchte, daß der Nazi-SD (Sicherheitsdienst) und die Gestapo »Durchführungsmaßnahmen bewirkten ... um die jüdische Frage zu regeln«, indem man die etwa 2 000 auf Korfu lebenden Juden »evakuierte«. Am 12. Mai erklärte sich General Löhr bereit, »Transportmittel für eine beschleunigte Evakuierung der Juden zur Verfügung zu stellen«. Am 17. Juni berichtete die SS, daß auf Korfu 1 795 Juden »ergriffen und von der Insel« nach Auschwitz »abtransportiert wurden«, wo die meisten von ihnen starben.

Beide April-Verständigungen sind vollständig im »Weißbuch« abgedruckt; zur Klarstellung wird ergänzt, daß in Arsakli ausschließlich Major Hammer, der *Gegenspionage*-Offizier, und nicht Waldheim, der *militärische* Nachrichtenoffizier, für Deportationen zuständig war.
Waldheim befand sich noch auf Urlaub in Österreich, als am 7. April 1944 ein aus sieben Engländern und drei griechischen Partisanen bestehendes Partisanenkommando – das in einem Fischkutter unter türkischer Flagge zu einem Überfall auf die von den Deutschen besetzten Ägäis-Inseln Khalki und Alimna unterwegs war – bei einem Feuergefecht mit einem deutschen Patrouillenboot gefangengenommen wurde. Besatzung und Schiff wurden zur griechischen Insel Rhodos gebracht. Das Hochleistungs-Funkgerät des Kutters war ein großartiger Fang für den deutschen Geheimdienst, der einige Tage lang den britischen Marine- und Flottennachrichtenverkehr abhören konnte, bevor den Engländern klar wurde, daß sich das Gerät in feindlichen Händen befand. Die Gefangenen wurden nach Saloniki gebracht und dort vierzehn Tage lang verhört – aber angeblich nicht von Waldheim.
Die Vernehmungsbeamten berichteten nach Arsakli, was sie erfahren hatten; dieser Bericht traf am 24. April ein und wurde mit Waldheims Paraphe auf dem »Erhalten«-Stempel bestätigt. Soweit ist Waldheims Kenntnisnahme belegt. Zwei Tage später telegrafierte die Geheimdienstabteilung in Arsakli dem Oberkommandierenden Südost in Belgrad, daß weitere Verhöre »fruchtlos« wären, und »ersuchte um Entscheidung, ob die Gefangenen jetzt an den SD überstellt werden sollen«, was Folter oder Hinrichtung oder beides bedeutete. Sechs der Engländer wurden hingerichtet. Der einzige Überlebende war der Hauptmann des Einsatzkommandos, der lange bevor die Todesurteile von Belgrad über Arsakli nach Saloniki gelangten, von Rhodos direkt in ein Kriegsgefangenenlager gebracht worden war.
Am 1. Juli nachts verlief der Versuch eines britischen Kommandos, auf der Insel Calino zu landen, ähnlich. Die Deutschen machten drei Gefangene: zwei verwundete Engländer und einen amerikanischen Arzt. Die beiden Engländer wurden nach Athen geflogen, wo einer von ihnen, der Soldat Fishwick, im Krankenhaus starb. Der zweite, ein Sergeant namens John Dryden, verschwand, nachdem man ihn dem SD übergeben hatte, und zwar »in Übereinstimmung mit dem Führerbefehl« vom 18. Oktober 1942, laut dem gefangene alliierte Kommandos sich nicht ergeben durften, sondern »bis zum letzten Mann eliminiert

werden mußten« – entweder sofort oder nach dem Verhör. Diese nachträgliche Ergänzung vom 18. Juli 1944 zum Fall John Dryden weist Waldheims Paraphe auf.

Der dritte Gefangene – James Doughty, sechsundzwanzig, aus Ipswich, Massachusetts, der beim Königlichen Ärztekorps diente – wurde nach Saloniki gebracht und verhört, aber nicht dem SD übergeben. Die Deutschen respektierten seinen Status als unbewaffneter Nichtkämpfer und schickten ihn in ein Kriegsgefangenenlager nach Deutschland. Doughty widersprach Waldheim 1986, als der österreichische Präsidentschaftskandidat behauptete, daß »beim Armeekommando in Arsakli keine Kriegsgefangenen- oder Partisanenverhöre durchgeführt wurden«. Arsakli war nämlich der Ort, an dem Doughty im Juli 1944 verhört wurde, erzählte sein Anwalt beinahe zweiundvierzig Jahre danach dem Jüdischen Weltkongreß. Und der monatliche Tätigkeitsbericht der Nachrichtenabteilung – den Waldheim paraphiert hatte – zählt unter anderem »Verhör der Gefangenen des anglo-amerikanischen Einsatztrupps in Griechenland« auf.

Genau wie die verschiedenen anderen Paraphen besagt auch diese keineswegs, daß Waldheim damit zu tun hatte. Zwei britische Untersuchungen von diesem und anderen Kommandofällen bestätigen seine Darstellung. 1986 erklärte der Außenminister, daß es »in bezug auf diese Männer keinen Hinweis auf eine kriminelle Handlung von seiten Leutnant Waldheims gibt«. Drei Jahre später bestätigte das Verteidigungsministerium, daß »der damalige Leutnant Waldheim nur ein untergeordneter Stabsoffizier war. Es gibt keinen Hinweis ... auf eine offene Handlung oder eine Unterlassung, aus der man auf ein Kriegsverbrechen schließen könnte«.

Britische und amerikanische Gefangene waren jedoch selten. Die täglichen Lagebesprechungen durch General Löhr oder einen Vertreter betrafen Leutnant Waldheim viel direkter. Deutsche Militärdokumente, die der Jüdische Weltkongreß im US-Nationalarchiv in Washington fand, zeigen, daß Leutnant Waldheim Löhrs stellvertretenden Kommandeur, General Schmidt-Richberg, bei einer Besprechung am 20. Mai 1944 über die »Situation im Mittelmeer, in Italien und auf dem Balkan« unterrichtete; bei dieser Besprechung wurde auch über die »erfolgreiche« Verwendung von Geiseln in einem Zug im Peloponnes berichtet, »um die Sicherheit von Eisenbahntransporten zu gewährleisten«. Damit die griechischen Widerstandskämpfer nicht auf unter deutscher Kontrolle stehende

Züge schossen oder sie durch Sabotage beschädigten, trieben die Deutschen griechische Zivilisten zusammen und sperrten sie in große Käfige, die am vorderen Ende des Zugs befestigt wurden. Damit waren sie dem Gewehrfeuer, den Bomben oder den Entgleisungen durch ihre eigenen Partisanen ausgesetzt.

Am 25. Mai 1944 schrieb Waldheim ein Memorandum, das Professor Herzstein 1987 in einem Münchner Archiv ausgrub. Diesmal arbeitete er nicht für den Jüdischen Weltkongreß, sondern für sein eigenes Buch, das 1988 erschien: *Waldheim: Die fehlenden Jahre.* Waldheims Memorandum kritisierte wahllose Erschießungen heftig:

> Die Vergeltungsmaßnahmen als Reaktion auf Sabotageakte und Hinterhalte haben trotz ihrer Strenge keinen bemerkenswerten Erfolg gezeitigt, da unsere Maßnahmen nur vorübergehend erfolgen und die bestraften Gemeinden oder Gebiete bald wieder den Banditen überlassen werden. Im Gegenteil: Übertriebene Vergeltungsmaßnahmen ohne genauere Prüfung der objektiven Situation haben nur zu Verbitterung geführt und nützten den Banditen.

Obwohl Waldheims Einwände eher pragmatisch als moralisch waren, ehrt ihn dieser Protest. Er zeigt aber auch, daß der junge Leutnant tatsächlich wußte, was geschah. Der Historiker Herzstein sagt, daß er Tausende Dokumente der Deutschen in Griechenland gesehen und untersucht habe, »aber nur wenige so entschiedene Proteste wie diesen entdeckt habe, und dann ausschließlich aus der Feder wesentlich mächtigerer Männer«.

Am 13. Juni 1944 informierte Waldheim General Schmidt-Richberg über »die Situation im Westen, Italien, dem Mittelmeer und auf dem Balkan«. Bei dieser Zusammenkunft wurde auch über Sklavenarbeit durch zivile Arbeitskräfte gesprochen.

Am 9. August 1944 informierte Waldheim General Schmidt-Richberg über »den fernen Westen, Italien, Frankreich und die Situation auf dem Balkan«. Es gab auch eine Diskussion über den täglichen Erfolg der »Operation Viper«, einer Serie von erbarmungslosen »Säuberungsaktionen«, bei denen ganze Dörfer ausradiert wurden, um den Widerstand einzuschüchtern. Manche Forscher vermuteten, daß »Viper« auch dem Zusammentreiben der letzten in Südgriechenland noch vorhandenen Juden diente. Am nächsten Tag erließ General Löhr einen Befehl, laut dem Partisanentätigkeit »in jedem Fall durch das Erschießen oder Erhängen

von Geiseln, die Zerstörung der umliegenden Orte usw. erwidert werden muß«.
Am Freitag, dem 11. August, stand in Leutnant Waldheims Abend-Nachrichtenbericht: »In Athen wurden mehrere Kommunisten bei Razzien erschossen«, und ein Gebiet südlich des Hafens Heraklion auf Kreta als Zentrum von »Banditenaktivitäten«, also Partisanenoperationen, identifiziert. Zwei Tage später unternahmen deutsche Streitkräfte südwestlich von Heraklion eine »Säuberungsaktion« und berichteten (dem Geheimdienstkommando in Arsakli), daß sie »zwei Banditendörfer zerstört« und »zwanzig Geiseln erschossen hatten«.
Man könnte sagen (und es wurde gesagt), daß Waldheims Geheimdienstfunktion darin bestand, mit dem Finger auf etwas zu zeigen, worauf andere Hände den Abzug betätigten. Drei Jahre später verlasen die US-Staatsanwälte in Nürnberg seinen Geheimdienstbericht vor Gericht als Beweisstück in dem Kriegsverbrecherprozeß gegen General Wilhelm List, dem in Belgrad stationierten Oberbefehlshaber der deutschen Wehrmacht auf dem Balkan, und gegen elf weitere deutsche Offiziere, denen man Massenmord an Geiseln und die »Vergeltungs«zerstörung von Hunderten Städten und Dörfern während der Operation Viper vorwarf. List[5] wurde zu lebenslänglich verurteilt, aber der Unterschrift auf einem von vielen belastenden Dokumenten keine Aufmerksamkeit geschenkt; 1944 war Kurt Waldheim nur für eine Handvoll Leute, die alle in Österreich lebten, wichtig.
Diese Leute – vor allem seine Verlobte – warteten sehnsüchtig darauf, daß er am 15. August 1944 auf einen »Urlaub aus dringenden familiären Gründen« zurückkehrte. Diese »familiären Gründe« waren seine Heirat. Am Samstag, dem 19. August, wurden Kurt Waldheim und Elisabeth Ritschel unter alliierten Bombardements von Pater Georg Plank unter der grünen Kupferkuppel der barocken Karlskirche in Wien getraut. Sie traten die Hochzeitsreise in die ungefähr hundertfünfzig Kilometer entfernte Gebirgs- und Pilgerstadt Mariazell an, doch die Sirenen gaben Fliegeralarm, als ihr Zug gerade die Stadt verlassen hatte. »Alle Passagiere wurden aus dem Zug getrieben; wir verbrachten unsere Hochzeitsnacht in dem überfüllten Keller des örtlichen Bahnhofs und hörten zu, wie über uns die Bomben fielen«, schreibt Waldheim in seinen Memoiren, ohne darauf hinzuweisen, daß er damals noch Soldat war.
Ende des Sommers 1944 hatte Deutschland bereits den Krieg verloren, aber bevor diese Gewißheit zur Realität wurde, gingen noch Millionen

Leben verloren. Während sich die äußeren Feinde an den Grenzen des Dritten Reichs sammelten und die inneren Feinde stärker wurden, befahl Hitler am 1. September General Löhr, die Heeresgruppe aus Griechenland zu evakuieren, um die deutsche Verteidigung um Ungarn, Kroatien, die Tschechoslowakei und Norditalien zusammenzuziehen und eine Pufferzone gegen eine Invasion aus dem Süden oder Osten zu schaffen.

In der ersten Septemberwoche beendete ein Telegramm aus Arsakli die Flitterwochen der Waldheims in Mariazell. Leutnant Waldheim wurde zurückgerufen, um bei dem allmählichen Rückzug der Armeegruppe E aus Griechenland nach Jugoslawien mitzuwirken. Obwohl die Flitterwochen zwei Wochen früher als vorgesehen zu Ende gingen, hatten sie etwas Positives gebracht: Als die Braut nach Wien zurückkehrte, war sie guter Hoffnung.

»Vom 6. September (1944) an bis Jahresende (nach diesem Zeitpunkt gibt es keine Dokumente mehr) finden wir beinahe ununterbrochen Waldheims Unterschrift oder die Paraphe *W* auf den Geheimdienstberichten der Armeegruppe E«, schreibt Hanspeter Born, Auslandsredakteur der Züricher Wochenzeitung *Die Weltwoche* in seiner Studie *Als richtig bescheinigt: Kurt Waldheim.* Aber erst am 12. Oktober, dem Tag bevor Löhr und sein Stab ihr Hauptquartier von Arsakli nach Kosovsky Mitrovica in Südjugoslawien verlegten, wurde Leutnant Waldheim in Ereignisse verwickelt, die sowohl die Kriegsverbrecherkommission der Vereinten Nationen als auch die jugoslawische Staatskommission für Kriegsverbrechen veranlaßten, ihn des Mordes zu beschuldigen.

Am Donnerstag, den 12. Oktober 1944 war die wichtigste Feststellung in Leutnant Waldheims Morgen- und Abend-Geheimdienstberichten, daß sich die Partisanentätigkeit an der fünfundfünfzig Kilometer langen, kurvenreichen Straße zwischen den jugoslawischen Orten Stip und Kocani verstärkte. Es handelte sich hier um die Hauptroute bei dem bevorstehenden Rückzug der Armeegruppe E durch Mazedonien zu ihrer neuen Basis. Am nächsten Tag flogen Waldheim und Oberst Warnstorff in General Löhrs Flugzeug nach Kosovska Mitrovica. Am Samstag, dem 14. Oktober, begann spätnachmittags der größte Teil der Armeegruppe E den Dreihundertkilometermarsch durch eine gespenstische, gräßliche Mondlandschaft, in der als Warnung an jedem zweiten Telegrafenmast die Leichen von Partisanen hingen. Doch man stieß zwischen Stip und Kocani auf keinerlei Schwierigkeiten.

Der Schluß, zu dem die jugoslawische Staatskommission für Kriegsverbrechen 1947 gelangte, nämlich, daß »Kurt Waldheim, Österreicher, Leutnant, militärischer Geheimdienst, ein Kriegsverbrecher war«, beruht darauf, daß die Gefahren für die Deutschen auf der Strecke Stip – Kocani als Reaktion aufgrund der Warnungen in Waldheims Berichten beseitigt wurden. Denn am Abmarschtag der Gruppe E, dem 14. Oktober, steckten deutsche Truppen drei Dörfer – Krupiste, Gorni Balvan und Dolnyi Balvan – zwischen Stip und Kocani in Brand und erschossen 114 ihrer Bewohner.

Hundertfünfzig Kilometer weiter oben an der Straße hatte Leutnant Kurt Waldheim – der am vorhergehenden Tag die Dörfer überflogen hatte, als sie noch lebende, atmende Orte waren – seine Tätigkeit wieder aufgenommen, die in seinem »Weißbuch« als »Tatsachenberichte über militärische Aktivitäten des Feindes« bezeichnet wird. Sie »diente als Basis für die Lagebestimmung des Oberkommandos, aber nicht für taktische Feldentscheidungen örtlicher Befehlshaber«. 1986 behauptete Waldheim, daß die Massaker erst am 20.Oktober stattgefunden hatten, so daß zwischen Ursache und Wirkung sechs Tage verstrichen waren. Als er Stunden später korrigiert wurde, hatte er ohnehin ein Alibi: »Zum Zeitpunkt dieser Ungeheuerlichkeiten befand ich mich nicht in dem Gebiet.« Niemand hatte gesagt, daß er dort gewesen war.

Erdrückender als seine Verteidigung war sein Bericht über »Verluste des Feindes« im Monat Oktober 1944. Der Jüdische Weltkongreß hatte ihn 1986 in den National Archives in Washington gefunden. Waldheims Berechnung besagte, daß 739 »Banditen« getötet und 49 gefangengenommen wurden. Laut dem Jüdischen Weltkongreß »bestehen die verräterischen Angaben in Waldheims Bericht darin, daß diese 833 angeblichen Widerstandskämpfer nur dreiundsechzig Waffen bei sich hatten (dreizehn Maschinengewehre, neunundvierzig Gewehre und eine Maschinenpistole). Es sieht so aus, als wären viele, wenn nicht die meisten Toten unbewaffnete Zivilisten gewesen« – vermutlich gehörten die am 14. Oktober bei den Vergeltungsmaßnahmen in Krupiste, Gorni Balvan und Dolnyi Balvan ermordeten 114 Menschen dazu.

1947 stellte Jugoslawien den Kommandanten der Mordoperation vom 14. Oktober 1944 zwischen Stip und Kocani vor Gericht: Hauptmann Karl-Heinz Egberts-Hilker vom Aufklärungsbataillon 22 der 22. Infanteriedivision der deutschen Armee. Der Jüdische Weltkongreß behauptete, Egberts-Hilker, der 1948 in Belgrad wegen Brandstiftung und Mord gehängt worden war, habe ausgesagt, daß Waldheim für die Vergeltungsmorde verantwortlich war, deren man Egberts-Hilker angeklagt hatte, und daß der Befehl für die Operation von Waldheim gekommen sei.

Der Präsident der Vereinigung österreichischer Verteidiger spottete über die Vorstellung, daß ein niedrigrangiger Leutnant diese Machtbefugnis besaß, und wies darauf hin, daß Egberts-Hilker in seiner Verteidigungsrede seinen jugoslawischen Richtern gesagt hatte: »Ich habe diese Aktion vom ersten Tag meines Verhörs an zugegeben. Ich habe betont, daß ich die gesamte Verantwortung dafür übernehme und daß keinen meiner Untergebenen und Soldaten eine Schuld trifft. Ich habe auch nie versucht, die Schuld meinen Vorgesetzten anzulasten oder den vorher erwähnten ›Generalbefehl‹ als Entschuldigung zu verwenden.« Der Angeklagte bezog sich hier auf einen Hitlerbefehl, laut dem von Partisanen angegriffene Einheiten alle Dörfer, aus denen die Partisanen stammten, niederbrennen und alle männlichen Einwohner zwischen sechzehn und sechzig töten sollten.

»Ich war verblüfft«, sagte mir Kurt Waldheim 1989, »als ich in der Kriegsverbrechen-Akte sah, daß man mich für Stip-Kocani verantwortlich machte. Zuerst konnte ich mich nicht daran erinnern, wo es sich befand und was es war. Aber ich mußte mich in die Angelegenheit vertiefen, und dank der geduldigen Hilfe meines Sohnes Gerhard fand ich heraus, daß der Hauptmann, der hingerichtet wurde, ein wirklich anständiger Mann war, der die gesamte Verantwortung übernahm. Er schrieb vor seinem Tod einen sehr rührenden Brief an seine Mutter, den ich gelesen habe. Es stimmt, daß er diese Dörfer zerstörte – aber ohne daß ich oder jemand anderer es wußte. Zwischen ihm und dem Hauptquartier der Armeegruppe E gab es jedenfalls mehrere Befehlsebenen. Zu seiner Verteidigung erklärte er, daß seine Einheit immer wieder von diesen Orten aus angegriffen wurde. Er hatte Befehl, eine Brücke zu beschützen, damit die deutsche Armee sie verwenden konnte. Und da er ständig von den Partisanen aus diesen Dörfern angegriffen wurde, erteilte er den Befehl, sie in Übereinstimmung mit den allgemeinen Befehlen Hitlers zu zerstören. Zu seiner Verteidigung brachte er vor, daß er Frauen und Kinder nicht absichtlich getötet habe, aber er hatte keine Wahl. Er gab klar und deutlich zu, daß er keinen präzisen Befehl hatte, dies zu tun, aber er hatte das Gefühl, daß er es auf Grund des allgemeinen Befehls tun mußte. Daß ich diese Zwischenfälle erwähnte, macht mich jedoch nicht für sie verantwortlich. Die Unterlagen auf meinem Schreibtisch bezogen sich nicht auf menschliche Tragödien, sondern auf ›Gegenaktionen‹ und ›Selbstverteidigung‹. Wenn ich etwas davon miterlebt hätte, wäre ich wahrscheinlich zu Tode entsetzt gewesen, aber es ging immer nur um ›Verluste‹, nicht um Frauen und Kinder.«

Das »Weißbuch« bringt eine Erklärung aus dem Jahr 1986 von dem Oberst, der 1944 Einsatzoffizier der 22. Infanteriedivision war. Er beharrt darauf, daß Egberts-Hilker Mitte Oktober 1944 den Kontakt zum Hauptquartier seiner Division verloren hatte und »gezwungen war, selbständig zu handeln. Er hatte keinen Befehl für die Vergeltungsaktion während des Rückzugs erhalten – und konnte ihn nicht erhalten haben –, und zwar weder von der Division noch von dem Korps und nicht einmal von der höchsten Befehlsstelle in dem ganzen Gebiet, der Armeegruppe E«. Der Oberst schließt damit, daß »die Beteiligung der Armeegruppe E, vor allem die eines damals jungen Ordonnanzoffiziers im Rang eines Oberleutnants wie Dr. Kurt Waldheim unmöglich ist – und damit ist der Rückschluß auf eine Verantwortung (von seiten Dr. Waldheims) für die von Hauptmann Egberts-Hilker ergriffene Maßnahme unmöglich«.

Am eindrucksvollsten ist die Feststellung des »Weißbuchs«, daß die vom Jüdischen Weltkongreß vorgelegte jugoslawische Kriegsverbrechen-Akte *»keine Erklärung von Hauptmann Egberts-Hilker«* enthält, die Waldheim in die Greueltaten einbezieht, und daß *»Dr. Waldheims Name in dieser Aussage überhaupt nicht vorkommt, auch nicht in Hauptmann Egberts-Hilkers Verteidigung oder seiner Berufung, bevor er wegen ebendieses Ereignisses hingerichtet wurde«*. Es sieht tatsächlich so aus, als hätte der Jüdische Weltkongreß voreilig den Schluß gezogen, daß der Angeklagte gegen Waldheim ausgesagt hatte, was zwei Zeugen bei dem Prozeß taten:

Major Klaus Mellinghoff, General Löhrs Adjutant, der Leutnant Waldheim als Teil der Befehlskette aufzählte, die Hitlers »Wunsch nach erbarmungslosen Vergeltungsmaßnahmen gegen die Zivilbevölkerung ... bis zu den Truppen weitergab«. Und Hauptfeldwebel Johann Mayer, der im April 1944 als Mannschaftsschriftführer ins Hauptquartier der Armeegruppe E nach Arsakli kam: »Leutnant Waldheim mußte seinem Vorgesetzten Oberstleutnant Warnstorff alle Aktionen des Geheimdienstes unterbreiten und alle schriftlichen Berichte dafür abfassen. Diese Berichte befaßten sich mit Geiseln, Vergeltungsmaßnahmen und dem Verhalten den Kriegsgefangenen und der Zivilbevölkerung gegenüber.« Kurz vor dem Rückzug der Deutschen aus Griechenland nach Jugoslawien »wurde ein allgemeiner Befehl ausgegeben, demzufolge alle Vergeltungsmaßnahmen, Geiselfragen usw. nicht mehr von der Entscheidung der Feldkommandanten und anderer Truppenkommandanten abhingen, sondern von der Armeegruppe E, das heißt, von ihrem Geheimdienststab«.

Mayers Version von der Befehlskette seiner Einheit war, daß Leutnant Waldheim Vorschläge ausarbeitete und sie seinem Vorgesetzten, Oberstleutnant Warnstorff, vorlegte. Wenn letzterer zustimmte, leitete Leutnant Waldheim die Vorschläge zur Genehmigung an den Generalstabschef General [Schmidt-]Richberg weiter, von dessen Entscheidung die Gültigkeit dieser Befehle abhing. Bei geringfügigen Fällen, in denen es nicht um ein Prinzip ging, konnte Oberstleutnant Warnstorff die Entscheidung selbst treffen.

Die Armeegruppe E war nur einen Monat lang in Stari Trg in der Nähe von Mitrovica stationiert. Pristina, die Hauptstadt des Kosovo, der an Albanien grenzenden jugoslawischen Region, lag fünfundzwanzig Kilometer weiter südlich. 1988 erklärte der Hauptarchivar des Kosovo, er habe Beweise dafür gesehen, daß Kurt Waldheim im Herbst 1944 bei der Hinrichtung von 104 albanischen Partisanen in Pristina anwesend war. Er habe Dokumente über »das Massaker von 104 albanischen Patrioten« gesehen, als er 1978 bei einer Reise nach Albanien das Archiv von Tirana besucht hatte. Das isolierte albanische Regime reagierte nicht auf das Ersuchen um Bestätigung.

Am 15. November 1944 zog sich die Armeegruppe E durch die Berge weitere 300 Kilometer nach Nordwesten nach Sarajevo, der Hauptstadt Bosniens, zurück. »In Sarajevo«, sagte Johann Mayer aus, »wurden einmal gewisse Zivilisten getötet ... im November/Dezember 1944«. In diesem Fall ging es um deutsche Deserteure, die gemeinsam mit Jugoslawen eine antifaschistische Untergrundorganisation gebildet hatten. Laut Mayer *»wurde der Befehl zu ihrer Erschießung aufgrund von Informationen der Gestapo von der Sektion Ic erteilt ... Dieser Befehl wurde vom Generalstabschef und dem Befehlshaber der Armeegruppe erlassen.«*

Das »Weißbuch« weist darauf hin, daß Jugoslawien seine Anklage gegen Waldheim der UNO-Kommission für Kriegsverbrechen Ende 1947 unterbreitete – damals war der Ex-Leutnant Waldheim bereits ein aufgehender Stern im österreichischen Außenministerium – und daß darin die urspüngliche Aussage von Mayer wie folgt geändert wurde: *»Sie wurden gemäß dem von Waldheim erteilten Befehl als Vergeltung für die Desertion einiger anderer Personen aus der deutschen Armee hingerichtet ...«* Der Jüdi-

sche Weltkongreß und andere Kritiker Waldheims ziehen diesen Text vor. 1986 bestand Kurt Waldheims Reaktion auf die Beschwörung von Gespenstern aus der Vergangenheit (Hauptmann Egberts-Hilker und Oberfeldwebel Mayer waren beide tot, und Major Mellinghoff wurde nie aufgespürt) darin, daß er den gehängten Kriegsverbrecher zu zwei Offizieren klonte, die er nie kennengelernt hatte: einen »Eckbert-Hilker an [den] sich kein einziges Mitglied der überlebenden Offiziere und des Stabs von Arsakli erinnern kann«, und einen »Hauptmann Egberts«, der »anscheinend den Befehl für das Ereignis [das Massaker vom 14. Oktober 1944 zwischen Stip und Kocani] erteilte, zum Tode verurteilt und 1948 in Belgrad hingerichtet wurde«. Über Mellinghoff sprach Waldheim (1989) im Präsens mit mir: »Ich kann mich nicht an ihn erinnern, und ich weiß nicht, warum er so wütend auf mich ist.« Was Mayer betraf, so hatte Waldheim 1986 »nie von ihm gehört«. Später gab Waldheim zu, daß Mayer tatsächlich im Hauptquartier der Armee gearbeitet hatte, und bezeichnete den Toten als »Lügner«, der nur »versuchte, seine Haut zu retten«, nachdem ihn die jugoslawischen Partisanen bei Kriegsende gefangengenommen hatten. Das »Weißbuch« führte etwas eleganter eine eidesstattliche Erklärung von Mayers Witwe Rosa an, die beschwor, daß ihr Mann von seiner Entlassung aus der jugoslawischen Gefangenschaft im Juli 1948 bis zu seinem Tod 1972 »mir nie etwas über Oberleutnant Waldheim und seine Beziehung zu ihm während des Krieges erzählte«.
Dennoch waren die Anschuldigungen 1986 so nachteilig, daß Gerhard Waldheim Simon Wiesenthal anrief und ihn anflehte: »Bitte, können Sie meinem Vater helfen?«
»Nein«, antwortete Wiesenthal, »Ihr Vater kann sich selbst helfen. Er sollte in Jugoslawien anrufen – oder das nächste Flugzeug nach Belgrad nehmen und hinfliegen – und sagen: ›Hören Sie, Sie haben diese Dokumente und behaupten, daß Sie noch mehr haben. Aber ich fühle mich unschuldig, also geben Sie die ganze Akte frei und legen Sie alles vor, was Sie über mich haben.‹«
Laut Wiesenthal erwiderte Gerhard: »Mein Vater ist zu stolz, um das zu verlangen.«
Wiesenthal geriet allmählich in Wut. »Zu stolz? Zu stolz! Die Leute nennen ihn ›Kriegsverbrecher‹ und ›Mörder‹, aber er ist zu stolz, um die Wahrheit zu verlangen?«

XXX. Die Entnazifizierung des Leutnants Waldheim

»Als mein Studienurlaub zu Ende und mein Bein verheilt war, wurde ich wieder zum Militärdienst geholt.« Mit diesem Satz schildert Leutnant Waldheim seine militärische Karriere 1942–1945 auf dem Balkan. »Kurz vor Kriegsende war ich im Gebiet von Triest stationiert«, fährt er in der 1985 erschienenen deutschen Version seiner Memoiren fort. »Als sich die deutschen Truppen in Italien ergaben, bemühte ich mich sehr, der Gefangennahme zu entgehen und nach Hause zu gelangen.«
Als die Partisanen und Alliierten die deutschen Truppen in Jugoslawien immer weiter zurückdrängten, zog sich General Löhrs Armeegruppe E im Februar 1945 von Sarajevo nach Nova Gradiska und einen Monat später von dort nach Zagreb zurück. Dort bekam Leutnant Waldheim von Ende März bis Anfang April Urlaub, um seine schwangere Frau aus dem bombardierten Wien in die relativ sicheren Berge der Steiermark zu bringen. Das Ende des Krieges nahte und mit ihm die Zeit der Schwierigkeiten, des Mangels und der Zerstörung. Die Waldheims erreichten den Ort Ramsau mit der Bahn, per Anhalter und zu Fuß. Bald nachdem der werdende Vater zu seiner Einheit nach Zagreb zurückgekehrt war und das zweite Kriegsverdienstkreuz erhalten hatte – diesmal Erster Klasse mit Schwertern – wurde er einer Infanteriedivision in der Nähe von Triest zugewiesen. Die direkte Route von Zagreb nach Triest befand sich bereits in den Händen der Partisanen, also wich Leutnant Waldheim über Klagenfurt nach Norden aus, konnte aber noch immer nicht an sein Ziel gelangen, weil die deutschen Linien abgeschnitten waren. Als die deutsche Wehrmacht in Italien kapitulierte, kehrte er um den 1. Mai nach Klagenfurt zurück, meldete, daß er »nicht in der Lage sei, die zugewiesene Einheit zu erreichen«, und gelangte, als er keine weiteren Anweisungen erhielt, zwei Tage nach der Geburt seiner Tochter Liselotte und drei Tage nach »Österreichs Befreiung durch die alliierten Streitkräfte« nach Ramsau zurück.
Sobald der Staat Österreich wieder existierte, kam von den Alliierten der Befehl, das gesamte militärische Personal durch die Besatzungsmächte formell zu entlassen. Am 18. Mai 1945 schloß sich Leutnant Waldheim den Soldaten in der nahen Stadt Schladming an, wo sie in Gewahrsam genommen und über die deutsche Grenze in ein amerikanisches Gefangenenlager nach Bad Tölz in Bayern gebracht wurden. Da Waldheim kei-

ne SS-Tätowierung aufwies und als Nichtkombattant (seit 1941) »eine Art Schreiber«, wie er es ausdrückte, gewesen war, entließen ihn die Amerikaner im Juni, und er kehrte zu seiner Frau und seiner kleinen Tochter zurück.

Nachdem die drei Waldheims im Sommer in der Steiermark mehr schlecht als recht und dann auf einem Bauernhof in Oberösterreich gelebt hatten, kehrten sie im September nach Wien zurück und quartierten sich bei Waldheims Eltern in Baden bei Wien ein.

Ein wenig später erfuhr Sissy Waldheim, daß die brandneue UNO einen Kinderfonds hatte. Sie suchte den UNO-Vertreter in Wien auf, und die Waldheims erhielten Milchpulver und Babynahrung für ihre Tochter.

Kurt Waldheim zog seine besten Knickerbockers an, kämmte sich die Haare glatt zurück, bewaffnete sich mit drei Empfehlungsschreiben von unbeirrbaren Anti-Nazi-Politikern (zwei Schwarzen und einem Roten) aus seiner Heimatstadt Tulln sowie einem Lebenslauf, in dem der Militärdienst im »Südosten« nur nebenbei erwähnt wurde, und erschien zeitig am Morgen des 8. Oktober 1945 am Wiener Ballhausplatz. Er war vor Sonnenaufgang aufgestanden, war die elf Kilometer von Baden nach Mödling zu Fuß gegangen und dann mit einer gebrechlichen Straßenbahn eine Stunde lang bis ins Stadtzentrum gefahren.

Die Alliierten hatten den Wiederaufbau von Österreichs abgebautem diplomatischem Korps zwei dynamischen jungen Männern des Widerstands anvertraut: Karl J. Gruber, einem sechsunddreißig Jahre alten Tiroler Konservativen, und seinem Vertreter Fritz Molden, einem einundzwanzigjährigen Liberalen aus Wien. Gruber und Molden hatten einander während der letzten Kriegstage in Innsbruck kennengelernt und darum gekämpft, die Stadt vor der Zerstörung durch die sich zurückziehenden Deutschen zu retten.

Molden befand sich in seinem Büro, als der hochgewachsene junge Bewerber mit dem lahmen Bein den Kopf hereinsteckte und sich nach dem Personalbüro erkundigte. Sie plauderten kurz, dann ging Waldheim weiter. Er war einer der ersten zwölf Nachkriegskandidaten gewesen, die sich der strengen Prüfung durch das erst kürzlich neu geschaffene österreichische Außenministerium stellten – und einer von vier, die sie bestanden, so daß er bereits über einen gewissen Bonus verfügte. Molden sah beifällig zu, denn Waldheims Doktorwürde als Jurist und Diplomat, seine Fremdsprachen (Englisch, Französisch, Italienisch und ein paar Brocken Serbokroatisch) sowie die respektvolle Haltung, unter der er seinen Ehrgeiz verbarg, kennzeichneten ihn als Mann, den man im Auge behalten mußte.

Deshalb war Molden nicht überrascht, als ihm Gruber einige Stunden später mitteilte, daß er Waldheim als seinen persönlichen diplomatischen Sekretär engagieren wolle. Molden fand genau wie Gruber, daß Waldheims Referenzen beeindruckend waren, obwohl sie in ihm, wie Molden es ausdrückte, »einen Mann erkannten, der kein Held ist, der nicht der Typ ist, der in den Untergrund geht«. Gruber bat Molden, Waldheims Vergangenheit zu überprüfen, denn er war entschlossen, keine Nazis, Kommunisten oder andere Sicherheitsrisiken auf einem heiklen Posten im Ministerium zu dulden.

Molden ließ Waldheim durch den Innenminister, einem alten Sozialisten namens Oskar Helmer, überprüfen, holte bei den amerikanischen CIC und OSS Informationen ein und kam nicht nur mit einem positiven Zeugnis zurück, sondern auch mit Berichten aus Naziakten in Niederösterreich über die negative Einstellung des jungen Mannes zum Hitlertum. »Sowohl CIA als auch OSS sagten uns, wir sollten ihn uns nehmen«, erinnerte sich Molden. Soviel sie wußten, war dieser Mann nie ein Nazi gewesen.

Auf dem Personalformular, das Waldheim am 3. November 1945 vorlegte, beantwortete er die Fragen über den Militärdienst, indem er die Spalten für Dauer mit »15. August 1939 bis 9. Mai 1945«, ... *Feldzüge* mit »Frankreich, Rußland, Balkan« und *Verletzungen* mit »Großer Splitter im rechten Bein« ausfüllte. Sechs Kästchen später wurde er nach seiner *Mitgliedschaft in militärischen Klubs, Verbindungen, Organisationen der Nazipartei (SS, SA etc.)* gefragt und schrieb »NS Reiterkorps«. Das war eine Reitergesellschaft, die die Studenten der Diplomatischen Akademie im November 1938 organisiert hatten, als Waldheim dort seine Studien beendete. Obwohl sie eine öffentliche Reitschule in Wien besuchten, wurde der Reitklub, wie alle Studentenvereinigungen, irgendwann 1939 von den Nazi-Sturmabteilungen (SA) vereinnahmt. Waldheim beharrt aber darauf, daß er damals nicht mehr dabei war und nie eine SA-Uniform getragen habe. Diese Behauptung führte 1986 zu dem Witz, daß Waldheim »nie Mitglied der SA war – nur sein Pferd war es.« Inzwischen verleibten sich die vorhandenen österreichischen Organisationen so eifrig Nazis ein, daß Waldheims ungewöhnliches Geständnis entweder überhört oder als unwichtig abgetan wurde.

Kurt Waldheim wurde ab dem 1. Dezember 1945 mit dreimonatiger Probezeit als Einstweiliger Attaché in der Abteilung für ausländische Angelegenheiten des Bundeskanzleramts angestellt. Er übersiedelte mit Frau und Kind zu Sissys Eltern im ausgebombten Wien, bis sie selbst eine Wohnung fanden.

Kurt Waldheims Entnazifizierung erfolgte äußerst flüchtig. Da er – wenn auch nur widerstrebend und größtenteils durch Einverleibung – Mitglied der Nazi-Studentenvereinigung und des SA-Kavalleriekorps geworden war, wurde er zum Entnazifizierungsfall SK 235, denn die Alliierten hatten eine administrative Ermittlung gefordert, um die neue österreichische Verwaltungsmaschinerie von allen ehemaligen Nazis zu säubern. Kurt Waldheim legte seinem Ansuchen vom 25. Januar 1946 Charakterreferenzen von Anti-Nazis, seine negative Beurteilung als Nazi aus dem Jahr 1940 sowie eine zwei Seiten lange persönliche Erklärung bei, in der er den »sportlichen« Charakter seiner Mitgliedschaft beim SA-Kavalleriekorps betonte. Das Ansuchen enthielt eine eindeutig falsche Angabe:

> Schließlich möchte ich erklären, daß die Unterstützung meines Studiums an der Diplomatischen Akademie durch die Österreichische Industrie- und Handelskammer, die ich bis zum März 1938 erhielt, infolge meiner unverändert pro-österreichischen Haltung und der Entlassung[6] meines Vaters gestrichen wurde.

In Wirklichkeit wurde das 200-Schilling-Stipendium, das vier Personen gewährt wurde, nach dem Anschluß bis zur Überprüfung der arischen und Nazi-Referenzen der Empfänger sistiert. Zwei von ihnen wurden durch Nazi-Aktivisten ersetzt, aber die anderen, Kurt Waldheim und Hans Schernhorst, wurden beibehalten. Waldheim erhielt sein Stipendium zwei Monate nach dem Anschluß.

Anfang 1946 gab man dem Ministerkomitee für Entnazifizierung zwei Monate (was später bis zum 30. Juni verlängert wurde) Zeit, um die Kriegsvergangenheit von 13 000 Beamten zu überprüfen, die vom Hausmeister bis zum Minister reichten. Als das Komitee am 29. Juni nicht einmal die Hälfte seiner Fälle erledigt und das SK 235 noch nicht in Angriff genommen hatte, nahm das Außenministerium die Angelegenheit selbst in die Hand. Es holte sich einfach Waldheims Akte und ernannte ihn rückwirkend ab dem 1. Juni zum Berufsdiplomaten im österreichischen Außenministerium. Im November 1946 teilte man ihm formell mit, daß er weder Strafen infolge früherer Nazi-Verbindungen zu erwarten habe noch sich von der Regierung als ehemaliger Nazi registrieren lassen mußte.

Für Simon Wiesenthal, der gegen die Begriffe Kollektivschuld und Kollektivunschuld ist, war die flüchtige Entnazifizierung Österreichs »beinahe ein Fall kollektiver Amnestie. Wenn schon in keiner anderen, so war Kurt Waldheim in dieser Hinsicht ein besonders alltäglicher Österreicher. Er begann bereits Mitte 1946, die Kunst des Verschweigens zu üben, als Gruber sich darauf vorbereitete, Österreich bei einem entscheidenden Treffen der stellvertretenden Außenminister der vier Besatzungsmächte im Januar 1947 in London zu vertreten. Weit oben auf der Tagesordnung stand Jugoslawiens Anspruch auf Teile von Südkärnten, die Titos Partisanenarmee in den letzten Kriegstagen blutig »befreit« hatte, jedoch vertrieben wurde, als die britischen Truppen eintrafen. Während Waldheim und Gruber Sachverständige für die Delegation suchten, erwähnte ersterer – obwohl er darauf brannte, England kennenzulernen – nie seine Kriegserfahrungen in Jugoslawien.

Waldheim wurde dennoch nach England geschickt – er war soeben zum Legationssekretär ernannt worden, was ihm die Aussicht auf eine spätere Zuweisung an eine österreichische Botschaft im Ausland eröffnete. Als die Delegierten in London zusammenkamen, begrüßten die Jugoslawen die Österreicher mit einer gut inszenierten Propagandakampagne gegen sie. Waldheims militärischer Vorgesetzter General Löhr wurde gerade in Belgrad wegen der von der Armeegruppe E verübten Greuel vor Gericht gestellt. Die Jugoslawen erinnerten die Großen Vier in London daran, daß Löhr Österreicher war, beschuldigten Österreich, an Hitlers Seite gekämpft und Tausende Slowenen, die in Österreichs südlichstem Bundesland Kärnten lebten, gewaltsam »germanisiert« zu haben. Titos Team griff Österreich nicht nur deshalb an, weil es Kriegsverbrecher beschützte und Nazis rehabilitierte, sondern es prangerte am 30. Januar ein prominentes Mitglied von Grubers Delegation an – Hans Piesch, den sozialistischen Landeshauptmann von Kärnten –, bezeichnete ihn als Nazi-Kollaborateur und verlangte, ihn von der Konferenz auszuschließen.

Die Engländer und Amerikaner, die Piesch freigesprochen und mit ihm zusammengearbeitet hatten, verteidigten ihn zornig, aber die Russen bestanden auf einer vollständigen Untersuchung in Österreich. Um das Ganze noch schlimmer zu machen, bekamen die englischen Ermittler bald heraus, daß Piesch tatsächlich als Beamter in Heinrich Himmlers Rasse- und Siedlungs-Hauptamt für die Nazis gearbeitet hatte. Piesch mußte als Landeshauptmann zurücktreten.

Die Konferenz löste sich Ende Februar auf, ohne zu einem Entschluß gelangt zu sein. Die nächste Runde würde aus den Außenministern der Großen Vier bestehen, die Ende März in Moskau zusammenkommen sollten. Inzwischen verurteilte Jugoslawien General Löhr als Kriegsverbrecher und richtete ihn hin, respektierte jedoch seinen militärischen Status und gewährte ihm den Wunsch, nicht gehängt, sondern erschossen zu werden.

1947 erneuerte Edvard Kardelj, der Leiter von Titos Delegation, in Moskau den Angriff auf Österreich, indem er behauptete, daß über achtzig von Hitlers Generälen Österreicher gewesen waren und daß die Hinrichtung von General Löhr erst der Anfang der Einhaltung der Moskauer Erklärung aus dem Jahr 1943 gewesen sei. Österreich war auch ein Zufluchtsort für Ustascha-Angehörige und andere jugoslawische Nazis, behauptete Kardelj, der verlangte, daß » Österreich alle Kriegsverbrecher und Verräter jenen Nationen ausliefern solle, die das Opfer ihrer Verbrechen oder ihres Verrats waren«. Die Konferenz endete am 24. April 1947 ohne Entscheidung über die territoriale Frage, um die es in Wirklichkeit ging.

Im Sommer 1947 studierte das jugoslawische Innenministerium in Belgrad die persönlichen Dienstpläne von General Löhrs Armeegruppe E und stellte fest, daß der Leutnant Waldheim in Löhrs Nachrichtenstab der gleiche hochgewachsene, ruhige junge Mann war, der jetzt neben dem österreichischen Außenminister Gruber saß, während dieser in London und Moskau Jugoslawiens territoriale Ansprüche zurückwies. Ungefähr um diese Zeit wurde in Belgrad Hauptmann Egberts-Hilker wegen des 1944 erfolgten Massakers von 144 Dorfbewohnern gehängt. Und die Jugoslawen entdeckten, daß in ihrem Kalvarija-Zemum-Kriegsgefangenenlager der ehemalige Mannschaftsschriftführer Johann Mayer saß, der bereits als Informant galt. Um sich bei seinen Aufsehern noch beliebter zu machen und um seine Rückkehr nach Wien zu beschleunigen, war Mayer bereit, Leutnant Waldheim von Mordbefehlen bis zum illegalen Nazi vor 1938 jedes Verbrechens zu beschuldigen.

Als die Jugoslawen merkten, daß sie die Ustascha-Flüchtlinge nicht aus Österreich herausholen konnten, beschlossen sie, den Fall Waldheim vor die Kriegsverbrechen-Kommission der UNO (UNWCC) in London zu bringen. Doch die UNWCC war eines der ersten Opfer des Kalten Kriegs: Da die USA und die Sowjetunion nicht bereit waren, die Nachrichtenabteilungen zu koordinieren, und da sie zögerten, die Informationen einer neutralen Stelle anzuvertrauen, sollte die Kommission am 31. März 1948 sterben. Nach dem 31. Dezember vorgelegte Akten würde man nicht mehr

bearbeiten. Das jugoslawische Innenministerium, das sich diese Frist eingeprägt hatte, forderte am 12. Dezember das jugoslawische Außenministerium auf, »zu einer Entscheidung über Grubers Assistenten Leutnant Waldheim zu gelangen; auf dieser Grundlage konnte er bei der UNO-Kommission für Kriegsverbrechen« registriert werden. »Man dürfe nicht vergessen, daß die Eintragungsfrist Ende dieses Jahres abläuft.«
Um diese Zeit erhielt der stellvertretende Leiter der jugoslawischen militärischen Delegation in Wien, Anton Kolendic, von Belgrad eine geheime Liste von dreißig »Kriegsverbrechern«, die in Österreich lebten. Kolendic war überrascht, als er den Namen Waldheim, mit dem er oft Kontakt hatte, als vierten auf der Liste erblickte. Er konnte jedoch zu der Untersuchung nur beitragen, Waldheim habe ihm gegenüber nie erwähnt, daß er während des Krieges in Jugoslawien gedient hatte.
Gemäß der Weisung aus Belgrad gab Kolenic die geheime Liste an seinen sowjetischen Kollegen, einen Oberst Gonda, weiter. Damit stand fest, daß die UdSSR wenigstens einen Bruchteil der Wahrheit kannte, die Waldheim verbarg, so daß der sowjetische Nachrichtendienst versuchen konnte, ihn zu erpressen. Kolendic war jedenfalls »absolut sicher«, daß die Russen an Waldheim herantraten. »Wenn man im Nachrichtendienst ist, weiß man solche Dinge einfach«, sagte er dem Journalisten Doder von der *Washington Post.* »Ich hatte mit Gonda regelmäßig zu tun, und wir wurden sogar Freunde.«
»Dr. Waldheim gegenüber wurde kein derartiger Versuch unternommen«, versicherte Gerold Christian, der Sprecher des Präsidenten, Ende 1986. »Kein einziges Land ist jemals auf eine durch Ihre Frage angedeutete Art an Dr. Waldheim herangetreten.«
Am 18. Dezember 1947 klagte die Jugoslawische Staatliche Kommission für die Ermittlung von durch die Besatzungsmächte und ihre Kollaborateure begangenen Verbrechen Kurt Waldheim wegen »Morden und Gemetzeln, Hinrichtungen von Geiseln [und] willkürlicher Zerstörung und Brandstiftung« an. Sie machte ihn dafür verantwortlich, daß er »verbrecherische Befehle« verfaßt und weitergegeben habe, während seine Gruppe in Jugoslawien operierte.« Die Sieben-Seiten-Anklage schloß mit:

> Leutnant [Kurt] Waldheim ist ein Kriegsverbrecher, der für die oben geschilderten ... Kriegsverbrechen verantwortlich ist. Gemäß Artikel 4 Absatz V des jugoslawischen Gesetzes über verbrecherische Aktivitäten gegen Volk und Staat besteht die Verpflichtung, diesen Kriegsver-

brecher zu verhaften, und gemäß der Moskauer Erklärung vom 30. Oktober 1943 besteht die Verpflichtung, ihn an Jugoslawien auszuliefern.

Acht Tage später informierte der Vorsitzende der Kommission das jugoslawische Außenministerium, daß Waldheim, »der zur Zeit zu dem Stab des österreichischen Ministers Dr.Gruber gehört«, zum Kriegsverbrecher erklärt worden war, ersuchte das Ministerium, die Anklage der UNWCC in London zu übermitteln und »die besondere Bedeutung, die wir dieser Registrierung beimessen, zu betonen«.
Obwohl die Jugoslawen Waldheims Auslieferung verlangten, war dies nicht ihr wirkliches Ziel. Sie wollten eine Zeitbombe legen, die sie bei der nächsten Konferenz der Minister der Großen Vier zur Explosion bringen konnten, um Gruber neuerlich in Verlegenheit zu bringen. Sie wollten die UNWCC dazu bringen, Waldheim auf ihre »A«-Liste angeblicher Kriegsverbrecher zu setzen, bei denen man zurecht annehmen konnte, daß man sie im Fall eines Prozesses verurteilen würde.
Während die jugoslawische Delegation bei der UNWCC die Anklage gegen Waldheim für das Hearing im Februar ins Englische übersetzte, wies das gleiche UNWCC-Komitee, das über Waldheim entscheiden würde, das jugoslawische Ansuchen, einen Leutnant Hanzer, der Nachrichtenoffizier der ehemaligen deutschen Wehrmacht gewesen war, auf die »A«-Liste zu setzen, ab, weil eine tatsächliche Beteiligung nicht nachgewiesen wurde und der Posten allein kein Beweis für ein Kriegsverbrechen war. Als die Jugoslawen erkannten, daß sich diese Entscheidung im Fall Waldheim für sie nachteilig auswirken würde, änderten sie Johann Mayers Aussage, daß einige deutsche Deserteure auf Befehl der Nachrichtenabteilung der Armeegruppe E (mit Billigung des Stabschefs General Schmidt-Richberg und des Generals Löhr) hingerichtet wurden. Sie lautete jetzt: »*Sie wurden gemäß dem von Waldheim erteilten Befehl hingerichtet.*« Ebenso wurde die Aussage von Löhrs Adjutanten Major Mellinghoff, daß Vergeltungsmaßnahmen gegen Zivilisten »aufgrund von höchsten Befehlen« erfolgten, was auch »*für den Aktivitätsbereich der Abteilung Ic* (der Nachrichtenabteilung, in der Waldheim arbeitete) *galt*« abgeändert. Jetzt hieß es: »durch den deutschen Generalstab und hochrangige deutsche Offiziere befohlen wurden«, was durch »*Der Angeklagte* (=Waldheim) *handelte nach den gleichen Richtlinien*« ergänzt wurde.

Zu dieser Zeit hatten die Leute, die darauf aus waren, Waldheim auf Kosten der Wahrheit anzuklagen, keine Ahnung davon, daß er bei Kozara und in der Nähe der Mächte gewesen war, die hinter weiteren Greueln standen. Der Historiker Herzstein stellt eindeutig, wenn auch pejorativ, fest: »Sie waren hinter dem Richtigen her.«

Bei seiner letzten Sitzung am 26. Februar 1948, an der die Vertreter von England und den USA teilnahmen, setzte das Komitee I der UNWCC Kurt Waldheim auf seine neunundsiebzigste »A«-Liste von gesuchten Kriegsverbrechern: einer von 37 000 Namen auf insgesamt achtzig Listen. Trotz ihres großen Interesses an Waldheim legten die Jugoslawen seine Akte zusammen mit elf weiteren Fällen vor und deuteten nicht einmal an, daß sie wußten, wo dieser Mann, der vor ihrer Gerechtigkeit floh, lebte und arbeitete. Bei der gleichen Sitzung wurden weitere zweiundsiebzig tschechische, holländische und griechische Fälle vorgelegt, daher ist es unwahrscheinlich, daß jemand der Waldheim-Akte mehr als eine oder zwei Minuten widmete. Einen Monat später billigte die Kommission für Kriegsverbrechen der UN vor ihrer Auflösung die letzten Listen des Komitees.

Im April erhielt CROWCASS (Zentralregister für Kriegsverbrechen und Sicherheitsrisiken) des Alliierten Kontrollrats in Berlin, das bei der Festnahme von Kriegsverbrechern mitwirkte, die UNWCC-Listen aus London und fügte routinemäßig Waldheims Namen zu den insgesamt 69 000 gesuchten Kriegsverbrechern, Verdächtigen und Zeugen hinzu. Obwohl sich die Jugoslawen freuten, weil die Alliierten im Mai 1945 die automatische Auslieferung für jeden beschlossen hatten, dessen Name auf der CROWCASS-Liste aufschien, versuchten sie nicht, den Jägern von Kriegsverbrechern mitzuteilen, wo sie Waldheim finden konnten. Die Zeitbombe tickte noch immer ... Aber sie explodierte weder bei den Konferenzen der Minister der Großen Vier noch im Lauf der nächsten achtunddreißig Jahre.

Doch es gab einen näherliegenden Grund, warum Jugoslawien seine Waldheim-Bombe nicht bei den Ministertreffen explodieren ließ. Waldheim war wieder einmal dank seinem Glück und seiner Geschicklichkeit, die ihn auf höhere Ebenen hoben, sobald der Boden unter seinen Füßen nachzugeben begann, der Mann, der nicht da war. Denn am 14. Februar 1948 hatte Gruber seinem Ansuchen stattgegeben, der österreichischen Gesandtschaft in Paris als Erster Sekretär zugeteilt zu werden; drei Monate später kam Gerhard Waldheim in Paris zur Welt.

Im Mai 1955 endete die Besatzungszeit der vier alliierten Mächte dank des Verhandlungsgeschicks des österreichischen Regierungsteams, zu dem auch der damalige Staatssekretär Bruno Kreisky gehörte. Die gerade erst unabhängig gewordene Nation Österreich wurde in die UNO aufgenommen. Der Mann, der die Drei-Mann-Delegation in die Generalversammlungshalle führte, war der sechsunddreißig Jahre alte Kurt Waldheim.

Anfang 1968 hatte der österreichische Botschafter bei den Vereinten Nationen die Mitglieder eines UNO-Komitees zum Lunch in seinen Wohnsitz auf Manhattans East Side eingeladen. Während des Essens wurde er in die Bibliothek gebeten, um einen Anruf seines Kanzlers Josef Klaus entgegenzunehmen. Als Kurt Waldheim den Raum verließ, hörte er, wie der amerikanische Delegierte bemerkte: »Entweder er wird entlassen oder zum Außenminister ernannt.«

Nach einer kurzen Beratung mit seiner Frau nahm Waldheim den Posten an. »Ich war davon überzeugt, daß ich jetzt den Gipfel meiner Karriere erreicht hatte«, sagte er, und das im Alter von neunundvierzig Jahren.

Während seiner zwei Jahre als Außenminister verstärkte Waldheim die nachbarlichen Beziehungen zu Jugoslawien, indem er seine persönliche Freundschaft mit Marschall Tito kultivierte, der ihn oft auf seine Insel Brioni einlud und ihm den Orden des Großkreuzes der jugoslawischen Fahne verlieh. Biograph Herzstein stellt fest: »Waldheim ist nun vom Faschisten Pavelic und vom Kommunisten Tito ausgezeichnet worden: Er ist wirklich ein flexibler Mann.«

Es ist viel darüber debattiert worden, ob Tito wußte, daß der Mann, mit dem er verhandelte, den er bewirtete, auszeichnete und dessen Ernennung zum Generalsekretär der UNO er unterstützte, in Jugoslawien wegen Mordes gesucht wurde – und wenn ja, warum er dabei blieb. Mitte der sechziger Jahre hatte Titos Regierung von den National Archives der USA zahlreiche Filmrollen mit erbeuteten deutschen Militärdokumenten gekauft. 1967 hatte sie damit Waldheims Akte auf den neuesten Stand gebracht. Vermutlich war es für Tito nach der Invasion der Tschechoslowakei 1968 vordringlich, die Beziehungen zu Österreich als Bollwerk gegen einen neuen Krieg auszubauen.

Anfang der siebziger Jahre war weder Kanzler Klaus noch sein einsfünfundneunzig großer Außenminister Waldheim der größte Mann Österreichs, sondern der einsachtzig große Bruno Kreisky, der seit beinahe vier Jahren nicht mehr am Ruder war. Er war den Österreichern allmählich ans Herz gewachsen, sie achteten ihn, wenn er Schlüsselstellungen in Koalitionsregierungen innehatte und dazu beitrug, daß die Besatzungsmächte (vor allem die Rote Armee) 1955 aus Österreich hinausverhandelt wurde. Jetzt, da er in Opposition war, vertrauten sie ihm, und er fehlte ihnen. Kein großer oder kleiner Politiker der Volkspartei konnte sich mit Kreisky messen.

Als Kreisky bei der Nationalratswahl 1970 zum Kanzler gewählt wurde, gab es in einem sozialistischen Kabinett für Kurt Waldheim keinen Platz. Diesem wurde inzwischen seine UNO-Stellung neuerlich angeboten. Doch kaum war er wieder in New York, nahm er Urlaub und kehrte nach Österreich zurück, wo ihn die Volkspartei bat, 1971 gegen den kranken, aber beliebten, einundsiebzig Jahre alten sozialistischen amtierenden Präsidenten Franz Jonas als Kandidat für das Präsidentenamt anzutreten. Schon damals bezeichneten ihn die Waldheim-Plakate – wie auch 1986 –, als den »MANN, DEM DIE WELT VERTRAUT«. Aber der österreichische Sozialismus war auf dem Vormarsch, und Waldheim war von vornherein zum Scheitern verurteilt. Doch die 47,2 Prozent der Stimmen, die auf ihn entfielen, überstiegen sogar seine Erwartungen, und er kehrte mit mehr Prestige als zuvor nach New York zurück: eine vertraute Erscheinung, die jetzt im Wettstreit um den Posten des UNO-Generalsekretärs stand, falls U Thant Ende 1971 kein drittes Mal um eine Amtszeit antrat.

Es war Bruno Kreisky, der Kurt Waldheim als Generalsekretär in den Vordergrund schob und seine eigenen Kontakte zu Sozialisten und der Dritten Welt benützte, um Waldheims Kandidatur voranzutreiben. Denn Kreisky erkannte – wie es zwei französische Biographen von Waldheim ausdrückten – daß »der Mann ihm nützlich sein würde. Er [Kreisky] kannte die Welt gut genug, um zu wissen, daß ein Diplomat von Waldheims Typ, der weder die Persönlichkeit noch die Fähigkeit besitzt, sich einen Namen zu machen, manchmal nützlicher sein kann als ein Metternich, vor allem, wenn er ein kleines Land vertritt, das auf der Weltbühne von geringfügiger Bedeutung ist«.

Die Invasion in die benachbarte Tschechoslowakei hatte Kreisky so sehr beunruhigt, daß er hoffte, ein Österreicher an der Spitze der UNO würde die Sowjets veranlassen, sich eine Verletzung der österreichischen Souveränität gründlich zu überlegen.

Der UNO-Generalsekretär wird von der Generalversammlung auf Empfehlung des Sicherheitsrates ernannt, in dem jeder der Großen Fünf – Großbritannien, China, Frankreich, Sowjetunion und die USA – das Vetorecht besitzen. Die Sowjets unterstützten den Schweden Gunnar Jarring, der Botschafter in Moskau gewesen war, doch andere schlossen ihn bald aus, weil zwei der ersten drei Generalsekretäre Skandinavier gewesen waren (Trygwe Lie aus Norwegen und Dag Hammarskjöld aus Schweden). China forderte als Nachfolger U Thants wieder einen Orientalen. Die Amerikaner unterstützten Max Jakobson aus Finnland: ein sozialistischer Aktivist, Journalist und Pro-Israel-Jude, gegen den die Sowjets sicherlich ein Veto einlegen würden. »Unsere arabischen Freunde in der Generalversammlung«, erklärte ein sowjetischer Delegierter, »würden nie für einen Juden stimmen.«

Nur Frankreich favorisierte Waldheim von Anfang an – weil er Französisch sprach. Doch er wurde rasch zur zweitbesten Wahl aller. Waldheim lud den sowjetischen Delegierten Jacob Malik zum Lunch ein und stellte fest, daß er »sehr freundlich über meine Kandidatur sprach, obwohl er sich nicht festlegen wollte. Einige Tage später erwiderte er die Einladung zum Lunch und gab mir einen Hinweis auf die sowjetische Einstellung.« Der damalige US-Botschafter bei der UNO, George Bush, bezeichnete Waldheim als für den Posten »ideal ausgerüstet«, was Bushs Vertreter Seymour Maxwell Finger so auslegte, daß »ihn niemand als Mann mit Grundsätzen sah. Wir nahmen an, daß er Opportunist war, aber in den siebziger Jahren wollten wir einen formbaren Generalsekretär haben.« In Peking besprach Kreiskys Botschafter Hans Thalberg vorsichtig, ohne Waldheims Namen ein einziges Mal zu nennen, mit Chu En-lai, daß China sich eher der Stimme enthalten würde, als ein Veto einzulegen.

Nach dem zweiten Wahlgang waren nur noch Jakobson und Waldheim übrig. Die Russen legten gegen Jakobson ihr Veto ein, und dann überlegte es sich China in bezug auf Waldheim. Am Dienstag, den 21. Dezember 1971 – an Waldheims fünfundfünfzigstem Geburtstag – empfahl der Sicherheitsrat seine Wahl zum Generalsekretär. Merkwürdigerweise enthielt sich unter den westlichen Nationen nur England der Stimme. Am nächsten Tag ratifizierte die Generalversammlung die Wahl.

XXXI. Der Mann an der Spitze

Für die jüdischen Augen und Ohren der Welt fielen Kurt Waldheims zwei Amtszeiten an der Spitze der Vereinten Nationen mit dem wachsenden Einfluß der Dritten Welt und dem Anti-Israel-Vorurteil zusammen. Dazu kam das Bild des PLO-Führers Yasir Arafat, der, mit Revolverhalfter und Kugeln versehen, in der Generalversammlung eine Rede hielt, und vor allem die Resolution des Jahres 1975, die Zionismus mit Rassismus gleichsetzte. Obwohl Waldheim sich offen gegen diese Resolution aussprach, weil sie »dem Bild der Vereinten Nationen ernsten Schaden« zufügte, obwohl er nach dem Massaker an israelischen Sportlern bei den Olympischen Sommerspielen 1972 darum kämpfte, daß der Terrorismus auf die Tagesordnung der Generalversammlung gesetzt wurde, und obwohl er sich zahlreichen Initiativen der Dritten Welt widersetzte, wurde er meist nur nach Äußerlichkeiten beurteilt. »Der Generalsekretär der Vereinten Nationen steht einer einfachen Wahrheit gegenüber«, erklärte Waldheim. »Er besitzt keine Vollzugsgewalt ... Alles, was ich habe, ist moralische Macht. Hinter mir steht nichts. Ich kann den Leuten Briefe schreiben, ich kann persönlich mit Regierungen sprechen, aber ich verfüge nicht über die Macht, irgendwen zu irgend etwas zu zwingen.« Doch der Bote wurde zu oft mit der Botschaft gleichgesetzt.
Die Dritte Welt hatte sich wie besessen gegen Waldheim gewendet und war dank ihrer Supermacht China in der Lage, jede Möglichkeit einer dritten Amtszeit auszuschließen, als sein Mandat 1981 zu Ende ging. Doch lange davor begannen Andeutungen über seine Vergangenheit in den Druckmedien aufzutauchen. Bereits am 25. August 1973 erwähnte Shirley Hazzard in der *New York Times Book Review*, daß Waldheim »Offizier in Hitlers Armee an der russischen Front« gewesen war, und wurde von einem UNO-Sprecher getadelt, weil sie eine »sehr abträgliche Beschuldigung« erhoben habe, auch wenn sie wahr war. Hazzard, eine in Australien geborene Schriftstellerin, war eine der ersten und hartnäckigsten Kritikerinnen Waldheims. Sie befaßte sich in der Ausgabe vom 10. Januar 1980 im Washingtoner *Magazin The New Republic* sehr wohldurchdacht mit Waldheims Vergangenheit und behauptete, daß er »Mitglied der Nazi-Jugendbewegung gewesen war und in Hitlers Armee in verschiedenen Feldzügen, einschließlich der Ostfront, gedient hatte«. Martin Peretz, der Herausgeber der *New Republic* wiederholte die Anschuldigung in der Ausgabe vom 27. September 1980.

Dann ging Dr. Hillel Seidman, ein achtzigjähriger, rechtsorientierter zionistischer Autor, der die Nazi-Lager überlebt hatte, zu einer Pressekonferenz, die Waldheim in der UNO abhielt, und fragte ihn präzise, ob er Mitglied der Nazi-Studentenorganisation und der SA gewesen sei: genau die ersten Beschuldigungen, die fünfeinhalb Jahre später auf den Titelseiten auftauchten. Der Generalsekretär erwiderte schlicht: »Das ist Unsinn!« Als Seidman fortfuhr und behauptete, daß Leutnant Waldheim während seines Einsatzes an der Ostfront an der Vernichtung der Ostjuden mitgewirkt habe, taten ihn die anwesenden Journalisten als Spinner ab.

1980 hatte der Kongreßmann Stephen Solarz aus New York genug gelesen, um am 26. November an den Generalsekretär zu schreiben und sich nach Shirley Hazzards Beschuldigungen zu erkundigen. Waldheims Antwort lautete:

> Es wäre – milde ausgedrückt – seltsam, wenn die Regierung der Vereinigten Staaten und alle übrigen Mitglieder zweimal bei der Wahl des Generalsekretärs der Vereinten Nationen für mich gestimmt hätten, wenn sie an meinem Charakter und meinem Background gezweifelt hätten.

Dann versicherte er Solarz, daß diese »verleumderischen« Gerüchte eine »Mc-Carthy-Lüge« seien, und fügte hinzu, daß er seinen Militärdienst von 1942 bis 1945 auf dem Balkan nicht deshalb übergangen habe, um jemanden irrezuführen. »Ich erwähnte, daß ich nach meiner Verwundung nicht mehr frontdiensttauglich war. Ich wollte damit sagen, daß man mich nicht mehr an die russische Front schicken konnte.«

Er zog sich Anfang 1982 ehrenvoll mit einer Pension von 83 000 Dollar jährlich (steuerfrei) von der UNO zurück, unterrichtete ein Semester lang als hervorragender Gastprofessor an der Georgetown-Universität in Washington, wo er zwei Forschungsassistenten seine Memoiren diktierte; seine Unterlagen waren 200 Kartons mit Akten, die er mitgenommen hatte. Dann kehrte er nach Österreich zurück. Bald wurde klar, woran er dachte: an die Präsidentschaftskanzlei im Leopoldinischen Trakt der Hofburg.

Die zweite Amtsperiode von Bundespräsident Kirchschläger ging 1986 zu Ende, und er durfte kein drittes Mal kandidieren. Im Frühjahr 1985 ersuchte die Volkspartei Waldheim erneut, sich als ihr Kandidat um die Präsidentschaft zu bewerben. Er sagte, er würde es sich überlegen.

Kurt Waldheim gab im September 1985 bekannt, daß er wieder kandidierte. Vom Neusiedler See beim Eisernen Vorhang zu Ungarn bis zum achthundert Kilometer westlich davon liegenden Bodensee und den Grenzen zu Deutschland und der Schweiz war Österreich mit Plakaten bedeckt, auf denen man Waldheim bei einer Sitzung der UNO, oder im Gespräch mit führenden Persönlichkeiten der ganzen Welt, oder Kurt und Sissy in Loden gekleidet vor einem Gebirgspanorama sah; auf jedem dieser Plakate stand der Slogan: WÄHLT DEN MANN, DEM DIE WELT VERTRAUT.

Die Sozialisten hatten es nicht geschafft, den alten, kranken ehemaligen Bundeskanzler Bruno Kreisky aus seinem Ruhestand herauszulocken (»Ich will dem Land die Kosten eines Staatsbegräbnisses ersparen«, sagte er), und stellten jetzt Dr. Kurt Steyrer als ihren Kandidaten auf. Steyrer war ein ehrbarer Hautarzt, der seit 1981 unter Kreisky und auch unter dessen Nachfolger Fred Sinowatz Minister für Gesundheit und Umwelt gewesen war. Die Sozialistische Partei verschanzte sich hinter der Macht, als ein Skandal dem anderen folgte: gepanschter Wein, Versicherungs- und Steuerbetrügereien auf höchster Ebene und seit 1983 die opportunistische Koalition mit der weit rechts stehenden Freiheitlichen Partei. Dadurch war in Sinowatz' Kabinett ein jungenhafter Verteidigungsminister namens Friedhelm Frischenschlager geraten, der Österreich Anfang 1985 in Verlegenheit brachte, indem er nach Graz flog, um Walter Reder zu begrüßen. Italien hatte den letzten Kriegsverbrecher freigelassen, der zu lebenslänglicher Haft verurteilt worden war, weil er 1944 die Bewohner der Dörfer Marzabotto (1 830 Tote) und Lunigiana (1 200 Tote) massakrieren ließ.

Frischenschlager war auch derjenige, der den Sozialisten die Lücke zeigte, durch die sie ihrer Meinung nach Waldheims Kandidatur innerhalb weniger Tage torpedieren konnten. Anfang 1985 hatte die Tochter des hingerichteten Generals Löhr Frischenschlager dazu überredet, an dem Haus in Wien, in dem ihr Vater gelebt hatte, eine Gedenktafel anzubringen. Um ihn zu überzeugen, wies sie darauf hin, daß Kurt Waldheim schließlich Löhrs Adjutant gewesen war. Frischenschlager war beeindruckt; so wie viele Österreicher, die allen möglichen Parteien angehörten, empfand er diese Geste als Ehrenrettung für Löhr, die keine Auswirkung auf Waldheim haben konnte.

Daß Löhr geehrt wurde, erboste einen Wiener Historiker namens Georg Tidl, der im April 1985 den Generalsekretär der Volkspartei, Michael Graff, aufsuchte und ihm erzählte, daß es einen Zusammenhang zwischen ihrem potentiellen Kandidaten und einem Kriegsverbrecher gab. Graff schob Tidls Argumente mit einer Handbewegung vom Tisch; später stellte er einmal mit der Nonchalance des Politikers fest, daß es mit Waldheim »kein Problem« geben würde, »solange man ihm nicht beweisen kann, daß er mit eigenen Händen sechs Juden erwürgt hat«.

Tidl befaßte sich weiterhin mit der Angelegenheit und grub Anfang 1986 Teile der Akte über Leutnant Waldheims militärische Karriere aus. Er rief Wiesenthal an und bat ihn um Hilfe; er wollte beweisen, daß die deutsche Armeedivision, bei der Waldheim war, als er 1941 in Rußland verwundet wurde, 1945 in eine SS-Division eingegliedert wurde. Tidl bestand darauf, daß Waldheim dadurch zu einem SS-Mann geworden war. Wiesenthal wunderte sich über diese Logik, überprüfte Tidls Angaben trotzdem in seinen Akten, fand aber keinen Hinweis auf eine solche Verschmelzung.

Als Frischenschlager einigen Luftwaffenoffizieren gestattete, eine weitere Tafel zu Ehren von General Löhr an die Wand der Landesverteidigungsakademie in Wien zu hängen, ging Tidl mit seinen Nachforschungen zur Sozialistischen Partei. Die Sozialisten, die merkten, daß ihr Kandidat Steyrer hinter Waldheim zurückblieb, hörten ihm zu und nahmen ihm seine Geschichte offenbar ab. Doch statt Waldheim frontal anzugreifen und damit zu riskieren, daß sie die Stimmen der »Ehemaligen« verloren, ließen sie Tidls Entdeckung zum Jüdischen Weltkongreß in New York durchsickern.

Hubertus Czernin, ein Mitarbeiter des Magazins *profil*, erfuhr von Tidls Recherchen und konzentrierte sich auf die Lücken in Waldheims Aktivitäten während des Krieges. Czernin rief den Kandidaten an und ersuchte ihn um die Erlaubnis, im Staatsarchiv Einblick in seine Militärakten zu nehmen, um dem Tratsch den Nährboden zu entziehen. Waldheim tat ihm würdevoll den Gefallen und entsandte seinen Sekretär, der dem Journalisten helfen sollte, die entsprechenden Genehmigungen zu erhalten, und ihm die erforderlichen Erklärungen geben sollte.

Im Archiv fand Czernin nicht nur die Aufzeichnung über Waldheims gesamte militärische Karriere, sondern auch Einzelheiten über seine Mitgliedschaft im SA-Reiterklub und in der Nazi-Studentenunion. Als er sich jedoch bei Waldheim danach erkundigen wollte, lächelte der Kandidat einfach, schüttelte den Kopf und sagte: »Nein, ich nicht, das ist nicht wahr.« Da Czernin an diesem Abend nicht imstande war, konkretere Antworten zu erreichen, ging er mit zwei Mitarbeitern Waldheims –

Pressesekretär Gerold Christian und Chef des Mitarbeiterstabs Peter Marboe – in ein Café; sie blieben bis ein Uhr nachts dort sitzen. Czernin erzählte später Jane Kramer vom *New Yorker*, daß er Christian und Marboe gesagt hatte: »Also wißt ihr! Waldheim muß unglaubliche Beziehungen gehabt haben, wenn er mitten in einem Weltkrieg in Wien bleiben und zwei Jahre lang Jura studieren konnte.«

Czernins Andeutungen beunruhigten Marboe und Christian so sehr, daß sie, wie Czernin erzählte, »zu Waldheim zurückgingen, und dann meinte Waldheim: ›Ja also, vielleicht war ich nur zwei Monate lang krank, und vielleicht kam ich dann auf den Balkan.‹ Aber der Haken war, daß er nie die ganze Geschichte erzählen wollte, was sehr ärgerlich war, denn es stellte sich heraus, daß er einer der bestinformierten Offiziere auf dem Balkan war. Er wußte alles.«

Czernin veröffentlichte seinen ersten Artikel über Waldheim am 3. März 1986 im *profil*. Am nächsten Tag brachte die *New York Times* auf der Titelseite einen Bericht von John Tagliabue aus dem Bonner Büro der Zeitung. Die Datumszeile war Wien, und die Überschrift lautete: »AKTEN ZEIGEN, DASS KURT WALDHEIM UNTER KRIEGSVERBRECHER DIENTE.« Tagliabue schrieb, daß er die Einzelheiten nicht nur vom *profil* hatte, sondern auch vom Jüdischen Weltkongreß, »und daß sie unabhängig davon von *The Times* bestätigt wurden«. Seine Geschichte nahm auch noch den größten Teil einer Innenseite in Anspruch, auf der auch das berühmte Foto von Leutnant Waldheim erschien, der zwischen dem italienischen General Roncagli und dem deutschen SS-General Phelps stand.

Tagliabue schrieb, daß Waldheim ihm »sichtlich erschüttert« mitteilte: »Ich bedaure diese Dinge zutiefst, aber ich muß wiederholen, daß es wirklich das erste Mal ist, daß ich von solchen Dingen höre. Während ich dort war, hörte oder erfuhr ich nie etwas darüber. Ich höre zum ersten Mal, daß es von dort aus Deportationen gab.«

Dieses oft wiederholte Dementi trug mehr zur Zerstörung von Waldheims Glaubwürdigkeit bei als jede andere Episode in der täglichen Flut von Enthüllungen, die bald einsetzte. Tagliabue erfaßte frühzeitig, »daß die schwerste Beschuldigung, die man gegen Waldheim erheben konnte, darin bestehen würde, daß er nicht offen über seine Vergangenheit sprach.« Oder, wie Tidl es ausdrückte: »Die einzige Erkenntnis bei dieser Geschichte ist, daß er nie freiwillig darüber gesprochen hat.«

Als Waldheim gefragt wurde, warum er seine Balkanerlebnisse nicht in seine Autobiographie *Im Glaspalast der Weltpolitik* aus dem Jahr 1985 aufgenommen hatte, zitierte er die ersten Worte seines Vorworts:

> Es sind keine Memoiren im üblichen Sinn, und es ist auch kein umfassender Bericht über die Ereignisse während meiner Amtszeit als Generalsekretär der Vereinten Nationen ... Ich habe statt dessen versucht, Einblicke in meinen Background, meine Handlungen und Bestrebungen zu bieten. Ohne bei der Routine und den Enttäuschungen zu verweilen, die ebenfalls Merkmale einer anstrengenden Laufbahn sind, habe ich jene Ereignisse und Episoden geschildert, die meiner Ansicht nach für den Verlauf der Geschichte bedeutungsvoll sind.

Offensichtlich hielt er seine Karriere nicht für eine dieser Episoden. »Ich habe nie behauptet, daß mein Buch Anspruch auf Vollständigkeit erhebt«, sagte er zu Tagliabue. »Sonst wäre es so langweilig geworden, daß niemand es gelesen hätte.«

Simon Wiesenthal tritt am 5. März 1986 in Erscheinung, und zwar mit der Feststellung: »Ich halte es für äußerst unwahrscheinlich, daß er jemals Mitglied einer Naziorganisation war.« Wie üblich sprach Wiesenthal nicht leichtfertig, denn Tidls Anruf war nicht Wiesenthals erste nähere Bekanntschaft mit Waldheim gewesen. Während der zweiten Amtszeit des Generalsekretärs hatte der israelische Geheimdienst Wiesenthal gefragt, ob Waldheim eine »braune Vergangenheit« habe. Simon hatte geantwortet, daß er in seinen Akten nichts darüber finde, sich aber an anderer Stelle vergewissern würde. Er rief Berlin an und bat seinen alten Freund und Bewunderer, den Medienzaren Axel Springer, Waldheim durch die beiden dort vorhandenen erstklassigen Quellen zu überprüfen: das von den Amerikanern kontrollierte *Berliner Dokumentationszentrum* (BDZ), das SS-Akten enthielt, und die von den Franzosen kontrollierte *Wehrmachts-Auskunftsstelle* (WASt), die alle Aufzeichnungen der deutschen Wehrmacht enthielt. Die Standard-Berichtform des BDZ ist eine Checkliste von sechzehn Nazi-Organisationen, die mit der SS und der NSDAP beginnt; Waldheim hatte zu keiner der sechzehn gehört. Einen Tag später lieferte auch WASt eine Unbedenklichkeitsbescheinigung – oder zumindest einen Bericht, der sich mehr mit Waldheims schlechtem Gesundheitszustand statt mit seinem aktiven Dienst befaßte:

> 1939: In die deutsche Wehrmacht aufgenommen und zu dem 45. Aufklärungszug, Kavallerieschwadron abgestellt.

1941: Diente bei der 1. Kompanie beim Aufklärungszug 45; am rechten Knie verwundet; ins Reserve-Feldkrankenhaus in Minsk eingeliefert.
1942: Ins Reservekrankenhaus XIII in Wien verlegt. Verließ Krankenhaus, kehrte zum Dienst im Kavalleriezug zurück.
Versetzt zum Generalstab der Armeegruppe E.
1944: Wegen Schilddrüsenerkrankung versetzt; in Heeres-Rekonvaleszenz-Krankenhaus am Semmering eingeliefert. Verließ Krankenhaus beschränkt felddienstfähig und kehrte zur Einheit zurück.

Obwohl Wiesenthal bei »Generalstab der Armeegruppe E« der Name Löhr hätte einfallen müssen, nahm er an, daß Waldheim zwischen seinen Krankenhausaufenthalten ein kränklicher, untergeordneter Schreibtischoffizier gewesen war, und ihm fiel nicht auf, daß Waldheims Dienst auf dem Balkan sich von seinen offiziellen Biographien unterschied. Er sagte den Israelis, daß nichts gegen Waldheim vorliege.
Jetzt studierte Wiesenthal acht Jahre später das *profil* und die *New York Times,* fand jedoch kein belastendes Material gegen Waldheim. »Die Deportationen aus Griechenland wurden von der SS unter Alois Brunner organisiert – leider ebenfalls ein Österreicher.« Obwohl ein anderer Österreicher, General Löhr, offenbar daran beteiligt war, konnte sich Wiesenthal nicht vorstellen, daß Waldheim persönlich damit zu tun gehabt hatte. »Trotzdem ist es kaum denkbar«, gab er zu, »daß Waldheim in seiner Stellung überhaupt nichts gewußt hatte.«
Am nächsten Tag fuhr Wiesenthal nach Deutschland, um in Köln eine Holocaust-Ausstellung zu eröffnen. Dort erreichte ihn Waldheim telefonisch und bedankte sich für seine Unterstützung. »Doch er war sehr bitter und von mir enttäuscht«, erzählt Wiesenthal, »als ich ihm nicht glaubte, daß er nichts von einer Deportation von Juden aus Griechenland gewußt hatte.
Deshalb sage ich ihm: ›Seit ich Sie kenne, halte ich Sie für einen intelligenten Menschen. Doch daß 50 000 Menschen vor Ihren Augen verschwinden können, spricht nicht für Ihre Intelligenz‹, stelle ich fest. ›Wochen- und monatelang sind alle zwei Tage 2 000 Menschen wegtransportiert worden – und Sie wissen nichts.‹ Er erwidert, daß er während dieser Zeit größtenteils nicht in Saloniki war, und wenn er doch dort war, war er zehn Kilometer davon entfernt. Aber ich antworte ihm: ›Wie ist es möglich, daß Sie als Geheimdienstoffizier nichts von diesen täglichen Ereig-

nissen merkten, obwohl es eine bekannte Tatsache war, daß Sie die SS-Berichte über die Deportationen regelmäßig in das Büro Ihrer Vorgesetzten schickten? Eine weitere bekannte Tatsache besagt, daß diese Angelegenheiten stets von allen Offizieren besprochen wurden. Die Transportoffiziere, die Verpflegungsoffiziere, sie sprachen alle im Offizierskasino darüber, aber wo waren Sie?‹«
Das Simon Wiesenthal Center in Los Angeles veröffentlichte Wiesenthals Abfuhr für Waldheim und fügte drohend hinzu, es sehe »zur Zeit Archivmaterial durch, das sich mit deutschen Greueltaten während des Zweiten Weltkriegs in Jugoslawien und Griechenland befaßte«. Doch die Anti-Waldheim-Initiative hatte an der Ostküste Fuß gefaßt. In New York unterhielt Elan Steinberg, der geschäftsführende Direktor des Jüdischen Weltkongresses, ein stetiges Trommelfeuer von Pressemitteilungen, die Waldheim »bloßstellten«:

»JWK (Jüdischer Weltkongreß) GIBT DOKUMENTATION ÜBER WALDHEIMS NAZI-VERGANGENHEIT FREI« (5. März 1986)

»UN LEHNT UNTER WALDHEIM ANSUCHEN DER USA UM NAZI-ARCHIVE AB« (6. März)

»VERTUSCHUNG IN LITERATUR FÜR WALDHEIM-KAMPAGNE ZITIERT« (10. März)

»WALDHEIM-BUCH BRINGT FALSCHE DARSTELLUNG VON KRIEGSAUFZEICHNUNGEN« (17. März)

Mitte März engagierte der Jüdische Weltkongreß den Historiker Herzstein, der in der Abteilung für erbeutete deutsche Aufzeichnungen der National Archives in Washington Mikrofilm-Akten in bezug auf Waldheim überprüfte. Herzstein sagte Eli Rosenbaum, dem Generalanwalt des Jüdischen Weltkongresses, daß er für das Projekt zehn Tage erübrigen könne, aber nicht mehr. Herzstein, ein vierundvierzig Jahre alter gebürtiger New Yorker mit orientalisch aussehendem Schnurrbart und Bart, war in bezug auf Waldheim seit dem Augenblick skeptisch, als seine Universität 1979 dem Generalsekretär ehrenhalber einen akademischen Grad verlieh. Während er die offizielle Biographie des Ehrengastes überflog, hatte sich Herzstein gewundert: »Wer wurde 1944 in Deutschland Dr. jur.? Doch der Auftrag im Jahr 1986«, sagte er mir, »war die gleiche Arbeit, die ich seit 1969 machte«, während ich Bücher über die Nazis und Hitler schrieb. »Die Nachforschungen über Waldheim erforderten die gleiche Methode, Disziplin, Dokumente und Diplomatie, während ich den Archivar dazu brachte, Quellen vorzuschlagen und Fragen zu beantworten, die noch niemandem eingefallen waren.«

Gegen Ende von Herzsteins erster Woche in Washington, am Freitag, dem 21. März 1986, winkte ihn Oberarchivar John Mendelsohn zu einem Mikrofilm-Lesegerät und zeigte auf ein verschwommenes Dokument auf dem Bildschirm. »Ihr Freund«, sagte er leise, »war ein Kriegsverbrecher.«

Herzstein fragte erschrocken: »Wie lautete die Anklage? Und wer erhob sie?«

»Mord«, erwiderte Mendelsohn knapp. »Die Jugoslawen.«

Sie hatten die *Odluka* (Anklage) gegen Waldheim entdeckt.

Am nächsten Tag gab der Jüdische Weltkongreß in New York eine Bekanntmachung mit dem Titel: »US-ARMEE UND VEREINTE NATIONEN FÜHRTEN KURT WALDHEIM ALS MÖGLICHEN, WEGEN ›MORDES‹ VERDÄCHTIGTEN NAZI-KRIEGSVERBRECHER AUF IHREN LISTEN« gerade noch rechtzeitig für die Sonntagzeitungen heraus. Dann gab Herzstein am Dienstag bei einer überfüllten Pressekonferenz in der Zentrale des Jüdischen Weltkongresses in der Park Avenue 1 seine Entdeckungen sowie Analysen von Waldheims Verbindung zu der Schlacht und dem Massaker von Kozara, zur »Operation Schwarz« und zu anderen Anti-Partisanen-Unternehmen sowie zu den Gefangenenverhören bekannt. Bei der Pressekonferenz erklärte der Generalsekretär des Jüdischen Weltkongresses, Israel Singer: »Unsere erste Beschuldigung lautet, daß Kurt Waldheim Nazi war. Wir sollten unseren Fall abschließen und sagen, daß er für den Posten eines Generalsekretärs der Vereinten Nationen ungeeignet war. Wir haben auch bewiesen, daß Kurt Waldheim ein Lügner ist. Er hat sich bei jeder neuen Information über seine Vergangenheit, die während der letzten Wochen ans Tageslicht kam, selbst widersprochen.«

Damit begann ein Feldzug der Beschimpfungen, bei dem Israel Singer für die österreichische Öffentlichkeit und einen großen Teil der Welt den schroffen, rachsüchtigen Juden personifizierte. In den nun folgenden Monaten bezeichnete Singer Kurt Waldheim im Fernsehen als »Drecksack« und verglich ihn in einem Interview, in dem er andeutete, daß Tito Waldheim erpressen könne, mit einer billigen Nutte, die hier ein paar Mark und dort ein paar Mark nimmt und sich mit billigen Gefälligkeiten einen

Kundenstock schafft, so daß sie sehr viel Zeit im Bett verbringt. Er gab dem *profil* ein Interview, in dem er den Österreichern erzählte, daß jeder Besitzer eines österreichischen Passes im Ausland auf erbarmungslose Untersuchungen, Verachtung und Mißtrauen stoßen würde. Als der Präsident der Wiener jüdischen Gemeinde Singer bat, sich zu mäßigen, bevor er die bereits schlechte Situation für Österreichs Juden noch schlechter machte, fragte ihn Singer: »Wie viele Juden leben in Österreich?«

»Siebentausend.«

»Dann sollen sie emigrieren«, erwiderte Singer.

Israel Singer war Anwalt, ehemaliger Collegeprofessor und Wiener Abstammung und hatte mehr als genug Gründe, sich über Österreich zu ärgern oder es sogar zu hassen. Als Hitler 1938 Österreich anschloß, und noch bevor die deutschen Truppen in der Hauptstadt eintrafen, brachen Horden von nazifizierten Wienern in jüdische Wohnungen und Geschäfte ein, plünderten und zerschlugen und zwangen die würdevollsten Männer – unter denen sich Rabbis befanden – niederzuknien und die Pro-Schuschnigg-Slogans – manchmal mit Zahnbürsten – von den Gehsteigen wegzuschrubben. Auf einem Foto war Israel Singers Vater, der Präsident der Wiener religiösen zionistischen Gemeinde, einer dieser gedemütigten Juden.

Auf den Plakatwänden Österreichs hatte sich zu »DER MANN, DEM DIE WELT VERTRAUT« ein »WIR ÖSTERREICHER WÄHLEN, WEN WIR WOLLEN!« und ein aggressiveres »JETZT ERST RECHT!« gesellt. Den letzten Slogan hatte Hitler auch auf seinen Plakaten verwendet. Um die Drohung deutlicher zu machen, verwendete das neue Plakat Gelb – die Farbe von Hitlers antisemitischen Bekanntmachungen und dem Davidstern, den die Juden tragen mußten.

Der Vorsitzende der Volkspartei, Alois Mock, warf dem Jüdischen Weltkongreß »verabscheuungswürdige Gemeinheit« und »unpassende Einmischung in österreichische Angelegenheiten« vor. Als Flugblätter mit dem Text »AUSCHWITZ, TREBLINKA, MAJDANEK – JETZT IST WIEN AN DER REIHE« in den Briefkästen bekannter Juden auftauchten, bezeichnete Mock die Haß-Flugblätter als Fälschungen. Die Frage, »Fälschungen wovon?« wurde nicht beantwortet. Ein jüdischer Kunsthändler versperrte seine Geschäftstür und versah sie mit der Mitteilung »WEGEN DROHUNGEN GESCHLOSSEN«. Simon Wiesenthal sagte: »Ich weiß von mehreren Fällen, in denen Taxifahrer sich weigerten, jüdische Passagiere zu fahren«, und *Der Spiegel* berichtete:

Nicht nur die Beschimpfungen sind tägliche Vorkommnisse, sondern die brutalen Angriffe nehmen zu. Taxifahrer haben Juden aus dem Taxi geworfen, und sie wurden auf der Straße angespuckt.

Als drei betrunkene Jugendliche versuchten, Rabbi Jacob Bierman zu verprügeln, gelang es ihm zu fliehen, doch er tat den Angriff als »nichts Besonderes« ab.
Der Generalsekretär der Volkspartei, Michael Graff, reagierte übertrieben und kritisierte Österreichs jüdische Gemeinde nicht nur deshalb, weil sie sich nicht von den »ehrlosen Gesellen« des Jüdischen Weltkongresses distanzierte, sondern warnte sie auch davor, »Gefühle zu provozieren, die keiner von uns haben will«. Als die Journalisten Graff fragten, ob er nicht die Gefühle hervorrief, die er angeblich bedauerte, fuhr er sie an: »Sie machen uns nur schlecht, weil wir den Mut haben, uns gegen ein paar Juden zu wehren!«
Bruno Kreisky rief von Mallorca aus die Wiener Korrespondentin des Magazins *Time,* Traudl Lessing, an, und obwohl er kein Bewunderer Waldheims war, setzte er sich dem Jüdischen Weltkongreß gegenüber für ihn ein. »Eine außergewöhnliche Gemeinheit!« knurrte der fünfundsiebzigjährige jüdische Exkanzler. Aber er forderte Frau Lessing auf, nicht nur jüdischen Kreisen die Schuld zuzuschieben. »Die Amerikaner müssen allgemein eine alte Rechnung mit Waldheim bereinigen. Sie akzeptierten nie die Tatsache, daß er bei der UNO den Willen der Mehrheit erfüllen mußte.« Israel hatte Waldheim wegen der UNO-Politik im Nahen Osten immer mißtraut. Was die Reaktion in Österreich betraf, sagte Kreisky voraus: »Die Leute werden einfach sagen, ›wir werden den Juden im Ausland nicht erlauben, uns herumzukommandieren und uns vorzuschreiben, wer unser Präsident sein soll‹.« Obwohl die letzten Meinungsumfragen zeigten, daß Waldheim deutlich vor Steyrer lag, fiel Kreisky noch eine mitfühlende Bemerkung über seinen ehemaligen Außenminister-Kollegen ein: »Ich verstehe nicht recht, warum Waldheim sich in dieses Schlamassel bringen mußte.«

Simon Wiesenthal und Bruno Kreisky waren ausnahmsweise einmal einer Meinung – in bezug auf die Wahl am 4. Mai 1986. Als ich Simon am 9. April 1986 im Hotel Doral Park Avenue zum Frühstück traf, sagte er mir: »Waldheim wird mit Hilfe des Jüdischen Weltkongresses gewinnen. Ich weiß, was die Menschen denken. Auch ich bin Österreicher. Fremde haben nicht das Recht, darüber zu entscheiden, wer unser Präsident sein wird.«

Simon sagte mir, Waldheim habe ihn angerufen, nachdem Herzstein die jugoslawische *Odluka* ausgegraben hatte, in der Waldheim des Mordes beschuldigt wurde. Sie hatten über eine halbe Stunde miteinander gesprochen. »Er wiederholte, daß er erst von dem Schicksal der drei Dörfer in Jugoslawien erfahren hatte, als die Unterlagen 1986 freigegeben wurden. Ich erwiderte, daß ich auf weitere Dokumente warten würde. Er bat mich wieder, ihm doch bitte zu glauben, daß er nichts über die Deportationen aus Saloniki gewußt hatte. Wie konnte er es nicht gewußt haben?« Doch Wiesenthal erklärte ihm: »Wenn es nur darum geht, ob ich Ihnen glaube oder nicht, dann handelt es sich um eine österreichische Angelegenheit zwischen Ihnen als Kandidat und mir als Wähler. Wenn es aber um Kriegsverbrechen geht, dann betrifft diese Angelegenheit alle – die Jugoslawen, die Amerikaner, die ganze Welt – weil die Opfer Menschen aus anderen Ländern waren.«

Nach einer kurzen Pause fuhr Wiesenthal fort: »Als ich erfuhr, daß die Beschuldigungen von den Jugoslawen ausgingen, konnte ich nicht anders, ich mußte eingreifen. Ich verfaßte noch am gleichen Tag ein Zweihundert-Worte-Telegramm an die Premierministerin von Jugoslawien [Milka Planinc]. Sie hielt sich damals zufällig in Wien auf. Ich frage sie, warum sie nichts unternommen hat, wenn die Anschuldigungen so schrecklich sind. Ich erkläre im Telegramm, daß ich weder für noch gegen Waldheim etwas unternehme. Als österreichischer Staatsbürger möchte ich die Wahrheit wissen. Doch sie sagt mir einen Tag, nachdem sie das Telegramm erhalten hat, daß sich Jugoslawien nicht in die österreichische Wahl einmischt. Also erkläre ich Waldheim: ›Sie müssen von den Jugoslawen verlangen, daß sie der Welt alles sagen. Das liegt in Ihrem Interesse.‹« Wenn die Jugoslawen daraufhin den Fall einschlafen ließen, fand Wiesenthal, dann hatten sie nichts in der Hand. Er glaubte auch nicht an Erpressung: »Wenn dem so wäre, dann wäre seine Akte nie in einem Archiv geblieben, in dem jeder jugoslawische Journalist Einblick in sie nehmen konnte.«

Simon stellte seufzend fest, daß er sich mit der derzeitigen »Waldheim-Hysterie« in den Vereinigten Staaten nur ungern auseinandersetzen würde. »Daß es einem Mann mit meinem Ruf nicht möglich ist, mit den Leuten logisch über Waldheim zu sprechen, sagt mehr über die Hysterie als über Waldheim aus. Sofort sagt jemand: ›Ah, Sie schützen Waldheim!‹

Darauf antworte ich, daß ich die Wahrheit wissen will. Meine Einstellung hat sich seit vierzig Jahren nicht geändert. Ich klage nie jemanden ohne Beweise an, und ich spiele nie für dieselbe Person Staatsanwalt und Richter. Mein Grundsatz war immer: Die Dokumente müssen hart, aber meine Ausdrucksweise muß gemäßigt sein – denn wenn beide hart sind, werden die Richter denken: ›Das ist ein Hasser.‹ Und Sie wissen, daß ich es nicht bin.«

Seine Stimme zitterte leicht, und um die Beherrschung wiederzugewinnen, warf er einen Blick auf die *New York Times* und sprach dann ruhiger weiter:

»Bevor ich dieses Land kennenlernte, waren die amerikanische Presse und die amerikanischen Medien für mich die verkörperte Fairneß. Doch ich sehe diese Fairneß nicht mehr. Es gibt dicke Schlagzeilen, aber der Inhalt des Artikels bestätigt die Schlagzeile nicht.«

Er behauptete, daß die Demagogie des Jüdischen Weltkongresses an der Hysterie schuld war. »Wenn ich so gearbeitet hätte wie sie, wäre ich nach zwei Jahren am Ende gewesen. Diese Pressekonferenz wird nicht leicht sein. Ich freue mich nicht darauf.«

Später traf Simon für ein Vierzig-Minuten-Gespräch mit Javier Perez de Cuellar, Waldheims Nachfolger bei der UNO zusammen; Rabbi Hier vom Wiesenthal-Zentrum[7] in Los Angeles war eigens dazu hierher geflogen. Perez de Cuellar drückte zunächst seine persönliche Bewunderung für Simons vierzigjährige Tätigkeit im Namen der Gerechtigkeit aus.

»Wir sprachen zuerst über die Schwierigkeiten, die Kurt Waldheim hatte«, berichtete Simon, »und der Generalsekretär erzählte mir, daß sie die im Besitz der UNO befindlichen Dokumente von Ende 1947 bis Anfang 1948 für Israel und Österreich freigegeben hatten und daß auch die USA sie bekommen würden. Ich sagte dem Generalsekretär, daß dies nur ein Teil der Akte war und daß die wichtigsten Akten noch immer in Belgrad lagen.«

Perez de Cuellar erklärte sich bereit, in dieser Angelegenheit zu intervenieren – indem er zunächst den jugoslawischen Botschafter anrufen würde. (Er tat es, aber das gerade in Jugoslawien an der Macht befindliche Präsidium lehnte es ab, ›in die internen Affären unserer Nachbarn einzugreifen‹.) »Ich sagte Perez de Cuellar, daß dies nicht nur mit Österreich und Jugoslawien zu tun habe«, berichtete Wiesenthal. »›Sie müssen etwas für die Vereinten Nationen tun. Stand zehn Jahre lang ein Verbrecher an der Spitze der UNO?‹«

Dann kamen Wiesenthal und Hier auf das nächste Problem zu sprechen. Simon begann: »Für mich sieht es wie ein Krimi aus: 40 000 Leichen in einem Keller. Das sind die Dokumente, die seit 1943 in London gesammelt wurden – zuerst durch die Exilregierungen der besetzten Länder Europas und dann durch die Jewish Agency, die die Zeugenaussagen der Menschen aufnahm, die aus diesen Ländern entkommen waren. Auch Zeugen aus der französischen Resistance, dem holländischen Widerstand und anderen Widerstandsbewegungen wurden gehört; aus Schweden und Ungarn kamen Dokumente, Namen und Schilderungen von Verbrechen. 1948 stellte die Kommission für Kriegsverbrechen der Vereinten Nationen ihre Arbeit ein, und die Unterlagen wurden archiviert, obwohl sie einen großen historischen Wert besaßen. Jetzt, vierzig Jahre später, können sie nicht in einem Archiv im Keller bleiben.«[8]
Perez de Cuellar ersuchte Wiesenthal, ein Memo zu verfassen, in dem er vorschlagen sollte, für wen – außer für Regierungen – die Akten der UNO-Kommission zugänglich sein sollten. Am nächsten Tag wurde die Waldheim-Akte auf Perez de Cuellars Ersuchen für die Regierungen der USA, Österreichs und Israels geöffnet. Israel bekam auch Zugang zu den Akten von Alois Brunner, dem österreichischen SS-Adjutanten von Adolf Eichmann, der noch immer in Syrien lebte, und von Hermann Klenner, einem ostdeutschen Diplomaten und ehemaligen Mitglied der NSDAP, der Vizepräsident der Menschenrechtskommission der Vereinten Nationen in Genf war. Monate später wurde das Archiv für Gelehrte, Historiker und Ermittler geöffnet.
Doch bei der Pressekonferenz interessierten sich die New Yorker Journalisten viel weniger für Perez de Cuellar als für seinen Vorgänger. »Sind Sie in bezug auf Waldheim zu irgendwelchen Folgerung gelangt?« wurde Wiesenthal gefragt.
»Wie könnte ich?« erwiderte er. »Wenn ich eine Akte bekomme, lese ich sie nicht wie einen Krimi. Ich sehe mir die erste und die letzte Seite an, um die Anklage und die daraus gezogenen Schlüsse zu sehen, dann gehe ich zum Anfang zurück und lese sie von A bis Z. Dabei achte ich darauf, daß ein Punkt logisch zum nächsten führt ... Mit diesem Dokument (der Kommission für Kriegsverbrecher der UNO), dem nicht die volle jugoslawische Dokumentation beiliegt, haben wir nur eine Anklage aus dem Jahr 1948, sonst nichts.«
»Wie sehen Sie als österreichischer Staatsbürger die zunehmende Beliebtheit Waldheims?«

Wiesenthal überlegte einen Augenblick und antwortete dann: »Fünfundsechzig Prozent der österreichischen Bevölkerung wurden nach dem Krieg geboren oder waren bei Kriegsende kleine Kinder. Und es ist ihnen sehr unangenehm, wenn Stimmen aus anderen Ländern ihnen Ratschläge erteilen, wen sie wählen sollen. Sie fühlen sich erwachsen genug, um es sich selbst auszusuchen ...«
Als Wiesenthal gefragt wurde, ob der Jüdische Weltkongreß voreilig gewesen war, sagte er im Hinblick auf die bis jetzt vorliegenden Beweise: »Ja.« Gab es Beweise? »Das weiß ich nicht.« Dann fuhr er fort: »1948 wußten die Jugoslawen, daß er bereits ein kleiner Sekretär im österreichischen Außenministerium war. Und sie bemühten sich um jeden, den sie bekommen konnten. 1949 verlangten die Jugoslawen etliche Leute aus Deutschland, Österreich und anderen Ländern, und begannen, Artukovic zu suchen, der gerade aus Kalifornien ausgeliefert wurde. Warum verlangten sie Waldheim nicht? Die Antwort darauf kann nur Jugoslawien geben.«
Nach über einer Stunde Schnellfeuer-Fragen auf englisch wurde Wiesenthal müde, und die Fragen wiederholten sich. Als die Pressekonferenz zu Ende war, beglückwünschte ich Simon und verabschiedete mich. »Sie waren nicht so feindselig, wie ich erwartete«, meinte er. »Keiner hat mich beschuldigt, daß ich nur gekommen bin, um ihn zu beschützen.«
Doch am nächsten Tag lautete die Schlagzeile der *New York Daily News:* »NAZIJÄGER SAGT: ›HÄNDE WEG VON KURT!‹«

Präsident Kurt Waldheim wurde am 8. Juli 1986 in sein Amt eingeführt. Als ich im August aus den USA nach Wien zurückkehrte, wurde er bereits »Der Gefangene der Hofburg« genannt.
Von dem Augenblick an, in dem er gewählt wurde, distanzierten sich immer mehr Prominente von ihm. Der sozialistische Kanzler Fred Sinowatz dankte lieber sofort ab, als Waldheim seine Reverenz als Staatsoberhaupt zu erweisen. Ihm folgte sein Außenminister Leopold Gratz, der 1970 für Kreisky den Gegenangriff gegen Wiesenthal angeführt hatte, weil dieser im Kabinett Nazis und einen SS-Mann entdeckt hatte. Ein achtundvierzig Jahre alter Wiener Banker, Franz Vranitzky, der Sinowatz' Finanzminister gewesen war, folgte ihm als Kanzler. Jugoslawien, Albanien, Griechenland und die Niederlande gratulierten nicht. Israel rief seinen Botschafter zur Berichterstattung zurück und schickte einen Ersatz im Botschafterrang, jedoch ohne den Titel Botschafter. Der neue US-Gesandte

Ronald Lauder, ein Jude, der eine mezuzah[9] an seiner Haustür anbrachte, entschuldigte sich mit einer älteren Verpflichtung und erschien nicht bei der Amtseinführung. Als Revanche boykottierten etliche prominente Österreicher, einschließlich des Herausgebers der Zeitung *Die Presse*, den Empfang, den Botschafter Lauder am 4. Juli gab.

Bei der Amtseinführung im Parlament trugen viele sozialistische Abgeordnete schwarze Krawatten als Protest, und im Park zwischen dem Parlament und dem Sitz des Präsidenten hatte sich unter der Führung eines amerikanischen Rabbis und einer römisch-katholischen Nonne ein Dutzend Protestierer in der gestreiften Häftlingskleidung der KZ-Insassen aufgestellt. Staatsbesuche mieden Wien, um nicht fotografiert zu werden, wenn sie Waldheim die Hand schüttelten. Aus ähnlichen Gründen trafen hohe ausländische Beamte ihre österreichischen Amtskollegen in Grenzstädten wie Salzburg und Bregenz. Massen von jüdischen amerikanischen Touristen stornierten ihre Österreich-Reisen.

Erst im März 1987 erhielt Waldheim eine annehmbare Einladung zu einem Staatsbesuch – von König Hussein von Jordanien, dessen Land sich offiziell noch im Kriegszustand mit dem benachbarten Israel befand. Doch sogar Hussein, der seinen Skiurlaub im Winter in Österreich verbringt und ein Haus am Rand des Wienerwalds besizt, weigerte sich, beim Opernball in der Präsidentenloge zu sitzen.

Im April 1987 setzte der amerikanische Justizminister Meese Waldheim auf die »Watch List« unerwünschter Ausländer, die nicht in die USA einreisen dürfen. Papst Johannes Paul II. hingegen entschloß sich plötzlich, Waldheim als frommen Katholiken und Mann des Friedens Mitte 1987 zu einem Besuch im Vatikan einzuladen.(Waldheim ergriff die Gelegenheit so schnell, daß er diesen Besuch noch vor der Reise nach Jordanien absolvierte.) All das heizte jedoch den Haß auf, und im Sommer wurde eine Gruppe orthodoxer Juden in Wien beschimpft, angespuckt und mit dem Hitler-Gruß verhöhnt; einige jüdische Kinder wurden von christlichen Kindern verprügelt. Die offizielle jüdische Gemeinde – ein Staatsbürger unter tausend war Jude – erhielt durchschnittlich zehn obszöne Briefe täglich. Und Carl Hödl, der stellvertretende ÖVP-Bürgermeister von Linz, schrieb seinen Haßbrief direkt an den Präsidenten des Jüdischen Weltkongresses Bronfman.

Er verglich die Angriffe auf Waldheim mit

jenen Ihrer Gläubigen, die Christus vor zweitausend Jahren in einem

> Schauprozeß verurteilen ließen, weil er den Herren Jerusalems nicht zu Gefallen sein wollte ... Es ist Ihnen und Ihresgleichen überlassen gewesen, eine solche talmudische Vorstellung in die Welt zu setzen.

Hödls Parteibosse wollten nichts mehr mit ihm zu tun haben, während die Bevölkerung lautstark seinen Rücktritt forderte. Er ging im Alter von dreiundsechzig Jahren vorzeitig in Pension.

Am 8. Februar 1988 gelangte die Historikerkommission – die von Wiesenthal vorgeschlagen und von Waldheim und der Regierung akzeptiert worden war – zu folgendem Ergebnis:
Waldheim habe gewußt, was er zu wissen bestritt. Er habe sich in einer »konsultativen Nähe« zu Kriegsverbrechen befunden, doch sei er persönlich nicht in solche involviert gewesen. Simon dachte, daß Waldheim diese Situation nützen würde, um ohne Gesichtsverlust zugunsten Österreichs zurückzutreten: Man kann nicht Bundespräsident bleiben, wenn man öffentlich der Unglaubwürdigkeit überführt ist – und es ist die Pflicht jedes Bundespräsidenten, seinem Land zu dienen. Waldheims Rücktritt wäre ein Dienst am internationalen Ansehen Österreichs gewesen. Doch Kurt Waldheim entschied sich anders: Er wollte im Konflikt mit der Wahrheit leben. Das veranlaßte Simon Wiesenthal dazu, ihn am 9. Februar 1988 im österreichischen Fernsehen zum Rücktritt aufzufordern. Gleichzeitig appellierte er an die geistige Elite des Landes, nunmehr die Konsequenzen Waldheim gegenüber zu ziehen. Nicht, weil er ein Nazi oder Kriegsverbrecher gewesen wäre, sondern weil er sich seines Amtes und seiner Verantwortung als unwürdig erwiesen hatte.
Es bildete sich ein Komitee, das Wiesenthals Appell übernahm, und jede Woche kamen Tausende Menschen, darunter die wichtigsten Künstler und Intellektuellen Österreichs, am Stephansplatz zusammen, um Waldheims Rücktritt zu fordern. Meinungsumfragen zeigten, daß der Prozentsatz derer, die für Waldheims Verbleiben im Amt eintraten, auf unter vierzig Prozent gesunken war.

Der Bericht der Historikerkommission im Jahr 1988, den Wiesenthal vorgeschlagen und den Waldheim aktiviert hatte, gab Simon Gelegenheit, vom hohen Roß der Prinzipien hinunterzusteigen, das ihn bereits Vorträge und die Verbindung mit dem Simon Wiesenthal Center gekostet hatte, aber für den Friedens-Nobelpreis kam er zu spät.

Es war zwei Jahre lang darüber gesprochen worden, daß Simon den Preis gemeinsam mit Elie Wiesel erhalten sollte. Als ihn dann nur Wiesel erhielt, war das Timing augenfällig. Simon härtester Charaktertest in der Nachkriegszeit – die politisch altmodische Einstellung von Fair play, auf die er sich zu Beginn der Affäre Waldheim festgelegt und die er zwei turbulente Jahre lang beibehalten hatte, hatte eindeutig ihren Tribut gefordert.

Simon sah es noch negativer. 1989 beschwerte er sich bei mir darüber, daß Israel Singer und der Jüdische Weltkongreß drei Jahre zuvor auf dem Höhepunkt der Waldheim-Kontroverse seine letzte Chance auf den Friedens-Nobelpreis torpediert hatten. »Ein Mitglied des Nobel-Komitees erzählte einem Holländer, daß sie ›einen Brief vom Weltjudentum‹ erhalten hätten, das gegen jeden Plan, mir den Preis zuzuerkennen oder ihn an Wiesel und mich zu verleihen, protestierte. Er wollte mir nicht mehr sagen, aber ich konnte erraten, wer der Urheber war. Der Jüdische Weltkongreß ist nicht das Weltjudentum, aber der Name klingt so.«

Singer leugnet, daß der Jüdische Weltkongreß einen solchen Brief geschrieben hat, glaubt aber zu wissen, warum der Nobelpreis nur an Wiesel ging: »Jäger bekommen keine Friedenspreise.«

Als österreichischer Staatsbürger hatte Wiesenthal das Recht, den Rücktritt des Präsidenten zu verlangen, hatte aber keinen Grund, ihn zu erwarten. Dennoch forderte er ihn weiterhin, gab jedoch zu, daß Österreichs Interesse an seiner Arbeit und seinem Thema nie größer gewesen war als zu der Zeit, als Kurt Waldheim die Präsidentschaft anstrebte.

Waldheim beharrte weiterhin auf dem Standpunkt, von der Deportation der Juden von Saloniki nichts gewußt zu haben; die Behauptungen, daß er Kenntnis davon hatte, beruhten – wie er sagte – auf Annahmen, nicht auf Beweisen. Das gleiche galt für den Bericht der Historiker, die aufgrund von Hypothesen, nicht von Tatsachen arbeiteten.

Der Präsident gab zu, daß er kaum eine Änderung des allgemeinen Standpunkts erwarten konnte, seit der Bericht der Historiker und Wiesenthals Memoiren erschienen waren. Daher wolle er – obwohl es zu spät war, um Simons öffentliche Stellungnahme zu beeinflussen – noch einmal nach bestem Wissen und Gewissen wiederholen, daß er nichts von den Deportationen gewußt hatte.

Wiesenthal zitiert in seinem 1988 erschienenen Buch ein Gespräch mit Waldheim aus dem Jahr 1986, bei dem Simon gemeint hatte, daß Wald-

heim glaubwürdiger wirken würde, wenn er zugab, von den Deportationen gewußt zu haben. Waldheim hatte damals geantwortet, daß er damals nichts davon gewußt habe und nicht wissentlich die Unwahrheit sagen könne.
Er blieb dabei, daß er sich zur Zeit der Deportationen nicht in Arsakli aufgehalten hatte und daß das System seiner militärischen Aktivitäten ausschloß, daß er an den schrecklichen Ereignissen beteiligt sein konnte.
Ich wollte wissen, ob Simon Waldheim jemals vorgeschlagen hatte, er solle sagen, daß er von den Deportationen gewußt habe.
»Klar, weil niemand etwas anderes glauben kann«, erwiderte Wiesenthal. »Ich habe ihm gesagt: ›Ich weiß, daß Sie während des Krieges nichts tun konnten ... Doch nach dem Krieg hätten Sie, der so viel gesehen und so viel gewußt hatte, uns so viel erzählen können. Aber Sie sagen nichts.‹«

Am 17. Oktober 1989 behielt Simon Wiesenthal in bezug auf Kurt Waldheim und den Jüdischen Weltkongreß das letzte Wort.
Am vorhergehenden Nachmittag war ich bei einem koscheren Bankett gewesen, das Bürgermeister Helmut Zilk im Wiener Rathaus für Arthur Hertzberg gab, einen jovialen Rabbi aus New Jersey, der am Dartmouth College Religion und am Columbia College Geschichte unterrichtet und zufällig Vizepräsident des Jüdischen Weltkongresses war. Nach dem Essen sagte Hertzberg unter anderem:
»Die Affäre Waldheim ist tot, könnte aber möglicherweise wieder aufleben, wenn er neuerlich für das Präsidentenamt kandidiert. Je weniger darüber gesprochen wird, desto besser – zumindest für einige Jahre.«
Waldheims Amtszeit endete 1992. Ich erinnerte mich daran, wie Rabbi Hertzberg zwei Jahre zuvor den Generalsekretär des Jüdischen Weltkongresses, Israel Singer, mir gegenüber »als Eichel, die ich pflanzte, damit sie zu einer Eiche heranwächst«, gelobt hatte, und fragte ihn: »Können wir Ihre gegenwärtige Auffassung als Hinweis auf die vorherrschende Meinung in den leitenden Gremien des Jüdischen Weltkongresses betrachten?«
»Ich bin Vizepräsident des Jüdischen Weltkongresses«, erwiderte Hertzberg lakonisch.
»Würden Mr. Singer und die übrigen ...?« ließ ich nicht locker.
Er unterbrach mich, indem er wiederholte: »Ich bin Vizepräsident des Jüdischen Weltkongresses«, und hinzufügte: »Ich spreche nicht leichtfertig, okay?«

»Okay«, stimmte ich zu, und Hertzberg fuhr fort: »Aber das beruht auf der Annahme, daß das Problem zu Ende ist und nicht wieder beginnt ... Ich bin nicht davon überzeugt, daß die Angelegenheit geschickt gemanagt wurde, überhaupt nicht. Sie ist jedoch vorbei – in dem Sinn, daß es sehr klar ist, daß es für die Welt nützlicher ist, wenn Mr. Waldheim aufhört, der Gefangene der Hofburg zu sein und seine Amtszeit endgültig nach einer Periode zu Ende ist. Das ist alles.«

»Soll das eine Warnung sein?« fragte ich.

»Ich betrachte es nicht als Warnung oder etwas Ähnliches. Ich spreche über Tatsachen. Ich könnte mir vorstellen, daß die ganze Geschichte wieder auflebt, sobald Mr. Waldheim bekannt gibt, daß er wieder kandidiert. Der Jüdische Weltkongreß müßte sie gegebenenfalls wieder aufleben lassen.«

Nachdem sich Karl Vak, ehemals Leiter der Wiener Zentralsparkasse, formell bedankt hatte, sagte Hertzberg: »Darf ich noch einmal das Wort ergreifen, Dr. Vak? ... Ich werde offiziell sprechen. Das ist keine persönliche Erklärung. Ich spreche mit dem vollen Einverständnis meiner Kollegen im Jüdischen Weltkongreß ... Wir haben alles gesagt, was wir in der Sache Waldheim zu sagen hatten. Über seine Zukunft muß das österreichische Volk entscheiden. Wir Mitglieder des Jüdischen Weltkongresses vertrauen der Vernunft des österreichischen Volks. Oder, um es anders auszudrücken, Waldheim wird dadurch, daß er gegen den Jüdischen Weltkongreß antritt, weder politisch weiterleben noch aufhören, politisch weiterzuleben. Das ist vorbei. Kann ich mich deutlicher ausdrücken? Das Problem Waldheim ist Österreichs Problem. Es ist nicht mehr das Problem des Jüdischen Weltkongresses. Wir haben unser letztes Wort zu dem Thema gesprochen.«

Als ich nachher mit Hertzberg plauderte, erinnerte ich ihn daran, wie er Israel Singer als Eichel gelobt hatte, die er großgezogen hatte. »Ja«, erwiderte der Rabbi, »aber Sie kennen den »Zauberlehrling«[10] – und [das gilt für] Alan Steinberg noch mehr.«

Bezüglich Waldheim bemerkte Hertzberg: »Dieser Mann, der über seine Vergangenheit nicht die Wahrheit gesagt hat, deutet an, daß er wieder kandidieren will ... Wir werden ihm kein Ziel bieten. Er wird nicht gegen den Jüdischen Weltkongreß antreten. Er wird nicht gegen das Weltjudentum antreten, damit die latenten fremdenfeindlichen Gefühle in diesem Land aufsteigen und ihn unterstützen. Dieses Spiel wird nicht wieder gespielt werden. Wir überlassen ihn der Verlegenheit – oder der Unterstützung – der Österreicher. Es wird ihm also nicht leichtfallen. Die Österreicher sind verlegen, aber ich habe gehört, daß er in einer unwirklichen Welt lebt. Er glaubt, daß er kandidieren wird.«

Ich rief später das Büro des Präsidenten an, wo sein Adjutant Dr. Scheide den vorläufigen Rückzug des Jüdischen Weltkongresses vom österreichischen Schlachtfeld begrüßte, aber sagte, daß Waldheim noch nicht entschieden habe, ob er wieder kandidieren würde, und zu Hertzbergs Worten keinen Kommentar abgeben wolle.

Am nächsten Tag rief ich Simon Wiesenthal an, der erklärte, er sei »froh zu hören, daß ein Mann von Rabbi Hertzbergs Bedeutung meine Meinung über Singer und Steinberg teilt und feststellt, daß die ganze Sache schlecht gemanagt wurde. Ich habe selbst darunter gelitten und bin froh, daß es vorbei ist.«

Als ich Simon fragte, ob eine neuerliche Kandidatur von Waldheim im Jahr 1992 die Kontroverse wieder aufflammen lassen würde, antwortete er:

»Er kann nicht allein kandidieren. Jetzt wird ihn keine Partei mehr aufstellen.«

Am 21. Juni 1991 gab Kurt Waldheim bekannt, daß er im Alter von dreiundsiebzig Jahren 1992 nicht mehr für das Amt des österreichischen Bundespräsidenten kandidieren werde.

ANMERKUNGEN ZU TEIL I.

[1] 1973 Nobelpreisträger gemeinsam mit seinem nordvietnamesischen Verhandlungspartner Le Duc Tho, der den Preis ablehnte, weil sie keinen wirklichen Frieden ausgehandelt hatten.

[2] Gemeinsam mit Mairead Corrigan 1976 Nobelpreisträgerin für ihre Friedensanstrengungen in Nordirland.

[3] Mazzes: Das ungesäuerte Brot, das die aus Ägypten fliehenden Juden im dreizehnten Jahrhundert vor Christus aßen, ohne darauf zu warten, daß der Teig ging. *Hamantashen:* Ein dreieckiges Mohngebäck für den fröhlichen religiösen Feiertag, an dem die Befreiung der Juden von ihrem persischen Unterdrücker Haman gefeiert wird.

[4] In Janowskàs Todesbrigade aus jüdischen Gefangenen, die die Toten begruben und verbrannten, wurden die Leichen als »Figuren« bezeichnet. Als Franz Stangl Sobibor und Treblinka leitete, verwendete er die gleiche Abstraktion.

[5] Obwohl die Russen behaupteten, daß die Deutschen diese Männer hingerichtet hatten, ist die offensichtliche Wahrheit über das Massaker von Katyn erst kürzlich von den Regierungen Polens und Rußlands bestätigt worden. Infolge der Entzweiung zwischen Stalin und der polnischen Exilregierung evakuierte General Anders seine Armee in den Westen. Die kommunistischen Nachkriegsregimes in Polen bezeichneten ihre Veteranen und ehemaligen A.K.-Partisanen als »Verräter«.

[6] Karl Koch, den ein SS-Gericht 1944 wegen Korruption verurteilte, wurde von der Nazi-Gerichtsbarkeit hingerichtet. Aufgrund der von Ilse Koch begangenen Kriegsverbrechen wurde sie nach dem Krieg zu lebenslänglich verurteilt. Das Urteil wurde auf vier Jahre herabgesetzt, und sie wurde entlassen. Nach Protesten der Presse und der Öffentlichkeit wurde sie wegen Mordes vor Gericht gestellt und wieder zu lebenslänglich verurteilt. 1967 beging sie in einem bayerischen Gefängnis Selbstmord.

[7] Bei den seltenen Einlieferungen von Frauen in Mauthausen besagte ein Dekret, daß »körperliche Züchtigungen von Russinnen durch Polinnen und von Polinnen und Ukrainerinnen durch Russinnen vorzunehmen sind« – also durch »Stammesfeindinnen«, die vermutlich kein Mitleid mit der anderen haben würden.

[8] Die westdeutschen Reparationen machten über 37 Milliarden Dollar aus und waren für Israels Überleben zu Beginn seiner Existenz entscheidend. Österreich wandte ein, daß es selbst das »erste Opfer« der Nazis gewesen war, und die ehemalige DDR behauptete, daß ihr kommunistisches Regime alle Verbindungen zur Nazivergangenheit durchtrennt hatte; beide Länder zahlten nur symbolische Reparationen. 1988 beschloß das österreichische Parlament, österreichischen Opfern einmalige Zahlungen von 208 bis 416 Dollar pro Person anzubieten.

ANMERKUNGEN ZU TEIL II.

[1] Nahezu dreißig Jahre später versuchte Eichmanns Verteidiger bei seinem Prozeß in Jerusalem Eichmanns Auslieferung an die Bundesrepublik Deutschland zu erreichen, wo seine Überlebenschancen größer waren. Bonn weigerte sich zu kooperieren und behauptete, daß Eichmann nicht deutscher Staatsbürger sei.

[2] Diese Arbeitssklaven-Organisation war nach Hitlers Minister für Rüstung und

Munition, SS-General Fritz Todt (1891–1942) benannt, der Deutschlands Hochgeschwindigkeits-Autobahnnetz schuf. Als Todt starb, wurde Albert Speer sein Nachfolger.

[3] Im Gegensatz zu den meisten offiziellen Kollaborateuren Eichmanns überlebte Löwenherz den Krieg in Wien und lebte lang genug, um diese Geschichte zu erzählen. Er emigrierte nach dem Krieg nach England und dann in die USA und starb kurz nach Eichmanns Gefangennahme. Aber er hinterließ wertvolle Berichte, die er während des Kriegs und kurz danach geschrieben hatte und die von den israelischen Anklägern im Eichmann-Prozeß als entscheidende Beweise verwendet wurden.

[4] Bühler wurde in Warschau vor ein Gericht gestellt und 1948 in Krakau hingerichtet.

[5] DEGUSSA ist ein Akronym für *De*utsche *G*old- *u*nd *S*ilber-*S*cheide*a*nstalt für die Gewinnung von Edelmetallen.

[6] Menachem Begin, Gründer der Irgun Zvai Leumi (Nationale Militärische Organisation), einer militanten zionistischen Untergrund-Gruppe, die gegen die Engländer in Palästina kämpfte; er war von 1977 bis 1983 der israelische Premierminister der Likud-Partei.

ANMERKUNGEN ZU TEIL III.

[1] Das ehemalige Nishni-Nowgorod, das nach dem hier geborenen Schriftsteller Maxim Gorki (1868–1936) umbenannt wurde. Der dissidente Physiker Andrej D.Sacharow wurde in den achtziger Jahren in Gorki unter Hausarrest gestellt. Aus seinem Inland-Exil schrieb Sacharow Anfang 1981 an das Wallenberg-Komitee in Stockholm, daß »ich seit etwa zehn Jahren von Raoul Wallenbergs tragischem Schicksal weiß. Ich halte ihn für einen jener Menschen des 20. Jahrhunderts, denen die gesamte Menschheit zu Dank verpflichtet ist und auf die sie stolz sein sollte ... Die Weigerung der sowjetischen Behörden, Wallenbergs Akte freizugeben, würde darauf hinweisen, daß sie etwas zu verbergen haben.«

[2] Der Kläger war Friedrich Peter, Führer der an dritter Stelle stehenden Freiheitlichen Partei Österreichs. 1975 hatte Wiesenthal Peter als einen Feldwebel demaskiert, der für seine »Tapferkeit« im Winterfeldzug 1941–42 der Ersten SS-Infanteriebrigade zum Leutnant befördert wurde. Es war eine Vernichtungseinheit, die in der Ukraine in diesem Winter 13 497 Zivilisten niedermetzelte.

[3] 1964 widerriefen beide Universitäten Mengeles akademischen Grad »wegen der Verbrechen, die er als Arzt im Konzentrationslager Auschwitz begangen hatte«.

[4] Wiesenthal meldete sich im Zusammenhang mit dem weltweiten Aufsehen zu Wort, das ein umstrittener Besuch von Präsident Ronald Reagan 1985 erregte, der in einem Militärfriedhof in Bitburg, Westdeutschland, Kränze der Versöhnung auf Gräber der *Waffen-SS* legte. »Die in Bitburg begrabenen Menschen kamen aus [dem Regiment] *Der Führer*«, erklärte Wiesenthal, »und manche von ihnen haben sogar ukrainische Namen.«

[5] Claus Philipp Maria Schenk, Graf von Stauffenberg (1907–1944), ein junger Oberst, der das linke Auge und die rechte Hand im Kampf für Deutschland verloren hatte, versuchte am 20. Juli 1944, Hitler in die Luft zu sprengen, indem er in Hitlers

Hauptquartier bei Rastenburg in Ostpreußen im Konferenzraum eine Bombe legte und dann nach Berlin zurückflog. Die Bombe tötete sieben der Anwesenden, aber nicht Hitler. Stauffenberg und vier weitere Verschwörer wurden gefaßt und Stunden nach der Explosion erschossen, doch das dann folgende Blutbad führte zu unzähligen Verhaftungen und Toten – einschließlich Deutschlands größtem Helden im Zweiten Weltkrieg, Feldmarschall Erwin Rommel, dem »Wüstenfuchs« des Feldzugs in Nordafrika. Rommel hatte einige der Verschwörer gekannt, sich jedoch geweigert, an dem Attentat teilzunehmen. Weil er sie nicht verriet, ließ man ihm die Wahl, sich dem Gericht zu stellen und seine Familie in Gefahr zu bringen oder Gift zu schlucken; er entschied sich für das Gift. Obwohl Himmler im August 1944 gelobte, daß »die Familie Stauffenberg mit Stumpf und Stiel ausgerottet werden würde«, überlebten die schwangere Frau des Grafen und ihre vier Kinder den Krieg in einem Konzentrationslager. Dort kam auch ihr fünftes Kind zur Welt.

[6] Ödem: Durch zuviel Flüssigkeit angeschwollenes Gewebe.

[7] Auch Adolf Eichmann war in Weiden interniert, doch Hauptmann Mengele war im Offiziersquartier untergebracht, während sich Obersturmbannführer Eichmann als einfacher Soldat ausgab.

[8] Sassen stellte Mengele Eichmann vor, aber Mengele fand Eichmann etwas schäbig, hielt es für gefährlich, mit ihm zusammenzusein, und mied deshalb seine Gesellschaft. Trotzdem trafen die beiden Flüchtlinge einander von Zeit zu Zeit im ABC-Café im Zentrum von Buenos Aires.

[9] Wiesenthal war während der gesamten Jagd nach Mengele weit daneben, also auch hier. In seinen Memoiren aus den Jahren 1967 und 1989 behauptete er, daß Mengele Europa erst 1951 über Spanien verlassen habe. – Im Kapitel »Wo befindet sich Bormann?« seiner Memoiren 1967 gelangte Wiesenthal zu dem Schluß, daß dieser »sehr wahrscheinlich jetzt in der Nähe der Grenze zwischen Argentinien und Chile lebt; ich schreibe das Anfang 1966.« In dem Kapitel »Für tot erklärt« über verschwundene Nazis in seinen Memoiren 1988 widmet Wiesenthal Bormann nur zwei Seiten und schließt damit, daß »ich nicht mehr daran zweifle, daß der Staatsanwalt in Frankfurt mit seiner Ansicht, Bormann habe in der Nacht vom 2. zum 3. Mai in Berlin Selbstmord begangen, weil er sah, daß eine Flucht unmöglich war, recht hat«.

[10] Langbein brach mit dem Kommunismus, als die Rote Armee 1956 den ungarischen Aufstand niederschlug.

[11] Von Ribbentrop, der ein wohlhabender Sekthändler gewesen war, wurde 1946 wegen Kriegsverbrechen gehängt.

[12] Die Kybernetik befaßt sich mit elektronischen Anlagen, die sich an die Funktion biologischer Systeme anlehnen. In der Science Fiction werden solche Anlagen Menschen als Ersatzteile oder als zusätzliche leistungsfördernde Geräte eingebaut.

ANMERKUNGEN ZU TEIL IV.

[1] Schuschnigg emigrierte nach dem Krieg in die USA und verbrachte zwanzig Jahre als Professor für politische Wissenschaften im Mittelwesten, hauptsächlich an der St.-Louis-Universität in Missouri. Er erhielt 1956 die amerikanische Staatsbürgerschaft, kehrte 1967 nach Österreich zurück, um »in Frieden zu leben und vielleicht

ein wenig zu schreiben«, und starb 1977 im Alter von neunundsiebzig Jahren in einer Mietwohnung in einem Tiroler Dorf.

[2] Hartheim war seit 1898 ein Heim für geistig zurückgebliebene Kinder gewesen.

[3] Der Chefarzt von Hartheim, Dr. Rudolf Lohnauer, beging nach dem Krieg mit seiner gesamten Familie Selbstmord. Sein Vertreter, Dr. Georg Renno, der 1963 in Frankfurt verhaftet wurde, mußte wegen seines Gesundheitszustands nicht bei den Euthanasieprozessen erscheinen und ließ es sich gutgehen, während er sich im Schwarzwald erholte. Franz Höldl, der Chauffeur, der Stangl nicht mit den Tötungen in Verbindung bringen wollte, bekam vier Jahre Gefängnis. Wiesenthal sagt, daß er eine Akte, die weitere Österreicher mit Hartheim in Verbindung brachte, 1964 dem Justizminister und dem österreichischen Generalstaatsanwalt übergab, daß sie jedoch nie bearbeitet wurde.

[4] Bischof von Galen (1878–1946) wurde nach dem Attentat auf Hitler vom 20. Juli 1944 verhaftet, überlebte jedoch den Krieg im Konzentrationslager Sachsenhausen. Er wurde 1945 zum Kardinal ernannt; Bischof von Preysing (1880–1950) von Berlin erhielt diese Würde ein Jahr später.

[5] Der Gestank von Belzec war so schrecklich, daß er in die Personenwagen der durch die Stadt fahrenden Züge drang, obwohl die Fenster versiegelt waren. Die Bewohner von Belzec sagten, daß der Gestank verfaulender Leichen von Tag zu Tag schlimmer wurde, und sogar die SS beschwerte sich, als die menschliche Senkgrube vor ihren Baracken und den Eßräumen durchsickerte.

[6] Stangl erzählte Gitta Sereny, daß Hermann Michel nach dem Krieg nach Ägypten entkam.

[7] Eberl beging 1948 Selbstmord.

[8] Fedorenko wurde 1984 an die Sowjetunion ausgeliefert und 1987 von einem Exekutionskommando erschossen.

[9] *Curia Romana:* der päpstliche Hof.

[10] Nur ein Angeklagter, der Pfleger Otto Horn, wurde freigesprochen. Die gemäß den deutschen Gesetzen strengste Strafe, nämlich lebenslänglich, erhielt Stangls Vertreter Kurt Franz, dessen Tagebuch über Treblinka, »Die besten Jahre meines Lebens« als Beweis gegen ihn diente.

[11] Die Vereinigten Staaten ratifizierten die Konvention gegen Genozid erst Ende 1988.

[12] In Majdanek wurden während des Zweiten Weltkriegs etwa 360 000 Gefangene aus neunundzwanzig europäischen Ländern ermordet.

ANMERKUNGEN ZU TEIL V.

[1] *Betar* (Abkürzung von *Berit Trumpeldor*) war eine aktivistische zionistische Jugendbewegung, die 1923 in Riga gegründet wurde. Sie verbreitete sich Ende der zwanziger und Anfang der fünfziger Jahre in Osteuropa und behauptete, daß die braunen Hemden die Erde der jüdischen Heimat symbolisierten. Sie existiert heute in Israel als rechtsorientierte Jugendbewegung, deren Hymne einen jüdischen Staat »an beiden Ufern des Jordan« fordert.

[2] Aus dem Bericht der Staatspolizei SCH-P-50.207/75, datiert 13. Oktober 1975.

[3] B'nai B'rith (Hebräisch für »Söhne des Bundes«) ist eine internationale jüdische

Organisation, die 1843 in New York gegründet wurde. Sie entwirft und verwaltet Programme zur Förderung der sozialen, erzieherischen und kulturellen Besserstellung der Juden und der Bevölkerung im allgemeinen.

[4] *Kurt Waldheims Kriegsjahre: Eine Dokumentation* (1987). Ein von seinem Sohn Gerhard, dem ehemaligen österreichischen Außenminister Karl Gruber (der Kurt Waldheim nach dem Krieg anstellte) und zwei Beamten aus dem Außenministerium namens Dr. Ralph Scheide und Dr. Ferdinand Trauttmansdorff, die für den Präsidenten arbeiteten, zusammengestelltes Buch.

[5] List wurde 1953 begnadigt und entlassen und starb 1971 in Garmisch.

[6] Kurt Waldheims Vater Walter wurde 1938 von den Nazis kurz eingesperrt und gezwungen, infolge seiner Pro-Dollfuß-Ansichten von seinem Posten als Bezirksschulinspektor zurückzutreten.

[7] Eine von Rabbi Marvin Hier 1977 in Los Angeles gegründete Institution sowohl zur Holocaust-Erziehung und -Erinnerung als auch »um eine Person zu ehren, die nicht nur etwas für unser Thema tat, sondern die ihm seit 1945 ihr ganzes Leben widmete«. Das Wiesenthal-Zentrum dient auch zur greifbaren Bestätigung von Simons Unsterblichkeit: Das Werk, das er begonnen hat, wird lang nach seinem Hinscheiden unter seinem Namen weitergehen.

[8] In Wirklichkeit war das UNO-Archiv mit 40 000 versiegelten Akten über Kriegsverbrecher, Verdächtige und Zeugen im elften und zwölften Stockwerk eines Bürogebäudes in der Park Avenue South untergebracht.

[9] Ein länglicher Behälter, der an der Tür angebracht wird, um ein jüdisches Haus zu weihen.

[10] In einem römischen Dialog aus dem 2. Jahrhundert, den Goethe und Walt Disney übernommen haben, probiert der Lehrling in Abwesenheit seines Meisters einen seiner Zaubersprüche aus und kann ihn nicht mehr rückgängig machen.

Rede auf dem Heldenplatz in Wien anläßlich des 50. Jahrestages der Gründung der Zweiten Republik Österreich

Heute, 50 Jahre nach dem Ende der Naziherrschaft und der Gründung der Zweiten Republik, wird für dieses Ereignis das Wort »Befreiung« ganz selbstverständlich verwendet.

Das war nicht immer so. In den Jahren nach 1945 sprach man vom »Umbruch« oder vom verlorenen Krieg. Für mich, der ich vor 50 Jahren aus dem Konzentrationslager Mauthausen befreit wurde, war dieser Begriff immer mit starken Gefühlen verbunden, ich habe den Moment der Befreiung nie vergessen, und ich habe auch nicht vergessen, wovon ich und die Menschen in Österreich und ganz Europa befreit wurden.

Ich sehe unter den Anwesenden viele junge Menschen, von denen die meisten im Alter meiner Enkelkinder sind, und dabei denke ich an die Zukunft. Wir leben alle im Schatten der Atombombe – auch wenn es im Moment nicht danach aussieht, daß irgendein Staat sie benützen würde. Als Albert Einstein gefragt wurde, welche Alternative es zur Atombombe gäbe, sagte er: eine Weltregierung.

Vor 50 Jahren schien das ein Traum ohne realen Hintergrund, aber es hat sich seither so viel geändert, daß der Traum kein Traum bleiben muß. Europa wächst zusammen, Grenzen fallen, und die Menschen sind bereit zur Gemeinsamkeit. Europa war immer ein Kontinent der Auseinandersetzungen und der Kriege. Heute sehen wir, wie die Vision Einsteins Gestalt anzunehmen beginnt. Auch die Völker am Balkan werden einsehen müssen, daß sie zu einem friedlichen Miteinander gezwungen sind.

Ich hoffe, daß es im kommenden Jahrhundert keine Diktaturen mehr geben wird und keine Ideologien. Das einzige was ich mir wünsche, ist, daß die Ideologie der Menschenrechte mit allen dazugehörenden Freiheiten unsere Welt dominieren wird.

Während meines Leidensweges in der Nazizeit sah ich junge Menschen, deren Gewissen mißbraucht war und die Greueltaten vollbrachten, die niemand für möglich gehalten hätte. Sie ließen sich narkotisieren durch den Spruch: Der Führer denkt für uns, wir brauchen ihm nur zu folgen.

Nach unseren schrecklichen Erfahrungen sollte für alle Menschen der Grundsatz gelten:

Kein Mensch soll zulassen, daß eine Bewegung, eine politische Partei oder auch eine Person sein Gewissen mißbraucht oder ausschaltet! Ich bitte besonders die jungen Menschen, denken Sie öfter an die Befreiung vor 50 Jahren und an die Naziherrschaft, von der wir befreit wurden. Dann werden wir dem Ideal der Menschenrechte auf der ganzen Welt näherkommen.

Wien, 26. April 1995 Simon Wiesenthal

Namenregister